金融综合业务实验

主编　王俊籽　亓　晓

山东人民出版社

前 言

随着我国高等教育体制改革的逐步深入，高等院校金融学本科生的培养目标逐渐倾向于培养金融领域高级应用型专门人才。根据高校“高层次”、“应用型”人才培养目标的定位，实践教学成为学生理论联系实际的重要环节，并能极大地提升学生的实践能力和创新能力。传统的金融实践教学场所主要依赖于银行、证券、保险公司等金融机构提供。但鉴于各金融机构的经营逐渐规范化，而扩招后在校学生人数增多，各金融机构对接待实习均感负担沉重。金融机构从保护自身商业秘密的角度出发，重要的岗位也不便于让实习生参与，使得传统的专业实习浮于形式，不能深入到金融工作流程的细节方面。这种状况显然不利于人才培养目标的实现。

近年来，随着现代通信技术和网络技术在金融业的广泛应用，以及金融工具的不断创新，金融业务操作的技术含量越来越高，金融行业越来越面向专项化、微观化。金融业务的处理模式亦由传统的手工操作向电子化操作转变，因此借助网络技术建立现代化的电子金融实验室成为解决金融专业学生专业实践的有效途径。金融专业实验室实验教学模式就是将有关金融业务引入校内实验室，从大量的实际业务中选择部分典型业务作为实践内容，在校内实验室环境下完成专业实践的一种实践教学模式。实验室实践教学模式可以使学生在模拟的环境和条件下进行相对真实的业务训练，使学生可以很方便地掌握和熟练操作商业银行业务、证券交易及外汇交易等的基本程序，达到对金融业务操作技能的全面培养。同时，这种模式由于软件模块的标准化和教学内容的统一性，在一定程度上能够较好地控制实践过程和保证实践教学的效果。金融实践教学模式在高校的推广和应用，为金融专业和其他相关专业的学生走向社会提供了一个理论结合实际的实习环境，其意义及影响将是极为深远的。

在此背景下，为满足高等院校、职业技术学校等培养应用型人才的办学需要，满足在开展金融实践教学时对软件模块了解及规范化应用的需要，山东财经大学金融学院组织编写了《金融综合业务实验》教材。该教材涵盖了金融业务的主要实验模块,具体包括:商业银行综合业务实验、证券投资业务实验、外汇业务实验等项目。

本书的第一部分是商业银行综合业务实验,其实验内容是依托深圳智盛信息技术有限公司开发的教学软件,从基本界面到具体业务,逐步展开实验操作。实验内容包括两部分:商业银行个人储蓄业务实验和对公会计业务实验。实验项目涵盖了银行前台柜员这些实验操作,较为真实地模拟了国内商业银行的实际业务过程,能使学生感受到一个完善、实用、真实的实践环境,有助于提高学生理论联系实际的水平。

本书的第二部分是证券投资业务实验,其内容包括证券行情获取方式、基本分析实验、技术分析实验、证券投资策略实验、模拟交易实验以及海外证券市场模拟交易实验等项目。这些实验项目的设计有助于使学生充分理解《证券投资学》的知识体系,明确投资行为必备的环节,掌握科学的证券投资方法,并能熟练应用各种分析工具,从而提高学生的实践能力。

本书的第三部分是外汇业务实验,其内容包括外汇与汇率基础知识、金融衍生品交易市场、外汇交易指令及术语、K 线及组合 K 线形态分析以及移动平均线、MACD 指标、KDJ 指标的使用等项目。这些实验操作有助于验证《外汇投资学》的基本理论知识,整合理论教学的内容,加深学生对专业理论知识的感性认识,为学生从事外汇业务工作奠定坚实的基础。

本书的编写分工如下:第一、二、三、四、五章由山东财经大学王俊籽副教授编写,第六、七、八、九章由山东财经大学亓晓副教授编写,第十章由中华女子学院山东分院计算机系刘平讲师编写,第十一、十二、十三、十四、十五、十六章由山东财经大学柏宝春副教授编写。全书由王俊籽副教授负责总纂。

由于编者水平有限,本书可能存在不妥甚或错误之处,敬请读者批评指正。

山东财经大学金融学院　王俊籽

2012 年 12 月

目　录

第一部分　商业银行综合业务实验

商业银行综合业务实验涵盖了商业银行个人储蓄、对公会计结算等核心业务的实验操作。该实验的业务种类涉及商业银行个人储蓄业务中的普通活期存款与定期存款、一本通活期与定期业务、信用卡活期与定期业务、委托代理业务、票据业务等，以及商业银行对公会计结算业务中的存款业务、贷款业务、结算业务，以及其他业务等。这些实验操作较为真实地模拟了国内商业银行的实际业务过程，能使学生感受到一个完善、实用、真实的实践环境，有助于提高学生理论联系实际的水平。

商业银行综合业务实验所使用的软件与目前国内一些商业银行（如中国工商银行、中国建设银行、中国银行、中国农业银行、交通银行、招商银行等）使用的软件基本相似，其业务操作具有较高的参照性。本教材实验内容所依托的软件是深圳智盛信息技术有限公司开发的商业银行综合业务模拟系统。

第一章 CHAPTER 1
商业银行综合业务模拟系统概述

【学习目标】

通过本章学习,理解与掌握商业银行综合业务模拟系统的框架结构、业务流程,掌握商业银行综合业务实验的专业术语和基本常识,掌握并熟悉实验软件主要功能及基本实验操作程序,掌握系统管理内容和实验操作。

作为一款模拟商业银行综合业务的金融教学软件,智盛商业银行综合业务模拟系统以最新的银行业务规范和业务操作、最新的商业银行会计核算方法为蓝本开发而成。本章通过实验专用术语、业务流程、软件功能、基本实验操作等内容介绍,使学生能够了解并熟悉商业银行综合业务的实验环境,能够进行初始实验操作,从而将所学理论知识与实际业务有机结合,充分达到理论结合实际的实验目的。

第一节　系统模块与管理模式

一、系统模块

商业银行综合业务模拟系统主要包含的功能模块如图 1-1 所示。

从图 1-1 可知,智盛商业银行综合业务模拟系统包含四个模块:教学管理系统、学生模拟系统、服务器日终处理系统以及配套文档资料等。其具体介绍如下:

(一)教学管理系统

教学管理系统是实验授课教师作为系统管理员,在学生进行模拟操作时,以上级行(分行)身份对实验班级(支行)以及参与实验操作的学生进行的业务管理,如创建交易部门、授予柜员资格、分配柜员操作额度、系统维护、账户查询、密码修改、参数管理、利率管理、会计科目管理、系统授权管理等。

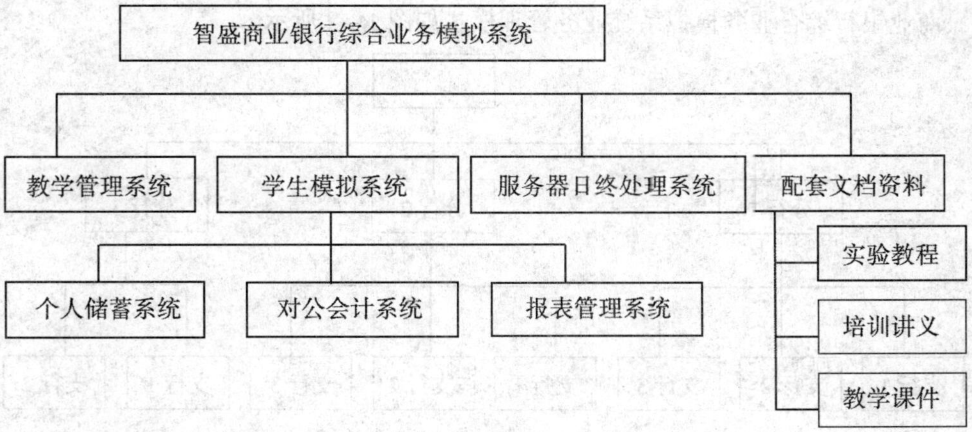

图 1－1 商业银行综合业务模拟系统模块

(二)学生模拟系统

学生模拟系统是商业银行综合业务模拟系统中由学生操作进行实验的模块，是该系统的核心所在。学生模拟系统模拟了商业银行的三大业务部分：个人储蓄业务、对公会计业务、报表管理业务。在该系统中，学生通过系统管理员创建的交易部门——支行，以支行柜员、会计记账员的身份从事业务操作，并接受上级行的指导与管理。通过实验操作，不仅可以加强学生对现代商业银行理论知识的理解，训练学生的实际动手能力，也为学生走向社会提供一个理论结合实际的实验环境。

(三)服务器日终处理系统

商业银行作为特殊的金融企业，需要在每天营业结束之前进行日终结账，要将各科目余额结清或结转下期，从而达到账账相符、账款相符。商业银行综合业务模拟系统中设置的服务器日终处理系统就充分显示了商业银行业务的这个特点。在每日上述两个模块的业务完成后，服务器日终处理系统就自动完成日终总账与明细账的结账、核对业务工作，使其当日学生操作的业务自动结转到下一个实验操作时间，从而保持了业务处理的完整性和连续性。

(四)配套文档资料

配备的文档资料是指智盛商业银行综合业务软件所附带的说明资料，主要有模拟系统实验教程、有关培训教程和教学课件等。

二、系统管理模式

商业银行综合业务模拟系统业务管理模式如图1-2所示。

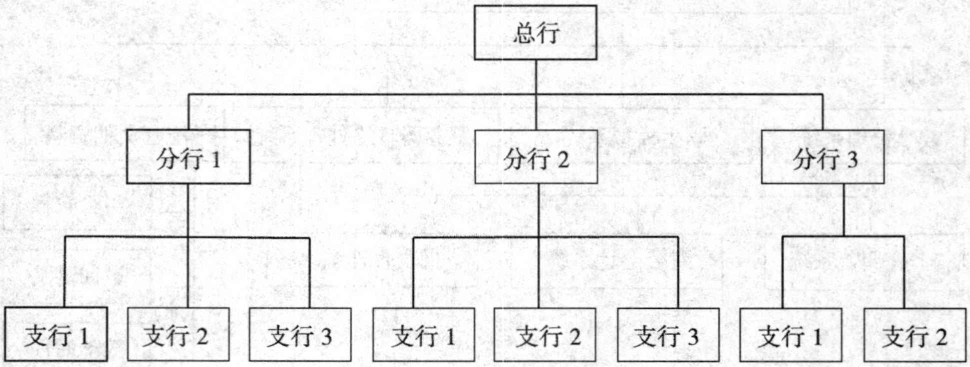

图1-2　商业银行综合业务模拟系统业务管理模式

图1-2所显示的是商业银行综合业务模拟系统的管理环境。在该系统中,总行是所有分支行的总管理行,通常负责制定有关操作规范和划拨凭证、资金。分行是具体实施管理职能的机构,在系统中由任课教师通过教师管理系统行使对支行的管理职责。支行是真正从事银行综合业务操作的职能部门,是通过教师管理系统由任课教师所创建的交易部门,通常由10—20名学生组成一个支行;或者由任课教师根据参与实验班级的总体人数划分为若干个支行,并对各支行内学生具体分配从事实验的角色及其实验项目安排。在支行内,账号、凭证、资金通过系统实行统一使用和管理。

第二节　专业术语说明

商业银行综合业务模拟系统中,经常会使用银行业务中的一些基本概念,但在该系统中对这些概念又赋予了在实验中的特点和功能,以及实验中的操作流程。这些概念就称作模拟系统专业术语。

一、常用术语

(一)凭证

凭证种类包括支票、汇票、本票、储蓄存折、储蓄存单、一本通存折、一卡通等。存折、存单由上级行分配,一卡通由信用卡部分配。

可以用于储蓄普通存折的储蓄种类包括:活期存款、零存整取、通知存款、教育储蓄和存本取息。使用储蓄定期存单的储蓄种类有整存整取和定活两便。一本通和一卡通各储蓄种类都可使用。

(二)凭证管理

系统的凭证领用采取从市行到支行、从支行到网点的二级分配体系。支行到市行领用凭证后,市行管理部门必须将凭证的起始号码位输入中心机房的管理机内,并进行分配操作,将凭证分配到各支行管理机内。同样,支行凭证管理员也要将凭证的起始号码有计划地分配到各网点的库钱箱里。网点凭证负责人在前台机器交易界面选择库钱箱凭证领用交易领入凭证到库钱箱,柜员用凭证出库交易领入凭证。

具体流程:市行库——支行库——网点库钱箱——柜员钱箱。一卡通的分配和普通凭证分配一样,只是一卡通的分配是从信用卡部开始的,而不是市行库。

在本系统中,对公业务凭证的领用必须先由总行会计部柜员将凭证领用,再下发给各营业网点,然后由营业部柜员再领用并出库后才能使用。

(三)钱箱号

系统对网点设立库钱箱和柜员钱箱。库钱箱由中心机房建立。柜员在第一次登录系统注册时不输柜员钱箱号(此时柜员钱箱不存在)。需要柜员注册系统并做增加柜员钱箱后,柜员才生成钱箱号。在柜员钱箱生成后不能办理现金业务,需退出系统并重新注册系统(此时要输入柜员钱箱号)后才能办理现金业务。本网点所有柜员都可使用本所库钱箱,柜员钱箱只许本柜员使用。如果一个柜员不注册钱箱,则只能做转账业务,而不能做现金业务。

(四)柜员号

柜员由总行统一管理。柜员号 5 位,网点柜员形式为 S # # * *,其中 S 表示该柜员是操作员(如果是 A 则表示该柜员是 ATM),# #(01—29)为支行号,* * 为支行下柜员统一编号(00—99)。例如,S0215 表示 02 支行的第 15 位柜员。K 表示该柜员为对公业务柜员,例如,K0211 表示 02 支行的第 11 位柜员。对公业务中 K0001 的柜员号是唯一的,特指总行会计部柜员代码,具有下发凭证的权限,其他任何人不能更改。

(五)存期代码

定期储蓄业务中要求输入存期代码。存期代码共 3 位:第 1 位为数字“1”时表示以天为单位输入存期,为“2”时表示以月为单位输入存期,为“3”时表示以年为单位输入存期;后面两位表示相应的存期。现系统中的定期储蓄业务存期代码共有以下几种:1 天期通知存款的存期代码为“101”,7 天期通知存款的存期代码为“107”,3 月期定期存款的存期代码为“203”,6 月期定期存款的存期代码为“206”,1 年期定期存款的存期代码为“301”,2 年期定期存款的存期代码为“302”,3 年期定期存款的存期代码为“303”,5 年期定期存款的存期代码为“305”,8 年期定期存款的存期代码为“308”。

注意:对公账户开户时不需存入现金,系统自动默认为预开户状态。开户时,存期代码输入"000"。当发生第一笔存款业务后,该账户自动转为正式账户。

(六)分析码

分析码为银行系统内部校检码,为任意阿拉伯数字,无任何业务含义。

(七)客户号

客户号由10位数码组成。第1位用数字"0"—"3"表示储蓄账号,"4"—"8"表示对公账号,"9"表示内部账号。第2—9位为顺序号。第10位为校验位。

例如,1 0 0 0 0 0 0 2 6 8 5中,第1位"1"表示该客户号是储蓄账号;2—9位的"00000268"是顺序号,表示该客户号是银行开立的第268位客户;最后一位的"5"表示校验位。因为储蓄账号是"0"—"3",所以加上顺序号后,全行可以有4亿个储蓄客户。

(八)账号

对公及储蓄账号共15位,由前10位的客户号和后5位的账号后缀共同组成。其中账号后缀前4位为顺序号,第5位为校验位。

例如,0 0 0 0 0 0 2 6 8 5 0 0 0 1 0表示客户号为0000002685的客户开立的0001第一个子户。顺序号第5位为校验位,每个客户号下可以有1万个分户。

(九)表内业务

商业银行资产负债表中所涉及科目的业务为表内业务,表内业务的记账统称为表内记账,如储蓄及对公业务的存取款、转账、结算业务、贷款业务等。表内记账应借贷平衡,其每一笔记账均会影响资产负债表的总额。

(十)表外业务

商业银行表外业务是指商业银行所从事的不列入资产负债表且不影响资产负债总额的经营活动。表外业务对应的记账称为表外记账,如商业银行代理业务、中间业务、保证业务、内部往来业务等均为表外业务。

(十一)冲账

发生设备/通讯故障、操作员操作错误以及客户不予确认的存、取业务导致的错账,应按照权限管理规定办理冲正。在电脑产生的冲正凭证上注明冲正原因,经网点业务主管确认签字。这一操作过程称为冲账。

二、储蓄业务术语

(一)活期储蓄

活期储蓄是指无固定存期、可随时存取、存取金额不限的一种比较灵活的储蓄方式。其特点有:适用于所有客户;随时存取,办理手续简便;资金运用灵活性较高;人民币一元起存。

(二)整存整取

整存整取是一种由客户选择存款期限、整笔存入、到期提取本息的定期储蓄。其特点如下:

1.较高的稳定收入:利率较高,利率大小与期限长短成正比;

2.省心方便:具备整存整取存款到期后自动转存功能,可通过银行提供的多种转账渠道,对一卡通中的存款进行活期转定期或到期定期转活期的操作;还可通过约定转存功能,灵活地管理整存整取存款的本息、存期、存款形式等。

3.资金灵活:在需要资金周转而在银行的整存整取存款未到期时,可以通过自助贷款将账上的整存整取存款作质押,获得个人贷款融资;可部分提前支取一次,但提前支取部分将按支取当日挂牌活期存款利率计息。

4.起存金额低:各币种起存金额为人民币 50 元。

5.存期选择多:人民币存期选择包括 3 个月、6 个月、1 年、2 年、3 年和 5 年。

(三)零存整取

如需逐步积累每月结余,可以选择零存整取存款方式。零存整取是一种事先约定金额、逐月按约定金额存入、到期支取本息的定期储蓄。其特点如下:

1.适应面较广,手续简便。

2.积零成整,收益较高。

3.起存金额低,人民币 5 元即可起存。

4.存期选择多,包括 1 年、3 年、5 年。

5.每月需以固定金额存入:若中途漏存,应在次月补齐;未补齐视同违约,违约后将不再接受客户续存及补存。

(四)定活两便

如果有较大额度的结余,但在不久的将来须随时全额支取使用时,可以选择定活两便方式作为储蓄存款形式。定活两便是一种事先不约定存期、一次性存入、一次性支取的储蓄存款。其特点如下:

1.既有活期之便,又有定期之利;利息按实际存期长短计算,存期越长,利率越高。

2.起存金额低,人民币50元即可起存。

3.支取简单,一次性存入,一次性支取。

4.计息规定:存期超过整存整取最低档次且在1年以内的,分别按同档次整存整取利率打6折计息;存期超过1年(含1年)的,一律按1年期整存整取利率打6折计息;存期低于整存整取最低档次的,按活期利率计息。

(五)存本取息

如果有款项在一定时期内不需动用,只需定期支取利息以作生活零用,可选择存本取息方式作为定期储蓄存款形式。存本取息业务是一种一次存入本金、分次支取利息、到期支取本金的定期储蓄。其特点如下:

1.起存金额较高,存款余额稳定,起存金额为人民币5000元。

2.存期选择多,包括1年、3年、5年。

3.分期付息:不得提前支取利息,如到取息日而未取息,以后可随时取息,但不计算复息。

(六)个人通知存款

个人通知存款是一种不约定存期,支取时需提前通知银行,约定支取日期和金额后方能支取的大额存款的储蓄形式。个人通知存款不论实际存期多长,按存款人提前通知的期限长短划分为1天通知存款和7天通知存款两个品种。1天通知存款必须提前1天通知约定支取存款,7天通知存款则必须提前7天通知约定支取存款。通知存款的币种为人民币。其特点如下:

1.资金灵活:适用于拥有大额款项、在短期内需支取该款项的客户,或需分期多次支取的客户,或短期内不确定取款日期的客户。

2.利率高:通知存款利率收益较活期存款高。

3.智能理财,省心高效:通知到期日,系统自动将在一卡通中已办理取款通知的通知存款转入活期存款账户,节省时间和提高资金利用率。

4.大额资金管理的好方式:开户及取款起点较高,开户起存金额为5万元,最低支取金额为5万元。

(七)教育储蓄

如果有子女正在接受义务教育(小学四年级或以上),而家长需要为其未来的出国留学、本科或研究生学习及其他非义务教育积蓄资金,又或者如果本人正在校学习(小学四年级或以上),而需要为自己未来的出国留学或接受本科、研究生学习及其他非义务教育积蓄资金,都可以选择教育储蓄方式作为储蓄存款形式。

教育储蓄是一种城乡居民为其本人或其子女接受非义务教育(指九年义务教育之外的全日制高中、大中专、大学本科、硕士和博士研究生)积蓄资金的一种储蓄存款。其特点如下：

1.明确的户名:户名为在校小学四年级(含四年级)以上学生。

2.免收利息税。

3.优惠的利率:能提供接受非义务教育的证明,即可支取并享受优惠利率(按同档次整存整取利率)。

4.存期灵活、轻松积累:零存整取方式逐月存入。

5.起存金额低:每月约定最低起存金额为人民币 50 元,本金合计最高限额为人民币 2 万元。

6.存期选择多,包括 1 年、3 年、6 年。

(八)个人支票

个人支票是个人签发的,委托办理支票存款业务的银行,在见票时无条件支付确定的金额给收款人或者持票人的票据。其特点是:个人支票即签即付,不受商户硬件条件限制,也无需找赎;体现个人信用,提高自身信用价值;支票户销户前,必须先执行结清操作。

三、对公业务术语

(一)单位通知存款

在存款时不约定存期,并与银行约定存款支取时提前通知期限的一种存款品种。其利率高于活期存款,本金一次存入,多存不限,可一次或多次支取。目前人民币单位通知存款有 1 天通知存款和 7 天通知存款两种,最低起存金额为人民币 50 万元,最低支取金额为 10 万元。

(二)人民币单位协定存款

若因公司业务特点,在银行账户上经常留有大额资金,则可采用银行设计的此种存款种类。它通过设定存款基数,实行超额分户计息的办法,既保证了资金随时调度的要求,又可取得高于活期存款利息的收益。办理协议存款时,开户单位要与银行签订《协议存款合同》。该合同的期限最长不得超过 1 年(含 1 年)。合同到期后,任何一方没有提出终止或修改合同,即视自动延期,延长期限与上一合同期限一致。协议存款账户下的资金实行分段计息:协议部分和基本额度存款部分。基本存款额度最低为 50 万(含 50 万),超过这一额度的为协议部分。基本额度存款按人行规定的正常利率计息,协议部分按双方协定的利率计息。

(三)单位账户种类

单位账户有如下四类:

1.人民币基本存款账户:本账户可办理现金收付和日常转账结算。按人民银行账户管理规定,一家单位只能选择一家银行,申请开立一个基本存款账户。

2.人民币一般存款账户:本账户可办理转账结算和现金缴存,不能办理现金支取和代发工资业务。单位可在已开立基本存款账户以外的银行开立此账户;或非独立核算单位,因与主管单位不在同一地点,为单独办理结算业务的需要,经主管单位批准,可申请开立此账户。

3.人民币临时存款账户:因临时性经营活动需要,可开立此账户。若申请开立临时验资户,必须提供工商行政管理局核发的《公司名称预先核准通知书》和该通知书列明的申请人身份证复印件。若因外地汇入待结算款项,可凭个人身份证开立一“留行待取”账户。

4.人民币专用存款账户:因特定用途需要,可开立此账户。开立专用存款账户除按开基本存款账户要求提供有关文件外,还须向银行出具下列证明文件之一:经有关部门批准立项的文件,国家有关文件、规定。

(四)支票

依据《票据法》和人行结算管理办法,客户可以按规定使用现金支票和转账支票。部分地区现行使用普通支票。它可用于支取现金和转账,但在支票左上角画两条平行线的画线支票只能用于转账。单位和个人在同一票据交换区域的各种款项结算,均可使用支票。

其特点如下:

1.支票一律记名,可以背书转让。

2.支票提示付款期为10天(从签发支票的当日起,到期日遇例假顺延)。

3.支票签发的日期、大小写金额和收款人名称不得更改;其他内容有误,可以画线更正,并加盖预留银行印鉴之一证明。

4.支票发生遗失时,可以向付款银行申请挂失;挂失前已经支付的,银行不予受理。

5.出票人签发空头支票、印章与银行预留印鉴不符的支票、使用支付密码但支付密码错误的支票,银行除将支票做退票处理外,还要按票面金额处以5%但不低于1000元的罚款。

(五)银行本票

银行本票是银行签发、承诺自己在见票时无条件支付确定的金额给收款人或者持票人的票据。单位和个人在同一票据交换区域需要支付各种款项,均可使用银行本票。

其特点如下:

1.银行签发的银行本票可在当地各银行通存通兑,通存通兑的本票不受理挂失。

2.银行本票可以用于转账;注明“现金”字样的,可支取现金。

3.银行本票的提示付款期,自出票日起最长不得超过2个月。

4. 申请人或收款人为单位的，不得申请签发现金银行本票。

5. 银行本票可以背书转让，但填明“现金”字样的银行本票不得背书转让。

（六）银行汇票

银行汇票是汇款人将款项交开户银行、由银行签发给汇款人持往异地办理结算或支取现金的票据。适用于单位、个人汇拨各种款项的结算。

其特点如下：

1. 银行汇票可以用于转账；填明“现金”字样的，可支取现金。

2. 申请人或者收款人为单位的，不得申请签发现金银行汇票。

3. 银行汇票一律记名，可以背书转让。

4. 银行汇票的提示付款期限为自出票日起1个月。

5. 未指定代理付款人的银行汇票丢失时，银行不受理挂失止付，仅做道义上的协助防范。

6. 申请人因银行汇票超过付款提示期或其他原因，要求退款时，需持汇票和“解汇通知”到原出票行办理退汇手续。若因缺少“解讫通知联”的汇票要求退汇的，应在汇票提示付款期满1个月后（即签发月开始2个月后）到银行办理退汇。若因银行汇票丢失，要求退汇的，应在提示付款期满1个月后持人民法院出具的有效证明到银行办理退汇。

（七）商业汇票

商业汇票是由出票人签发，由承兑人承兑，并于到期日向收款人和持票人支付款项的票据。按承兑人的不同，可分为商业承兑汇票和银行承兑汇票。

其特点如下：

1. 商业汇票结算方式，同城或异地均可使用。

2. 签发商业汇票必须以真实合法的商品交易为基础。

3. 商业汇票一律记名，允许背书转让。

4. 商业汇票承兑期限，由交易双方确定，最长不超过6个月。

5. 每张银行承兑汇票的金额最高不得超过1000万元。

6. 商业汇票到期日前，收款人和被背书人应送交开户银行办理向付款人提示付款；对逾期超过10日的商业汇票，银行不予受理。

7. 银行承兑汇票的承兑银行按票面金额万分之五向申请人计收承兑手续费。

8. 已承兑的商业汇票丢失时，可由失票人通知付款人挂失止付。

9. 对符合条件的未到期银行承兑汇票，持票人可向银行申请贴现。

（八）同城业务

同城业务是指我行客户与在同城他行开户的客户进行资金存取的业务。同城业务通常包括如下业务种类：

1.提出代付业务：该交易用于提出代付票据录入的业务处理，即操作员收到客户存入的票据时，录入相关信息。其中票据收款人在银行开户。包括支票、汇票等票据。

2.提出代收业务：该交易用于提出代收票据录入的业务处理，即操作员收到客户存入的票据时，录入相关信息。其中票据付款人在银行开户。

3.提入代付业务：该交易用于提入代付票据录入的业务处理，即操作员收到通过交换提入的银行付款票据时，录入相关信息，录入完成账务处理。其中票据付款人在银行开户。包括支票、汇票等票据。

4.提入代收业务：该交易用于提入代收票据录入的业务处理，即对方行通过交换将票据提到银行，其中收款人在银行开户。包括支票、收款凭证等。

5.交换场次切换：该交易用于票据交换场次的切换，即将复核过的报单送给交换员，参加交换前进行的操作。交换场次随时间不同而不同，如果是下午进行场次切换，录入的日期为下一工作日，场次为"1"，即提出的是次日上午一交票据；如果是上午进行场次交换，录入日期为当日，场次为"2"，即提出的是当日下午二交票据；年终决算最多可以做4场交换。有提入无提出的业务发生，先进行场次切换(报空盘，场次输入为负，分别是-1、-2、-3和-4)，再处理提入的业务。

6.取消场次切换：该交易用于票据交换场次切换的取消。操作完成后，场次恢复为上场。有该场次的提入票据或该场次已清差的不能进行本操作。

7.同城场次调整：该交易用于切换了交换场次但未到人行交换，发现提出票据有误或要追加票据时的业务处理。

8.清算时间：一般上午场12:00前，下午场6:00前；一次清算行每天只参加下午的清算。

9.非法二次查询：该交易用于查询非法二交报单的业务处理。由于边远地区银行不参加人行当日二交，因此在交换前需将这些票据的金额与笔数扣除，系统自动将扣除部分滚入下一场次。通过该交易可以查询出非法二交票据的信息。

(九)辖内业务

凡在同一分行的各个营业网点(支行)开有存款账户的企业、事业、机关、部队、社会团体和个体工商户等，都可以通过辖内通存通兑方式办理业务。辖内业务包括以下种类：

1.现金通存：指我行客户在其开户行以外的同城系统内他行办理现金缴存。

2.转账通存：指我行客户在其开户行以外的同城系统内他行办理支票转账存款。

3.现金通兑：指客户签发我行现金支票，在开户行以外的我行网点(代理行)办理取现业务。

4.转账通兑：指客户签发我行转账支票，在开户行以外的我行网点(代理行)办理转账付款业务。

（十）特约汇款业务

特约汇款业务包括如下业务种类：

1. 签发特约汇款证：该交易由会员行下属网点操作员完成；使用该交易可实现汇款证签发业务，即签发行受理汇款人递交的特约汇款证委托书，审查无误后，由汇款证签发人员根据特约汇款证委托书所列要素录入。

2. 兑付特约汇款证：该交易由会员行下属网点操作员完成。

3. 特约汇款证转汇：该交易由会员行下属网点操作员完成，主要实现网点与市行之间清差划拨。

第三节　业务流程

本节主要介绍个人储蓄业务和对公会计业务的具体操作流程。具体如图 1－3 和 1－4 所示。

一、个人储蓄业务操作总流程

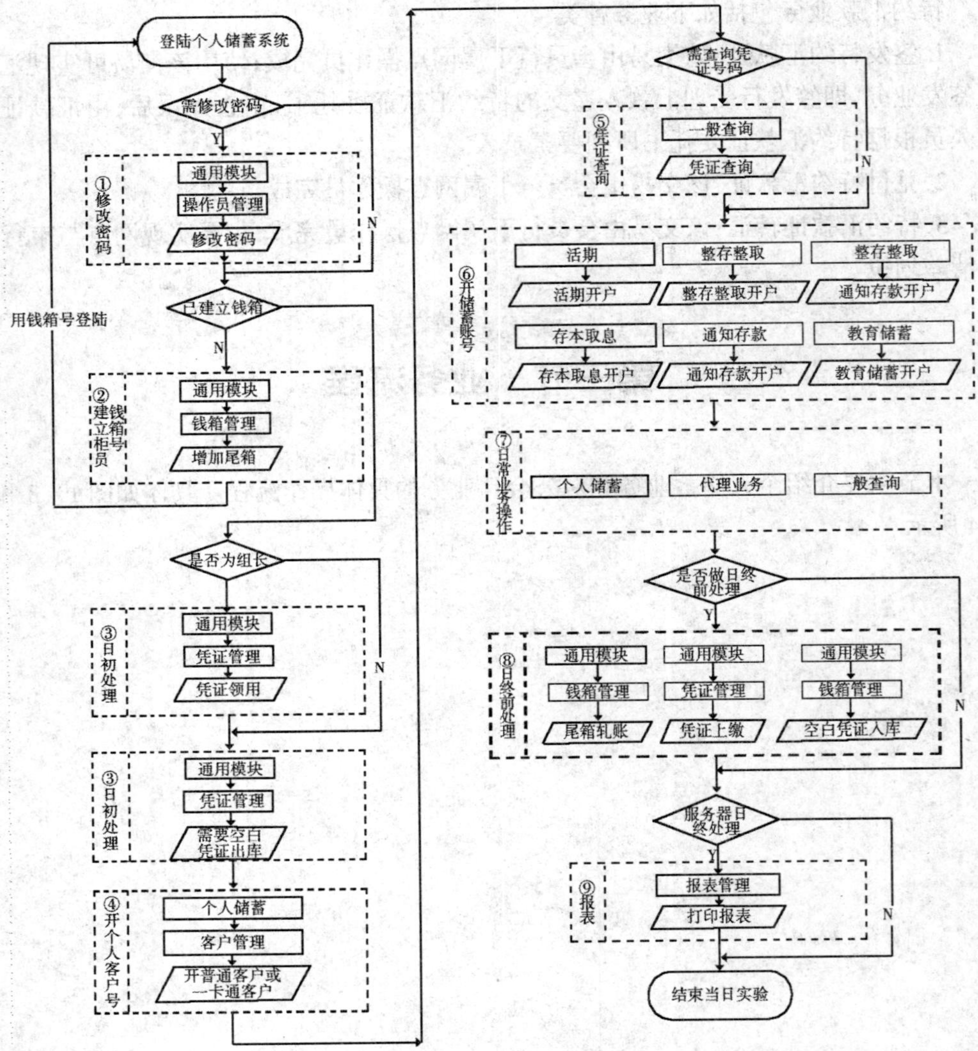

图 1-3　个人储蓄业务总流程

二、对公会计业务操作总流程

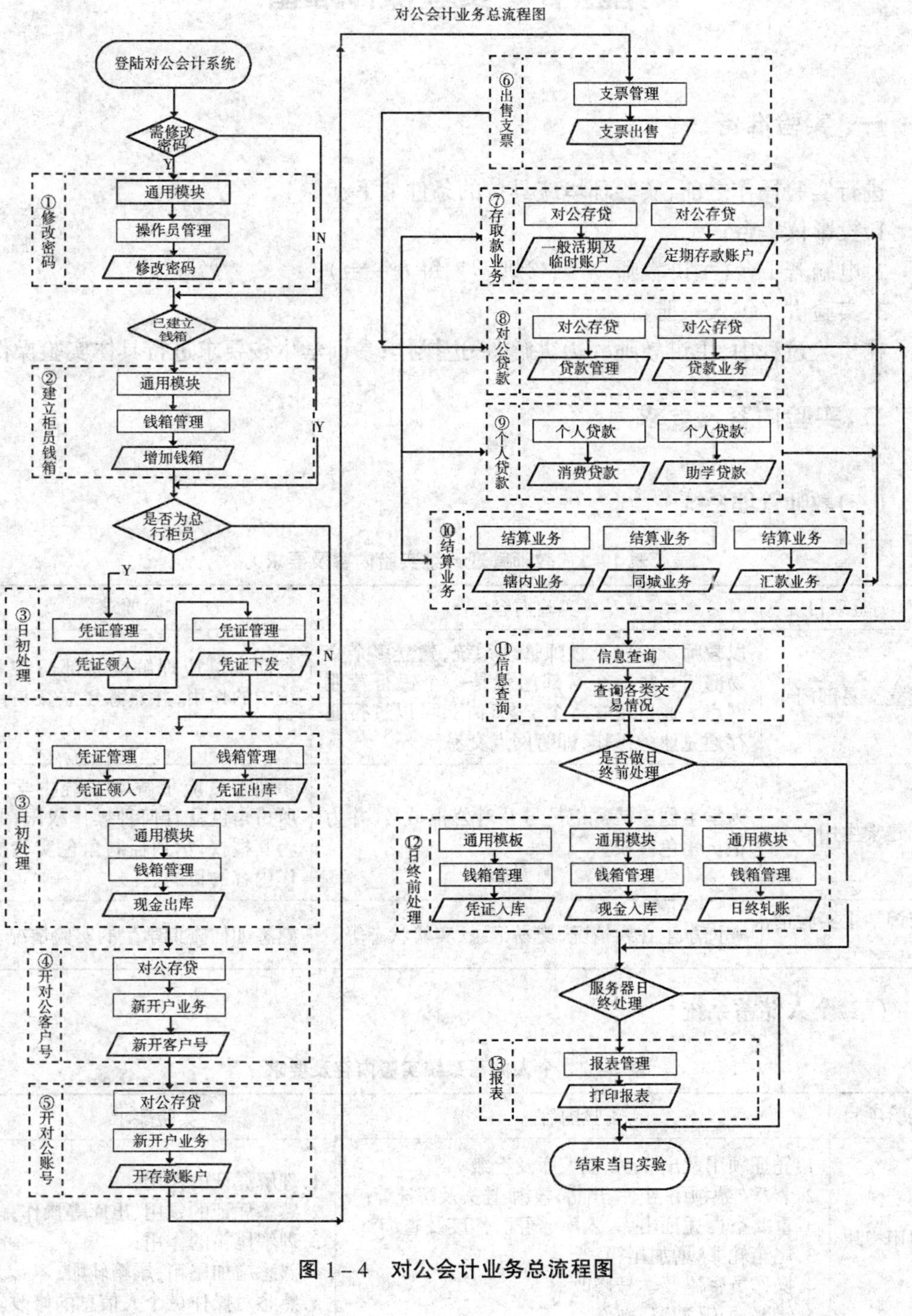

图 1－4　对公会计业务总流程图

第四节　实验操作准备

一、实验准备

进行实验操作之前,实验环境应具备的条件如下:

1.投影仪一台;

2.电脑若干台(主讲教师一台,参训学生每人一台);

3.实验讲义每人一册。

在实验过程中,主讲教师一边讲解,一边操作;参训学生按要求进行具体实验操作。

二、实验内容及要求

(一)教师管理系统

表 1-1　教师管理系统实验内容及要求

实验项目	实验内容	实验要求
建立交易部门	以教师身份登录教师管理系统,建立多个交易部门。每个交易部门就是一个银行营业网点。通过建立多个交易部门,可以进行通存通兑业务操作,即跨网点交易。	参训人员应理解交易部门在系统中的作用,并熟悉建立交易部门。
创建学生用户	为学生创建储蓄柜员号及对公柜员号,并为柜员角色授权。	参训人员应了解本系统中学生所扮角色具有何种操作权限,并为其授权,达到控制角色实验操作内容的目的。
查询学生实验情况	查询学生在线情况、交易记录、实验状态等。	熟悉如何查询学生的实验情况。

(二)个人储蓄系统

表 1-2　个人储蓄系统实验内容及要求

实验项目	实验内容	实验要求
通用模块	1.凭证领用及出库、凭证入库及上缴; 2.个人支票领用、出库、出售、核销、挂失及解挂等; 3.重要空白凭证出库、入库、调配、作废及查询; 3.尾箱轧账、增加尾箱; 4.操作员密码及学号修改; 5.错账冲正(冲账)操作。	1.理解凭证的作用; 2.熟悉凭证的领用、出库等操作; 3.理解尾箱的作用; 4.熟悉增加尾箱、尾箱轧账; 5.熟悉对操作员个人信息的修改。

（续表）

实验项目	实验内容	实验要求
一般查询	1.按客户名称或客户号进行综合查询； 2.按账号查询账户交易情况； 3.按账号或客户号、交易日期或流水号查询交易记录及账户情况； 4.按客户号或凭证号查询凭证使用情况； 5.按交易部门、支票号或账号查询个人支票使用及出售情况。	1.熟悉各种交易记录的查询； 2.熟悉凭证的使用情况查询； 3.熟悉支票号码的查询。
个人储蓄	1.开普通客户号、一卡通客户号、一本通客户号； 2.以普通客户号及一卡通（一本通）客户号开活期、整存整取、零存整取、定活两便、存本取息、通知存款、教育储蓄账号； 3.用以上账号进行存取款业务操作； 4.普通存折及一卡通或一本通销户操作； 5.一卡通换凭证、挂失及密码修改； 6.换存折、存单及挂失，账户密码修改； 7.普通支票开户、存取款、结清、销户操作。	1.熟悉各种储蓄业务的操作； 2.熟悉特殊业务的操作； 3.理解不同储蓄业务品种的行业规定及交易流程； 4.理解客户化的管理思想在实际业务中的体现； 5.理解现代商业银行的个人业务规范； 6.理解商业银行会计的核算方法。
代理业务	1.商业银行代理收付账号为内部账号，即“储蓄业务周转金”账号；账号规则为9+交易部门编号+1040700001，如906021040700001； 2.建立代理合同； 3.代理业务批量录入； 4.代理业务批量（批量明细增加）； 5.代理业务（有代理清单逐笔代收）； 6.代理业务（无代理清单逐笔代收）。 注：其中代理类别“81（行政事业基金费用）”及“82（煤气费代收）”为无代理清单。其他为有代理清单。	1.熟悉代理业务的操作； 2.理解商业银行表外业务的核算方法。

（三）对公会计系统

表1－3 对公会计系统实验内容及要求

实验项目	实验内容	实验要求
凭证业务及钱箱操作	1.以网点柜员登录建立钱箱和修改密码； 2.以总行会计部柜员登录做凭证领用和下发操作； 3.以网点柜员身份登录做凭证领用； 4.凭证出库； 5.现金出库。	1.熟悉以不同权限的柜员登录系统来做凭证业务； 2.熟悉柜员个人信息维护操作； 3.熟悉凭证出库及现金出库操作的目的。

（续表）

实验项目	实验内容	实验要求
开客户号及账号	1.新开一个对公客户号； 2.新开一个对公账号(存期为“000”,账号为预开户状态)； 3.现金存款,激活对公账号。	1.理解客户化的业务管理思想； 2.区分对公客户和个人客户开账号时的不同状态； 3.了解对公基本账号与其他类型账号之间的区别。
支票业务	出售现金支票和转账支票给对应的对公账号。	熟悉支票业务操作流程。
存取款业务	1.现金存款操作； 2.现金取款操作； 3.账户转账操作； 4.协议存款操作； 5.定期存取款操作。	1.熟悉对公现金及转账业务操作； 2.熟悉对公协议存款及定期存款操作及业务规范。
贷款管理	1.新建贷款业务操作； 2.贷款发放及部分还贷、全部还贷操作； 3.贷款展期及不良贷款核销操作； 4.贷款业务查询操作。	1.熟悉贷款业务操作流程； 2.熟悉贷款业务管理规范； 3.熟悉不良贷款业务处理流程。
汇票业务	1.商业汇票承兑业务操作； 2.汇票到期付款操作。	熟悉汇票业务操作流程。
个人贷款	1.个人消费贷款业务合同建立、贷款发放、提前部分还贷、提前全部还贷、个贷调息及贷款业务查询操作； 2.助学贷款借据管理、单位合同录入、助学贷款贴息及提前全部还贷操作。	熟悉个人贷款业务操作流程及管理规范。
结算业务	1.辖内结算业务操作； 2.同城业务操作； 3.特约汇款业务操作。	1.理解辖内及同城结算业务的区别； 2.熟悉结算业务操作流程； 3.熟悉结算业务操作及交易查询。
通用模块	1.表内通用记账操作； 2.对公账户维护操作； 3.内部账户维护操作； 4.上存下拨业务操作； 5.账户冻结、解冻操作,冲销户操作； 6.冲账业务操作； 7.凭证挂失、解挂及换存单操作； 8.支票挂失、解挂及核销操作； 9.凭证入库、作废、查询及日终轧账操作。	1.熟悉账户维护、凭证业务及支票业务的操作； 2.熟悉冲账业务及上存下拨业务操作。
信息查询	1.客户查询操作； 2.账户查询操作； 3.凭证查询操作； 4.交易查询操作； 5.总账查询操作。	熟悉对各种交易结果进行查询的方法。

(四)报表管理系统

表 1-4 报表管理系统实验内容及要求

实验项目	实验内容	实验要求
储蓄报表	查询储蓄营业报表	掌握各种报表的查询方法及理解随着业务的变动,各种报表发生相应变化。
对公业务报表	查询对公业务营业报表	
会计月报	资产负债表、利润表等	
其他报表	相关业务报表查询	

第五节 系统管理

商业银行综合业务的系统管理内容主要包括系统安装、部门管理、参数管理、教师管理、联行行号和教学管理等。

一、系统安装

(一)系统安装环境

1.服务器操作系统为:Windwos 2000 Server + SQL 2000 Server(打 SP3 补丁)。

2.客户端操作系统为:Windows 2000/XP + IE6.0 以上版本。

(二)安装方法

运行 setup.exe,按提示完成安装;选择"银行综合业务"则同时安装智盛商业银行综合业务模拟系统。

1.《智盛商业银行综合业务模拟系统》客户端 IE 浏览器 IP 地址为:http://8081/WitBank/index.jsp,或者 http://8081/BANK。注意区分字母的大小写。

2.《智盛商业银行综合业务模拟系统》以教师用户(admin/888888)登录系统,将系统系列号报到智盛公司(0755-83741441)。授权后,系统就可以运行。

技术邮箱:szwitsoft@21cn.com。

公司网址:www.szwitsoft.com。

二、部门管理

(一)登录教师管理

以系统管理员(admin)身份登录到教学管理系统,初始密码为888888,如图1-5所示:

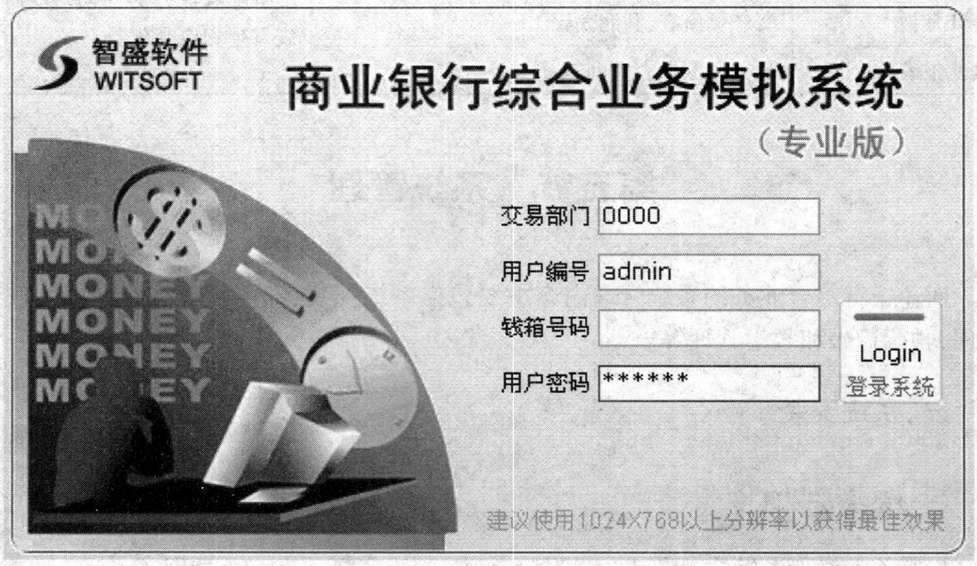

图1-5

(二)创建交易部门

商业银行综合业务实验系统把学生实验班级分成各个支行,每个班级为一个支行。每个分行下可以创建多个支行,即创建多个班级。方法如下:

1.进入“部门管理/交易部门管理”,先创建分行。系统默认了总行的部门号为“0001”,分行部门号可设为“0600”,如图1-6所示:

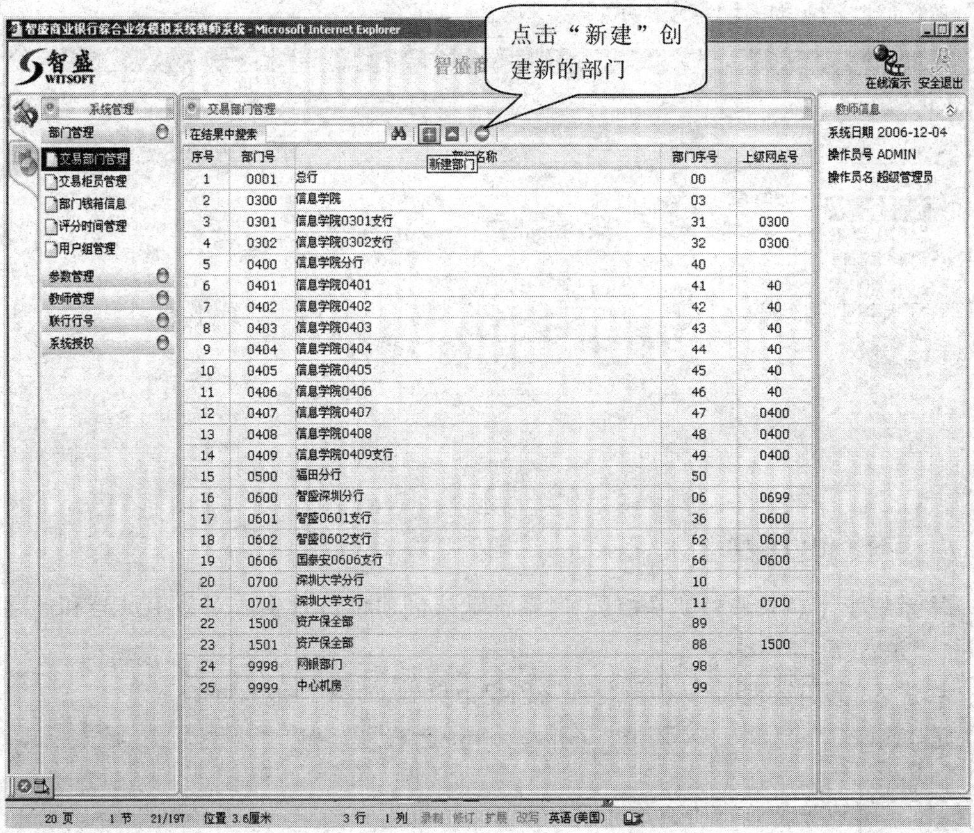

图 1-6

2. 创建分行,如图 1-7 所示:

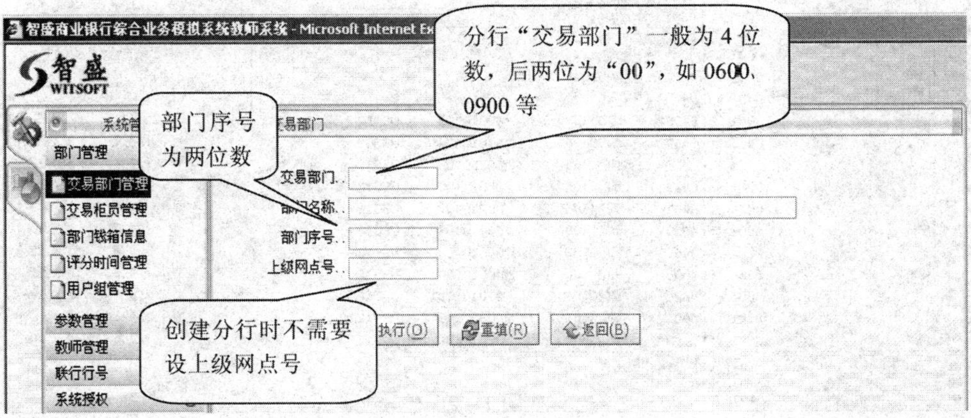

图 1-7

3. 创建支行,如图 1－8 所示:

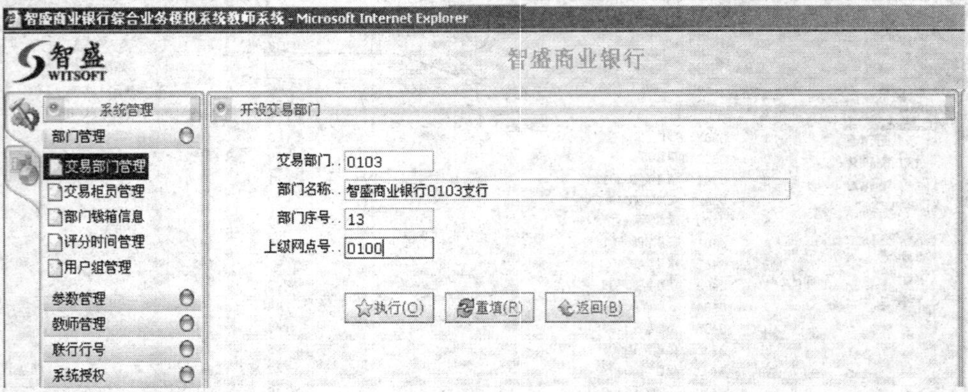

图 1－8

(三)交易柜员管理

本系统学生登录账号就是柜员号,系统默认创建柜员时生成对公柜员号和储蓄柜员号,方法如下:

1. 进入"部门管理/交易柜员管理",创建柜员号,如图 1－9 所示:

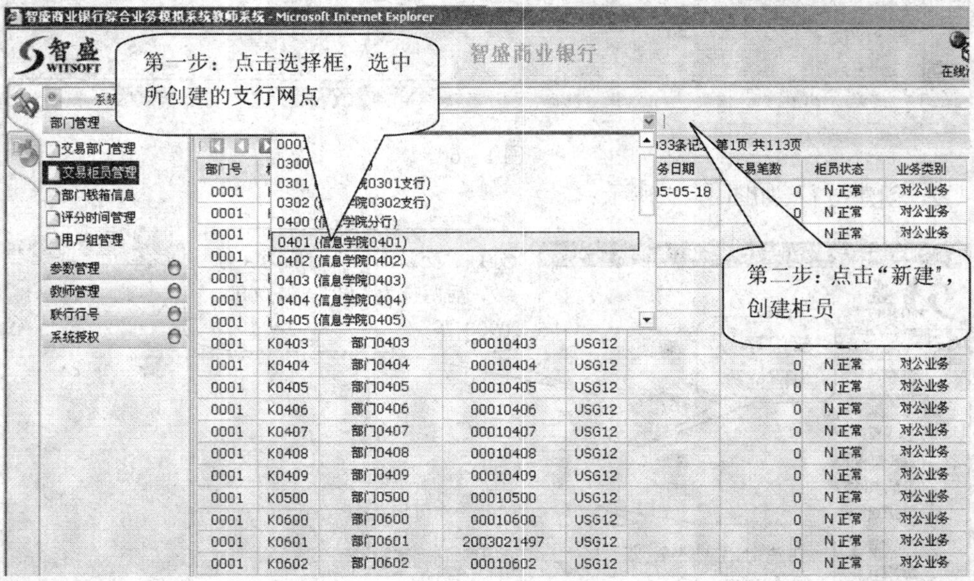

图 1－9

2. 创建柜员,操作方法如图 1－10 所示。

3. 点击"执行",系统将批量生成柜员号。如果柜员数量为 50,则储蓄用户柜员号为 S0001—S0050,对公用户柜员号为 K0001—K0050。

4. 修改柜员信息,操作方法如图 1－11、1－12 所示。

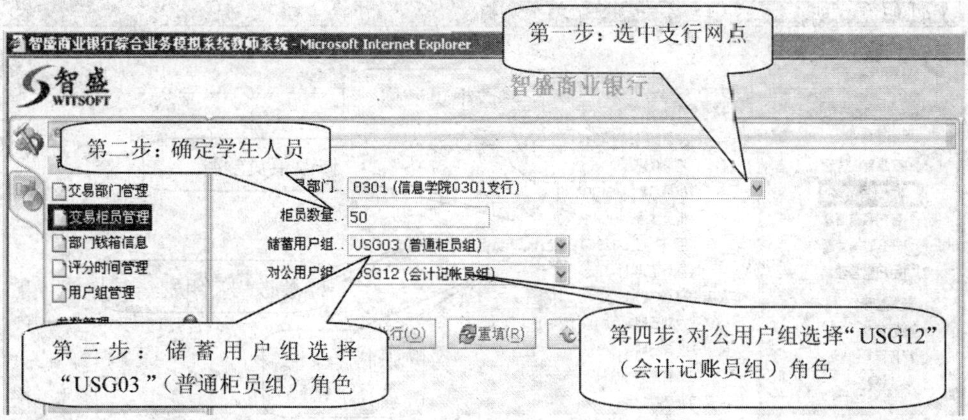

图 1－10

部门号	柜员号	柜员名称	柜员学号	用户组	业务日期	交易笔数	柜员状态	业务类别
0001	K0001	总行	2003021497	USG12	2005-05-18	0	N 正常	对公业务
0001	K0300	部门0300	00010300	USG12		0	N 正常	对公业务
0001	K0301	部门0301	00010301	USG12		0	N 正常	对公业务
0001	K0302	部门0302	00010302	USG12		0	N 正常	对公业务
0001	K0400	部门0400	00010400	USG12		0	N 正常	对公业务
0001	K0401	部门0401	00010401	USG12		0	N 正常	对公业务
0001	K0402	部门0402	00010402	USG12		0	N 正常	对公业务
0001	K0403	部门0403	00010403	USG12		0	N 正常	对公业务
0001	K0404	部门0404	00010404	USG12		0	N 正常	对公业务
0001	K0405	部门0405	00010405	USG12		0	N 正常	对公业务
0001	K0406	部门0406	00010406	USG12		0	N 正常	对公业务
0001	K0407	部门0407	00010407	USG12		0	N 正常	对公业务
0001	K0408	部门0408	00010408	USG12		0	N 正常	对公业务
0001	K0409	部门0409	00010409	USG12		0	N 正常	对公业务
0001	K0500	部门0500	00010500	USG12		0	N 正常	对公业务
0001	K0600	部门0600	00010600	USG12		0	N 正常	对公业务
0001	K0601	部门0601	2003021497	USG12		0	N 正常	对公业务
0001	K0602	部门0602	00010602	USG12		0	N 正常	对公业务

图 1－11

5.用户组管理用于修改用户组的操作权限，如图 1－13 所示。

6.用户权限维护用于修改操作额度，如图 1－14 所示。

7.评分基数管理用于设定评分标准及评分时间段，如图 1－15 所示。

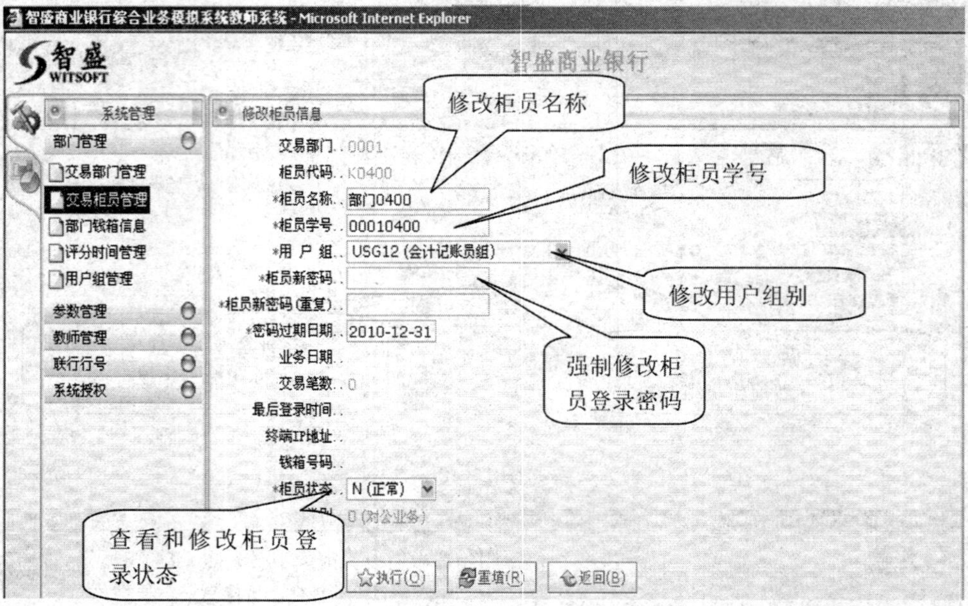
智盛商业银行综合业务模拟系统教师系统 - Microsoft Internet Explorer
智盛商业银行
修改柜员名称
修改柜员学号
修改用户组别
强制修改柜员登录密码
查看和修改柜员登录状态

图 1 – 12

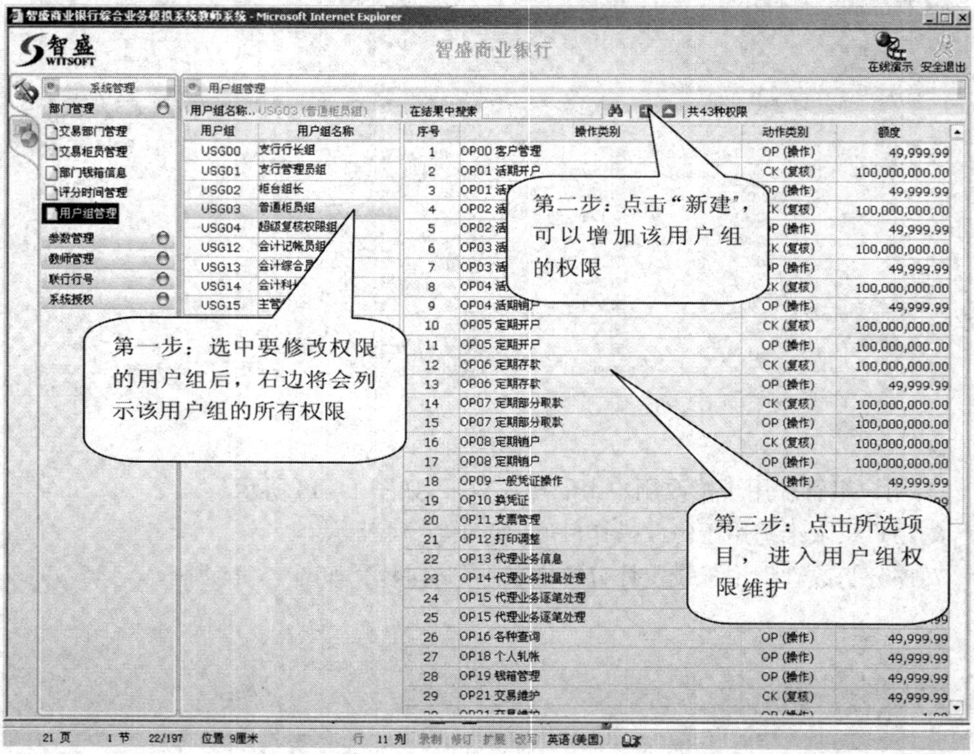
智盛商业银行综合业务模拟系统教师系统 - Microsoft Internet Explorer
智盛商业银行
第二步：点击“新建”，可以增加该用户组的权限
第一步：选中要修改权限的用户组后，右边将会列示该用户组的所有权限
第三步：点击所选项目，进入用户组权限维护

图 1 – 13

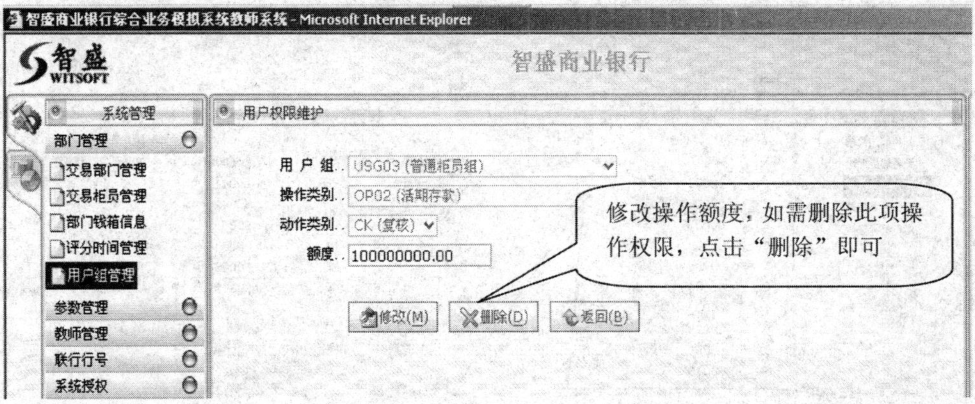

图 1－14

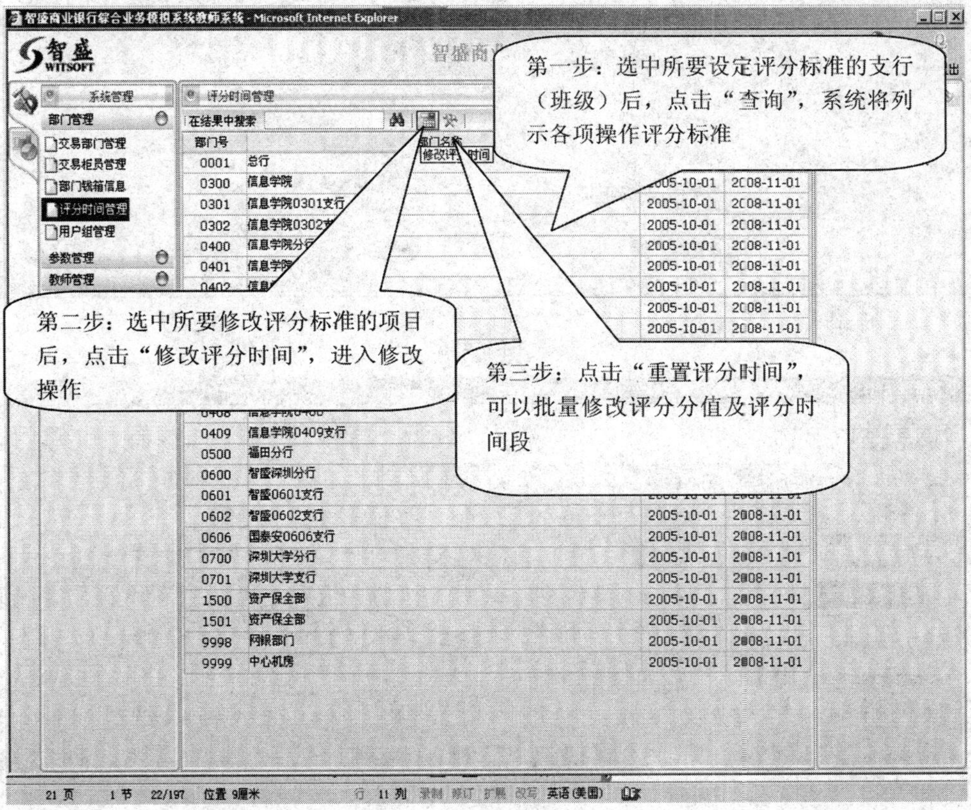

图 1－15

8. 部门钱箱信息用于查看、修改、绑定、关闭柜员钱箱号，如图 1－16、1－17 所示。

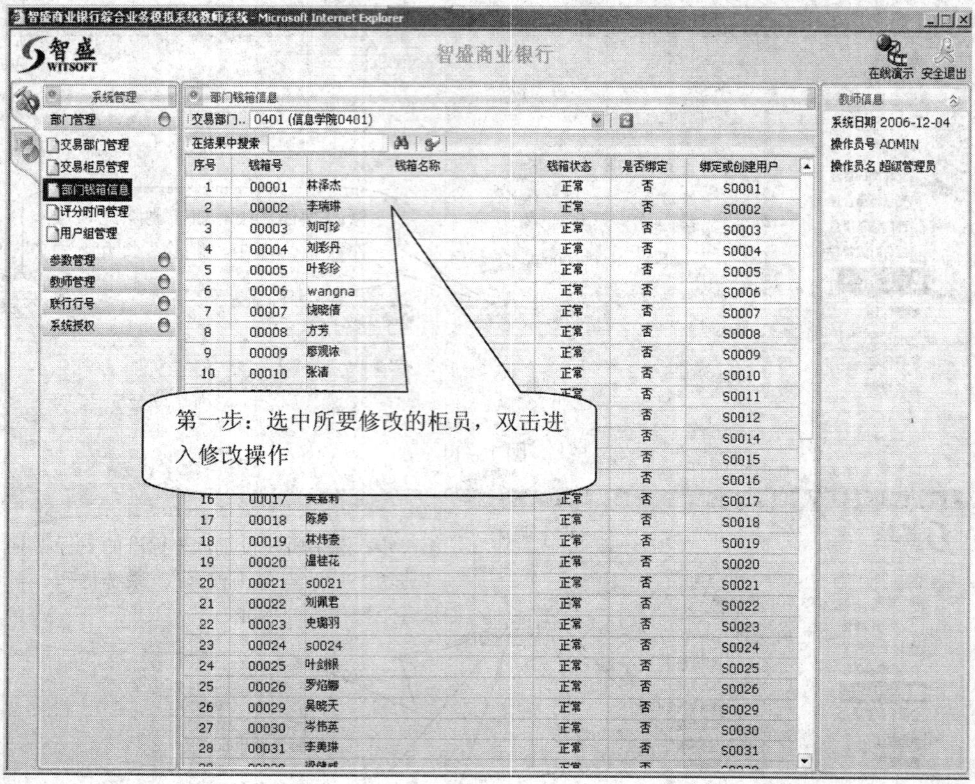

图 1 – 16

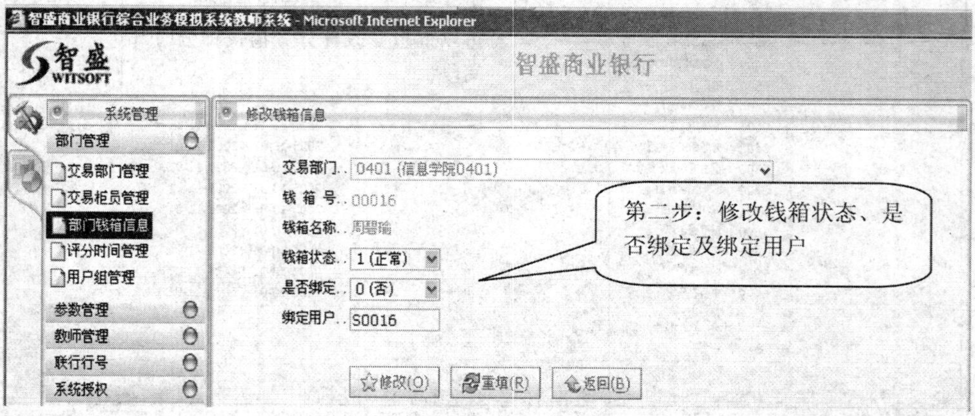

图 1 – 17

三、参数管理

(一)会计科目管理

会计科目管理列示银行系统所示会计科目,并可以将会计科目表导出到 excel 表

中,如图 1 - 18 所示:

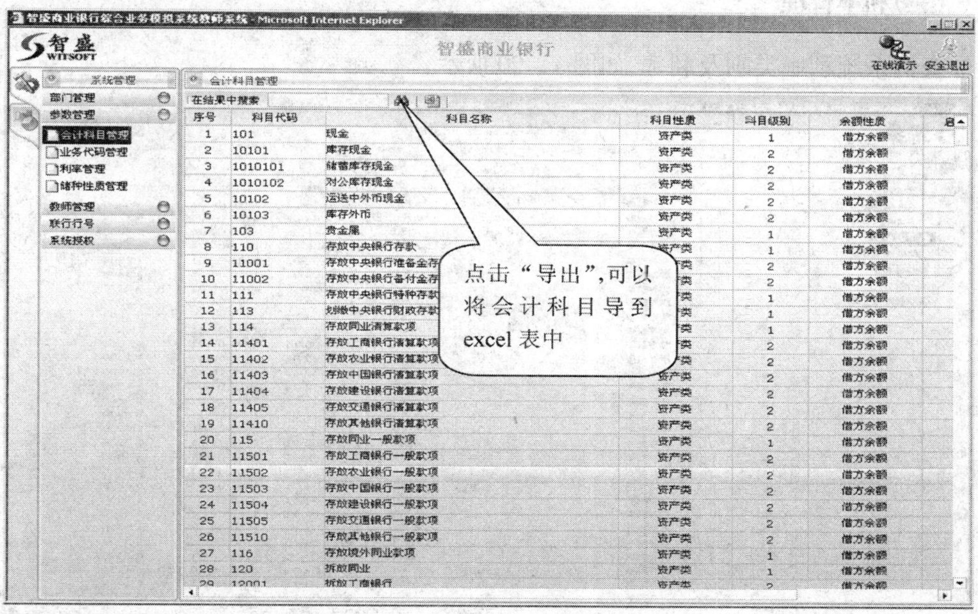

图 1 - 18

(二)业务代码管理

列示本系统所涉及的所有业务代码,及其对应的会计科目,并可将其导出到 excel 表中,如图 1 - 19 所示:

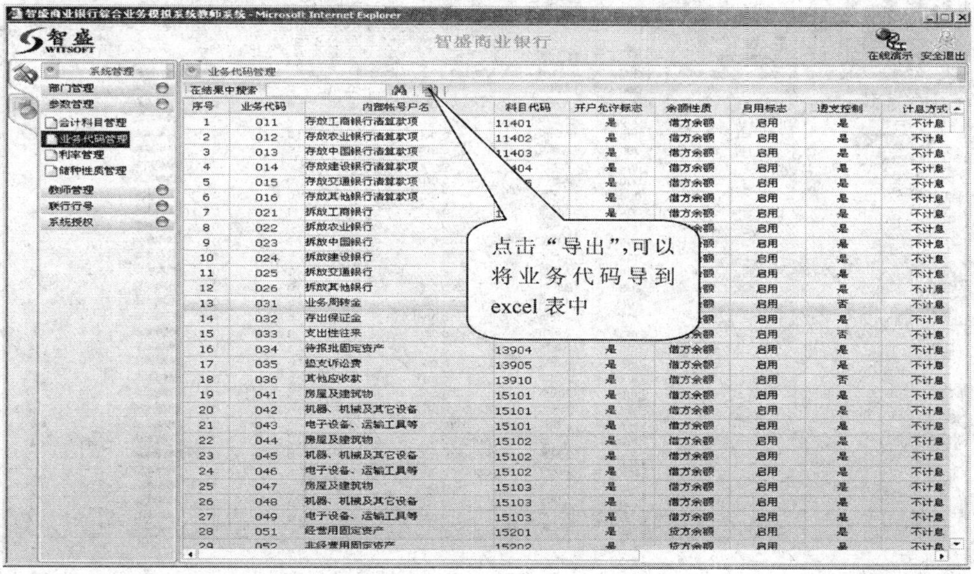

图 1 - 19

(三)利率管理

查询系统利率类别及利率,如图 1-20 所示:

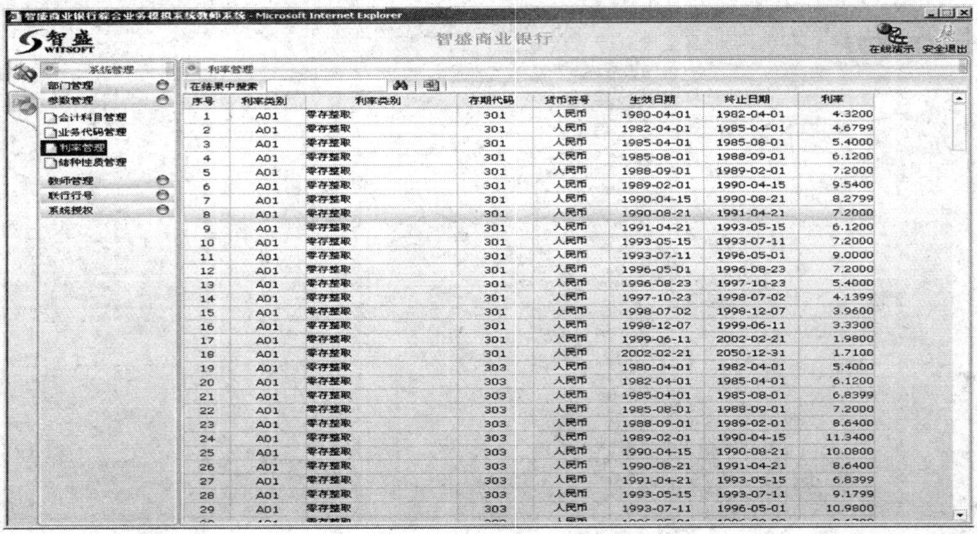

序号	利率类别	利率类别	存期代码	货币符号	生效日期	终止日期	利率
1	A01	零存整取	301	人民币	1980-04-01	1982-04-01	4.3200
2	A01	零存整取	301	人民币	1982-04-01	1985-04-01	4.6799
3	A01	零存整取	301	人民币	1985-04-01	1985-08-01	5.4000
4	A01	零存整取	301	人民币	1985-08-01	1988-09-01	6.1200
5	A01	零存整取	301	人民币	1988-09-01	1989-02-01	7.2000
6	A01	零存整取	301	人民币	1989-02-01	1990-04-15	9.5400
7	A01	零存整取	301	人民币	1990-04-15	1990-08-21	8.2799
8	A01	零存整取	301	人民币	1990-08-21	1991-04-21	7.2000
9	A01	零存整取	301	人民币	1991-04-21	1993-05-15	6.1200
10	A01	零存整取	301	人民币	1993-05-15	1993-07-11	7.2000
11	A01	零存整取	301	人民币	1993-07-11	1996-05-01	9.0000
12	A01	零存整取	301	人民币	1996-05-01	1996-08-23	7.2000
13	A01	零存整取	301	人民币	1996-08-23	1997-10-23	5.4000
14	A01	零存整取	301	人民币	1997-10-23	1998-07-02	4.1399
15	A01	零存整取	301	人民币	1998-07-02	1998-12-07	3.9600
16	A01	零存整取	301	人民币	1998-12-07	1999-06-11	3.3300
17	A01	零存整取	301	人民币	1999-06-11	2002-02-21	1.9800
18	A01	零存整取	301	人民币	2002-02-21	2050-12-31	1.7100
19	A01	零存整取	303	人民币	1980-04-01	1982-04-01	5.4000
20	A01	零存整取	303	人民币	1982-04-01	1985-04-01	6.1200
21	A01	零存整取	303	人民币	1985-04-01	1985-08-01	6.8399
22	A01	零存整取	303	人民币	1985-08-01	1988-09-01	7.2000
23	A01	零存整取	303	人民币	1988-09-01	1989-02-01	8.6400
24	A01	零存整取	303	人民币	1989-02-01	1990-04-15	11.3400
25	A01	零存整取	303	人民币	1990-04-15	1990-08-21	10.0800
26	A01	零存整取	303	人民币	1990-08-21	1991-04-21	8.6400
27	A01	零存整取	303	人民币	1991-04-21	1993-05-15	6.8399
28	A01	零存整取	303	人民币	1993-05-15	1993-07-11	9.1799
29	A01	零存整取	303	人民币	1993-07-11	1996-05-01	10.9800

图 1-20

(四)储蓄性质管理

查询各储种的业务规则,如图 1-21 所示:

序号	业务代码	存期代码	货币符号	起存金额	最低金额	存款次数	取款次数	提取类别
1	201	000	人民币	0.00	0.00	0	0	提取本金
2	202	000	人民币	0.00	0.00	0	0	提取本金
3	203	000	人民币	0.00	0.00	0	0	提取本金
4	204	000	人民币	0.00	0.00	0	0	提取本金
5	205	000	人民币	0.00	0.00	0	0	提取本金
6	206	000	人民币	0.00	0.00	0	0	提取本金
7	207	000	人民币	0.00	0.00	0	0	提取本金
8	208	000	人民币	0.00	0.00	0	0	提取本金
9	209	000	人民币	0.00	0.00	0	0	提取本金
10	210	000	人民币	0.00	0.00	0	0	提取本金
11	211	000	人民币	0.00	0.00	0	0	提取本金
12	212	000	人民币	0.00	0.00	0	0	提取本金
13	213	000	人民币	0.00	0.00	0	0	提取本金
14	221	203	人民币	0.00	0.00	0	0	利随本清
15	221	206	人民币	0.00	0.00	0	0	利随本清
16	221	301	人民币	0.00	0.00	0	0	利随本清
17	222	302	人民币	0.00	0.00	0	0	利随本清
18	222	303	人民币	0.00	0.00	0	0	利随本清
19	222	305	人民币	0.00	0.00	0	0	利随本清
20	223	301	人民币	0.00	0.00	0	0	利随本清
21	223	302	人民币	0.00	0.00	0	0	利随本清
22	223	303	人民币	0.00	0.00	0	0	利随本清
23	223	305	人民币	0.00	0.00	0	0	利随本清
24	224	000	人民币	500,000.00	500,000.00	0	0	利随本清
25	224	101	人民币	500,000.00	500,000.00	0	0	利随本清
26	224	107	人民币	500,000.00	500,000.00	0	0	利随本清
27	235	000	人民币	0.00	0.00	0	0	提取本金
28	260	000	人民币	0.00	0.00	0	0	提取本金
29	262	000	人民币	0.00	0.00	0	0	提取本金

图 1-21

四、教师管理

(一)教师组权限

新增教师组,设置教师组操作权限,如图 1－22 所示:

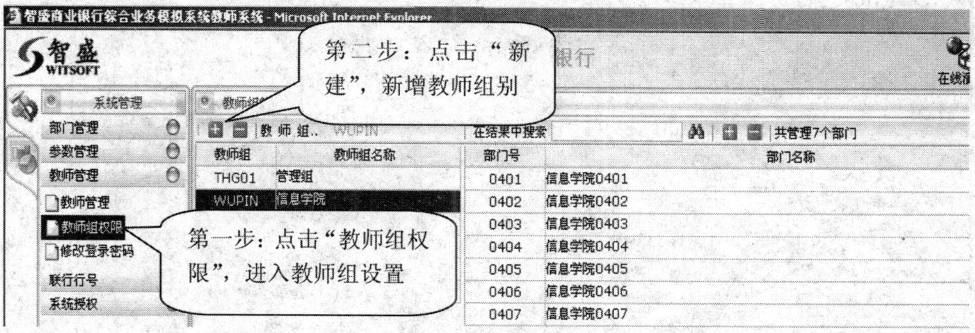

图 1－22

(二)编辑“教师组权限”

设置教师组可以管理哪些班级,如图 1－23 所示:

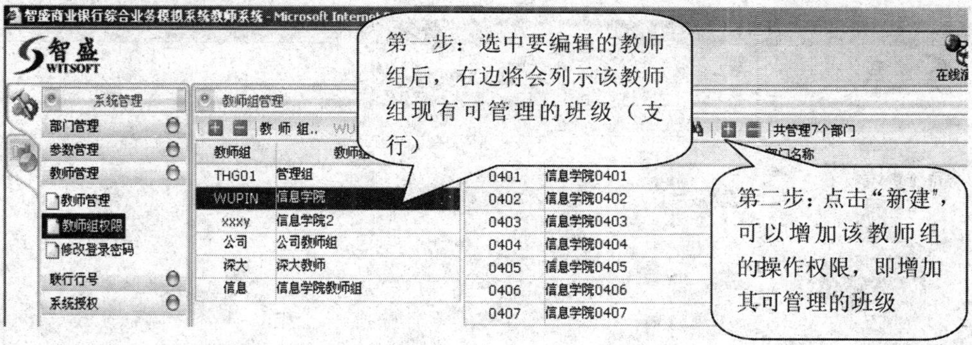

图 1－23

(三)教师管理

新增教师登录用户,如图 1－24 所示。
教师用户修改密码,如图 1－25 所示。

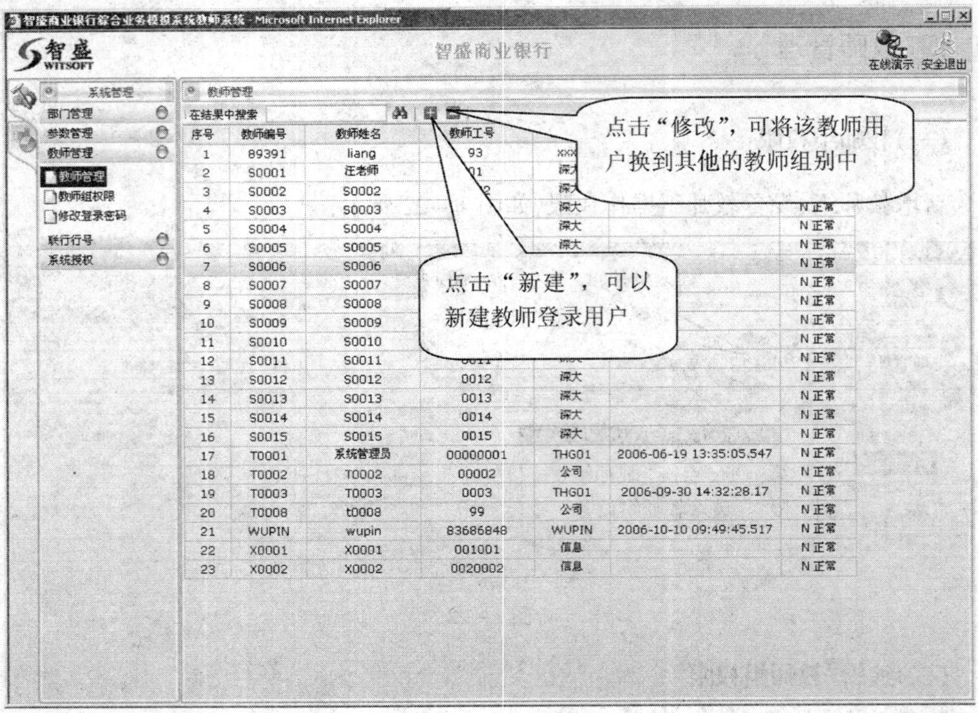

图 1 – 24

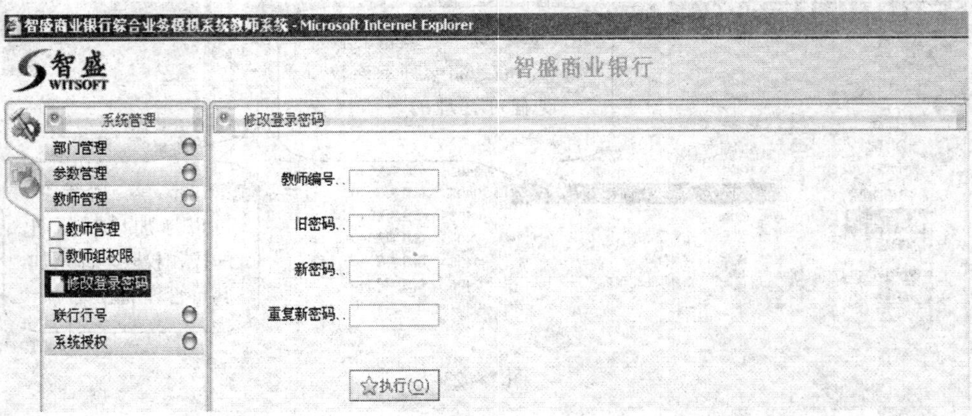

图 1 – 25

五、联行行号管理

联行行号管理用于增加联行交易行号及编辑修改联行相关信息，如图 1 – 26 所示。

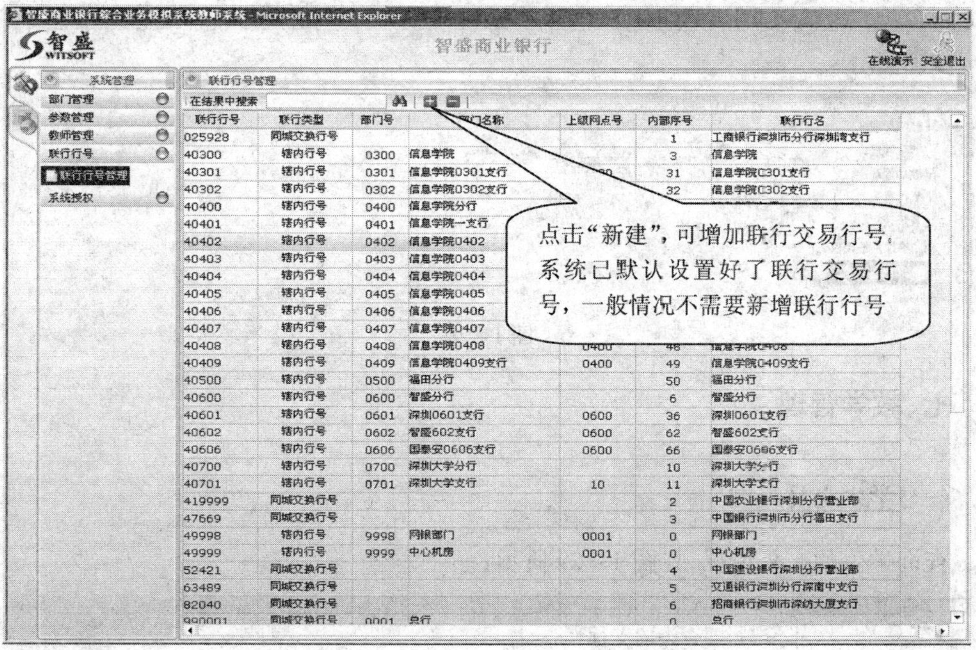

图 1－26

六、系统授权

系统安装完成后，会生成一个序列号，如图 1－27、1－28 所示：

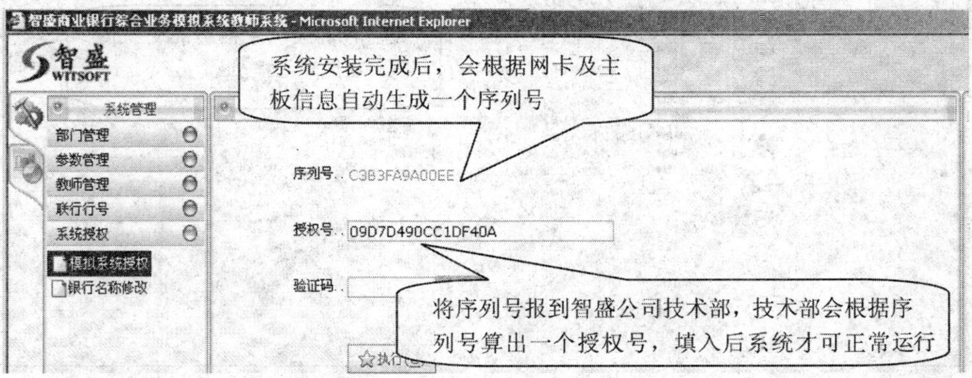

图 1－27

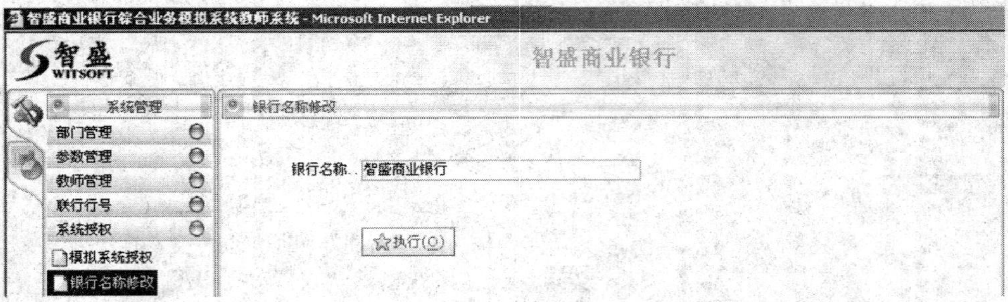

图 1－28

七、教学管理

(一)学生交易查询

查询学生的交易情况,如图 1－29 所示:

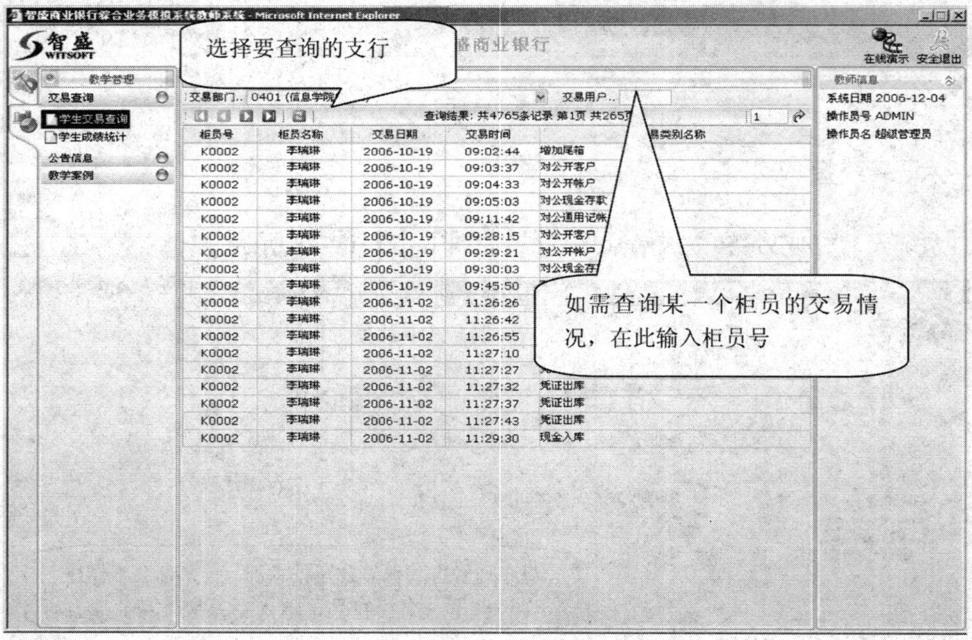

图 1－29

(二)学生成绩查询

查询学生的实验成绩,如图 1－30 所示:

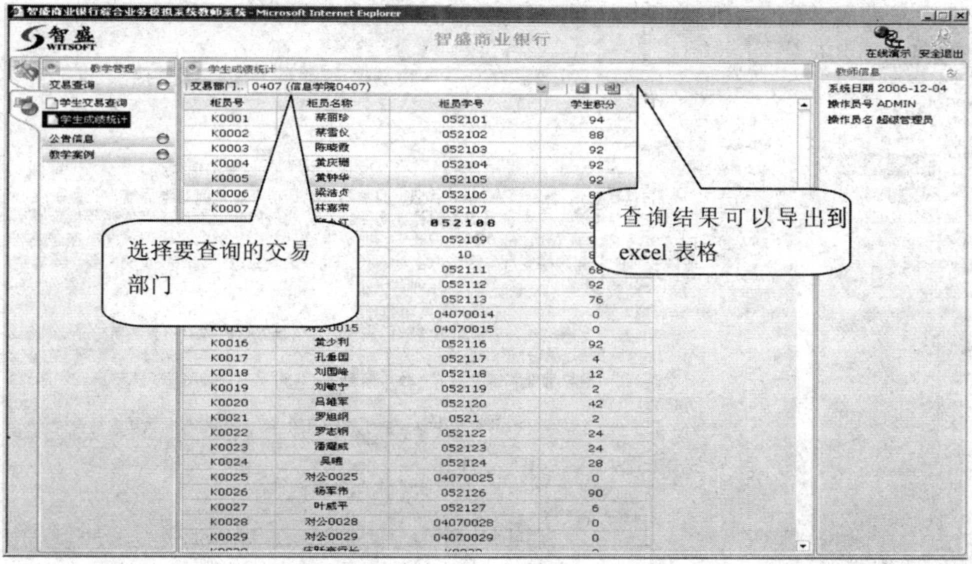

图 1－30

(三)公告信息

新增、修改及编辑公告信息，如图 1－31 所示：

图 1－31

编辑公告信息，如图 1－32 所示：

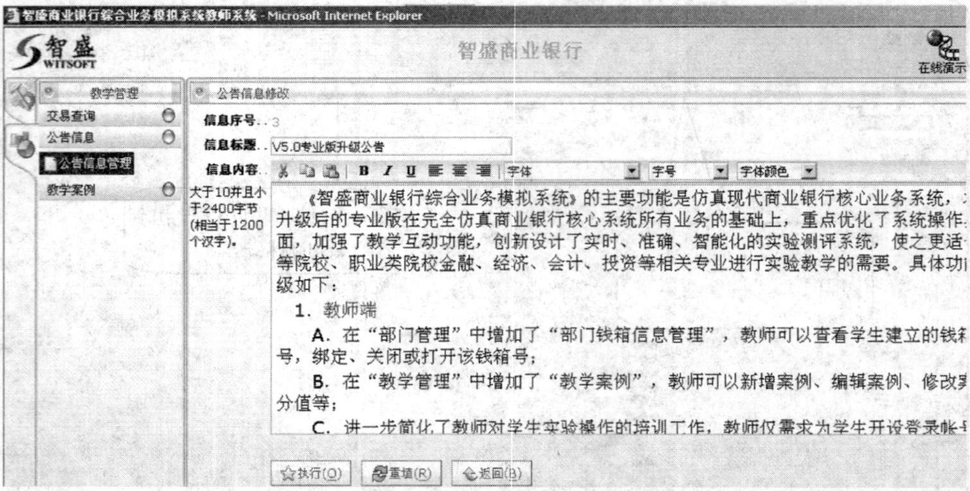

图 1－32

(四)教学案例

1.教学案例管理

新增、修改、编辑、删除教学案例,系统默认设置了近 200 个教学案例,分为个人储蓄案例和对公会计业务案例。每一个案例均根据其权重设置了相应的分值,对公业务案例和个人储蓄业务案例满分均为 100 分。教师可根据教学需要设置新的案例。如图 1－33 所示:

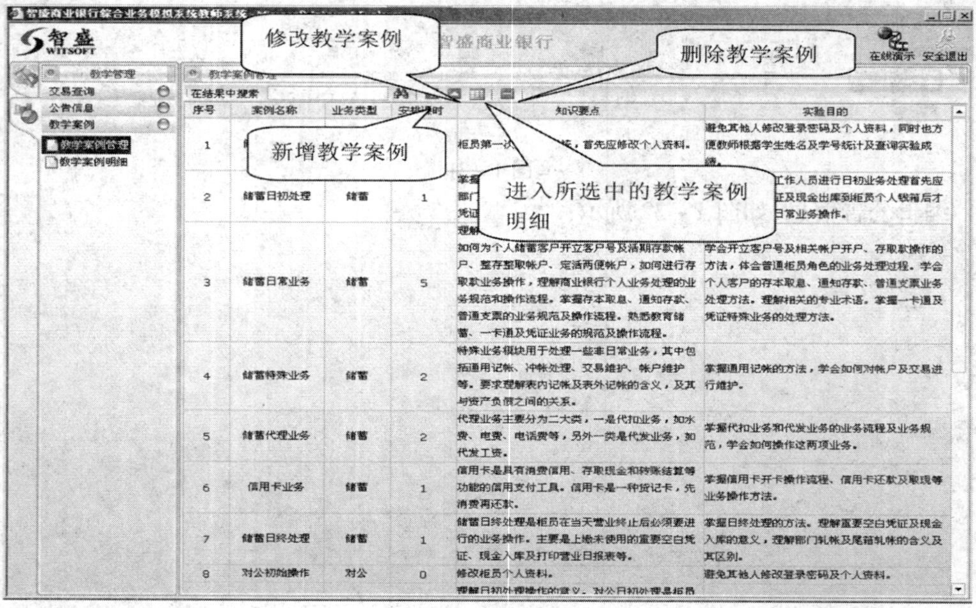

图 1－33

2.教学案例明细

系统对每一个教学案例,都配有具体的文字说明,如图 1－34 所示。双击“教学案例明细”后,可进入案例明细编辑,如图 1－35 所示:

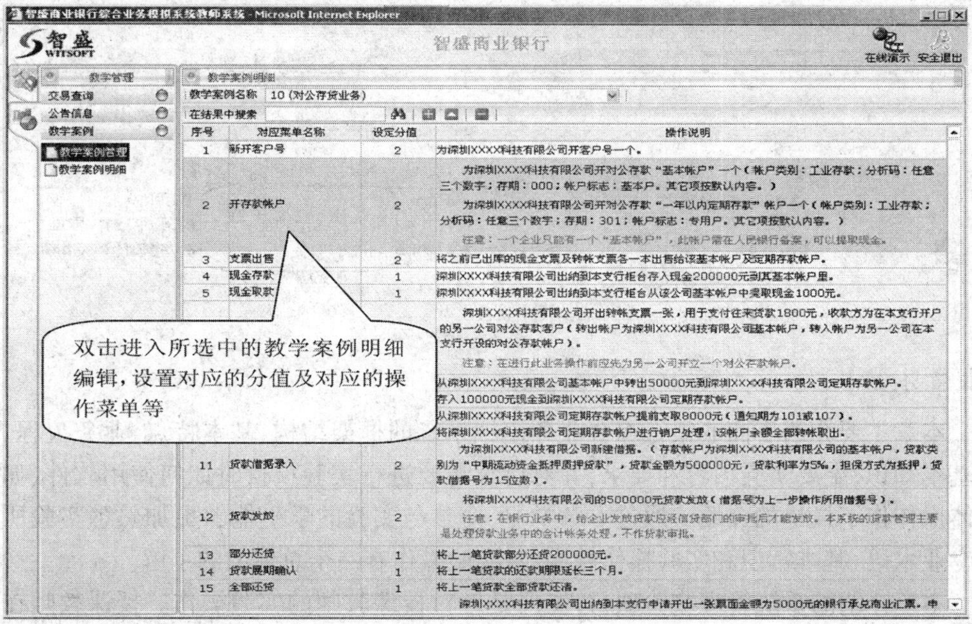

图 1－34

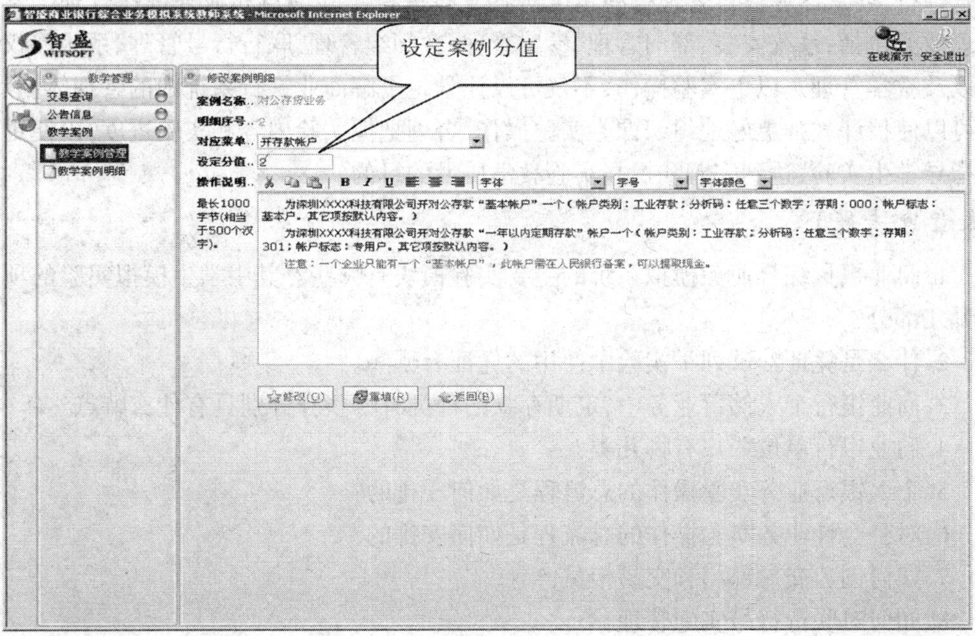

图 1－35

(五)在线演示

教学管理系统"在线演示"采用动态 Flash 演示,帮助教师学习如何操作管理本系统,如图 1－36 所示:

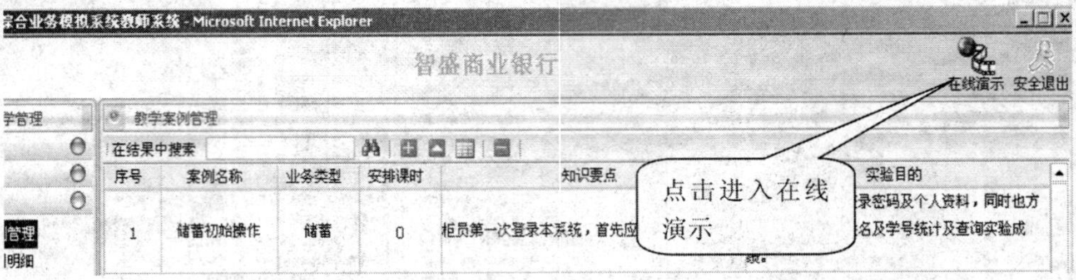

图 1－36

【本章小结】

本章主要介绍了商业银行综合业务模拟系统的框架结构、基本特点、业务流程、实验基本知识、主要实验内容和要求,并对后续将要进行实验项目时如何使用软件、如何具体操作作了详尽的介绍。通过本章学习,使参与实验的学生能够更加熟悉实验所需的专业术语、基本常识和实验操作程序,对实验操作有一个总体上的了解。

本章介绍的系统管理实验项目,主要是针对授课教师的实验操作。授课教师在商业银行综合业务实验中的身份是商业银行分行,是参与实验班级(商业银行支行)的上级管理行,要从商业银行管理行的角度对各支行进行实验项目和业务操作管理。系统管理业务包括:系统安装、部门管理、参数管理、教师组管理、联行行号管理、系统授权管理以及教学管理。以上实验操作,不仅可以让学生了解商业银行系统内的管理体制,而且可以使授课教师更好地组织课堂实验操作,合理把握实验内容和实验进度,以便更好地指导学生实验,达到完善和提高实验教学质量的目的。

【本章思考题】

1.商业银行综合业务模拟系统的主要实验模块有哪些?其中学生模拟实验的项目有哪几部分?

2.什么是凭证?试列举实验中使用的凭证有哪些。

3.商业银行个人储蓄业务中,定期存款的种类有哪些?分别具有什么特点?

4.商业银行单位账户有哪几类?

5.个人银行业务实验操作的总流程是如何安排的?

6.对公会计业务实验操作的总流程是如何安排的?

7.如何创建交易部门和交易柜员?

8.如何对联行行号实施管理?

9.教学案例如何使用?有什么特点?

10.授课教师如何对学生组的成绩进行管理?

CHAPTER 2　第二章

商业银行个人储蓄业务

【学习目标】

通过本章学习,学生应了解现代商业银行业务系统的特点,理解银行核心会计制度、综合柜员制、客户化管理思想及系统面向业务的特点,熟悉并掌握个人储蓄账号的编排体系及生成原理,掌握客户化管理思想及客户号的编排与生成原理,熟悉商业银行业务日常操作流程,掌握普通活期存款、各种普通定期存款的实验操作,掌握一卡通(或一本通)活期、定期存款的实验操作,熟悉并掌握通用模块实验内容的操作,熟悉并掌握一般查询业务的操作使用,掌握代理业务的实验操作。

商业银行的储蓄业务是商业银行获取存款资金的核心业务。在我国商业银行的各项负债来源渠道中,存款资金平均占到总负债资金的70%左右,而其中的储蓄存款又占到总存款资金的80%左右,所以商业银行十分重视储蓄存款业务的经营管理。在本章的个人储蓄业务模拟实验中,将系统介绍该实验模块的系统特点、账号编排体系及其他实验项目管理,指导学生通过具体实验项目熟悉商业银行个人储蓄业务的操作规范和操作内容,以加深对商业银行储蓄业务的理解。

第一节　个人储蓄业务概述

本节内容是对商业银行个人储蓄业务模拟实验的总体介绍,将主要介绍以下内容:个人储蓄业务的系统特点、账号编排体系、信用卡业务、柜员管理、凭证管理、钱箱管理及业务通用操作等。

一、系统特点

(一)核心会计

核心会计,即并账制。它是将银行的会计核算过程从业务处理过程中提取出来,成为一个通用的会计核心,使所有业务过程如储蓄、对公、代理业务等都围绕着会计核心来展开。这样就为将来银行创新业务打下坚实的基础,同时也最大限度地减少了因会计核算办法的改变而对业务过程带来的影响。核心会计系统代表了先进银行系统的主要特点,也是目前国内商业银行系统发展的新趋势。

(二)面向综合柜员

在并账制的基础上,通过对前台系统和综合业务系统的有机结合,在保留原有账务轧平方式的同时,逐步将柜面人员从以面向账务为主改为以面向业务为主的方式。这将极大地提高业务的处理效率,有利于商业银行创新业务的开展。

(三)客户化

目前大部分银行业务系统的处理均以账号为基础,同一客户不同业务品种的账务之间缺乏有机联系。同一客户的存贷款、资金去向等完整的业务信息难以把握。为加强对客户的服务,减少银行资金运营风险,必须强化对客户信息的管理。为此,要改变以往应用系统设计的方法,提出面向客户信息的设计方法,以客户信息文件为基础,构造客户信息管理子系统。这样银行就可以综合掌握客户状况,以便提供全面的客户追踪和决策分析手段,如资信评估、风险评估等,并为客户提供更好的服务手段,如一卡通、一本通、企业理财、个人理财等。

二、账号编排体系

(一)客户号

客户号由 10 位数码组成:

第 1 位用数字"0"—"3"表示储蓄账号,第 2—9 位为顺序号,第 10 位为校验位。

例如,0 0 0 0 0 0 1 2 3 4 中,第 1 位"0"表示该客户号是储蓄账号;2—9 位的"00000123"是顺序号,表示该客户号是银行开立的第 123 位客户;最后一位的"4"表示校验位。因为储蓄账号是"0"—"3",所以加上顺序号后,全行可以有 4 亿个储蓄客户。

(二)储蓄账号

储蓄账号共 15 位,由前 10 位的客户号和后 5 位的账号后缀(又称为分户号)共同组成。其中账号后缀前4位为顺序号,第5位为校验位。

例如,000000123400010表示客户号为0000001234的客户开立的0001第一个子户。顺序号第5位为校验位,每个客户号下可以有1万个分户。

(三)内部账号

内部账号是银行工作人员内部使用的账号,由10位客户号和5位后缀组成。其中客户号对应一个网点在某个币种下的某种业务。

第1位用数字"9"表示内部账号。

第2—3位为支行号。

第4—5位为网点号,第2、3、4、5位合并表示完整的网点编号。

第6—7位为货币代号。

第8—10位为业务代码。

账号5位后缀为顺序号,由全行统一制定。

例如,901011010100001中,"9"表示内部账号,"01"表示市行营业部,"01"表示市行营业部01网点,第6—7位的"10"表示币种(人民币),第8—10位的"101"表示库存现金业务代码,最后的5位"00001"表示柜员钱箱。所以这个内部账号的意思就是向市行营业部01网点00001柜员钱箱存、取款。

(四)业务代码的特点

业务代码对应到唯一的科目。科目可能根据实际业务需要而变动,但是对应的业务代码是不变的。与科目相对应并不是说与科目一样,科目可以是3位、5位、7位,而业务代码只是3位。

三、柜员管理

(一)柜员编号

柜员由分行统一管理。柜员号5位,网点柜员形式为S # # * *,其中S表示该柜员是操作员(如果是A则表示该柜员是ATM),# #(01—29)为支行号,* *为支行下柜员统一编号(00—99)。例如,S0215表示02支行的第15位柜员。

(二)柜员基本设置

1.管理级

管理级为A级,不临柜,只做专项授权管理业务,对具体权限按金额和业务操作权限划分。

2.操作级

操作级分为B级(柜长)和C级(普通操作员)。B级不临柜,但可办理代扣、代发、小金额授权等特殊业务。C级具体权限按金额和业务操作权限划分。

(三)柜员密码管理

1.柜员首次使用系统,必须首先修改自己的柜员密码。

2.柜员要保管好自己的密码,原则上要求每个月对密码进行修改。

3.如因密码泄露或将密码交由他人使用而造成的损失由柜员自己负责。

4.柜员密码忘记可由其他柜员进行柜员密码修改操作,对其密码进行挂失。挂失的密码必须由中心机房进行解挂并更换新密码。

(四)柜员权限管理

1.柜员要严格按照自己的权限进行操作和授权。

2.不得将自己的柜员卡交由他人使用,如有特殊原因须进行书面交接。

四、凭证管理

个人储蓄业务中的凭证种类包括储蓄存折、储蓄存单、一本通存折、一卡通。存折、存单由市行分配,一卡通由卡部分配。其中,可以用储蓄存折的储种包括:活期、零整、通知存款、教育储蓄和存本取息。整存整取和定活两便都使用储蓄存单,一本通和一卡通各储种都可使用。

系统的凭证领用采取从市行到支行、从支行到网点的二级分配体系。支行到市行领用凭证后,市行管理部门必须将凭证的起始号码位输入中心机房的管理机内,并进行分配操作,将凭证分配到各支行管理机内。同样,支行凭证管理员也要将凭证的起始号码有计划地分配到各网点的库钱箱里,网点凭证负责人在前台机器交易界面选择库钱箱凭证领用交易领入凭证到库钱箱,柜员用凭证出库交易领入凭证。

五、钱箱管理

商业银行综合业务模拟系统对网点设立库钱箱和柜员钱箱。库钱箱由中心机房建立。柜员在第一次登录系统注册时不输柜员钱箱号(此时柜员钱箱不存在)。需要柜员注册系统做增加柜员钱箱后,柜员才生成钱箱号。在柜员钱箱生成后不能办理现金业务,需退出系统重新注册系统(此时要输入柜员钱箱号)后才能办理现金业务。本网点所有柜员都可使用本所库钱箱,柜员钱箱只许本柜员使用。如果一个柜员不注册钱箱,则只能做转账业务而不能做现金业务。

六、业务通用操作

1.对客户进行完整的管理。任何新客户在开账户之前,必须先开客户。账户通过客户号+账号后缀来区分。客户号(一批)由总行科技部打印出来后发给各支行。各储蓄网点再根据业务需要向上级行申请。客户号长度为10位。客户号由客户自己选择，临柜人员输入电脑。

2.凡按回车键后，弹出刷磁条窗口的，请在刷卡器上刷存折或操作员卡。

3.若某业务要取消刷磁条的功能，请在窗口上找到“凭证输入”选择框，选择“手工输入”。

4.凡按回车键后，弹出刷输入密码窗口的，请刷操作员卡或提醒客户按密码键盘输入密码。

5.定期储蓄业务中要求输入存期代码。存期代码共3位：第1位为数字“1”时表示以天为单位输入存期，为“2”时表示以月为单位输入存期，为“3”时表示以年为单位输入存期。后面两位表示相应的存期。现系统中的定期储蓄业务存期代码共有以下几种：1天期通知存款的存期代码为“101”，7天期通知存款的存期代码为“107”，3月期定期存款的存期代码为“203”，6月期定期存款的存期代码为“206”，1年玥定期存款的存期代码为“301”，2年期定期存款的存期代码为“302”，3年期定期存款的存期代码为“303”，5年期定期存款的存期代码为“305”，8年期定期存款的存期代码为“308”。

6.业务操作中凭证号码必须为8位，密码为6位。

7.若某业务要取消密码功能，请在窗口上找到“印鉴类别”，选择C(无限制)或D(印鉴)。

8.窗口中若“客户号”旁边有两个输入框(上下或左右排列)，我们称第一个为“客户号”，称第二个为“客户号重复”。同理对“账号”、“存折号”、“存单号”。

9.任何时候，若打印出现故障不能再进行处理，请先退出本系统后再进入系统，按以下顺序处理：

选择“个人储蓄”按钮，进入“个人储蓄”处理窗口；

选择“特殊业务”按钮，进入“特殊业务”处理窗口；

选择“凭证”按钮，进入“凭证处理”窗口；

选择“重打最后交易”按钮，进入打印处理窗口；

选择要打印的交易，选择“执行”按钮，在系统的提示下操作。

七、日常业务操作

日常业务操作主要涉及领用现金、凭证，开立普通或一卡通客户号、账号，进行各种储种的存入、支取、结清、销户、查询等业务。

商业银行支行各营业网点中，需要专人或指定柜员把支行的凭证或现金领到库钱箱中。该项操作的领用必须是全额领用，即支行分配多少必须领用多少。然后每个柜员进行“现金/凭证出库”的操作，将自己办理业务所要使用的现金和凭证从网点库钱箱领到自己的柜员钱箱中。柜员需要上缴现金或凭证时，柜员与柜员之间可使用“现金/凭证调配”相互协调使用。

业务流程：到银行办理开账户业务(包括普通业务和信用卡业务)的客户都要先开

立一个普通或一卡通客户号。按照该客户号依次开立各储种账户进行有关交易操作。

(一)普通账户

客户拿身份证、凭条办理新开账户业务时,柜员先进行"开普通客户"交易,输入证件类型和号码后回车。如果系统提示"该证件已开过客户号",则记下该客户号,退出"开普通客户"交易,直接进入相应的开账户交易。如果系统没有任何提示,说明该证件不曾开立客户号,那么柜员就请客户重新填写"客户申请书",然后连同填好的凭条和证件一起交给柜员,从"开普通客户"交易开始。

(二)一卡通、一本通账户

一本通或一卡通都是一种重要凭证,而不是一项业务。一本通、一卡通凭证适用于各储种,所有储种的操作程序都同一般储蓄业务。一本通、一卡通开户时可直接开卡本通,也可以只开一本通或一卡通,事后客户如有需要可以补开相应的一卡通或一本通。开户时必须凭本人身份证件办理并预留密码,密码必须是6位数。一卡通分查询密码和支取密码两种,二者可相同也可不同。一本通内所有存取款或销户业务,必须由客户填写存取款凭条。卡业务详细规定见《商业银行都市卡业务规定》。

操作时,客户填写"客户申请书"、凭条,连同有效证件一起交给柜员,从开一卡通或一本通客户号交易开始。客户开过客户号后,以后再办理开账户,就不必再填写"开户申请书",直接就可以办理业务了。

(三)注意事项

普通客户号可以开一本通和普通账户,一卡通客户号可以开所有账户。原则上一个有效身份证件只能开一个客户号。开过普通客户号的有效身份证件可以再开一个一卡通客户号,但是开过一卡通客户号的有效身份证件不能再开普通客户号。在某新开客户证件类型和证件号码与其他客户相同的情况下,不再开立新客户,而返回具有相同证件客户的客户号。

代理他人申请开立储蓄账户,须验代理人及储蓄账户申请人的有效身份证件,在开户申请书上注明"代办"字样,并请代理人签字。

(四)一卡通、一本通销户

一本(卡)通内所有账户结清后,客户还可持此凭证到银行重新开立账号,所以原则上不用销一本通、一卡通凭证。如客户坚持销户,必须将本或卡内所有账户销户后,进入个人储蓄销一卡通凭证界面,销一卡(本)通凭证。销户后,一本通凭证加盖"结清"章,随传票交事后监督。当客户面在一卡通卡片靠磁条的一端中间剪一"V"型缺口(深度应跨过磁条宽度)。注销后,日终交前台主管签收,同时填写"废卡回缴清单"。按月将销卡汇总后,于次月上旬送卡部销毁。

（五）通用规定

1.客户当日密码累计输错三次，电脑自动对客户的账户进行锁定。待当日业务终了，机房批处理完毕后，第二日电脑自动对该账户做解锁处理。

2.可以办理无折（卡）续存业务，但要给客户打印“商业银行储蓄存款回单”。在下次办理业务时通过补登折记录上笔业务。

3.定期业务下的强行销户指节假日到期的定期存款在节假日之前几天办理销户的业务应用程序。此时利率按原定期利率，天数按实存天数计算。

（六）其他业务

1.冲账。业务处理过程中，如果发生错账后，不允许抹账，所有的错账一律通过冲账解决。冲账时需注意：

（1）冲账业务的办理必须是双人，其中一人为管理级人员。

（2）冲账不允许冲单边，必须冲一套。

（3）系统冲账结束后，还要手工补制冲账传票（摘要栏要写明冲账户名、账号、冲账流水），这样冲账才算全部结束。

2.补账。有密码业务发现有错账时，必须进行冲账，同时要办理补账业务。一笔冲账业务只能办理一笔补账业务。补账时需注意：

（1）必须双人办理，其中一人为管理级人员。

（2）必须是本行的账务。

（3）补账业务也必须手工填制凭条（按正确的业务情况），写明补账流水。

（4）补账必须有借方、贷方，借方、贷方合计金额要相等。

注：冲账、补账业务处理过程中，如果牵涉到凭证问题，可以手工调整，并注说明。

3.冲销户。开户后若发现户名打印错误、存折打印错误等情况，在没有办理其他存取款业务之前可以进行冲开户。冲开户后，原凭证作废。

定期或活期销户过程中发生错误时，可通过冲销户将该账户置为最后销户那笔交易以前的状态，并保证积数正确。冲销户时需注意：

（1）必须双人办理，其中一人为管理级人员。

（2）冲销户过程同样需要手工填制红字冲正传票四张。一张传票用于冲正现金，一张传票用于冲正本金，一张传票用于冲正利息，另一张传票用于冲正代扣利息税。这样冲销户才算完成。

（七）特殊业务

1.特殊业务申请书

客户办理特殊业务时必须首先填写“特殊业务申请书”一式两联。业务办理完毕后请客户签名确认，将银行留存联收回，日终随传票送事后监督。支行报表机每天打印特殊业务清单,支行前台负责人负责检查监督"特殊业务申请书"。

2.需要填写"特殊业务申请书"的业务范围

(1)私人客户维护

(2)表内信息维护

(3)口挂、解除口挂

(4)补开一卡通/一本通凭证

(5)加/删密码

(八)特殊业务说明

1.信息维护

(1)私人客户维护:各支行客户姓名和有效证件号码的修改必须填写"特殊业务申请书",到支行营业部进行修改,并由A级柜员授权。原则上不允许同时对姓名和有效证件号码进行修改。

(2)表内账户信息维护:表内账户信息维护中可对"通存通兑"、"自动转存"、"账户性质"、"计息标志"进行修改。例如,将账户性质由代收代扣修改为正常后,工资转存才可以清户。

2.账户维护

(1)账户部分冻结、账户部分解冻、账户冻结、账户解冻均不允许跨网点办理。其中账户部分冻结时,部分冻结金额和部分解冻金额必须一致。

(2)睡眠户激活:根据规定年限以上没活动的客户,系统自动定义为睡眠户。再活动时要先激活此户,再办理正常业务。

3.凭证维护

凭证挂失必须在发出凭证的网点办理,由客户填写"挂失业务申请书"。

4.一卡通

(1)卡通换凭证:一卡通/一本通破损或用满后进行更换,由客户填写"特殊业务申请书"。更换一本通时,存折打印一本通中未销户的账户信息。

(2)一卡通重新写磁:一卡通/一本通在磁条信息受到破坏,不能正常读出的情况下,用户可以持原卡/存折到任何网点进行重新写磁的操作。由客户填写"特殊业务申请书"。

(3)一卡通打印调整:一本通中将存折行号标记的交易之后的所有交易设为未登折交易并进行打印调整。其中起始行为接下来开始打印的行数,不输入起始行则从第一笔交易开始调整。存折行号必须输入3位数。调整时不打印,调整后通过补登折反映。

5.凭证

(1)重打最后交易:业务进行过程中,若存折(单)、凭条打印不正规或由于打印机的故障造成凭条或存折(单)没打印上,前台操作员可选择"重打最后交易"进行补打。

要求:由于每个终端只记录最后5笔交易的打印信息,所以当发生故障时,要及时办理补打业务。

(2)凭证密码修改:用于普通存折、存单的密码修改。修改不月授权,加密码需要授权。无密码时为非通兑户。加密码后若要通兑,必须进行的操作是将对应账户的通兑状态由“非通存通兑”修改为“通存通兑”,否则系统默认该账户仍为非通兑户。

(九)当天业务处理程序

参与实验的学生每天从事实验业务时请按以下顺序处理:

1.打开机器,进入系统;

2.做现金日初出库业务(钱箱管理:现金有价凭证出库);

3.处理具体储蓄业务;

4.做现金日终平账(钱箱管理:尾箱轧账);

5.退出系统,关机。

第二节　个人储蓄业务实验

在商业银行业务系统界面中,选择“个人储蓄”按钮,即进入储蓄系统操作界面。包括客户管理、活期存款、整存整取、定活两便、零存整取、存本取息、通知存款、教育储蓄、特殊业务和存本转息等十个业务实验操作项目。

一、客户管理

在银行办理所有新开户业务时都必须先开客户号。在输入ID类别、ID号后回车,系统会自动判断是否在银行开过客户号。如果已有客户号,可将系统提供的客户号记下后开始办理有关开户业务;如果系统不提示,则表明此客户未在银行开过客户号,必须先开客户号后再开各类账户。

需要注意的是:一卡通客户号已打在卡上,开卡客户时直接输入。一卡通客户号与一本通客户号需要分别开立,注意选择按钮。

在个人储蓄系统界面中进入客户管理界面,该界面包括:开普通客户、开一本通存折、销一本通存折等。

(一)开普通客户

1.进入开普通客户界面:选择[个人储蓄]→[客户管理]→[开普通客户]。

2.输入客户号、客户姓名、客户称谓、ID类别、ID号、ID号重复、邮编、地址1、地址2、地址3、电话(家)、电话(办公)、传真(FAX)。

3.检查无误后选择“执行”(R)按钮,系统会自动弹出产生的客户号。

4.开客户号后直接开账户时,输入客户号,新开户页面上"系统信息"一栏会自动显示客户号,否则视作输入错误。

5.注意事项:客户姓名不能为空。客户号由客户自己选择,临柜人员输入。客户没有提供有效证件时,则 ID 类别选择 Z(无)。

如图 2-1 所示:

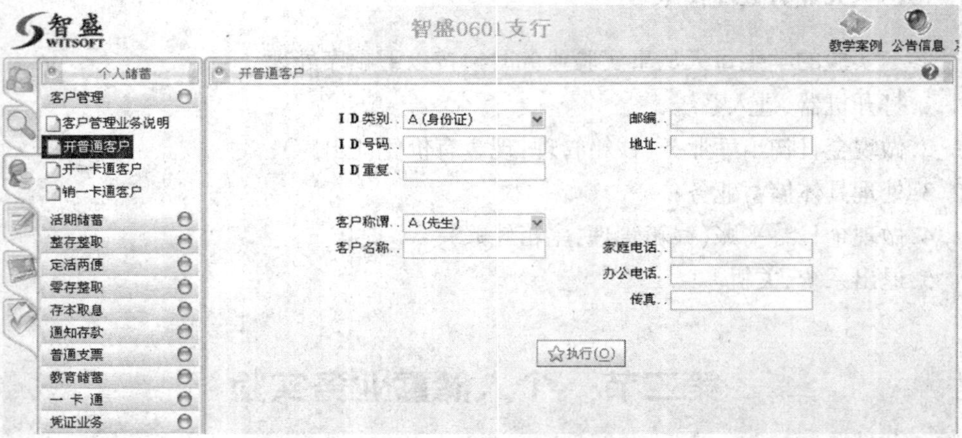

图 2-1

(二)开一卡通客户

1.进入开一卡通客户界面:个人储蓄→客户管理→开一卡通客户,"凭证类型"选择"一本通"或"一卡通"。

2.输入客户号、存折号、存折号重复、客户姓名、客户称谓、ID 类别、ID 号、ID 号重复、印鉴类别、邮编、地址 1、地址 2、地址 3、电话(家)、电话(办公)、传真(FAX)、通存通兑、附件数。

3.检查无误后选择 "执行"(R) 按钮,系统会自动弹出产生的客户号,需要注意。

4.开一本通存折时必须输入密码。系统提示用户两次输入密码,一次输入,一次重复确认。密码为 6 位。

5.注意事项:客户姓名不能为空。客户没有提供有效证件时,则 ID 类别选择 Z(无)。在开客户界面中,右边栏中除通存通兑和附件数外,任意一项均可填可不填(依据客户提供信息)。当做一本通交易时,只输存折号,不输客户号,客户号系统给定。当做一卡通交易时,客户号、卡号必须按照新卡上打印的号码输入。当做卡本通交易时,客户号、存折号、卡号都必须输。如图 2-2 所示:

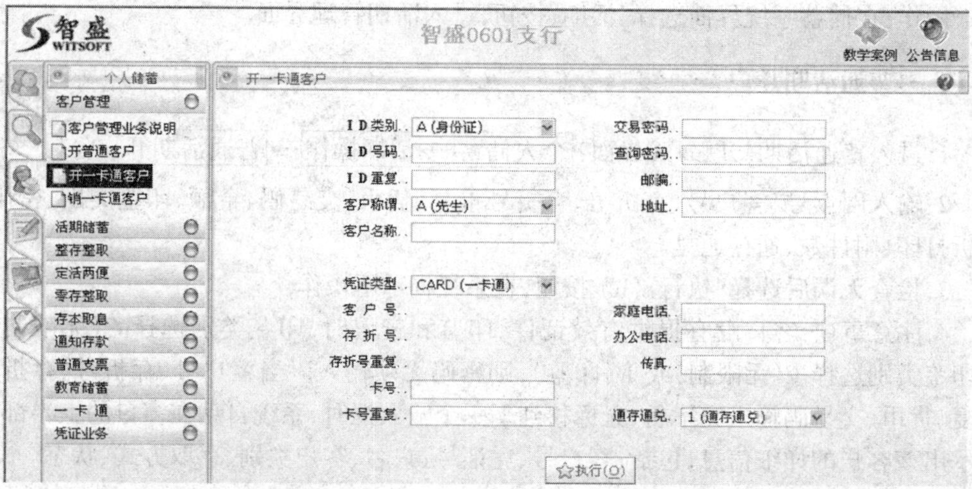

图 2－2

（三）销一卡通客户

1.进入销一本通存折界面：个人储蓄→客户管理→销一卡通客户，“凭证类型”选择“一本通”或“一卡通”。

2.输入客户号，按回车键，在系统提示下刷存折（或输入存折号）。依次输入摘要、附件数、ID 类别、ID 号。

3.若是手工输入，则输入客户号后，不要按回车键，用上下光标键来移动光标到下一个输入框。

4.检查无误后选择“执行”（R）按钮，在系统提示下操作。

5.注意事项：当客户号和存折号输入完毕后，光标移到下一个输入框时，系统自动在窗口的上半部分显示出该客户的详细信息，包括：客户号、凭证号、户名、客户类别、存取方式、状态、冻结原因、冻结日期、冻结用户。

二、活期存款业务

活期储蓄是指无固定存期、可随时存取、存取金额不限的一种比较灵活的储蓄方式。其特点如下：

1.适用于所有客户；

2.随时存取，办理手续简便；

3.资金运用灵活性较高；

4.人民币 1 元起存，港币、美元、日元和欧元等起存金额为不低于 1 美元的等值外币。

5.在系统内实现一卡通人民币、港币、美元活期存款的同城及异地通存通兑业务。

操作:在储蓄系统界面选择“活期”按钮,进入活期管理界面。

(一)普通活期开户

1.进入普通活期(开账户)界面:个人储蓄→活期操作→普通活期开户。

2.输入网点号、客户号、存折号、存折号重复、货币、交易码、金额、印鉴类别、密码、存折打印、附件数、通存通兑。

3.检查无误后选择“执行”(R) 按钮,在系统提示下操作。

4.注意事项:客户没有提供有效证件、印鉴和密码时,印鉴类别选择 C(无限制)。若印鉴类别选择 C(无限制)或 D(印鉴),则密码无须输入。当客户号、存折号、存折号重复、货币、交易码输入完毕后,光标移到下一个输入框时,系统自动在窗口的上半部分显示出该客户的详细信息,包括:客户号、凭证号、户名、客户类别、存取方式、状态。

(二)普通活期存款

1.进入普通活期(存款)界面:个人储蓄→活期操作→普通活期存款。

2.若是有折存款,则输入网点号、账号后,按回车键,在系统提示下刷存折,输入存折号、货币、交易码、金额、存折打印(选择“打印”)、凭证输入(选择“刷存折”)、附件数。

3.若是无折存款,则输入网点号、账号后,不要按回车键,用上下光标键来移动光标到下一个输入框,输入存折号、货币、交易码、金额、打印(选择“不打印”)、凭证输入(选择“手工输入”)、附件数。

4.检查无误后选择“执行”(R) 按钮,在系统提示下操作。

5.注意事项:当账号、存折号、货币和交易码输入完毕后,光标移到下一个输入框时,系统自动在窗口的上半部分显示出该客户的详细信息,包括:账号、凭证号、户名、业务品种、货币、余额、存取方式(无折存款时不显示)、账户状态、通存通兑。

(三)普通活期取款

1.进入普通活期(取款)界面:个人储蓄→活期操作→普通活期取款。

2.输入网点号、账号后,按回车键,在系统提示下刷存折,输入货币、交易码、金额、密码、ID 类别、ID 号、存折打印、凭证输入。

3.若储户的存折损坏,则需手工输入。操作方法参阅普通活期存款手工输入的有关说明。

4.检查无误后选择“执行”(R) 按钮,在系统提示下操作。

5.注意事项:当账号、存折号、货币和交易码输入完毕后,光标移到下一个输入框时,系统自动在窗口的上半部分显示出该客户的详细信息,包括:账号、凭证号、户名、业务品种、存取方式、账户状态、通存通兑。

(四)普通活期销户

1.进入普通活期(销户)界面:个人储蓄→活期操作→普通活期销户。

2.输入网点号、账号后,按回车键,在系统提示下刷存折,输入货币、交易码、金额、密码、ID类别、ID号、存折打印、凭证输入。

3.若储户的存折损坏,则需手工输入。操作方法参阅普通活期存款手工输入的有关说明。

4.检查无误后选择“执行”(R)按钮,在系统提示下操作。

5.注意事项:当账号、存折号、货币和交易码输入完毕后,光标移到下一个输入框时,系统自动在窗口的上半部分显示出该客户的详细信息,包括:账号、凭证号、户名、业务品种、存取方式(无折存款时不显示)、账户状态、通存通兑。

(五)补打普通活期存折

1.进入补打普通存折界面:个人储蓄→活期操作→补打普通活期存折。

2.输入地区码、账号,按回车键,在系统提示下刷存折,输入存折号。

3.检查无误后选择“执行”(R)按钮,在系统提示下操作。

4.注意事项:只有客户有未登折记录且要求补登折时才选用此项。如果是因为打印机故障而希望重打最后一笔存折交易,请用“特殊业务”中的“重打最后交易”菜单。如果仍不行再尝试此菜单。

(六)一卡通/一本通活期开户

1.进入一本通活期(开账户)界面:个人储蓄→活期操作→一卡通活期开户。进入后按照系统提示操作,“凭证类型”选择“一本通”或“一卡通”。

2.输入地区码、客户号后,按回车键,在系统提示下刷存折,输入存折号、货币、交易码、金额、账户属性、凭证输入、存折打印。

3.手工输入的操作方法请参阅普通活期存款手工输入的有关说明。

4.检查无误后选择“执行”(R)按钮,在系统提示下操作。

5.注意事项:当客户号、存折号、货币和交易码输入完毕后,光标移到下一个输入框时,系统自动在窗口的上半部分显示出该客户的详细信息,包括:客户号、凭证号、户名、客户类别、存取方式、状态。

(七)一卡通/一本通活期存款

1.进入一本通活期(存款)界面:个人储蓄→活期操作→一卡通活期存款,“凭证类型”选择“一本通”或“一卡通”。

2.若是有折存款,则输入地区码、客户号后,按回车键,在系统提示下刷存折,输入存折号、子户号、货币、交易码、金额、凭证输入(选择“刷存折”)、存折打印(选择“打印”)。

3.若是无折存款,则输入地区码、客户号后,不要按回车键,用上下光标键来移动光标到下一个输入框,输入存折号、子户号、货币、交易码、金额、凭证输入(选择“手工输入”)、存折打印(选择“不打印”)。

4.检查无误后选择 “执行”(R) 按钮,在系统提示下操作。

5.注意事项:当客户号、存折号、子户号、货币和交易码输入完毕后,光标移到下一个输入框时,系统自动在窗口的上半部分显示出该客户的详细信息,包括:账号、凭证号、户名、业务品种、货币、余额、存取方式(无折存款时不显示)、账户状态、通存通兑。

(八)一卡通/一本通活期取款

1.进入一本通活期(取款)界面:个人储蓄→活期操作→一卡通活期存款,“凭证类型”选择“一本通”或“一卡通”。

2.按回车键,在系统提示下刷存折,输入网点号、客户号重复、存折号、子户号、货币、交易码、金额、密码、ID 类别、ID 号、存折打印、凭证输入、附件数。

3.若储户的一本通存折损坏,则需手工输入。操作方法参阅普通活期存款手工输入的有关说明。

4.检查无误后选择 “执行”(R) 按钮,在系统提示下操作。

5.注意事项:当客户号和存折号、子户号输入完毕后,光标移到下一个输入框时,系统自动在窗口的上半部分显示出该客户的详细信息,包括:账号、凭证号、户名、业务品种、货币、余额、存取方式(无折存款时不显示)、账户状态、通存通兑。

(九)一卡通/一本通活期销户

1.进入一本通活期(销户)界面:个人储蓄→活期操作→一卡通活期销户,“凭证类型”选择“一本通”或“一卡通”。

2.按回车键,在系统提示下刷存折,输入网点号、客户号重复、存折号、子户号、货币、交易码、金额、密码、ID 类别、ID 号、存折打印、凭证输入、附件数。

3.若储户的存折损坏,则需手工输入。操作方法参阅普通活期存款手工输入的有关说明。

4.检查无误后选择 “执行”(R) 按钮,在系统提示下操作。

5.注意事项:当客户号和存折号、子户号输入完毕后,光标移到下一个输入框时,系统自动在窗口的上半部分显示出该客户的详细信息,包括:账号、凭证号、户名、业务品种、货币、余额、存取方式(无折存款时不显示)、账户状态、通存通兑。

三、定期存款业务

(一)整存整取

整存整取是一种由客户选择存款期限、整笔存入、到期提取存款本息的定期储蓄存款。整存整取的特点是：

(1)较高的稳定收入：利率较高，利率大小与期限长短成正比。

(2)省心方便：具备整存整取存款到期后自动转存功能。可通过银行提供的多种转账渠道，对一卡通中的存款进行活期转定期或到期定期转活期的操作，还可通过约定转存功能，灵活地管理整存整取存款的本息、存期、存款形式等。

(3)资金灵活：在需要资金周转而在银行的整存整取存款未到期时，可以通过自助贷款将账上的整存整取存款作质押，获得个人贷款融资；可部分提前支取一次，但提前支取部分将按支取当日挂牌活期存款利率计息。

(4)起存金额低：人民币 50 元。

(5)存期选择多：人民币存期选择包括 3 个月、6 个月、1 年、2 年、3 年和 5 年。

1.整存整取开户

(1)进入普通整存整取(开账户)界面：个人储蓄→整存整取→整存整取开户。

(2)输入网点号、客户号、存单号、存单号重复、货币、交易码、金额、存期、凭证种类、印鉴类别、密码、通存通兑、自动转存。

(3)检查无误后选择“执行”(R) 按钮，在系统提示下操作。

(4)注意事项：印鉴类别选择 A(密码)或 B(密码与证件)时，密码不能为空(由客户输入)。当客户号、存单号、货币和交易码输入完毕后，光标移到下一个输入框时，系统自动在窗口的上半部分显示出该客户的详细信息，包括：客户号、凭证号、户名、客户类别、存取方式、账户状态。存期代码的输入请参阅业务通用操作中的详细说明。

2.整存整取部分提前支取

(1)进入普通整存整取(部分提前支取)界面：

个人储蓄→整存整取→整存整取部分提前支取。

(2)输入网点号、账号、存单号、替换存单号、(替换存单号)重复、货币、交易码、金额、凭证种类、密码、ID 类别、ID 号。

(3)检查无误后选择“执行”(R) 按钮，在系统提示下操作。

(4)注意事项：整存整取只能部分提前支取一次。当账号、存单号、货币、交易码输入完毕后，光标移到下一个输入框时，系统自动在窗口的上半部分显示出该客户的详细信息，包括：账号、凭证号、户名、业务品种、货币、余额、账户状态、开户方式、起息日、到息日、存期、通存通兑。若客户有预留密码，则密码不能为空(由客户输入)，否则密码为空。ID 类别不能选择 Z(无)，ID 号不能为空。

3.整存整取销户

(1)进入普通整存整取(销户)界面:个人储蓄→整存整取→整存整取销户。

(2)输入网点号、账号、存单号、凭证种类、货币、交易码、金额、密码、ID类别、ID号、摘要。

(3)检查无误后选择“执行”(R)按钮,在系统提示下操作。

(4)注意事项:当账号、存单号、凭证种类、货币和交易码输入完毕后,光标移到下一个输入框时,系统自动在窗口的上半部分显示出该客户的详细信息,包括:账号、凭证号、户名、业务品种、货币、余额、账户状态、开户方式、起息日、到息日、存期、通存通兑。若客户有预留密码,则密码不能为空(由客户输入),否则密码为空。

4.一卡通/一本通整存整取开户

(1)进入一本通整存整取(开账户)界面:

个人储蓄→整存整取→一卡通整存整取开户,“凭证类型”选择“一卡通”或“一本通”。

(2)输入地区码、客户号后,按回车键,在系统提示下刷存折,输入存折号、货币、交易码、金额、存期、凭证输入、存折打印。

(3)手工输入请参阅普通活期存款手工输入的有关说明。

(4)检查无误后选择“执行”(R)按钮,在系统提示下操作。

(5)注意事项:当客户号、存折号、货币和交易码输入完毕后,光标移到下一个输入框时,系统自动在窗口的上半部分显示出该客户的详细信息,包括:客户号、凭证号、户名、客户类别、存取方式、账户状态。存期代码的输入请参阅业务通用操作中的详细说明。

5.一卡通/一本通整存整取部分提前支取

(1)进入一本通整存整取(部分提前支取)界面:

个人储蓄→整存整取→一卡通整存整取部分提前支取,“凭证类型”选择“一卡通”或“一本通”。

(2)输入地区码、客户号后,按回车键,在系统提示下刷存折,输入存折号、子户号、货币、交易码、金额、密码、ID类别、ID号、凭证输入、存折打印。

(3)手工输入请参阅普通活期存款手工输入的有关说明。

(4)检查无误后选择“执行”(R)按钮,在系统提示下操作。

(5)注意事项:当客户号、存折号、子户号、货币、交易码输入完毕后,光标移到下一个输入框时,系统自动在窗口的上半部分显示出该客户的详细信息,包括:账号、凭证号、户名、业务品种、货币、余额、账户状态、开户方式、起息日、到息日、存期、通存通兑。密码不能为空(由客户输入)。ID类别不能选择Z(无),ID号不能为空。

6.一卡通/一本通整存整取销户

(1)进入一本通整存整取(销户)界面:个人储蓄→整存整取→一卡通整存整取销户,

"凭证类型"选择"一卡通"或"一本通"。

(2)输入地区码、客户号后,按回车键,在系统提示下刷存折,输入存折号、子户号、货币、交易码、金额、密码、ID 类别、ID 号、凭证输入、存折打印、摘要。

(3)手工输入请参阅普通活期存款手工输入的有关说明。

(4)检查无误后选择"执行"(R)按钮,在系统提示下操作。

(5)注意:当客户号、存折号、子户号、货币和交易码输入完毕后,光标移到下一个输入框时,系统自动在窗口的上半部分显示出该客户的详细信息,包括:账号、凭证号、户名、业务品种、货币、余额、账户状态、开户方式、起息日、到息日、存期、通存通兑。密码不能为空(由客户输入)。

(二)定活两便

定活两便是一种事先不约定存期、一次性存入、一次性支取的储蓄存款。当客户有较大额度的结余,但在不久的将来可能随时全额支取使用时,定活两便是合适的储蓄存款形式。

定活两便的特点:

(1)既有活期之便,又有定期之利;利息按实际存期长短计算,存期越长,利率越高。

(2)起存金额低,人民币 50 元即可起存。

(3)支取简单,一次存入,一次支取。

(4)计息规定:存期超过整存整取最低档次且在 1 年以内的,分别按同档次整存整取利率打 6 折计息;存期超过 1 年(含 1 年)的,一律按 1 年期整存整取利率打 6 折计息;存期低于整存整取最低档次的,按活期利率计息。

1.定活两便开户

(1)进入普通定活两便(开账户)界面:

[个人储蓄]→[定活两便]→[普通用户定活两便开户]。

(2)输入网点号、客户号、存单号、(存单号)重复、货币、交易码、金额、印鉴类别、密码、通存通兑。

(3)检查无误后选择"执行"(R)按钮,在系统提示下操作。

(4)注意事项:当客户号、存单号、货币和交易码输入完毕后,光标移到下一个输入框时,系统自动在窗口的上半部分显示出该客户的详细信息,包括:客户号、凭证号、户名、客户类别、存取方式、状态。

2.定活两便销户

(1)进入普通定活两便(销户)界面:

[个人储蓄]→[定活两便]→[普通用户定活两便销户]。

(2)输入网点号、账号、存单号、货币、交易码、金额、密码、ID 类别、ID 号。

(3)检查无误后选择"执行"(R)按钮,在系统提示下操作。

(4)注意事项:当账号、存单号、货币和交易码输入完毕后,光标移到下一个输入框时,系统自动在窗口的上半部分显示出该客户的详细信息,包括:账号、凭证号、户名、业务品种、货币、余额、账户状态、开户方式、起息日、到息日、存期、通存通兑。若客户有预留密码,则密码不能为空(由客户输入),否则密码为空。

3.一卡通/一本通定活两便开户

(1)进入一本通定活两便(开账户)界面:

个人储蓄→定活两便→一卡通定活两便开户,"凭证类型"选择"一本通"或"一卡通"。

(2)输入地区码、客户号后,按回车键,在系统提示下刷存折,输入存折号、货币、交易码、金额、凭证输入、存折打印。

(3)手工输入请参阅普通活期存款手工输入的有关说明。

(4)检查无误后选择"执行"(R)按钮,在系统提示下操作。

(5)注意事项:当客户号、存折号、货币和交易码输入完毕后,光标移到下一个输入框时,系统自动在窗口的上半部分显示出该客户的详细信息,包括:客户号、凭证号、户名、客户类别、存取方式、状态。

4. 一卡通/一本通定活两便销户

(1)进入一本通定活两便(销户)界面:个人储蓄→定活两便→一卡通定活两便销户,"凭证类型"选择"一本通"或"一卡通"。

(2)输入地区码、客户号后,按回车键,在系统提示下刷存折,输入存折号、子户号、货币、交易码、金额、密码、ID 类别、ID 号。

(3)手工输入请参阅普通活期存款手工输入的有关说明。

(4)检查无误后选择"执行"(R)按钮,在系统提示下操作。

(5)注意事项:当客户号、存折号、子户号、货币和交易码输入完毕后,光标移到下一个输入框时,系统自动在窗口的上半部分显示出该客户的详细信息,包括:账号、凭证号、户名、业务品种、货币、余额、账户状态、开户方式、起息日、到息日、存期、通存通兑。密码不能为空(由客户输入)。

(三)零存整取

零存整取是一种事先约定金额、逐月按约定金额存入、到期支取本息的定期储蓄。如客户需要逐步积累每月结余,可以选择零存整取存款方式。

零存整取的特点:

(1)适应面较广,手续简便。

(2)积零成整,收益较高。

(3)起存金额低,人民币 5 元即可起存。

(4)存期选择多,包括 1 年、3 年、5 年。

(5)每月需以固定金额存入:若中途漏存,应在次月补齐。未补齐视同违约,违约后将不再接受客户续存及补存。

1.零存整取开户

(1)进入普通零存整取(开账户)界面:个人储蓄→零存整取→零存整取开户。

(2)输入网点号、客户号、存折号、存折号重复、货币、交易码、金额、存期、印鉴类别、密码、通存通兑、存折打印。

(3)检查无误后选择"执行"(R)按钮,在系统提示下操作。

(4)注意事项:存期代码的输入请参阅业务通用操作中的详细说明。当客户号、存折号、货币和交易码输入完毕后,光标移到下一个输入框时,系统自动在窗口的上半部分显示出该客户的详细信息,包括:客户号、凭证号、户名、客户类别、存取方式、状态。

2.零存整取存款

(1)进入普通零存整取(存款)界面:个人储蓄→零存整取→零存整取存款。

(2)若是有折存款,输入网点号、账号后按回车键,在系统提示下刷存折,输入存折号、货币、交易码、金额、存折打印(选择"打印")、凭证输入(选择"刷存折")。

(3)若是无折存款,则输入网点号、账号后,不要按回车键,用上下光标键来移动光标到下一个输入框,输入存折号、货币、交易码、金额、存折打印(选择"不打印")、凭证输入(选择"手工输入")。

(4)检查无误后选择"执行"(R)按钮,在系统提示下操作。

(5)注意事项:当账号、存折号、货币和交易码输入完毕后,光标移到下一个输入框时,系统自动在窗口的上半部分显示出该客户的详细信息,包括:账号、凭证号、户名、业务品种、货币、余额、账户状态、开户方式、起息日、到息日、存期、通存通兑、存取间隔、应付利息。

3.零存整取销户

(1)进入普通零存整取(销户)界面:个人储蓄→零存整取→零存整取销户。

(2)输入网点号、账号后按回车键,在系统提示下刷存折,输入存折号、货币、交易码、金额、密码、ID类别、ID号、存折打印、凭证输入、摘要。

(3)手工输入请参阅普通活期存款手工输入的有关说明。

(4)检查无误后选择"执行"(R)按钮,在系统提示下操作。

(5)注意事项:当账号、存折号、货币和交易码输入完毕后,光标移到下一个输入框时,系统自动在窗口的上半部分显示出该客户的详细信息,包括:账号、凭证号、户名、业务品种、货币、余额、账户状态、开户方式、起息日、到息日、存期、通存通兑、存取间隔、应付利息。若客户有预留密码,则密码不能为空(由客户输入),否则密码为空。

4.一卡通/一本通零存整取开户

(1)进入普通零存整取(开账户)界面:

个人储蓄→零存整取开户→一卡通零存整取开户,"凭证类型"选择"一卡通"或

"一本通"。

(2)输入网点号、客户号、存折号、存折号重复、货币、交易码、金额、存期、印鉴类别、密码、通存通兑、存折打印。

(3)检查无误后选择"执行"(R)按钮,在系统提示下操作。

(4)注意事项:存期代码的输入请参阅业务通用操作中的详细说明。当客户号、存折号、货币和交易码输入完毕后,光标移到下一个输入框时,系统自动在窗口的上半部分显示出该客户的详细信息,包括:客户号、凭证号、户名、客户类别、存取方式、状态。

5.一卡通/一本通零存整取存款

(1)进入普通零存整取(存款)界面:

[个人储蓄]→[零存整取开户]→[一卡通零存整取存款],"凭证类型"选择"一卡通"或"一本通"。

(2)若是有折存款,输入网点号、账号后按回车键,在系统提示下刷存折,输入存折号、货币、交易码、金额、存折打印(选择"打印")、凭证输入(选择"刷存折")。

(3)若是无折存款,则输入网点号、账号后,不要按回车键,用上下光标键来移动光标到下一个输入框,输入存折号、货币、交易码、金额、存折打印(选择"不打印")、凭证输入(选择"手工输入")。

(4)检查无误后选择"执行"(R)按钮,在系统提示下操作。

(5)注意事项:当账号、存折号、货币和交易码输入完毕后,光标移到下一个输入框时,系统自动在窗口的上半部分显示出该客户的详细信息,包括:账号、凭证号、户名、业务品种、货币、余额、账户状态、开户方式、起息日、到息日、存期、通存通兑、存取间隔、应付利息。

6.一卡通/一本通零存整取销户

(1)进入普通零存整取(销户)界面:

[个人储蓄]→[零存整取开户]→[一卡通零存整取销户],"凭证类型"选择"一卡通"或"一本通"。

(2)输入网点号、账号后按回车键,在系统提示下刷存折,输入存折号、货币、交易码、金额、密码、ID类别、ID号、存折打印、凭证输入、摘要。

(3)手工输入请参阅普通活期存款手工输入的有关说明。

(4)检查无误后选择"执行"(R)按钮,在系统提示下操作。

(5)注意事项:当账号、存折号、货币和交易码输入完毕后,光标移到下一个输入框时,系统自动在窗口的上半部分显示出该客户的详细信息,包括:账号、凭证号、户名、业务品种、货币、余额、账户状态、开户方式、起息日、到息日、存期、通存通兑、存取间隔、应付利息。若客户有预留密码,则密码不能为空(由客户输入),否则密码为空。

(四)存本取息

存本取息业务是一种一次存入本金、分次支取利息、到期支取本金的定期储蓄。如果有款项在一定时期内不需动用,只需定期支取利息以作生活零用,存本取息方式将会是合适的定期储蓄存款形式。

存本取息的特点:

(1)起存金额较高,存款余额稳定。起存金额为人民币5000元。

(2)存期选择多:1年、3年、5年。

(3)分期付息:不得提前支取利息,如到取息日而未取息,以后可随时取息,但不计算复息。

1.存本取息开户

(1)进入普通存本取息(开账户)界面:个人储蓄→存本取息→存本取息开户。

(2)输入网点号、客户号、存折号、存折号重复、货币、交易码、金额、存期、取息间隔、印鉴类别、密码、存折打印、通存通兑。

(3)检查无误后选择“执行”(R)按钮,在系统提示下操作。

(4)注意事项:存期代码的输入请参阅业务通用操作中的详细说明。取息间隔以月为单位计算。当客户号、存折号、货币和交易码输入完毕后,光标移到下一个输入框时,系统自动在窗口的上半部分显示出该客户的详细信息,包括:客户号、凭证号、户名、客户类别、存取方式、状态。

2.存本取息取款

(1)进入普通存本取息(取款)界面:个人储蓄→存本取息→存本取息取款。

(2)输入网点号、账号后按回车键,在系统提示下刷存折,输入存折号、货币、交易码、金额、密码、ID类别、ID号、存折打印、凭证输入。

(3)手工输入请参阅普通活期存款手工输入的有关说明。

(4)检查无误后选择“执行”(R)按钮,在系统提示下操作。

(5)注意事项:当账号、存折号、货币和交易码输入完毕后,光标移到下一个输入框时,系统自动在窗口的上半部分显示出该客户的详细信息,包括:账号、凭证号、户名、业务品种、货币、余额、账户状态、开户方式、起息日、到息日、存期、通存通兑、存取间隔、应付利息。若客户有预留密码,则密码不能为空(由客户输入),否则密码为空。

3.存本取息销户

(1)进入普通存本取息(销户)界面:个人储蓄→存本取息→存本取息销户。

(2)输入网点号、账号后按回车键,在系统提示下刷存折,输入存折号、货币、交易码、金额、密码、ID类别、ID号、存折打印、凭证输入。

(3)手工输入请参阅普通活期存款手工输入的有关说明。

(4)检查无误后选择“执行”(R)按钮,在系统提示下操作。

(5)注意事项:当账号、存折号、货币和交易码输入完毕后,光标移到下一个输入框时,系统自动在窗口的上半部分显示出该客户的详细信息,包括:账号、凭证号、户名、业务品种、货币、余额、账户状态、开户方式、起息日、到息日、存期、通存通兑、存取间隔、应付利息。若客户有预留密码,则密码不能为空(由客户输入),否则密码为空。

四、通知存款

个人通知存款是一种不约定存期,支取时需提前通知银行,约定支取日期和金额后方能支取的大额存款的储蓄形式。个人通知存款不论实际存期多长,按存款人提前通知的期限长短划分为1天通知存款和7天通知存款两个品种。1天通知存款必须提前1天通知约定支取存款,7天通知存款则必须提前7天通知约定支取存款。通知存款的币种为人民币。

个人通知存款的特点:

1.资金灵活:适用于拥有大额款项、在短期内需支取该款项的客户,或需分期多次支取的客户,或短期内不确定取款日期的客户。

2.利率高:通知存款利率收益较活期存款高。

3.智能理财,省心高效:通知到期日,系统自动将一卡通中已办理取款通知的通知存款转入活期主账户,节省时间和提高资金利用率。

4.大额资金管理的好方式:开户及取款起点较高,开户起存金额为5万元,最低支取金额为5万元。

申请办法:

1.如果是一卡通客户,可通过电话银行等自助渠道办理个人通知存款开户手续,也可持一卡通到开户地银行任一网点办理。

2.如果是开立通知存款存单的客户,需持本人身份证明到银行任一网点办理开户;如代办,需同时出具代办人身份证明。

(一)通知存款开户

1.进入通知存款(开户)界面:[个人储蓄]→[通知存款]→[普通用户通知存款开户]。

2.输入网点号、客户号、存折号、(存折号)重复、通知期、货币、交易码、金额、印鉴类别、密码、存折打印、通存通兑。

3.检查无误后选择"执行"(R)按钮,在系统提示下操作。

4.注意事项:当客户号、存折号、货币和交易码输入完毕后,光标移到下一个输入框时,系统自动在窗口的上半部分显示出该客户的详细信息,包括:客户号、凭证号、户名、客户类别、存取方式、状态。

(二)通知存款部分支取

1.进入通知存款(部分支取)界面:

[个人储蓄]→[通知存款]→[普通用户通知存款部分支取]。

2.输入网点号、账号后按回车键,在系统提示下刷存折,输入存折号、货币、交易码、金额、密码、通知期、ID类别、ID号、存折打印、凭证输入。

3.手工输入请参阅普通活期存款手工输入的有关说明。

4.检查无误后选择“执行”(R)按钮,在系统提示下操作。

5.注意事项:

(1)通知期由前台录入决定,格式为三位,选择以“1”开头,或者通知期为“0”。

(2)当账号、存折号、货币和交易码输入完毕后,光标移到下一个输入框时,系统自动在窗口的上半部分显示出该客户的详细信息,包括:账号、凭证号、户名、业务品种、货币、余额、存取方式、账户状态、开户方式、起息日、到息日、存期、通存通兑。

(3)取款金额=账户金额-最低余额-冻结金额。

(4)若客户有预留密码,则密码不能为空(由客户输入),否则密码为空。

(三)通知存款销户

1.进入通知存款(销户)界面:个人储蓄→通知存款→普通用户通知存款销户。

2.输入网点号、账号后按回车键,在系统提示下刷存折,输入存折号、货币、交易码、金额、密码、通知期、ID类别、ID号、存折打印、凭证输入。

3.手工输入请参阅普通活期存款手工输入的有关说明。

4.检查无误后选择“执行”(R)按钮,在系统提示下操作。

5.注意事项:

(1)当账号、存折号、货币和交易码输入完毕后,光标移到下一个输入框时,系统自动在窗口的上半部分显示出该客户的详细信息,包括:客户号、凭证号、户名、业务品种、货币、余额、存取方式、账户状态、开户方式、起息日、到息日、存期、通存通兑。

(2)若客户有预留密码,则密码不能为空(由客户输入),否则密码为空。

(四)一卡通/一本通通知存款开户

1.进入一本通通知存款(开账户)界面:

个人储蓄→通知存款→一卡通通知存款开户,“凭证类型”选择“一卡通”或“一本通”。

2.输入地区码、客户号后按回车键,在系统提示下刷存折,输入存折号、通知期、货币、交易码、金额、凭证输入、存折打印。

3.手工输入请参阅普通活期存款手工输入的有关说明。

4.检查无误后选择“执行”(R)按钮,在系统提示下操作。

5.注意事项:当客户号、存折号、货币和交易码输入完毕后,光标移到下一个输入框时,系统自动在窗口的上半部分显示出该客户的详细信息,包括:客户号、凭证号、户名、客户类别、存取方式、状态。

(五)一卡通/一本通通知存款支取

1.进入一本通通知存款(部分提前支取)界面:

个人储蓄→通知存款→一卡通通知存款支取,“凭证类型”选择“一卡通”或“一本通”。

2.输入地区码、客户号后按回车键,在系统提示下刷存折,输入存折号、子户号、货币、交易码、金额、密码、通知期、ID类别、ID号、摘要、存折打印、凭证输入。

3.手工输入请参阅普通活期存款手工输入的有关说明。

4.检查无误后选择“执行”(R)按钮,在系统提示下操作。

5.注意事项:

(1)当客户号、存折号、子户号、货币和交易码输入完毕后,光标移到下一个输入框时,系统自动在窗口的上半部分显示出该客户的详细信息,包括:账号、凭证号、户名、业务品种、货币、余额、存取方式、账户状态、开户方式、起息日、到息日、存期、通存通兑。

(2)密码不能为空(由客户输入)。

(六)一卡通/一本通通知存款销户

1.进入一本通通知存款(销户)界面:个人储蓄→通知存款→一卡通通知存款销户,“凭证类型”选择“一卡通”或“一本通”

2.输入地区码、客户号后按回车键,在系统提示下刷存折,输入存折号、子户号、货币、交易码、金额、密码、通知期、ID类别、ID号、存折打印、凭证输入。

3.手工输入请参阅普通活期存款手工输入的有关说明。

4.检查无误后选择“执行”(R)按钮,在系统提示下操作。

5.注意事项:

(1)当客户号、存折号、子户号、货币和交易码输入完毕后,光标移到下一个输入框时,系统自动在窗口的上半部分显示出该客户的详细信息,包括:账号、凭证号、户名、业务品种、货币、余额、存取方式、账户状态、开户方式、起息日、到息日、存期、通存通兑。

(2)密码不能为空(由客户输入)。

五、教育储蓄

教育储蓄是一种城乡居民为其本人或其子女接受非义务教育(指九年义务教育之外的全日制高中、大中专、大学本科、硕士和博士研究生)积蓄资金的一种储蓄存款。如果客户有子女(或者客户本人)正在接受义务教育(小学四年级或以上),或者需要为其未来的出国留学、本科或研究生学习及其他非义务教育积蓄资金,都可以选择教育储蓄方式作为储蓄存款形式。

教育储蓄的特点:

1.明确的户名:户名为在校小学四年级(含四年级)以上学生。

2.免收利息税。

3.优惠的利率:能提供接受非义务教育的证明,即可支取并享受优惠利率(按同档次整存整取利率)。

4.存期灵活、轻松积累:零存整取方式逐月存入。

5.起存金额低:每月约定最低起存金额为人民币50元,本金合计最高限额为人民币2万元;

6.存期选择多:可选择1年、3年、6年。

(一)普通教育储蓄开户

1.进入普通教育储蓄开户界面:个人储蓄→教育储蓄→普通教育储蓄开户。

2.输入客户号、存折号、(存折号)重复、货币、交易码、金额、存期、印鉴类别、密码、通存通兑、存折打印。

3.检查无误后选择"执行"(R)按钮,在系统提示下操作。

4.注意事项:

(1)存期代码的输入请参阅业务通用操作中的详细说明。

(2)当客户号、存折号、货币和交易码输入完毕后,光标移到下一个输入框时,系统自动在窗口的上半部分显示出该客户的详细信息,包括:客户号、凭证号、户名、客户类别、存取方式、状态、客户地址。

(二)普通教育储蓄存款

1.进入普通教育储蓄存款界面:个人储蓄→教育储蓄→普通用户教育储蓄存款。

2.若是有折存款,输入账号后按回车键,在系统提示下刷存折,输入存折号、货币、交易码、金额、存折打印(选择"打印")、凭证输入(选择"刷存折")。

3.若是无折存款,则输入账号后,不要按回车键,用上下光标键来移动光标到下一个输入框,输入存折号、货币、交易码、金额、存折打印(选择"不打印")、凭证输入(选择"手工输入")。

4.检查无误后选择"执行"(R)按钮,在系统提示下操作。

5.注意事项:当客户号、存折号、货币和交易码输入完毕后,光标移到下一个输入框时,系统自动在窗口的上半部分显示出该客户的详细信息,包括:账号、凭证号、户名、业务品种、货币、余额、账户状态、开户方式、起息日、到息日、存期、通存通兑、存取间隔、应付利息、客户地址。

(三)普通教育储蓄销户

1.进入普通教育储蓄销户界面:个人储蓄→教育储蓄→普通教育储蓄销户。

2.输入账号后按回车键,在系统提示下刷存折,输入存折号、货币、交易码、是否证明、金额、密码、ID类别、ID号、存折打印、凭证输入、摘要。

3.手工输入请参阅普通活期存款手工输入的有关说明。

4.检查无误后选择“执行”(R)按钮,在系统提示下操作。

5.注意事项:

(1)存折号、货币、是否证明和交易码输入完毕后,光标移到下一个输入框时,系统自动在窗口的上半部分显示出该客户的详细信息,包括:账号、凭证号、户名、业务品种、货币、余额、账户状态、开户方式、起息日、到息日、存期、通存通兑、存取间隔、应付利息、客户地址。

(2)若有预留密码,则密码不能为空(由客户输入),否则密码为空。

(四)一本通/一卡通教育储蓄开户

1.进入一本通/一卡通教育储蓄开户界面:

个人储蓄→教育储蓄→一卡通教育储蓄开户,“凭证类型”选择“一卡通”或“一本通”。

2.输入客户号、存折号、存折号重复、货币、交易码、金额、存期、印鉴类别、密码、通存通兑、存折打印。

3.无误后选择“执行”(R)按钮,在系统提示下操作。

4.注意事项:当客户号、存折号、货币和交易码输入完毕后,光标移到下一个输入框时,系统自动在窗口的上半部分显示出该客户的详细信息,包括:客户号、凭证号、户名、客户类别、存取方式、状态、客户地址。

(五)一本通/一卡通教育储蓄存款

1.进入一本通/一卡通教育储蓄存户界面:

个人储蓄→教育储蓄→一卡通教育储蓄存款,“凭证类型”选择“一卡通”或“一本通”。

2.若是有折存款,输入账号后按回车键,在系统提示下刷存折,输入存折号、货币、交易码、金额、存折打印(选择“打印”)、凭证输入(选择“刷存折”)。

3.若是无折存款,则输入账号后,不要按回车键,用上下光标键来移动光标到下一个输入框,输入存折号、货币、交易码、金额、存折打印(选择“不打印”)、凭证输入(选择“手工输入”)。

4.检查无误后选择“执行”(R)按钮,在系统提示下操作。

5.注意事项:当客户号、存折号、货币和交易码输入完毕后,光标移到下一个输入框时,系统自动在窗口的上半部分显示出该客户的详细信息,包括:账号、凭证号、户名、业务品种、货币、余额、账户状态、开户方式、起息日、到息日、存期、通存通兑、存取间隔、应付利息。

(六)一本通/一卡通教育储蓄销户

1.进入一本通/一卡通教育储蓄销户界面:

[个人储蓄]→[教育储蓄]→[一卡通教育储蓄销户],“凭证类型”选择“一卡通”或“一本通”。

2.输入账号后按回车键,在系统提示下刷存折,输入存折号、货币、交易码、是否证明、金额、密码、ID类别、ID号、存折打印、凭证输入、摘要。

3.手工输入请参阅普通活期存款手工输入的有关说明。

4.检查无误后选择“执行”(R)按钮,在系统提示下操作。

5.注意事项:存折号、货币、是否证明和交易码输入完毕后,光标移到下一个输入框时,系统自动在窗口的上半部分显示出该客户的详细信息,包括:账号、凭证号、户名、业务品种、货币、余额、账户状态、开户方式、起息日、到息日、存期、通存通兑、存取间隔、应付利息、客户地址。

六、个人支票

所谓个人支票,是个人签发的、委托办理支票存款业务的银行在见票时无条件支付确定的金额给收款人或者持票人的票据。

(一)个人支票开户

1.在普通支票界面选择“1-开户”按钮,进入普通支票(开账户)界面。

2.输入网点号、客户号、货币、交易码、金额、印鉴类别、密码。

3.检查无误后选择“执行”(R)按钮,在系统提示下操作。

4.注意事项:

(1)金额必须大于个人支票的开户金额(5000.00元)。

(2)印鉴类别必须选择印鉴,此时不会提示输入密码。

(3)如果提示客户资料中没有身份证号码,则应重开客户并输入身份证号码。

(4)当客户号、货币和交易码输入完毕后,光标移到下一个输入框时,系统自动在窗口的上半部分显示出该客户的详细信息,包括:客户号、凭证号、户名、客户类别、存取方式、状态。

(二)个人支票预开户

1.在普通支票界面选择“2-预开户”按钮,进入普通支票(预开户)界面。

2.输入网点号、客户号、货币、印鉴类别、密码、附件数。

3.检查无误后选择“执行”(R)按钮,在系统提示下操作。

4.注意事项:

(1)当客户号输入完毕后,光标移到下一个输入框时,系统自动在窗口的上半部分显示出该客户的详细信息,包括:客户号、凭证号、户名、客户类别、存取方式、状态。

(2)印鉴类别必须选择印鉴,此时不会提示输入密码。

(3)如果提示客户资料中没有身份证号码,则应重开客户并输入身份证号码。

(4)本功能是当客户不存入金额,只是开一个空户时使用。

(三)个人支票存款

1.在普通支票界面选择"3-存款"按钮,进入普通支票(存款)界面。

2.输入网点号、账号、凭证号、货币、交易码、金额、ID类别、ID号。

3.检查无误后选择"执行"(R)按钮,在系统提示下操作。

4.注意事项:

(1)若是预开户,则第一次存款金额必须大于个人支票的开户金额(5000.00元)。

(2)当账号、凭证号、货币和交易码输入完毕后,光标移到下一个输入框时,系统自动在窗口的上半部分显示出该客户的详细信息,包括:账号、凭证号、户名、业务品种、货币、余额、存取方式、账户状态、通存通兑。

(四)个人支票取款

1.在普通支票界面选择"4-取款"按钮,进入普通支票(取款)界面。

2.输入网点号、账号、货币、交易码、金额、支票号码、ID类别、ID号、摘要。

3.检查无误后选择"执行"(R)按钮,在系统提示下操作。

4.注意事项:

(1)金额必须大于个人支票每张最低取款金额(100.00元)。

(2)账户取款之后的余额不得低于2000.00元。

(3)支票号码必须输入。

(4)身份证号码为取款人号码时,可以不输入,但必须核对。

(5)当账号、货币、交易码输入完毕后,光标移到下一个输入框时,系统自动在窗口的上半部分显示出该客户的详细信息,包括:账号、凭证号、户名、业务品种、货币、余额、存取方式、账户状态、通存通兑。

(五)个人支票结清

1.在普通支票界面选择"5-结清"按钮,进入普通支票(结清)界面。

2.输入网点号、账号、货币、摘要。

3.检查无误后选择"执行"(R)按钮,在系统提示下操作。

4.注意事项:当账号、货币输入完毕后,光标移到下一个输入框时,系统自动在窗口的上半部分显示出该客户的详细信息,包括:账号、户名、业务品种、货币、凭证号、存期、存取方式、冻结金额、存取额度、最低余额、起息日、计息、通存通兑、自动转存、状态、余额、可用余额、应收息。支票销户前,必须先执行结清操作。

(六)个人支票销户

1.在普通支票界面选择“6－销户”按钮,进入普通支票(销户)界面。

2.输入网点号、账号、支票号、货币、交易码、结算金额、密码、ID 类别、ID 号。

3.检查无误后选择 “执行”(R) 按钮,在系统提示下操作。

4.注意事项:

(1)结算金额必须等于账户余额。

(2)支票号码必须输入。

(3)当账号、支票号、货币和交易码输入完毕后,光标移到下一个输入框时,系统自动在窗口的上半部分显示出该客户的详细信息,包括:账号、凭证号、户名、业务品种、货币、余额、存取方式、账户状态、通存通兑。

七、信用卡存款

信用卡是具有消费信用、存取现金和转账结算等功能的信用支付工具。信用卡是一种贷记卡,先消费再还款。本系统信用卡业务包括信用卡开户、信用卡存现、信用卡取现及信用卡明细查询、信用卡交易查询等。

如图 2－3 所示:

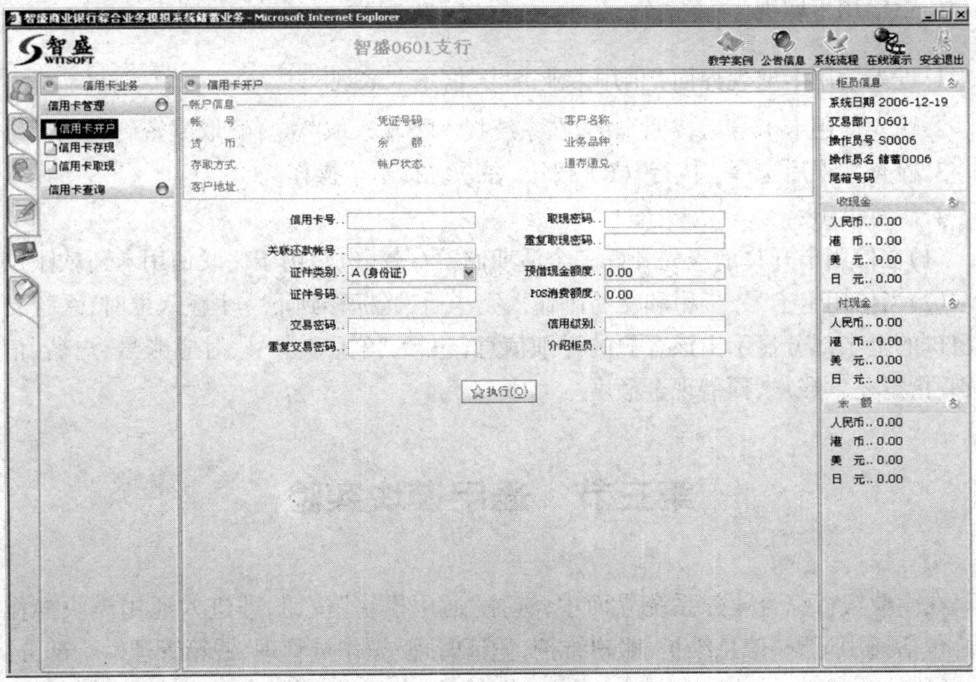

图 2－3

(一)信用卡开户

1.进入信用卡开户界面:信用卡业务→信用卡开户。

2.输入信用卡卡号、关联还款账号、证件类别(名称)、证件号码、货币、交易密码、取现密码、预借现金额度、信用级别。信用卡卡号规则为 8989 + 交易部门号 + 8 位数字。例如 898960100000001。

3.检查无误后选择“执行”(R)按钮,在系统提示下操作。

4.注意事项:信用卡卡号的输入请参阅业务通用操作中的详细说明。当信用卡卡号、货币和交易码输入完毕后,光标移到下一个输入框时,系统自动在窗口的上半部分显示出该客户的详细信息,包括:信用卡卡号、对应账号、户名、信用级别、指定还款账户、预借现金额度。

(二)信用卡存现

1.进入信用卡存款界面:信用卡业务→信用卡存现。

2.输入信用卡卡号后按回车键,在系统提示下输入缴款金额、缴款账号、交易码、摘要。

3.检查无误后选择“执行”(R)按钮,在系统提示下操作。

(三)信用卡取现

1.进入信用卡取现界面:信用卡业务→信用卡取现。

2.输入信用卡卡号后按回车键,在系统提示下输入取款金额、取款密码、摘要等。

3.检查无误后选择“执行”(R)按钮,在系统提示下操作。

4.注意事项:

(1)在信用卡开户前应先开好一个活期储蓄存款账户,用于关联信用卡还款账户。

(2)当信用卡卡号、货币和交易码输入完毕后,光标移到下一个输入框时,系统自动在窗口的上半部分显示出该客户的详细信息,包括:信用卡卡号、对应账号、户名、信用级别、指定还款账户、预借现金额度。

第三节　通用模块实验

在商业银行综合业务系统界面中,选择“通用模块”按钮,即进入通用模块操作界面。包括通用记账、信息维护、账户维护、凭证管理、操作员管理、钱箱管理六个部分。

一、通用记账

在通用模块界面中，选择"通用记账"按钮，即进入通用模块通用记账操作界面。

（一）表内通用记账

1.进入表内通用记账界面：通用模块→通用记账→表内记账。

2.左边是套账信息：交易码、币种、摘要。右边是分录信息：账号、账户名称、凭证类别、凭证号、借贷、金额。先输入套账信息，然后输入相应的分录信息。

3.确认无误后，选择"执行"按钮。

4.注意事项：

（1）表内记账是套账，分录至少一借一贷，借贷要平衡。系统会自动判断。不平衡时，不会"执行"下去。

（2）表内记账是在系统没有提供相应的业务处理时使用。

（二）表外记账

1.进入表外通用记账界面：通用模块→通用记账→表外记账。

2.输入账号、收付、币种、金额。

3.确认无误后，选择"执行"按钮。

二、信息维护

在通用模块界面中，选择信息维护操作界面。

（一）私人客户维护

1.进入私人客户维护界面：通用模块→信息维护→私人客户维护。

2.输入需维护的客户号，按回车键。系统将该客户信息显示在屏幕上。包括：客户姓名、客户称谓、ID类别、ID号、电话（家）、电话（办公）、传真（FAX）、邮编、地址1、地址2、地址3、国籍、信贷许可、出生日期、工作单位。

3.将光标移到需要修改的项目输入框上进行修改。

4.确认无误后，选择"执行"按钮。

（二）表内账户信息维护

1.进入表内账户信息维护界面：通用模块→信息维护→表内账户信息维护。

2.输入需维护的账号，按回车键。系统将该表内账户信息显示在屏幕上。包括：账户名称、币种、存期、利率类别、通存通兑、自动转存、存取金额、起息日、到期日、余额方向、最低余额、透支额度、借方利率、借方积数、贷方利率、贷方积数、账户状态、记息标志。

3.将光标移到需要修改的项目输入框上进行修改。

4.确认无误后,选择"执行"按钮。

(三)表外账户信息维护

1.进入表外账户信息维护界面:通用模块→信息维护→表外账户信息维护。

2.输入需维护的账号,按回车键。系统将该表外账户信息显示在屏幕上。包括:账户名称、部门、科目、业务代码、币种、联机余额、账户余额、上日余额、上年余额、开户用户、开户日、起息日、销户用户、销户日、账户状态。

3.将光标移到需要修改的项目输入框上进行修改。

4.确认无误后,选择"执行"按钮。

三、账户维护

在通用模块界面中,选择"账户维护"按钮,即进入通用模块—账户维护操作界面。

(一)账户部分冻结

1.进入账户部分冻结界面:通用模块→账户维护→账户部分冻结。

2.输入地区码、账号、冻结金额、冻结原因、ID类别、ID号、摘要。

3.确认无误后,选择"执行"按钮,在系统的提示下操作。

4.注意事项:当账号输入完毕后,光标移到下一个输入框时,系统自动在窗口的上半部分显示出该账号的详细信息,包括:账号、凭证号、户名、业务品种、货币、余额、存取方式、账户状态、冻结金额、起息日、到期日、存期、存取间隔、每次存取金额、冻结原因、冻结日期、冻结用户。

(二)账户部分解冻

1.进入账户部分解冻界面:通用模块→账户维护→账户部分解冻。

2.输入地区码、账号、解冻金额、摘要、ID类别、ID号。

3.确认无误后,选择"执行"按钮,在系统的提示下操作。

4.注意事项:当账号输入完毕后,光标移到下一个输入框时,系统自动在窗口的上半部分显示出该账号的详细信息,包括:账号、凭证号、户名、业务品种、货币、余额、存取方式、账户状态、冻结金额、起息日、到期日、存期、存取间隔、每次存取金额、冻结原因、冻结日期、冻结用户。

(三)账户冻结

1.进入账户冻结界面:通用模块→账户维护→账户冻结。

2.输入地区码、账号、冻结原因、ID 类别、ID 号、摘要。

3.确认无误后,选择“执行”按钮,在系统的提示下操作。

4.注意事项:当账号输入完毕后,光标移到下一个输入框时,系统自动在窗口的上半部分显示出该账号的详细信息,包括:账号、凭证号、户名、业务品种、货币、余额、存取方式、账户状态、冻结金额、起息日、到期日、存期、存取间隔、每次存取金额、冻结原因、冻结日期、冻结用户。

(四)账户解冻

1.进入账户解冻界面:通用模块→账户维护→账户解冻。

2.输入地区码、账号、摘要、ID 类别、ID 号。

3.确认无误后,选择“执行”按钮,在系统的提示下操作。

4.注意事项:当账号输入完毕后,光标移到下一个输入框时,系统自动在窗口的上半部分显示出该账号的详细信息,包括:账号、凭证号、户名、业务品种、货币、余额、存取方式、账户状态、冻结金额、起息日、到期日、存期、存取间隔、每次存取金额、冻结原因、冻结日期、冻结用户。

四、凭证管理

在通用模块下选择“凭证管理”按钮,进入操作界面。

(一)凭证领用

1.进入凭证领用界面:通用模块→凭证管理→凭证领用。

2.输入凭证种类、开始号码、结束号码。

3.确认无误后,选择“执行”按钮,在系统的提示下操作。

4.注意事项:支票领用张数必须为 25 的倍数,而且起始号为 25 的倍数加 1,终止号为 25 的倍数(即支票必须整本领用)。

(二)凭证上缴

1.进入操作界面:通用模块→凭证管理→凭证上缴。

2.输入凭证种类、开始号码、结束号码。

3.确认无误后,选择“执行”按钮,在系统的提示下操作。

4.注意事项:支票必须整本取消领用。

(三)支票出售

1.进入支票出售界面:通用模块→凭证管理→支票出售。

2.输入账号、ID类别、ID号、支票类别、开始号码、结束号码。

3.确认无误后,选择“执行”按钮,在系统的提示下操作。

(四)取消支票出售

1.进入取消支票出售界面:通用模块→凭证管理→取消支票出售。

2.输入账号、ID类别、ID号、支票类别、开始号码、结束号码。

3.确认无误后,选择“执行”按钮,在系统的提示下操作。

(五)支票挂失

1.进入支票挂失界面:通用模块→凭证管理→支票挂失。

2.输入账号、ID类别、ID号、支票类别、开始号码、结束号码。

3.确认无误后,选择“执行”按钮,在系统的提示下操作。

(六)支票解挂

1.进入取消支票挂失界面:通用模块→凭证管理→支票解挂。

2.输入账号、ID类别、ID号、支票类别、开始号码、结束号码。

3.确认无误后,选择“执行”按钮,在系统的提示下操作。

(七)支票核消

1.进入支票核销界面:通用模块→凭证管理→支票核销。

2.输入账号、ID类别、ID号、支票类别、开始号码、结束号码。

3.确认无误后,选择“执行”按钮,在系统的提示下操作。

(八)取消支票核消

1.进入取消支票核销界面:通用模块→凭证管理→取消支票核销。

2.输入账号、ID类别、ID号、支票类别、开始号码、结束号码。

3.确认无误后,选择“执行”按钮,在系统的提示下操作。

五、操作员管理

在通用模块界面选择“操作员管理”按钮,进入操作员管理界面。

(一)操作员密码修改

1.进入操作员密码修改界面:通用模块→操作员管理→操作员密码修改。
2.输入操作员、卡号、旧密码、新密码、新密码重复。
3.检查无误后选择“执行”按钮,在系统提示下操作。
4.注意事项:操作员密码不能为空。

(二)操作员密码挂失

1.进入操作员密码挂失界面:通用模块→操作员管理→操作员密码挂失。
2.输入操作员、摘要。
3.检查无误后选择“执行”按钮,在系统提示下操作。
4.注意事项:操作员不能对自己进行密码挂失操作。

六、钱箱管理

在通用模块界面中,选择“钱箱管理”按钮,即进入通用模块—钱箱管理界面。

(一)重要空白凭证出库

1.进入现金有价凭证出库界面:通用模块→钱箱管理→重要空白凭证出库。
2.输入出库种类、货币、金额。
3.确认无误后,选择“确定”按钮,在系统的提示下操作。

(二)重要空白凭证入库

1.进入现金有价凭证入库界面:通用模块→钱箱管理→重要空白凭证入库。
2.输入入库种类、货币、金额。
3.确认无误后,选择“确定”按钮,在系统的提示下操作。

(三)重要空白凭证调配

1.进入现金有价凭证调配界面:通用模块→钱箱管理→重要空白凭证调配。
2.输入调出种类、货币、金额、对方钱箱。
3.确认无误后,选择“确定”按钮,在系统的提示下操作。

(四)重要空白凭证查询

1.进入现金有价凭证查询界面:通用模块→钱箱管理→重要空白凭证查询。
2.输入查询种类后,按回车键提交系统处理。

(五)尾箱轧账

1.进入现金有价凭证轧账界面:通用模块→钱箱管理→尾箱轧账。

2.按回车键后,系统即进行处理。

3.若需将处理后的结果打印出来,选择"打印"按钮,在系统的提示下操作。

(六)增加尾箱

1.进入增加尾箱界面:通用模块→钱箱管理→增加尾箱。

2.输入尾箱号、尾箱名称。

3.确认无误后,选择"确定"按钮,在系统的提示下操作。

第四节　代理业务实验

代理业务是商业银行中间业务的一项传统业务。它是商业银行接受政府、企业单位、其他银行或金融机构以及居民个人的委托,以代理人身份代表委托人办理一些经双方议定的经济事项的业务。

在商业银行综合业务系统界面中,选择"代理业务"按钮,即进入代理业务操作界面。代理业务的实验内容包括合同录入、合同维护、录入批量、批量维护、增加批量明细、批量明细维护、代理客户录入、代理客户维护、有清单逐笔代收、无清单逐笔代收十个部分。

一、合同录入

1.在代理业务操作界面下进入合同录入界面:代理业务→合同录入。

2.输入网点号、代理类别、代理收付账号、货币、客户名称、备注。

3.检查无误后选择"执行"(R)按钮,在系统提示下操作。

4.注意事项:当网点号、代理类别和代理收付账号输入完毕后,光标移到下一个输入框时,系统自动在窗口的上半部分显示出该账户的详细信息,包括:账号、户名、业务品种、货币、凭证号、存期、存取方式、冻结金额、存取额度、最低余额、起息日、计息、通存通兑、自动转存、状态、余额、可用余额、应收息。

二、合同维护

1.在代理业务操作界面下进入合同查询维护界面:代理业务→合同维护。

2.输入查询的条件可以是以下内容的任意组成:录入起始日期、录入结束日期、代理类别、合同部门。

3.确认无误后,将光标移至最后一个输入框处,按回车键提交系统进行处理。

4.系统将满足查询条件的记录显示在屏幕上,通过小键盘上的上下光标键选择要维护的记录。若要删除该合同信息,按删除键即可;若要修改该合同信息,按回车键。系统将该代理合同的信息显示在屏幕上,包括:代理合同号、代理类别、代理收付账号、货币种类。

5.将光标移到需要修改的项目输入框上进行修改。

6.确认无误后,选择"执行"(R)按钮。

7.注意事项:代理合同号不可以修改。

三、录入批量

1.在代理业务操作界面下进入录入批量界面:代理业务→录入批量。

2.输入网点号、代理合同号、总笔数、总金额、批量明细来源、来源批量号、来源文件名、备注。

3.检查无误后选择"执行"(R)按钮,在系统提示下操作。

4.注意事项:当网点号、代理号输入完毕后,光标移到下一个输入框时,系统自动在窗口的上半部分显示出该代理合同的详细信息,包括:合同号、代理类别、币种、代理账号、客户名称。

四、批量维护

1.在代理业务操作界面下进入批量查询维护界面:代理业务→批量维护。

2.输入待查询的合同号。

3.确认无误后,按回车键提交系统进行处理。

4.系统将该合同所有的批量信息显示在屏幕上,通过上下光标键选择要维护的批量。若要删除该批量信息,按删除键即可;若要修改该批量信息,按回车键。系统将该批量的信息显示在屏幕上,包括:代理合同号、批量号、总笔数、总金额、备注。

5.将光标移到需要修改的项目输入框上进行修改。

6.确认无误后,选择"执行"(R)按钮。

7.注意事项:代理合同号、批量号不可以修改。

五、增加批量明细

1.在代理业务操作界面下进入增加批量明细界面:代理业务→增加批量明细。

2.输入网点号、代理合同号、批量号、涉及对象账号、涉及对象标识、涉及金额、备注。

3.检查无误后选择“执行”(R)按钮,在系统提示下操作。

六、批量明细维护

1.在代理业务操作界面下进入批量明细查询维护界面:代理业务→批量明细维护。

2.输入查询的条件可以是以下内容的任意组成:合同号、批量号。

3.确认无误后,将光标移至最后一个输入框处,按回车键提交系统进行处理。

4.系统将满足查询条件的批量信息显示在屏幕上,通过小键盘上的上下光标键选择要维护的明细交易信息。若要删除该明细交易信息,按删除键即可;若要修改该明细交易信息,按回车键。系统将该明细交易信息显示在屏幕上,包括:网点号、批量号、明细序号、涉及对象账号、涉及对象标识、涉及金额、备注。

5.将光标移到需要修改的项目输入框上进行修改。

6.确认无误后,选择“执行”(R)按钮。

7.注意事项:网点号、批量号、明细序号不可以修改。

七、代理客户录入

1.在代理业务操作界面下进入代理客户录入界面:代理业务→代理客户录入。

2.输入网点号、代理合同号、客户账号、备注。

3.检查无误后选择“执行”(R)按钮,在系统提示下操作。

八、代理客户维护

1.在代理业务操作界面下进入代理客户查询维护界面:代理业务→代理客户维护。

2.输入查询的条件可以是以下内容的任意组成:代理网点、代理合同号、代理客户号、代理客户名称、生效日期、失效日期。

3.确认无误后,将光标移至最后一个输入框处,按回车键提交系统进行处理。

4.系统将满足查询条件的记录显示在屏幕上,通过小键盘上的上下光标键选择要维护的记录。若要使该代理客户信息失效,按删除键即可;若要修改该代理客户信息,按回车键。系统将该代理客户的信息显示在屏幕上,包括:代理合同号、代理客户账号。

5.修改相应的代理客户账号。

6.确认无误后,选择“执行”(R)按钮。

7.注意事项:代理合同号不可以修改。若要修改代理合同号,则需先使该代理客户信息失效,然后增加新的代理客户信息。

九、逐笔代收

1.在代理业务操作界面下进入逐笔代收界面:代理业务→逐笔代收。

2.输入网点号、代理合同号、批量号、收款类别、对象标识、收款方式、货币、现金分析码、收款金额、收费分析码、金额摘要、转出账户(若转账代收时,需要输入)。

3.检查无误后选择"执行"(R)按钮,在系统提示下操作。

4.注意事项:当网点号、代理合同号、批量号输入完毕后,光标移到下一个输入框时,系统自动在窗口的上半部分显示出该批量的详细信息,包括:账号、账户名称、币种、金额、对象标识。

十、逐笔代收(无代理清单)

1.在代理业务操作界面下进入逐笔代收(无代理清单)界面:

代理业务→逐笔代收(无代理清单)。

2.输入网点号、代理合同号、对象标识、收款方式、货币、现金分析码、收款金额、收费分析码、金额摘要、转出账户(若转账代收时,需要输入)。

3.检查无误后选择"执行"(R)按钮,在系统提示下操作。

第五节　一般查询业务

在商业银行综合业务系统界面中,选择"一般查询"按钮,即进入一般查询业务操作界面。一般查询业务的实验内容包括客户查询、账户查询、凭证查询和其他查询业务四个部分。

一、客户查询

在一般查询界面下选择"客户查询"按钮,进入客户查询界面。

(一)客户综合查询

1.进入客户综合查询界面:客户查询→客户综合查询。

2.输入查询的条件可以是以下内容的任意组成:客户名称、证件类型、证件号码、开户起始日、开户结束日、起始客户号。

3.确认无误后,将光标移至最后一个输入框处,按回车键提交系统进行处理。

(二)私人客户查询

1.进入私人客户明细查询界面:客户查询→私人客户查询。

2.输入待查询的客户号。

3.确认无误后,按回车键提交系统进行处理。

二、账户查询

在一般查询界面下选择“账户查询”按钮,进入账户查询界面。

(一)表内账户综合查询

1. 进入表内账户综合查询界面:账户查询→表内账户综合查询。

2.输入查询的条件可以是以下内容的任意组成:起始账号、开户起始日、开户结束日。

3.确认无误后,将光标移至最后一个输入框处,按回车键提交系统进行处理。

(二)表内账户明细查询

1.进入表内账户明细查询界面:账户查询→表内账户明细查询。

2.输入待查询的账号。

3.确认无误后,按回车键提交系统进行处理。

(三)表外账户明细查询

1.进入表外账户明细查询界面:账户查询→表外账户明细查询。

2.输入待查询的账号。

3.确认无误后,按回车键提交系统进行处理。

(四)表外账户综合查询

1.进入表外账户综合查询界面:账户查询→表外账户综合查询。

2.输入查询的条件可以是以下内容的任意组成:起始账号、开户起始日、开户结束日。

3.确认无误后,将光标移至最后一个输入框处,按回车键提交系统进行处理。

三、凭证查询

在一般查询界面下选择“凭证查询” 按钮,进入凭证查询界面。

(一)凭证综合查询

1.进入凭证综合查询界面:凭证查询→凭证综合查询。

2.输入查询的条件可以是以下内容的任意组成:客户号、凭证类别、起始凭证号、起始日期、终止日期。

3.确认无误后,将光标移至最后一个输入框处,按回车键提交系统进行处理。

(二)支票库存查询

1.进入支票库存查询界面:凭证查询→支票库存查询。

2.输入待查询的部门号。

3.确认无误后,按回车键提交系统进行处理。

(三)支票查询(支票号)

1.进入支票查询(支票号)界面:凭证查询→支票查询(支票号)。

2.输入待查询的支票号。

3.确认无误后,按回车键提交系统进行处理。

(四)支票查询(账号)

1.进入支票查询(账号)界面:凭证查询→支票查询(账号)。

2.输入待查询的账号。

3.确认无误后,按回车键提交系统进行处理。

四、交易信息查询

在一般查询界面下选择"交易信息查询" 按钮,进入交易信息查询界面。

(一)交易综合查询

1.进入交易综合查询界面:交易信息查询→交易综合查询。

2.输入查询的条件可以是以下内容的任意组成:交易日期、交易种类、交易客户、账号后缀、交易用户、交易金额、起始流水号、终止流水号。

3.确认无误后,将光标移至最后一个输入框处,按回车键提交系统进行处理。

(二)交易账务查询

1.进入交易账务查询界面:交易信息查询→交易账务查询。

2.输入查询的条件可以是以下内容的任意组成:账务日期、交易流水号、客户号、账号后缀、科目号、交易码、经办用户、交易部门。

3.确认无误后,将光标移至最后一个输入框处,按回车键提交系统进行处理。

(三)账户账务查询

1.进入一般查询界面:一般查询→账户账务查询。

2.输入待查询的账户及起始日期。

3.确认无误后,按回车键提交系统进行处理。

(四)开销户查询

1.进入开销户查询界面:一般查询→开销户查询。

2.输入查询的条件可以是以下内容的任意组成:查询类别、客户号、账号后缀、起始日期、终止日期。

3.确认无误后,将光标移至最后一个输入框处,按回车键提交系统进行处理。

(五)表外账务查询

1.进入表外账务查询界面:一般查询→表外账务查询。

2.输入查询的条件可以是以下内容的任意组成:查询日期、经办用户、科目号、账户。

3.确认无误后,将光标移至最后一个输入框处,按回车键提交系统进行处理。

(六)总账查询

1.进入总账查询界面:一般查询→总账查询。

2.输入查询的条件可以是以下内容的任意组成:账务日期、币种、起始科目、结束科目。

3.确认无误后,将光标移至最后一个输入框处,按回车键提交系统进行处理。

【本章小结】

商业银行综合业务模拟系统中的个人储蓄业务实验具有核心会计制度、面向综合柜员、系统面向客户及客户化管理思想等特点。通过实验,学生可以在逐渐熟悉银行各项业务操作的基础上,进一步加深对现代商业银行业务特点的领会。

1.个人储蓄业务的账户编排体系由客户号、账号、内部账号、业务代码等构成,注意其编排构成特点,准确操作。

2.个人储蓄业务的各项业务操作都要通过专门的凭证进行处理,凭证领用的顺序是:市行库——支行库——网点库钱箱——柜员钱箱。一卡通的分配和普通凭证分配一样,只是一卡通的分配是从卡部开始的,而不是市行库。

3.个人储蓄业务日常操作流程是:客户到银行办理开账户业务(包括普通业务和卡业务),先开立一个普通户或一卡通/一本通客户号,据此开立各类存款储蓄账号,再在该账号下进行活期、定期、通知存款、教育储蓄等各项业务的存款、取款、结清、销户等实验操作。

4.个人储蓄中的特殊业务主要包括:信息维护、账户维护、凭证维护等。

5.在商业银行综合业务系统界面中,通用模块是进行各项具体业务实验的基础,需要准确操作。通用模块主要包括通用记账、信息维护、账户维护、凭证管理、操作员管理、钱箱管理六个部分。

6.代理业务是商业银行中间业务的一项传统业务。它是商业银行接受政府、企业单位、其他银行或金融机构以及居民个人的委托，以代理人身份代表委托人办理一些经双方议定的经济事项的业务。在个人储蓄业务实验中，代理业务主要包括合同录入、合同维护、录入批量、批量维护、增加批量明细、批量明细维护、代理客户录入、代理客户维护、有清单逐笔代收、无清单逐笔代收十个部分。

7.在商业银行综合业务系统中，在一般查询业务操作界面，可以帮助操作员获得所需要的信息，从而提高实验操作的效率。一般查询业务的实验内容包括客户查询、账户查询、凭证查询和其他查询业务四个部分。

【本章思考题】

1.商业银行综合业务模拟系统中，个人储蓄业务的系统特点是什么？如何理解？

2.个人储蓄业务中的客户号、账号如何生成？

3.如何办理个人活期存款、取款、查询、结清等业务？

4.个人支票客户如何获得支票？如何签发、存款、取款、结清及销户？

5.定期存款有哪些种类？如何进行存取、结清、销户、挂失、解挂等实验操作？

6.个人通知存款业务有何特点？如何办理开户、存取、结清、销户等实验操作？

7.什么是教育储蓄？如何进行教育储蓄的各种业务操作？

8.什么是代理业务？代理业务的操作流程有什么特点？如何操作？

9.如何领用个人储蓄业务所用凭证？有哪些种类？

10.为什么要进行尾箱轧账、部门轧账的实验操作？

11.如何使用一般查询？有何功能？

第三章 CHAPTER 3 商业银行对公会计业务概述

【学习目标】

通过本章的学习,学生能深入理解并掌握商业银行对公业务的系统特点,即核心会计制度、综合柜员制度、客户化管理思想、面向业务等。熟悉并掌握商业银行客户号、对公账号、凭证号码等编排方法及生成原理,掌握为客户开立客户号、账号的方法,了解商业银行对公存贷业务和通用模块的相关规定,掌握并熟练进行银行业务日常操作流程。

对公业务是商业银行针对企事业开户单位开设的存款业务、贷款业务、结算业务及其相关委托、咨询等业务的总称。它涉及商业银行重要的资产业务、负债业务和中间业务等具体业务,业务种类繁多,需要实验的项目庞杂。为此,商业银行综合业务模拟系统在对公业务的实验项目设计中,将参与实验的同学设计为对公会计记账员的身份,并在模拟系统中采取核心记账方式,使所有业务过程如储蓄、对公、国际业务等都围绕着同一个会计核心来展开,从而使参与实验的学生从会计记账员的角度从事对公业务的存取、结算等项目的模拟实验操作。

第一节 对公会计业务系统管理

本节内容是对商业银行对公会计业务模拟实验的总体介绍,将主要介绍以下内容:个人储蓄业务的系统特点与功能、账号编排体系、柜员管理、凭证管理、钱箱管理及对公业务范围和对公日常业务操作流程等。

一、系统特点

(一)面向客户

商业银行综合业务模拟实验中对公系统的业务处理均以账号为基础,同一客户不同的业务品种的账务之间缺乏有机的联系。同一客户的存、贷款、资金去向等完整的业务信息通常难以把握。

为加强对客户的服务,减少银行资金运营风险,必须强化对客户信息的管理。因此商业银行综合业务新系统提出面向客户信息的设计方法,以客户信息文件(CIF)为基础,构造客户信息管理子系统(Customer Information System,CIS)。

以客户为中心,引入客户号,统辖相关的多个账户。客户号是面向客户的基础,系统根据客户号唯一地识别一个客户。账户中不但包含了传统的账务信息,更重要的是它必须归属于一个全行唯一的客户号。客户号的引入为银行提供一个重要的角度——客户——来掌握银行的经营情况,便于实现客户理财,控制多头贷款等,为将来的客户关系管理奠定基础。

(二)核心会计

商业银行综合业务模拟系统采取核心记账方式。核心会计思想是业务处理上对会计处理的客观要求。商业银行的每个业务处理可以分成两部分:一部分为业务部分,另一部分为会计记账部分。业务部分根据业务品种的不同,处理方式、流程控制是不同的。系统一定要设置相关的交易去处理它。但会计记账是有一定规律的,可以从具体的交易中分离出来,形成一个大家能共同使用的核心模块,即建立参数化的记账核心。由于记账核心是事先设置好的,相当于把银行的会计知识放入了一个知识库,并经过认真细致的核查,其准确性在程序代码中有保证。

核心会计,即并账制。它是将银行的会计核算过程从业务处理过程提取出来,成为一个通用的会计核心,所有业务过程如储蓄、对公、国际业务等都围绕着同一个会计核心来展开。这样就为将来创新银行业务打下了一个坚实的基础,同时也最大限度地减少了因会计核算办法的改变而对业务过程带来的影响。

统一会计账是针对传统的系统各部门间、地域间条块分散、极难统一而提出的解决方案,并提出了全行一本账的最终目标。

统一会计账设置全行统一账务,统一数据标准,在统一账务结构的基础上,形成了统一会计核心。然后在会计核心的基础上,再构造业务功能。

核心会计的主要特点有:

1.业务过程的记账只记入明细账,总账由主机在日终时统一记入。

2.不允许抹账,所有错账一律通过冲账解决。

3.冲账不允许冲单边,必须冲一套。

4.记账必须采用套账,做到一记双讫或一记多讫。

5.采用事中复核和事后监督相结合的方式。业务处理上充分考虑单人临柜,对大额业务需要事中复核,各种业务中需要复核的金额大小可以设置。

6.业务的记账过程由电脑自动完成,逐步消除临柜人员直接记账。

(三)面向业务

改变以往银行会计系统就是记账系统的方式,银行业务在系统中大部分以业务形式完成,由电脑自动记账,有利于提高工作效率,降低出错率。将日终对账由核对账务逐步改为核对业务,账务核对由系统自动完成,促使银行将重点转移到提高服务质量上来。

采用面向业务的操作方式具有以下特点:

1.每一套账都自求平衡。

2.简化办理业务的手续,降低对临柜人员会计水平的要求。

3.账务核算办法在系统中确定,不受人工控制。

4.统一全行的会计核算办法,在系统中保证业务的合规性。

5.是银行内控制度在系统中的一种表现。

6.建立在会计核心基础之上的业务操作,更便于新业务的快速开展,以及业务的创新。

典型业务处理模式如图 3-1 所示:

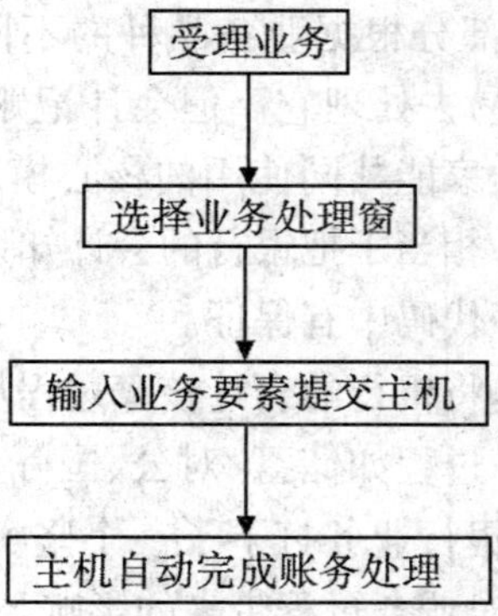

图 3-1

(四)数据全行大集中

为了方便商业银行管理层及时获取各类统计信息,降低后台综合人员的工作强度,本系统实行全行数据大集中的处理模式。通过数据集中,不仅可以实现全系统银行业务的通存通兑,方便系统内进行资金划拨和资金集中清算,而且可以减少系统内的未达账项,实现全行内所有账项的结账统一由主机完成的先进、快捷的实验目标。

（五）业务代码

目前大多数银行业务系统往往是按行号、科目编号来产生账号的，当需要调整科目时，账号也要调整。而我们现在采用业务代码来建立账号与各级科目的对应关系，就避免了这个问题，从而也适应了会计制度的变化。

业务代码与会计科目具有相同的意义：都是总括、反映及监督经济活动和财务收支的一种方法，都是对会计要素的具体化。但是，业务代码比会计科目更适合银行本身的需要。具体区别如下：

1.业务代码是银行按照自身需要而对会计科目的进一步细化。

2.业务代码可以快速适应新业务的发展，避免会计科目滞后于业务变化而带来的不利因素。

3.业务代码面向的是更具体的业务，会计科目面向的是对一类业务的概括，因此业务代码更稳定。

4.业务代码便于进行账户分类、明细的查询统计。

业务代码与会计科目两者之间的关系可以用图 3－2 来表示。

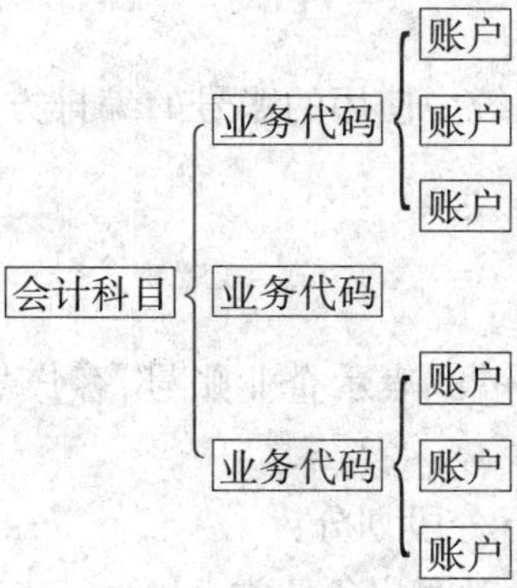

图 3－2

二、系统功能

商业银行对公会计业务实验系统具有如下功能：

1.客户化系统：可以按客户号查询该客户在全行的所有存款、贷款情况。

2.改单边记账为记套账，不存在不平账的情况。

3.简化前台日终结账操作，只需打印轧账单即可。上总账、上账页、滚积数等大量的批量处理改在后台晚间进行。第二天，自动生成各类报表，打印记账传票，补充传票列表。

4.报表方面，支行可以查询打印全年任何一天的报表。

5.新会计系统完全运行后，储蓄当天的账务自动记入会计系统，不需要会计人员次日根据储蓄机制传票补记账。

6.对个人消费贷款业务采用台账管理,实现了自动扣款、自动记贷款及利息账、自动打印本金、利息清单、欠缴未缴明细清单等功能。

7.贷款自动收息入账(本期及前期)、自动转逾期。

8.新系统对账户类别进行严格管理,杜绝了任意开户、非基本户取现等违规操作。

9.电脑自动管理重要空白凭证,支票管理到号码,支票号码与账户唯一对应。

10.自动生成开销户登记簿、重要有价空白凭证登记簿、库存现金登记簿、特殊业务登记簿。

11.实现了对公账户的现金及转账业务的辖内通存,实时入账。

12.汇差资金自动清算,头寸实时查询,联动记账,不需手工操作。

13.年终处理自动化:自动计提营业税金及附加、自动计提呆账准备金、自动计提坏账准备金、自动结转损益。

14.增加了固定资产折旧的每季自动计提入账,递延资产、无形资产每季自动摊销。

15.自动计提应付利息。

16.实现收支逐级报账体系。

三、账号编排体系

商业银行对公会计业务系统中使用的账号的编排方式如下:账号由客户号(10位)+ 账号后缀(5位)组成。

(一)客户号的编码方式

客户号第1位用数字“4”—“8”表示企业账号,客户号第2—9位为顺序号,客户号第10位为校验位。

1.账号后缀第1—4位实行分段划分:

(1)区间“0000”—“4999”为对客户负债类。

(2)账号后缀第1—2位为负债类科目代码的对照码。

(3)账号后缀第3—4位为科目代码属下顺序号。

(4)账号后缀第5位为校验位。

2.区间“5000”—“5999”位为对客户债权类(包括正常贷款、逾期贷款、呆滞贷款、呆账贷款)。

(1)账号后缀不体现科目信息。

(2)账号后缀前4位顺序编号。

(3)账号后缀第5位用以区分贷款状态:“0”为正常贷款,“1”为半年内逾期贷款,“2”为半年以上逾期贷款,“3”为呆滞贷款,“4”为呆账贷款。

3.区间“6000”—“6999”位为表内应收未收利息。

(1)账号后缀不直接体现科目信息。

(2)账号后缀顺序编号。

(3)账号后缀第 5 位为校验位。

4.区间“7000”—“7999”位为表外应收未收利息。

(1)账号后缀不直接体现科目信息。

(2)账号后缀顺序编号。

(3)账号后缀第 5 位为校验位。

5.区间“8000”—“9999”位暂未使用,留待扩充。

6.编码方式的特别说明。

(1)一个客户号,可以在不同支行、网点开立存款账户;账户属于开户网点,不一定属于开客户的网点。

(2)每个客户可以在每个对公存款科目下开设 100 个分户。

(3)每个客户下可以开设 1000 个贷款分户。

例如,GY 商业企业在我 01 支行 02 网点开户(交换号为 8001,网点序号为 3),在 01 支行营业部贷款 200 万,逾期 7 个月,欠息 10000 元。A 企业在银行系统内部的活期存款账号为:

5 00001122 9 02 01 7

企业客户	顺序号	校验位	存款科目代码	顺序号	校验位

其中 5000011229 为 GY 企业在银行系统内唯一的客户号,500001122902017 为系统内活期存款账号。

当 GY 企业在 08 支行 01 网点(交换号 8012)又开了一个新的活期存款户,账号为 500001122902025。客户号不变,存款科目代码不变,改变的是账户顺序号和账号校验位。

GY 企业在 01 支行的贷款账号为 500001122950002。

GY 企业在 01 支行的表外应收未收账号为 500001122970019。

GY 企业在 08 支行又贷款 100 万,贷款账号为 500001122950010。

(二)内部账号的编码方式

商业银行对公业务中的内部账号中,客户号对应一个网点在某个币种下的某种业务。

1.客户号第 1 位用数字“9”表示内部账号。

2.客户号第 2—5 位为网点号。

3.客户号第 6—7 位为货币代号。

4.客户号第 8—10 位为业务代码。

5.账号后缀第1—5位为顺序号。

内部账号的编码需要说明的是：

1.每个业务代码对应到唯一的科目。采用业务代码可以防止科目号的变动，并节省账号长度。

2.账号后缀的编号全行统一规定。

例如，9020110849000003中，"9"表示内部账号，"0201"表示0201网点，第6—7位的"10"表示币种，第8—10位"849"是应交凭证费的业务代码，最后的5位"00003"表示工本费的账号后缀。所以这个内部账号反映的就是02支行01网点出售凭证工本费的收入情况。

四、柜员管理

(一)柜员编号

柜员由市行统一管理。柜员号为5位数字，网点柜员形式为K＃＃＊＊，其中K表示该柜员是操作员，＃＃(01—39)为支行号，＊＊为支行下柜员统一编号(00—99)。例如，K0215表示02支行的第15位柜员。

(二)柜员密码及权限管理

1.柜员首次使用系统，必须首先修改自己的柜员密码。系统默认密码都是888888。

2.柜员要保管好自己的密码，原则上要求每个月修改一次密码。

3.如因密码泄露或将密码交由他人使用而造成的损失或事故由柜员自己负责。

4.柜员密码忘记必须由中心机房进行解挂并更新密码才能再使用。

5.柜员要严格按照自己的级别权限进行操作或授权。

五、凭证管理

(一)凭证管理的特点

1.新系统对所有重要凭证都采取微机自动管理的方式，重要空白凭证的号码与对应的唯一账号联动。

2.实现逐级的凭证下发、领用控制。

3.提供对凭证库存的管理。

4.通过钱箱，实现表内外账务的联动。

5.通过业务代码，可灵活扩充对凭证种类的管理范围。

(二)凭证种类

如表3-1所示：

表 3-1　对公业务凭证种类

现金支票	人行电子联行补充报单
转账支票	省内邮划借方报单
单位定期存单	省内邮划贷方报单
单位定期开户证实书	省内电划借方报单
内部往来科目报单	省内电划贷方报单
省辖特约联行银行汇票	全国异地通汇邮划借方报单
全国异地通汇特约汇款证	全国异地通汇邮划贷方报单
代签工商银行汇票	全国异地通汇电划借方报单
商业承兑汇票	全国异地通汇电划贷方报单
银行承兑汇票	

其中由系统按号码严格管理的凭证如表 3-2 所示：

表 3-2　按号码管理的凭证种类

TCKZ	转账支票	CCKZ	现金支票
CNFX	单位定期存款开户证实书	BOTD	汇票委托书
PYCK	商行往来划款凭证	TEMO	工行电汇
IPYC	工行往来划款凭证	TUCD	电子联行电划贷方报单
PYCK	内部往来科目报单	YHHP	银行承兑汇票

(三)凭证领用

系统的凭证领用采取从市行到支行、支行到网点的二级分配体系。支行到市行领用凭证时，市行财会部必须将凭证的起始号码输入中心机房的管理机内，并进行分配操作，将凭证分配到各支行营业部。同样，支行凭证管理员要做凭证的全额领用并将凭证的起始号码有计划地分配到各网点的库钱箱里，网点凭证负责人在前台机器交易界面选择凭证领用交易把凭证领到库钱箱，柜员通过凭证出库交易领入凭证。只有经过以上的领用及出库步骤，重要空白凭证才能在前台使用。具体流程可以用图 3-3 表示：

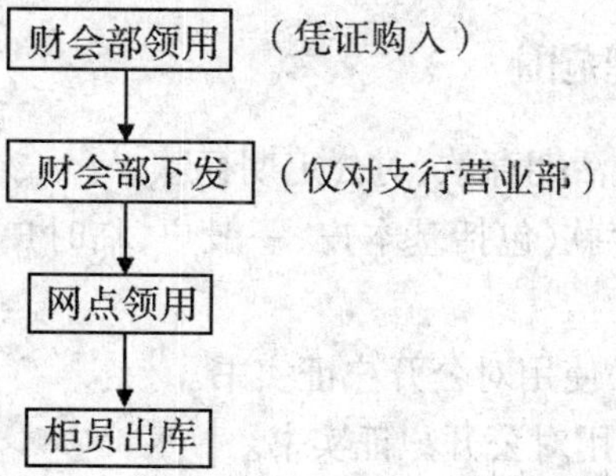

图 3-3

注意事项：

1.领用和下发过程必须在当天完成。本过程只能在本网点的大库中处理。

2.除了财会部的购入过程，其他的领入数量和区间必须和管辖行下发一致。对于尚未出售给客户的支票，包括支票的领用、下发、出售必须严格输入支票号码。

3.支票批量作废：当人行规定某一批支票停止交换后，支行将支票统一上缴到财会部。财会部清点无误后，集中作废。系统统一将该批凭证做作废处理，包括已出售给客户尚未使用的凭证。

4.剩余凭证在过渡时期使用的注意事项是：

(1)系统运行初期，由于对客户手中的支票无法全额登记，则对支票号码不进行控制，在记账中选其他凭证类型。对新出售的支票，必须严格在电脑中登记。出售给客户的支票在系统中有完整的登记簿。

(2)系统运行一段时间后，启动对支票的控制系统。如果系统遇到后四位有重复的，必须输入含批号在内的全部支票号码。

六、钱箱管理

系统对网点设立库钱箱和柜员钱箱。本网点所有柜员都可使用本所钱箱，一个钱箱可以由多个柜员使用，一个柜员可以有多个钱箱。柜员第一次使用新系统时没有柜员钱箱。具体操作是：柜员登录，进入增加柜员钱箱界面，输入相应内容，完成增加钱箱操作。然后柜员退出系统，重新登录，输入用户注册名、钱箱号码、用户密码，回车后进入业务界面。以后柜员每次登录时必须输入钱箱号码，否则只能做转账业务而不能做现金业务。

七、对公业务范围

（一）业务处理范围

对公业务处理包括三层：营业网点、管辖单位（支行）、管理单位（市行）。

（二）营业网点业务处理范围

1.存款业务包括：对公活期存款、对公定期存款。

(1)活期户，包括一般存款（包括基本户、一般户、临时户、专用户、辅助户等存款）、协议存款，使用对公支票。

(2)整存整取定期存款，使用对公开户证实书。

(3)1天期通知存款，使用对公开户证实书。

(4)7天期通知存款，使用对公开户证实书。

2.贷款业务包括：对公贷款、个人消费信贷。

(1)企业贷款。
(2)贴现。
(3)银行承兑汇票。
(4)个人消费信贷。
3.结算业务包括：
(1)辖内业务。
(2)同城交换。
(3)电子联行。

(三)管辖单位(支行)业务处理范围

1.对下属营业网点的监督
2.综合账务
3.登记簿
4.对所辖营业网点进行资金清算
5.会计报表
6.统计报表

(四)管理单位(市行)业务处理范围

1.凭证总库管理
2.损益管理
3.会计报表
4.统计报表
5.信息查询
6.全行资金清算
7.部门管理
8.科目、业务代码管理
9.柜员及权限管理
10.系统参数管理

八、日常业务操作流程

开机后,进入登录界面,输入柜员号、钱箱号、密码(柜员业务不涉及现金或重要有价空白凭证的收付可以不输入钱箱号),系统校验成功后进入主界面。柜员进入主界面,屏幕右端显示系统日期、柜员号、钱箱号。

系统采用菜单结构与交易码并行的方式。柜员办理业务可以从机器主界面到子界面一层层进入,了解到每一项业务的主菜单和子菜单。

日终轧账包括柜员钱箱轧账、柜员轧账、网点轧账三项内容。

1.柜员钱箱轧账打印出"柜员钱箱轧账单",包括当日该柜员现金、凭证的领用,上缴、入库、出库及余额数。利用钱箱轧账可以查询现金及凭证数,该项操作每天可多次使用。

2.柜员轧账打印出"柜员轧账单",包括当日该柜员所做的全部业务。按照科目的借贷方发生额、笔数,分现金转账汇总。该项操作每天可多次使用。

3.网点轧账打印出"网点轧账单",反映网点全部业务。每天只能操作一次。

注意:柜员轧账后不可以再进行业务操作。如果尚有业务需要处理,必须进行柜员平账解除,才可以继续做业务。网点轧账后不可以再进行本网点的业务操作。如果尚有业务需要处理,必须由市行中心机房解锁,再做柜员平账解除,才可以继续做业务。网点轧账必须在所有柜员均做完柜员轧账后才可以操作。

第二节 对公会计基本业务说明

商业银行综合业务模拟系统中,对公业务主要是学生以会计记账员的身份从事业务操作。本节主要介绍存款业务、贷款业务、个人消费贷款业务及结算业务等会计基本业务内容。

一、存款业务

商业银行综合业务模拟系统中,对公存款业务主要包括客户开户、存取款业务、结清、销户等。

(一)新开账户

商业银行综合业务模拟系统的开户业务分为三个步骤:新开客户、预开存款账户、存款账户激活。

单位或个人在新开对公账户前必须先开客户号,客户号在整个银行系统是唯一、各个分支行通用的。在新开客户时,系统自动检索相关信息。企事业单位检索的依据是单位全称,个人户检索的依据是身份证号码。如果检索到信息,则自动显示原有客户号,并拒绝继续新开客户,否则系统根据输入的信息登记新开客户登记簿。本业务不涉及账务处理。在新开客户时,输入的检索信息不允许修改。若发现错误,只能退出重新开立。

理论上一个客户号可在每个对公存款科目下开设100个账户,但只能开立一个基本账户。系统根据客户的账户类别开立相应的存款账户,自动生成交换用对公存款账号(屏幕显示)和系统内存款账号(系统内隐含)。由于账户还没有开户金,此时账户状态属于预开户,预登记开户登记簿。预开户并不计入当天的开户数及总户数。目前定期账户暂时封闭自动转存功能,所有活期账户缺省为通存通兑。本业务不涉及账务处理。

该账户的首次存款(包括现金、转账或辖内通存)作为新开户金存款,进行账户激活处理,同时修改开销户登记簿,账户状态为正常。

定期存款如果以转账方式存入开户金,转出账户必须为本支行的一般存款或临时存款账户。

定期存款(或通知存款)开户存款的会计分录为:

借:201 本所转出账户或 101 库存现金

　　贷:205 现金支票或 202 通知存款

(二)存取款业务

对公存取款业务包括:一般活期及临时账户存款、取款、定期及通知存款的部分提前支取。定期存款和通知存款部分提前支取的转入账号必须为本行一般活期存款或临时存款账户。

现金存款的会计分录:

借:101 库存现金

　　贷:201 活期存款

现金取款的会计分录:

借:201 活期存款

　　贷:101 库存现金

本行账户间转账的会计分录:

借:201 活期存款——本行转出账号

　　贷:201 活期存款——本行转入账号

定期(通知存款)账户部分支取的会计分录:

借:205 或 202

借:13903 利息支出

　　贷:201 活期存款——转入账号

(三)销户

对公账户销户时,需要进行两个步骤的业务处理:结清和销户。具体处理如下:

1.对公一般活期存款账户结清

对公一般活期存款账户销户前,首先要把账户余额结清。结清时,系统将自动对存款结计利息并在存款账户间进行结转。需要注意的是:只有在计息科目下的账户才需要做结清处理;如果有尚未复核的业务、尚未归还的贷款或应收利息等事项,不允许做结清业务。

活期存款结清时的会计分录为:

借:13903 利息支出

贷:201 活期存款

2.一般活期存款、临时存款账户销户

对公一般活期存款(包括协定存款)、临时存款销户时,首先要检查账户是否余额为0、是否为结清和预开户(临时存款无结清状态);其次,如果是支票户,核销账户下所有尚未使用的支票,找出最后一笔取款交易,作为销户金额。销户时不涉及账务处理。

3.定期存款、通知存款销户转账

对公定期存款、通知存款销户时,需要通过转账业务进行处理。客户若要提取现金,可以先转账到一般活期存款或临时存款账户,再做提现处理。转入账户必须为活期存款或临时存款账户。遇节假日,手工选择节假日,电脑按定期利率计算利息。

操作销户业务时,要检查单位定期开户证实书和定期存款账户的对应关系,登记开销户登记簿。销户时的会计分录为:

借:205 定期存款(或通知存款)——本所转出账户

贷:201 活期存款——本所转入活期或临时存款账户

借:13903 利息支出

贷:201 活期存款——本所转入活期或临时存款账户

4.特殊存款业务说明

(1)协议存款。开户单位办理协议存款,要与银行签订《协议存款合同》。该合同的期限最长不得超过1年(含1年)。合同到期后,任何一方没有提出终止或修改合同,即视自动延期,延长期限与上一合同期限一致。协议存款账户下的资金实行分段计息:协议部分和基本额度存款部分。基本存款额度最低为50万(含50万),超过这一额度的为协议部分。基本额度存款按人行规定的正常利率计息,协议部分按双方协定的利率计息。

(2)通知存款。单位通知存款是指存款人在存入款项时不约定存期,支取时需提前通知金融机构,约定支取存款日期和金额后方能支取的存款。通知存款是定期存款的一种形式,其最低起存金额为50万元,最低支取金额为10万元。存款人需一次性存入,可以一次或分次支取。通知存款分1天通知存款和7天通知存款两种形式,利率分别为1.35%和1.89%。

(3)存期的说明。在商业银行综合业务模拟系统中,定期存款的存期、通知存款的通知期都是用3位数字来表示。第1位数字表示存期或通知期的计量单位:"1"表示天,"2"表示月,"3"表示年。第2、3位数字表示计量单位的数量。例如,"107"表示存期为7天,"206"表示存期为6个月,"301"表示存期为1年。

二、贷款业务

商业银行综合业务模拟系统把对公业务中的企业一般贷款和个人消费贷款分开管理。此处只介绍企业一般贷款,个人消费贷款将在下一节作介绍。

单位客户申请贷款时必须有一个唯一的存款账户与之相对应。同时为确保贷款业务的安全性,该系统不支持现金放贷、现金还贷、现金收息之类交易,在通用记账窗口中也不允许发生与贷款及应收利息科目相关的账务处理。

本系统将借据、抵押品、抵债资产、不良贷款、贴现、汇票等均列入贷款管理的范围之内,同时支持贷款户的提前部分或全部还款,单笔、拆笔收息,且系统自动生成欠息登记簿。

(一)贷款借据管理

1.借据的录入

借据录入是在贷款发放前根据信贷部门提供的贷款借据,录入基本要素信息。它是贷款业务的起点,也是贷款业务中最关键的一步。本系统对所有的贷款业务均进行借据管理,包括一些特殊的贷款:贴现和借新还旧业务。

商业银行综合业务模拟系统支持贷款业务的跨网点处理,即存款账户和贷款账户可以不在同一个网点,主要是通过借据号联动的,所以贷款借据号要严格按照统一格式编排:历史数据在移植时自动生成,新借据号、贷款合同号由信贷管理系统生成。系统中对贷款利率也是严格按档次进行管理的,贷款利率、贷款类别和还款日期是相对应的。输入利率后,系统自动检查贷款的利率和贷款期限之间是否相互地对应。

贴现业务作为一项特殊的贷款业务也需录入借据信息,特别提出的是要输入贴现补充天数。补充天数就是票据到期后,款项自付款行付款后至到达收款行的在途时间。一般情况下,外地票据的补充天数为3天,本地票据为0天。

借新还旧贷款要在贷款用途一项选择“借新还旧”,系统会做相应的处理。

2.贷款借据维护

该系统只能修改维护企业贷款的借据。需要注意的是,只有未发放的贷款借据才允许修改借据信息。借据信息中,除借据号之外,所有的项目均可修改,并且只能由原录入人员进行修改。维护时,贷款利率必须和贷款期限相对应。如果借据已过录入日期,则该借据自动失效,不允许再做维护。

3.贷款利率表

系统自动给出贷款利率表,操作时可做参照。具体如表3-3所示。

表3-3 贷款利率表

贷款种类		基础利率		上浮10%		上浮20%		上浮30%	
短期贷款	6个月以内(含6个月)	5.58%	4.65‰	6.13%	5.115‰	6.696%	5.58‰	7.254%	6.045‰
	6个月至1年(含1年)	5.58%	4.875‰	6.435%	5.3625‰	7.020%	5.85‰	7.605%	6.3375‰
中长期贷款	1年至3年(含3年)	5.94%	4.95‰	6.534%	5.445‰	7.128%	5.94‰	7.722%	6.435‰
	3年至5年(含5年)	6.03%	5.025‰	6.633%	5.5275‰	7.236%	6.03‰	7.839	6.5325‰
	5年以上	6.21%	5.175‰	6.831%	5.6925‰	7.452%	6.21‰	8.073%	6.7275‰

(二)贷款发放

1.贷款必须在录入借据的当天发放。如果当天贷款未发放,贷款借据将自动作废,必须重新填写借据。但系统中仍保留该笔借据记录。

2.在录入借据的当天,根据贷款借据发放贷款,系统自动检查存款账户是否能做存款交易,并根据存款账号找到客户号,自动生成贷款账号,并将贷款转入一般活期存款户,建立存贷款的对应关系。如果存款账户为预开户则激活账户,同时根据贷款金额登记开销户登记簿。

3.如果是跨网点的放贷,系统通过416实现贷款网点和存款网点之间的资金往来。

4.发放一般贷款的会计分录为:

借:1×× 贷款账户

贷:201 活期存款账户

5.如果涉及跨网点放贷,416的传票由电脑打印,201的贷方凭证为"辖内贷方补充报单"。

(三)贷款结息

为提高收息处理的规范化,系统以存款账户为基础,对应收利息分表内、表外分别建立账户进行核算。不足扣息的根据制度规定在表内、外核算,并建立欠息明细登记簿。登记簿的要素如下:贷款账号、计息期间、计息积数、利率、利息、表内外标志、销账标志、销账日期等。欠息明细登记簿应和应收利息账户的余额相符。

收息时要打印利息清单,在贷款收息传票打印模块中打印。经信贷部门批准,可以控制对指定的贷款不收息。若是委托贷款,收息时由贷款人存款账号直接转入委托人存款账户。若当期未付利息,不做任何账务处理,仅在委托贷款登记簿中记录。

不允许贷款手工停息,贷款利率的调整需由专门人员签字决定。中长期贷款的利率根据人行的有关规定每年1月1日自动调整,分段计息。

1.单个账户自动收息

商业银行综合业务系统支持自动收取贷款账户所对应的存款账户的表内和表外应收未收利息。收息原则为:收息时只能以整笔为最小单位。收息次序:先表内后表外,按账龄,按金额。收息方式:单户收息。

收息时,可以根据需要随时查询欠本欠息表,便于信贷人员及时追讨欠款。

2.单笔和拆笔收息

商业银行综合业务系统不支持单笔和拆笔收息的自动处理。要做单笔或拆笔收息时,需在专门界面输入有关要素手工处理。拆笔收息需要指定明细序号(在欠息表中,每一笔欠息都有一个明细序号)。

3.有关会计分录为:

(1)非跨网点收息时

表内应收利息：
借:201 活期存款账户
　　贷:133 应收利息
表外应收利息：
借:201 活期存款
　　贷:501 利息收入
付:705 表外应收利息
若是委托贷款：
借:201 贷款人存款账户
　　贷:201 委托人存款账户
(2)若跨网点收息时
表内应收利息：
借:201 存款账户
　　贷:416 辖内往来——他所汇差账户
借:416 辖内往来——本所汇差账户
　　贷:133 应收利息
表外应收利息：
借:201 活期存款
　　贷:416 辖内往来——他所汇差账户
借:416 辖内往来——本所汇差账户
　　贷:501 利息收入
付:705 表外应收利息

(四)贷款本金偿还

商业银行综合业务系统中，对贷款本金的偿还采取两种形式：部分偿还和全部偿还。

1.部分还贷

(1)实现贷款本金的部分偿还，还贷只冲减贷款本金，不收取当期利息。本功能不对应收利息进行处理，根据需要可以先执行自动收息。本功能也不实现违约金的收取。若收取违约金，视作营业外收入，在通用记账模块手工记账。在支行范围内允许跨网点收贷，不能跨支行操作。

(2)申请部分还贷的贷款账户不允许有欠息，即必须先把以前拖欠的利息(包括表内和表外)还清，才能偿还本金。

(3)如该贷款有特殊还贷许可的，允许有欠息时还贷，特殊还贷由支行审批。如使用支票，需要检查并核销该支票。

(4)部分还贷的会计分录为：

借:201 扣款账户

贷:1×× 贷款账户

若跨网点收贷:

借:201 扣款账户

贷:416 辖内往来——他所汇差账户

借:416 辖内往来——本所汇差账户

贷:1×× 贷款账户

(5)如涉及跨网点操作,电脑打印416科目的凭证,201的凭证使用“辖内借方补充报单”。

2.全部还贷

(1)实现贷款全部还贷处理,处理贷款本金和利息的扣收,利随本清。打印转账传票和计息传票。

(2)系统自动检查该存款账户是否有对应未结清的表内、表外应收利息账户。若该贷款账户有应收利息,须要先执行自动收息(系统自动处理)。本功能不对应收利息进行处理,也不实现对违约金的收取。若收取违约金,在通用记账模块中手工记账解决。

(3)若是委托贷款,且在委托贷款到期日,贷款人未将委托贷款还清,在到期日营业终了时,若贷款人存款账户不足,就从委托人委托存款账户中扣还所余贷款,委托存款扣还完贷款后的余额由手工转至委托人指定的存款账户中。

(4)若是抵押、质押贷款,要有相应的抵押、质押品登记记录。全部还贷后,系统联动处理该抵、质押品,自动注销该笔抵、质押品记录。

(5)全部还贷的会计分录为:

借:201 扣款账户或40601(委托存款账号)

贷:1×× 贷款账户

贷:501 利息收入账户

若是跨网点收贷:

借:201 扣款账户

贷:416 辖内往来——他所汇差账户

借:416 辖内往来——本所汇差账户

贷:1×× 贷款账户

贷:501 利息收入账户

若有抵、质押品,付出表外704抵、质押品核算科目。

(6)如涉及跨网点操作,电脑打印416科目的凭证,201的凭证使用“辖内借方补充报单”。本期利息的计息清单(含回单)由电脑打印。

(五)贷款到期处理

1.贷款展期

不能按期归还贷款的借款人应当在贷款到期日之前,向银行申请贷款展期,说明理由、金额、期限。短期贷款展期期限累计不得超过原贷款期限,中长期贷款展期期限累计不得超过3年。

系统中有专门的贷款展期模块实现贷款展期功能。系统在贷款到期日,自动调整贷款的到期日和贷款利率。贷款的展期期限加上原期限达到新的利率档次期限。从展期之日起,按新的期限档次利率计收利息。如利率调整,做分段计息处理。展期的审批流程由信贷部门管理。

申请贷款展期的贷款账户性质必须是正常贷款,展期操作只能做一次且只能在贷款到期日前1个月内处理。

2.不良贷款结转

不良贷款系指呆账贷款、呆滞贷款、逾期贷款。其中,呆账贷款指按财政部有关规定列为呆账的贷款。呆滞贷款指按财政部有关规定、逾期(含展期后到期)超过规定年限以上仍未归还的贷款,或虽未逾期或逾期不满规定年限但生产经营已终止、项目已停建的贷款(不含呆账贷款)。逾期贷款指借款合同约定到期(含展期后到期)未归还的贷款(不含呆滞贷款和呆账贷款)。

(1)贷款转逾期

对于凡在到期日仍未还清,且没有办理展期手续的贷款,系统自动转为逾期贷款(转科目)。逾期贷款账号由系统自动生成。逾期利率按人行利率政策统一执行,罚息由手工处理。贷款转逾期时,按贷款类别自动结转。自到期日起第二天的积数视为逾期积数,遇节假日顺延。贷款转逾期后,不允许再转回正常贷款。

(2)贷款转呆滞、呆账贷款

贷款逾期达1年时,系统自动将该笔贷款转为呆滞贷款。逾玥1年以内的贷款可以手工提前转为呆滞贷款。逾期贷款转呆账贷款要由手工处理,系统不支持自动处理功能。贷款转为呆滞、呆账贷款时,系统自动新开相应的贷款账户,并和原贷款账户结转。但结转的贷款科目不能大于结转后的贷款科目,利率根据当日挂牌利率确定。

结转不良贷款的会计分录为:

借:130 逾期贷款户(账号由系统产生,包括呆滞、呆账)

　　贷:(或红字借) 贷款账户(输入账号,包括逾期、呆滞)

(六)呆坏账核销

1.呆账核销

(1)对于贷款呆账,在有关批准核销处理手续齐备的情况下,可以对其进行核销,即完成贷款和呆账准备金之间对转的业务处理。呆账核销收回,记贷方蓝字。

(2)账户必须是呆账贷款,呆账准备金不能透支。呆账准备金账户开设在支行,可以通存通兑。

(3)呆账核销的会计分录:

借:131 呆账准备(呆账准备金户不允许透支)

　　贷:130 逾期贷款——呆账贷款账户

2.坏账核销

(1)在有关批准核销处理手续齐备的情况下,可以对坏账进行核销,即完成一笔贷款表内应收利息和坏账准备金之间的对转的业务处理。利息按整笔核销。

(2)坏账准备金账户开设在支行,可以通存通兑。

(3)系统自动检查存款账号和欠息序号的对应关系。

(4)坏账核销时的会计分录:

借:134 坏账准备

　　贷:13301 贷款应收利息

(七)抵押资产处理

对于收偿抵、质押资产的处理,在有关审批手续齐备的情况下,操作员输入贷款账号及作价金额;系统自动进行该贷款账户的本金、表内外应收利息和 14901 待处理抵债资产的对转,增加与 14901 有联系的抵贷品清单登记簿。

抵押资产的会计分录为:

1.当抵债资产作价大于贷款本息合计时,做如下分录:

借:14901 待处理抵债资产

　　贷:贷款账户

　　贷:133 应收利息

　　贷:501 利息收入(表外应收利息)

　　贷:262 应付账户

付:705 表外应收利息

2.当贷款本金 < 抵债资产作价 < 贷款本金和表内利息合计时,做如下分录:

借:14901 待处理抵债资产

　　贷:贷款账户

　　贷:133 应收利息

　　贷:(红字)501 利息收入

　　贷:133 应收利息

付:705 表外应收利息

3.当贷款本金和表内利息合计 < 抵债资产作价 < 贷款本金和表内表外利息合计时,做如下分录:

借:14901 待处理抵债资产

　　贷:贷款账户

　　贷:133 应收利息

　　贷:501 利息收入(表外应收利息的一部分)

付:705 表外应收利息

4.当抵债资产作价 < 贷款本金时,做如下分录:

借:14901 待处理抵债资产

贷:贷款账户

借:(红字)贷款账户

借:呆账贷款

贷:(红字)501 利息收入

贷:133 应收利息

付:705 表外应收利息

三、个人消费贷款

个人消费贷款是跨对公和储蓄的联动业务。每笔合同对应一个储蓄活期存款账户。贷款账户和储蓄账户可以设在同一网点,也可以跨网点。到结息日,系统自动计息,自动扣收本金和利息,自动统计欠款账户。每日系统自动扫描欠款欠息表;如若该储蓄存款账户有足够金额,则自动计收欠款。

(一)个人消费贷款借据管理

1.借据录入

(1)根据信贷部门下发的借据录入相应数据。

(2)发放贷款日期必须与借据日期一致;若借据录入当日贷款未发放,则借据自动作废,需重新填写借据并重新录入。

(3)借据号由手工录入,按照统一格式编排:借据号 = 原贷款合同号 + 2 位顺序号。贷款合同号的编码方式为:4 位年号 + 2 位行号 + 2 位贷款类别 + 5 位顺序号。同一个贷款合同下有多笔借据的依时间先后进行排序,从"01"开始。

(4)贷款利率在系统内部是分档次管理的,利率和贷款期限之间是一一对应关系。手工录入利率后,系统自动进行校验并给予提示。

(5)借据录入时一定要准确地录入还款方式和担保方式,系统根据还款方式自动计算每期应还款金额。

(6)如果是无息贷款(即贷款利息由经销商偿还的),要在利息偿还方式一栏中选择"第三者偿还",并输入收息账号即经销商的结算账号。

(7)借据录入时不做会计分录。

2.借据维护

贷款借据只能在当天贷款发放以前进行修改,且必须是由原录入人员进行修改。除借据号之外的所有项目均可修改。贷款发放以后不允许修改借据信息。

3.个人消费贷款发放及委托付款

(1)根据贷款借据发放贷款,发放的贷款通过业务周转金直接转入相应的储蓄账户,并从该储蓄账户转入经销商的结算账户。

(2)如果为跨网点的放贷,系统通过416通存通兑分户实现贷款网点和存款网点的资金往来。

(3)如果存款账户为预开户,则贷款作为开户金存入,激活账户并登记开销户登记簿。

(4)系统根据储蓄存款账号找到客户号,自动生成个人消费贷款的贷款账号,同时建立起存、贷款的对应关系。

(5)储蓄部分和407科目的传票由电脑统一打印。

(6)个人消费贷款发放及委托付款业务的会计分录为:

贷款发放时:

会计部分:

借:122 个人消费贷款

　　贷:40702 业务周转金

储蓄部分:

借:40702 业务周转金

　　贷:21101——贷款申请人

向经销商付款时:

会计部分:

借:40702 业务周转金

　　贷:201——收款人(经销商)

储蓄部分:

借:211 付款人(个人消费贷款申请人)

　　贷:40702 业务周转金

3.个人消费贷款扣款

(1)对个人消费贷款账户,系统实现了自动计息、自动扣款、定期自动扫描欠款欠息表。基本遵循以下扣款原则:在每月(季)的固定日期,自动扣款扣息;只扣收当月的本金利息;支持对以前欠款的单笔收取,每日自动检查欠息表;自动计算逾期利息。

(2)系统定期打印欠息欠本登记簿、已归还本息登记簿和累计3个月欠息欠本清单。

(3)扣款当天由电脑自动打印记账凭证。

(4)个人消费贷款扣款时的会计分录为:

①定期扣款,账户有足够余额:

会计部分:

借:40702 业务周转金

　　贷:122 月供的本金部分

　　贷:262 月供的利息部分

储蓄部分：
借:211 月供数
　　贷:40702 业务周转金
②定期扣款,账户无足够余额：
会计部分：
借:13301 应收未收利息
　　贷:262 月供的利息部分
③单个账户自动扣款时,储蓄账户有足额本金和利息：
会计部分：
借:40702 业务周转金
　　贷:122 月供的本金部分
　　贷:13301 月供的利息部分
借:416 辖内往来——通存通兑 逾期利息
　　贷:262 月供的利息部分
储蓄部分：
借:211 月供数
借:211 逾期利息
　　贷:416 辖内往来——通存通兑

(四)个人消费贷款偿还

1.提前部分偿还
(1)系统支持个人消费贷款的部分提前贷款。
(2)提前部分还款采取利随本清的方式。在还款的同时,系统自动计算相应利息并结转到对应的储蓄账号中。提前部分还款需要交纳一定的赔偿金,赔偿金作为营业外收入直接在通用记账界面中记录。
(3)提前部分偿还的会计分录为：
会计部分：
借:416 辖内往来——通存通兑
　　贷:122 个人消费贷款账户
　　贷:262 月供的利息部分
储蓄部分：
借:211 付款人
　　贷:416 辖内往来——通存通兑
2.提前全部还款
(1)系统支持个人消费贷款的全部提前还款。
(2)提前全部还款采取利随本清的做法。在偿还本金的同时计算利息,同时需要交纳一定的赔偿金。赔偿金作为营业外收入可以在通用记账界面中记录。

(3)提前全部还款的会计分录为:

会计部分:

借:416 辖内往来——通存通兑

  贷:122 个人消费贷款账户

  贷:262 月供的利息部分

储蓄部分:

借:211 付款人

  贷:416 辖内往来——通存通兑

四、结算系统

商业银行综合业务模拟系统中的结算业务主要包括:辖内通存、同城交换、联行业务。

(一)辖内通存业务

辖内通存是客户在提出行(业务行)办理存款业务、提入行(账务行)同步入账的一种结算业务。辖内通存包括:现金通存、转账通存。

1.现金通存

在提出行(业务行)录入客户在提入行(账务行)的存款账号、金额。经复核后,向主机提交;系统验证通过后,同时记入提出行和提入行的账务。提入行打印贷方补充报单作为记账传票。

提出行(业务行)的会计分录为:

借:101 现金

  贷:416 辖内通存分户

提入行(账务行)的会计分录为:

借:416 辖内通存分户

  贷:201 活期存款或相关科目

2.转账通存

在提出行(业务行)录入相关要素,经复核后,向主机提交;系统验证通过后,同时记入提出行和提入行的账务。提入行打印贷方补充报单作为记账传票。

提出行(业务行)的会计分录为:

借:201 活期存款或相关科目

  贷:416 辖内通存分户

提入行(账务行)会计分录为:

借:416 辖内通存分户

  贷:201 活期存款或相关科目

3．辖内通存的冲销

辖内通存录入未复核的报单可以在相应查询维护界面进行修改金额或删除(用 delete 键)。经复核后,系统自动计入提出、提入行的账务,不能用查询维护去修改或删除,也不能用通用模块的冲账交易去冲销,只能在通存交易中用红字冲销。

(二)同城票据业务

1.同城票据交换的场次

同城票据交换时,全天共有两场交换(有些城市除外)。早上的为第一场交换,中午为第二场交换。一场完整的交换以切换场次为准,切换前做该场次的提出业务,切换后做该场次的提入业务。例如,第一场交换的全过程包括:前一天下午的提出票据处理、晚上切换场次、第二天早上的提入票据处理,第一场资金清算完毕。

2.同城票据交换业务种类

(1)提出票据交换业务包括:

① 提出代付(他行支票、汇票等)。

② 提出代收(税单、电话费、进账单的反存等)。

③ 提出上场次提入代付的退票(即本行的支票退票)。

④ 提出上场次提入代收的退票(即本行收款凭证的退票)。

(2)提入票据交换业务包括:

① 提入代付(本行支票等)。

② 提入代收(本行收款凭证)。

③ 提入上场次提出代付的退票(即他行支票退票)。

④ 提入上场次提出代收的退票(即他行收款凭证的退票)。

(3)资金清算:按当天交换场次提出、提入轧差金额分别清算,结转到 416 汇差科目。

3.同城票据业务介绍

提出票据交换业务:

(1)提出代付业务属于预计账,录入后必须换人复核。系统检查收款账号是否是本所账号。在该存款账户做上标记,在 26101 待抵用票据账户中预记账。提出代付录入无会计分录。复核后的会计分录为:

借:408 提出代付

　　贷:26101 待抵用票据

(2)提出代收业务必须换人复核,系统检查付款账号是否存在、是否空头,检查付款凭证的合法性,核销支票。录入无分录。

复核后的会计分录为:

借:201 或相关付款账号

　　贷:408 提出代收

(3)提入代付退票的提出由系统自动完成。

(4)提入代收退票的提出由系统自动完成。

(5)在做切换场次时,输入交换日期(交换日期不一定就是当天日期)和交换场次(保证交换场次的合法性),录入提出代付笔数、金额,提出代收笔数、金额。提出代付、代收的报单必须是处于复核状态,否则系统不允许执行。同时要把上一场次的提入代付退票笔数、金额,提入代收退票笔数、金额在本场次切换时提出,最后录入总笔数和轧差金额。系统自动校验所有的录入数据。当有非法交换的提出代付时,机器提示提出代付数据错误,查询非法二交报单,调整数据后重新切换场次。

会计分录:无

(6)提出代收、代付票据在一天的任何时候都可以做,只是在切换场次前做本场次的提出,切换场次后做下一场的提出。

(7)只有在切换场次后才能做本场的提入业务。

(8)由于支票号码是由机器统一管理,资金清算也由系统完成,很大程度上避免了提入代付业务中错账和串户的可能性,因此不需要复核。录入要素后,系统自动检测该场次是否清差、是否是本行账户、该户是否空头、是否是本户支票,并核销支票。

会计分录为:

借:201 或相关付款账号

贷:408 提入代付

(9)提入代付票据(支票等)的退票作为提入账务参加本场次的清算,提出(退票)账务参加下一场的清算,即在本场次算提入代付业务,在下一场次算提出业务并把退票提走。录入要素后,系统检查场次是否有效、该账户是否是本所账号。如果要核销支票,凭证类型选转账支票,输入支票号码。系统检查支票是否属于该账户、是否未被使用,并核销该支票。

会计分录为:

借:408 提入票据退票

贷:408 提入代付

借:408 提出代付

贷:408 提入票据退票

(10)提入代收也是由单个柜员录入,不需要复核。录入要素后,系统检查提入场次是否已参加了交换,已经完成本场次清算的场次不能再提入,检查收款人账号是否是本所账号。

会计分录为:

借:408 提入代收

贷:201 或相关收款账号

(11)提入代收的退票分两种情况:一种是先挂账,查明原因后再处理,或者手工入账或者在以后某场次退票;一种是直接退票,在录入提入代收退票后,下一场做提出业务把退票提出。录入要素后,系统检查提入场次的合法性,完成清算的场次不能再提入,检查收款账号是否是本所账号。

提入代收挂账的会计分录为:

借:暂收账号

　　贷:408 提入票据退票

借:408 提入票据退票

　　贷:408 提出代收

直接退票的会计分录为:

借:408 提入代收

　　贷: 408 提入票据退票

借:408 提入票据退票

　　贷:408 提出代收

(12)在做提入业务的同时,有可能接到提出代付的提入行打来的退票电话。在做好记录的同时,需要在系统中做提出代付暂缓入账的处理。

会计分录:无

(13)新系统默认提出代付的入账时间为下一个场次切换以后,与我们原有的提出入账时间并不矛盾,而且账务处理更加严谨。录入交换日期、交换场次,系统找出上一场暂缓入账以外的所有提出代付报单,做自动批量入账。

会计分录为:

借:26101 待抵用票据

　　贷:201 或相关收款账号

(14)特例:当柜员又接到电话退票不退的确认时,使用提出代付的单笔入账功能,在到达规定入账时间后手工入账。

会计分录为:

借:26101 待抵用票据

　　贷:201 或相关收款账号

(15)提出代付的退票在以后场次提入时,进入提出代付退票交易界面,做退票处理。本场提入的提出代付退票均为以前场次的电话退票。录入要素后,系统找出该场次暂缓入账的所有报单,选择需要退票的票据,检查该场票据是否已交换,未交换不允许退票。如果已完成清算则不允许退票。

会计分录:

借:408 提出票据退票

　　贷:408 提入代付

借:26101 待抵用票据

　　贷:408 提出票据退票

提出代收退票录入要素后,系统找出该场次提出代收的所有报单,选择需要退票的票据,检查该场票据是否已交换,未交换不允许退票。如果已完成清算则不允许退票。检查付款账户是否已结清或销户,如果是则直接挂账。

会计分录为:

借:408 提入代收

　　贷:408 提出票据退票

借:408 提出票据退票

　　贷:201 或相关收款账号(贷方账号销户时直接挂账)

(16)同城交换资金清算。在完成一场交换的提出、提入票据处理后做资金清算(提出代付的入账与资金清算无关)。由于同城交换在做业务时,其汇差反映在 408 科目,而系统清算在 416 科目,所以在系统自动清算时,需进行 408 科目和 416 科目的对转,将收付金额轧差后划转到 416 科目。

输入交换日期和交换场次后,录入提出借方笔数、金额,提出贷方笔数、金额,提入借方笔数、金额,提入贷方笔数、金额,总笔数、轧差金额。系统自动校验该场次是否为当前场次、录入的票据金额和电脑汇账中的票据是否一致。

提入退票的票据在本场清算,提入票据退票的提出在下场清算。

轧差后余额在贷方的会计分录为:

借:408 同城清算

　　贷:416 同城交换汇差分户

轧差后,系统会显示出管辖行差额报告表,如表 3-4 所示:

表 3-4　管辖行差额报告表

日期:2012/10/15	管辖行:8100	场次 1
提出借方:200 万		提出贷方:100 万
提入借方:400 万		提入贷方:700 万
贷差:		借差:400 万

交换借差 = 提出借方 + 提入贷方 -(提出贷方 + 提入借方)

交换贷差 = 提出贷方 + 提入借方 -(提出借方 + 提入贷方)

①报单冲销。提出代付在录入状态时,可以通过报单冲销交易随意删除但不能修改,不需要起冲账传票。提出代付、代收在复核状态时,系统已做完账务处理;若通过报单冲销交易方式删除,必须手工起红字冲账传票。提出代付票据入账后的报单可以冲销回交换状态,必须手工起红字冲账传票。切换场次后,所有提出代付票据的状态均为交换,此时不允许修改及删除任何提出报单;已清差的提入票据不允许冲销。

②取消切换场次。在做完一场提出票据的切换场次后,发现提出票据有误或需要追加票据,可以取消当前提出票据的切换场次。系统自动检查交换场次的合法性,如果有该场次的提入票据则不允许取消切换;如果该场次已清差,亦不能取消。

③取消资金清算。当发现提入票据录入有误或其他情况,可以取消本场的同城资金清算。系统自动检查场次的合法性,找出本场的清算表,生成红字账务,需手工填制冲账传票。

会计分录为:

借:(红字)408

　　贷:(红字)416 同场交换汇差分户

(三)电子联行业务

商业银行综合业务模拟系统中,电子联行业务包括联行来账和联行往账两种业务种类。

1.电子联行来账清分

为了加快资金结算的速度,现将电子联行来账的手工处理模式改为以下方式:自动清分,实时入账。来账处理基本采用自动入账的方式。系统收到人行发来的来账信息后,以三个要素进行清分:汇入行、账号、户名。三个要素一致,自动入账;汇入行有效,即在支行营业部挂账;汇入行无效,则在市行营业部挂账。

系统处理:从人行电子联行接入机收到来账信息后,首先检查电联业务是否已开放(系统登陆人行电联后,开放此业务),然后将接收到的原始报文信息解包后进行检查。检查内容包括:根据汇入顺序号核对报文是否连续;汇入行信息是否在系统中存在,如不存在,则自动在市行营业部挂账;账号是否存在,如不存在则自动在汇入行营业部挂账;账号和系统中的户名是否一致,如不一致,则在汇入行营业部挂账;收款账号是否可以进账,如不能进账(已销户或已结清),则在账户行挂账,等等。经检查无误后将自动入账。

会计分录为:

自动入账时的分录为:

借:416 全国联行往来

　　贷:201 或其他科目 汇入账号

挂账时的分录为:

借:416 全国联行往来

　　贷:26203 (专用挂账户)

借方凭证电脑打印,贷方凭证在其他业务中打印。

2.电子联行来账贷方补充报单

电子联行来账贷方补充报单用于来账的"系统内电子联行贷方补充报单"的打印。该凭证一式两联:一联作为电联的贷方记账凭证;一联是收款通知,属于重要空白凭证管理,系统对该凭证做号码管理。凭证中对"挂账"应特别注明,做 26203 的凭证;对于重复打印的凭证应注明"重打凭证"字样。

系统处理:收到电子联行来账贷方补充报单时,应该检查是否有交易行所在的自动入账的来账。如在支行,还需要检查是否有该汇入行挂账的来账;如是市行营业部,检查是否有无汇入行的挂账来账;如要重打,则判断该来账序号是否存在,否则找出最后一笔未打印的来账,并在来账信息中注明已打印,输出来账的所有打印要素。

3.电子联行往账

电子联行往账用于电子联行往账的处理,从客户账上直接划款,通过人行的电子联行接入机,发送往账信息。资金清算由系统当日自动完成。为保证业务的安全,此业务需要一个录入人员、一个复核人员和一个授权人。

(1)电子联行往账录入。电子联行往账录入时,必须检查业务种类和付款账号之间的关系,付款账号是否为本所账号,汇款账户是否空头,电联业务是否已开放(系统登陆人行电联后,开放此业务)等项目。经检查无误后,系统自动生成汇出行号。如普通的电汇,系统自动生成付款人名称,并自动生成凭证提交号,记录报单信息,同时扣减汇出账户的可用资金。同时,当天结账时不再允许有未复核的电联报单。

(2)电子联行往账报单复核。电子联行往账报单录入要素后，系统检查电联业务是否已开放（系统登陆人行电联后，开放此业务）。对已录入的往账报单进行复核，系统根据复核要素，匹配待复核的报单。该业务需要授权才可以办理，授权人不能是复核人或录入人。然后处理账务，并修改报单的状态为“已复核”。经复核无误后，将报单信息发送到人行的电联接入机。当人行确认并发送后，自动更新该报单的状态(已发送)。

会计分录为:

借:201 或其他汇出账号

贷:416 联行往来——辖内往来或全国联行往来

(3)电子联行往账报单冲销。当往账报单在复核时或录入后发现信息有误时,可以将该笔报单冲销后再重新录入。冲销时要检查业务种类和付款账号之间的关系,付款账号是否为一般活期存款,且必须是本所账号。完成检查后,删除该笔报单。

会计分录:无

第三节　特殊业务说明

一、查询业务

(一)客户综合查询

根据输入的检索条件查询相应的客户信息,与公司客户查询联动。

(二)账户查询

1.表内账户综合查询:根据输入的检索条件(科目、客户号、客户名三种)查询相应的客户信息,与表内账户明细查询联动。只能查询本所账户信息。

2.表内账户明细查询:输入账号查询本所账户的明细信息。只能查询本所账户信息。

3.积数查询:通过输入起始账号和明细科目查询账户积数。只能查询本所账户信息。

4.表外账户综合查询:通过输入表外账号等检索条件查询表外账户信息,与表外账户明细查询联动。只能查询本所账户信息。

5.冻结查询:通过输入组合条件,查询本所冻结账户信息。

(三)凭证查询

1.凭证综合查询:通过输入客户号、凭证号等检索条件查询除支票以外所有客户使用的凭证。

2.已出售凭证查询(按凭证号、账号):按凭证号查询,通过输入凭证类别、凭证号检索已出售支票所归属的账户信息。按账号查询,通过输入凭证类别、账号等信息检索需要查询的凭证信息。

3.钱箱凭证查询:通过钱箱号或凭证类型查询各类凭证的总体信息。

(四)交易信息查询

1.交易综合查询:通过组合条件查询本所任何一天的业务信息。与交易账务查询联动。

2.交易账务查询:通过组合条件查询本所任一天业务的账务处理信息(会计分录)。

3.账户账务查询:通过输入账号和日期查询某一具体账户业务交易的流水账。

4.放款查询:通过输入本所存款账号查询该账户下的所有贷款。

5.开销户查询:通过输入查询类别等条件检索本所的开销户情况。

6.支票交易查询:通过输入支票号查询所属账号和交易金额。

7.表内历史账务查询:按金额查询。

(五)总账查询

1.科目查询:通过科目号查询某一具体账务日期该科目的借贷方发生额、余额。

2.汇差查询:通过输入部门号查询本部门的各种汇差户的借贷方发生额和汇总发生额。

二、维护业务

(一)信息维护

1.公司客户信息维护:可以修改除企业性质、客户名称以外的客户信息。可以修改维护全行的客户信息。个体客户修改"证件号码"后,新的证件号码不能和原有证件号码重复。

2.表内账户信息维护:可以修改本所表内账户通存通兑标志、自动转存标志、最低余额、透支额度、计息标志(系统另有控制)。

3.表外账户信息维护:只能修改账户名称(内部账户开户名称输错时使用)。

(二)内部账户

1.综合账户开户:已销账的内部账户可以重新开设。只有计息类科目才能选择为计息户。以下科目不能开内部账户:122、201、202、205、221、235、24302、406、123、124、125、126、127、128、129、130、149、151、152、162,以及所有损益类科目。

2.内部账户销户:内部账户销户分两步:先结清余额做关闭处理,隔日再做销账处理。

3.当日有交易的综合户不能销账。

(三)账户维护

1.账户部分冻结:部分冻结的金额必须小于等于账户当前余额。

2.账户部分解冻:提前解冻金额必须和部分冻结金额匹配。

3.账户冻结:账户冻结是全部冻结;冻结后,资金只进不出。

4.账户解冻:到冻结截止日,系统做自动解冻。

5.冲销户:冲销户仅限冲定期销户(含通知存款)。

6.睡眠户激活:对于1年未发生业务的账户,系统自动做睡眠户处理,挂久悬未取账户。客户发生业务时必须进行睡眠户激活处理。

(四)交易维护

1.冲账

通过输入错账日期、错账交易流水,系统自动冲账,手工起冲账传票。只能冲本网点交易;过起息日的账务一律不自动调整积数,需手工调整。冲账不冲凭证信息。

2.补账

补账必须有借、贷方,借方、贷方合计金额要相等且不能多借多贷,不补凭证信息。

3.串户冲正

必须红、蓝字账务同时处理;红字账务必须在原交易中有对应的账务,不能多借多贷,不补凭证信息。

三、固定资产核算的基本原理

固定资产是指使用年限在1年(不含)以上,单位价值在2000元(不含)以上,并且在使用的过程中保持原有实物形态的资产。固定资产在各支行营业部建账,每一项购置的固定资产开设一个账号。

(一)计提折旧的计算

商业银行综合业务模拟系统中,固定资产计提折旧采用平均年限法,一般按季计提,其计算公式如下:

季折旧率 = (1 - 预计净残值率)/固定资产折旧年数 ÷ 4

本季应提折旧额 = 固定资产原值 × 季折旧率

累计折旧额 = 已提折旧额 + 本季应提折旧额

净值 = 原值 - 累计折旧额

会计分录为:

借:530 固定资产折旧费

　　贷:152 累计折旧

在具体计提折旧时,当月投入使用的固定资产,当月不计提折旧,从下月起开始计提折旧;当月减少(报废)的固定资产,当月照提折旧,从下月起停止计提折旧。

(二)固定资产清理

固定资产因出售、报废和毁损而减少时,应先转出固定资产。转出固定资产分两种情况:

1.当固定资产净值 = 0时,会计分录为:

借:152 累计折旧

　　贷:151 固定资产

2.当固定资产净值 > 0时,会计分录为:

借:153 固定资产清理

借:152 累计折旧

　　贷:151 固定资产

转出后的处理包括:支付清理费用、收取价款或残值变价、将净收益或净损失转营业外收入或营业外损失。

四、递延资产摊销

递延资产具有待摊费用的性质,但由于其支出所带来的收益期限较长(往往是几个会计年度),因而在会计核算上将其作为资产来处理,在以后的会计年度内分期摊销。

(一)摊销的核算

递延资产一般按季摊销,其计算公式为:

每季递延资产摊销额 = 递延资产原值/摊销年限 ÷ 4

其会计分录为:

借:52903 业务及管理费用——递延资产摊销

　　贷:162 长期待摊费用

注意:一般低值易耗品直接走 52903 业务及管理费用——低值易耗品支出。

(二)无形资产管理

无形资产管理同递延资产,仅科目不同。

其会计分录为:

借:52903 业务及管理费用——无形资产摊销

　　贷:162 无形资产

五、应付利息的计提

应付利息是根据权责发生制原则对存期在 1 年(含 1 年)以上的定期存款计算应付未付的利息。待存款人支取时,按实际支付利息冲减应付利息。

(一)应计利息涉及的会计科目

260 应付利息

26001 应付定期存款息

26001 应付定期储蓄存款息

13903 利息支出

1390302 定期存款利息支出

1390304 定期储蓄存款利息支出

(二)应计利息计算

应付利息以支行为单位按季计提,按定期储蓄存款和定期存款分别计提。其计提公式为:

季计提应付利息额 = ∑[本季末定期(储蓄)存款积数 - 本季初定期(储蓄)存款积数] × 存单日利率

其会计分录为:

借:260 应付利息

　　贷:13903 利息支出

(三)注意事项

定期(储蓄)存款每日累计积数,到期后不再累计;260 应付利息不足时自动记红字,可定期(年/季/月底)手工用 13903 利息支出冲减。

六、呆账准备金的计提

贷款呆账准备金是商业银行为抵御和减少贷款的风险,按年初贷款余额的一定比例提取,用于补偿呆账贷款损失的准备金。贷款呆账准备金是按年末贷款余额的 1% 按原币实行差额提取。

(一)呆账准备金涉及的会计科目

131 贷款呆账准备
531 提取准备
53101 提取呆账准备

(二)呆账准备金的计算

将按支行计提的呆账准备金与按支行计提的当年呆账准备金额比较,对之间的差额进行账务处理。其计算公式为:

当年呆账准备金累计提取额 = 年末贷款余额 × 1% - 呆账准备金上年末余额

其会计分录为:

如果原计提不足:

借:53101 计提呆账准备金

  贷:131 呆账准备金

如果原计提超额:

借:131 呆账准备金

  贷:53101 计提呆账准备金

(三)呆账准备金的处理

根据年末贷款余额(委托贷款和国债抵押贷款除外)的 1%,按差额提取呆账准备金。计提时需要检查是否为年终决算日、损益结转是否还未处理。检查无误后,当天各下属网点结账完成后进行。年终结算日,各支行手工启动。手工控制在计提完成后,贷款业务不允许再有发生。

计算应计提的呆账准备金,和已计提的比较。计提金额为之间的差额,对其进行账务处理。

会计分录为:

如果原计提不足:

借:53101 计提呆账准备金
　　贷:131 呆账准备金
如果原计提超额:
借:131 呆账准备金
　　贷:53101 计提呆账准备金

七、坏账准备金的计提

坏账准备金按年初应收账款余额的0.5%并按原币实际差额提取。坏账准备金仅限于核销应计入损益的应收账款,包括应收利息、应收租赁收入。

(一)坏账准备金涉及的会计科目

134 坏账准备金
531 计提坏账准备金
53102 计提坏账准备金

(二)坏账准备金的计算

当年坏账准备金累计提取额 = 年末贷款余额 × 0.5% - 坏账准备金上年末余额
会计分录为:
如果原计提不足:
借:53102 计提坏账准备金
　　贷:134 坏账准备金
如果原计提超额:
借:134 坏账准备金
　　贷:53102 计提坏账准备金

(三)坏账准备金的处理

计提坏账准备金时,必须检查是否为年终决算日,检查损益结转是否还未处理。检查无误后,当天各下属网点结账完成后,按各支行计表内应收利息余额。年末表内应收利息0.5%做计提基数,差额计提坏账。年终结算日,各支行手工启动。手工控制在计提完成后,表内应收利息相关业务不允许再有发生。

计算出应提的坏账准备金后,和已计提的比较。计提金额为之间的差额,对其进行账务处理。

会计分录为:
如果原计提不足:
借:53102 计提坏账准备金
　　贷:134 坏账准备金

如果原计提超额：

借：134 坏账准备金

贷：53102 计提坏账准备金

八、营业税金及附加的核算

营业税金及附加是一个支出类会计科目，该科目核算应由经营收入负担的各种税金。

（一）营业税金及附加的计提

商业银行综合业务模拟系统中，以支行为单位按季计提营业税金及附加，并按照国税、地税等不同部门分别计提交纳。

计算公式如下：

计税金额 = 501 利息收入 + 511 手续费收入 + 513 其他营业收入 + 51501 营业外收入 - 罚没款收入

国税 = 计税金额 × 3%

地税 = 计税金额 × 5%

教育费及附加 = 计税金额 × 5% × 3%

城建税 = 计税金额 × 5% × 7%

教育税 = 计税金额 × 5% × 1%

（二）营业税金及附加的会计分录

借：533 营业税金及附加

贷：26501 应交税金——应交税金及附加（应交国税）

贷：26501 应交税金——应交税金及附加（应交地税）

贷：26501 应交税金——应交税金及附加（应交教育费及附加）

贷：26501 应交税金——应交税金及附加（应交城建税）

（三）营业税金及附加的缴纳

缴纳时，会计分录为：

借：26501 应交税金——应交税金及附加

贷：408 同城交换清算

九、所得税的核算

所得税是按利润总额的一定比例计算的。而利润总额是根据营业收入减营业支出和营业税金及附加，加上（或减去）投资收益（亏损）、营业外收支净额，减去规定期限内的亏损弥补后的差额。

(一)所得税涉及的会计科目

26503 应交税金——应交所得税
550 所得税

(二)所得税的计提

所得税年底由市行统一计算后按年交纳。

(三)所得税的会计分录

借:31204 利润分配——应付利润
　　贷:26503 应交税金——应交所得税

(四)缴纳

实际交纳时,会计分录为:
借:26503 应交税金——应交所得税
　　贷:408 同城交换清算

第四节　特殊日期业务

商业银行综合业务模拟系统中,对公业务的特殊日期主要包括:月末、季末、结息日和年终结算日等。

一、月末

按照有关规定,商业银行每逢月末都要汇总编制并打印财务报表,具体如下:
1.网点、支行、市行打印月报表。
2.营业网点打印总账科目表、本月开销户清单。

二、季末

按照有关规定,季末有关会计处理如下:

(一)利润结转

利润结转时的会计分录为:
借:损益类科目各收入科目

贷:311 本年利润

借:311 本年利润

贷:损益类科目各支出科目

(二)利润上划

商业银行各级机构损益划转是模拟系统自动将 311 科目余额通过辖内往来上划总行财会部。

如该机构有盈利,则网点会计分录为:

借:311 本年利润

贷:416 辖内往来

总行财会部会计分录如下:

借:416 辖内往来

贷:311 本年利润

如该机构亏损,则会计分录相反。

(三)报表打印

网点、支行、市行打印季报表。

三、结息日

(一)结息日期

对公存款账户每季结息,贷款账户每月结息,时间都为季(或月)20 号。市行中心日终后,结息账务并转作 21 号账务。

(二)结息内容

1.存款结息系统自动完成利息支出科目和活期存款科目的对转,由中心机房打印计息传票,由各营业网点次日领取。

2.贷款结息系统自动对每个贷款账户计算利息,并到对应存款账户扣收利息。如果扣收不成功则计入应收未收息科目。满足以下条件的计提表外:如果该贷款账户半年内未收到利息,计提表外;贷款转呆滞后统一计提表外,但呆账贷款不在表内外计提应收利息;如果某贷款账户应收未收息已进入表外,则以后全部在表外核算。

贷款结息计息清单和计息传票由支行机房统一打印。

四、年终决算日

(一)年度决算日的规定

每年 12 月 31 日办理年度决算;如遇例假日,仍以该日为年度决算日。

(二)年终决算涉及的会计科目

311 本年利润
312 利润分配
31201 盈余公积补亏
31202 提取盈余公积
31203 公益金
31204 应付利润
31205 未分配利润

(三)试算平衡

在年度决算前,根据 11 月份总账编制试算平衡表。

(四)年度决算日的工作

1.处理全部损益账务。
2.预扎账:完成清算、计提利息。
3.年终扎账:完成利润结转(同季度利润结转)、利润分配(将 311 本年利润全部转入 31205 利润分配——未分配利润科目)。

(五)年度决算日的报表

年度决算完毕后,打印年度决算报表,包括:资产负债表、业务状况报告表(年计表)、损益明细表、损益表、利润分配表、应收应付款明细表、业务量表。

第五节　报账制与会计备忘

为加强对全行各支行(网点)的收支情况的管理,各支行(网点)一律不记收支账,全行所有的财务收支集中在总行财会部统一建账核算。总行财会部建账的模式是在损益类科目的各明细账户下,再分别按支行、营业部、清算中心、财会部建 58 个账户核算。各支行不再在损益类各科目下设明细账户核算。各支行发生损益类有关账户业务时,先过渡性地记入"其他应收款"或"其他应付款"科目的有关账户(账户按损益类科目明细项目设置),定期向总行财会部报账。

总行财会部对支行掌握开支的费用项目按指标控制。当支行实际发生的费用总额超过总行对其控制的费用总额时,机器应拒绝受理。对于控制的费用总额,总行财会部可以按规定调整。

一、财务收支的报账制

各支行发生与损益类科目账户有关的业务时,支行向财会部报送清单,财会部打出一式四联传票用来做支行和本部门的记账凭证。

(一)市行财会部损益类科目账户分户设置

市行财会部损益类科目账户为各支行(网点)设置分户,账户后缀由 4 位部门号加 1 位校验位组成。

例如,短期信用贷款利息收入分户账号为 YY9YY10501BBNNX, 其中"YYYY"为财会部部门号,"BB"为支行号,"NN"为网点号,"X"为校验位。

(二)各支行(网点)收支业务

各支行发生损益类有关账户业务时,通过通用记账模块记入"其他应收款"或"其他应付款"科目的相关账户分户,定期向总行财会部报账。

会计分录为(以费用为例):

借:101 或其他科目

　　贷:13903 科目相应分户

借:13903 科目相应分户

　　贷:416(专门用于收支报账)

(三)市行财会部办理各支行(网点)收支业务

会计分录为(以费用为例):

借:41602(专门用于收支报账)

　　贷:13903 科目相应分户

费用项目按指标控制。

市行财会部对支行掌握开支的费用项目按指标控制。总行按年对各支行下费用指标,对支行费用开支按季考核,考核方法是:每个季度对各支行费用开支分别按指标的一定比例控制。对于控制的费用总额,总行财会部可以按规定调整。

(四)全行报批费用考核表

每月按支行的应列支和实际列支情况出报表,供全行统一管理。

二、会计备忘

会计备忘指的是会计凭证报表及登记簿，具体包括以下项目：

(一)科目日结单

表头内容为：科目代号、币种、日期、操作员。

表体内容：借方现金传票张数、借方现金附件张数、借方现金发生额、借方转账传票张数、借方转账附件张数、借方转账发生额、借方传票张数合计、借方附件张数合计、借方发生额合计、贷方现金传票张数、贷方现金附件张数、贷方现金发生额、贷方转账传票张数、贷方转账附件张数、贷方转账发生额、贷方传票张数合计、贷方附件张数合计、贷方发生额合计。

(二)表外、备忘科目日结单(分币种)

表头内容：科目代号、币种、日期、操作员。

表体内容：收方传票张数、收方附件张数、收方发生额、付方传票张数、付方附件张数、付方发生额。

(三)存款利息清单

存款利息清单共分三联，包括回单、贷方传票、借方传票。

表头内容：日期。

表体内容：单位名称、结算户账号、开户行、大小写利息金额、起息日、结息日、利率、积数、利息、科目及对方科目、会计、复核、记账(贷方传票和借方传票)。

(四)贷款利息清单

贷款利息清单共分三联，包括回单、借方凭证、贷方凭证。

表头内容：日期。

表体内容：单位名称、开户银行、结算户账号、贷款户账号、大小写利息金额、起息日、结息日、利率、积数、利息、科目及对方科目、会计、复核、记账(贷方凭证和借方凭证)。

(五)开销户清单

表头内容：部门名称、日期、操作员。

表体内容：账号、户名、开户日期、储种、币种、开销户金额、存期、开销户用户、交易部门、账务部门。

(六)轧账用补充传票列表

表头内容:部门名称、日期、操作员。

表体内容:账务日期、账号、科目、借贷标志、交易金额、本次余额、余额方向、操作用户。

(七)轧账单(柜员、部门的格式相同,分币种,到二级科目,合计到一级科目)

科目、借方现金发生额、借方现金笔数、借方转账发生额、借方转账笔数、贷方现金发生额、贷方现金笔数、贷方转账发生额、贷方转账笔数。

(八)日计表

科目代号、科目名称、上日借方余额、上日贷方余额、本日借方发生额、本日贷方发生额、本日借方余额、本日贷方余额。

注意:月计表、季报表、半年报表、年度报表格式同上。

(九)表外、备忘科目日计表

科目代号、科目名称、上日结存、本日收入、本日付出、本日结存。

注意:月计表、季报表、半年报表、年度报表格式同上。

(十)账户余额表(分科目)

科目代号、科目名称、日期、账号、借方余额、贷方余额、积数。

(十一)总账

表头内容:科目代号、科目名称、日期、币种、金额单位。

表体内容:上年底借方余额、上年底贷方余额、本年累计借方发生额、本年累计贷方发生额、上月底借方余额、上月底贷方余额、账务日期、借方发生额、贷方发生额、借方余额、贷方余额、10天小计、20天小计、本月合计、自年初累计。

(十二)分户账及客户对账单

表头内容:户名、账号、年度、页码、金额单位。

表体内容:交易日期、柜员编号、交易码、凭证号码、摘要、借方发生额、贷方发生额、余额、承前页。

(十三)交易流水账

交易流水号、业务种类、业务名、凭证类型、凭证号、交易用户、科目、账号、借贷标志、交易金额、本次余额。

(十四)大额现金取款登记簿

账户部门、账号、户名、科目、币种、取现金额、操作员。

(十五)大额存款客户登记簿

账号、户名、起息日、到期日、储种、存期、余额。

(十六)大额存款登记簿

账户部门、账号、户名、科目、币种、交易金额、交易码、操作员。

(十七)对公存款分类明细表

科目代号、科目名称、存期、总户数、总余额。

(十八)对公存款分类表

科目代号、科目名称、总户数、总余额。

(十九)特殊业务清单

账号、户名、余额、业务类别、内容、操作用户、复核用户。

(二十)损益明细表、损益表(季、年)

季报:行次、项目、本季累计数、本年累计数。
年报:行次、项目、上年累计数、本年累计数。
科目归属详见《合作银行会计制度》,项目详见"会计科目表"。

(二十一)资产负债表(季、年)

资产负债表的项目包括:资产项目、负债及所有者权益项目、行次、年初数、期末数。

科目归属基本参照《合作银行会计制度》的注解,其中支行 42002 归入其他长期负债项目;总行财会部 42001 归入其他长期资产项目;全辖汇总时,420 科目应无余额,不列入任何归属;其他个别与制度不同之处由市行财会部解释。

(二十二)利润结转清单

(二十三)清算明细清单

(二十四)分户账账首目录

序号、单位名称、起止页数、总页数、备注。

(二十五)内部重要数据表

支行名称、人行存款、存放同业、委托贷款、应收利息、坏账准备、在建工程、活期储蓄、定期储蓄、委托存款、同业存放、单位定期、703 代保管有价值品、705 表外未收利息、逾期贷款、应解汇款、长期债券投资减值准备。

(二十六)业务状况表

单位、存款余额、存款比年初、贷款余额、贷款比年初、到期未收利息、应付利息、全部收入、全部支出、损益、实收资本、盈余公积、呆账准备、固定资产、累计折旧、其他应付款、其他资产、偿债物利息、待处理抵债物。

(二十七)业务及管理费明细表

序号、项目、本期数、本年累计数。

第六节　汇差清算体系

资金清算在市行清算中心处理,采用汇差清算方式,每账务日做一次清算处理,自动入账。各清算行完成清算后与市行清算中心自动对账,确保资金清算的正确进行。

一、汇差清算体系的特点

1.采用汇差定时清算方式,抛弃备付金实时逐笔清算。

2.汇差清算简化业务账务处理。

3.汇差清算有利于全行资金的统一调控。

4.支持三个层次的联行业务:系统内往来、同城交换、全国联行。

5.同城结算业务和电子联行业务的发生,统一通过市行作为唯一资金出口。

6.市行在中央银行开设的 110 备付金户不允许透支,各个支行在市行开设的 407 备付金户允许透支。透支后,电脑自动计罚息。各支行应主动调拨头寸。

7.联行业务处理中,各个业务发生部门,无论是支行还是网点,一律同等对待。

8.市行开设一个 416 清算分户,用于汇差清算的中间过渡。

9.各个网点在本网点开设五个 416 账户,分别对应清算(416)、通存通兑(417)、系统内往来(418)、同城交换(419)、全国联行(420)。

10.清算中心业务采取分级处理方式,从上到下完成资金的清算;各对开资金清算户的对账由系统完成。如有不符,需查明原因,找出未达账项。不能解决的以上级行账务为准。

11.各个支行在市行开设的 407 准备金户(40701)、各个网点在支行开设的 407 备付金户(40702),在清算汇差时使用。

12.清算汇差采用当天(晚上)清算的方式。

13.提供汇差和汇兑流水即时查询功能,方便市行清算部门和各个支行清算人员及时掌握情况。

14.提供汇差额度预警。若某网点或支行汇差达一定额度时,可做即时清算,或暂时停止(或做授权控制,系统自动预警)该部门汇兑业务。

15.清算系统可方便对接其他银行业务接口,外部资金汇兑接口参照人行相关标准,并留有与其他银行进行数据交换的自定义接口。

二、清算系统业务范围

1.储蓄通存通兑
2.对公通存
3.辖内借记/辖内贷记
4.同城票交
5.电子联行业务
6.汇入
7.汇出
8.汇票
9.托收
10.委托代收

全行的往来业务全部通过416汇差科目下属的各分户,因此日终的清算过程也就是对各级416科目的清算过程。其原则如下:

全行只有市行清算组一个资金对外出口,其余各支行的清算只对市行。

分级清算,市行清算组对下属一级支行清算,各一级支行对其下属营业网点实施清算。

当天日终清算后,市行清算组和各级机构416科目余额为零,确保当日清算完毕。

当天日终清算后,系统自动完成清算账务处理,各级营业机构根据相应资金清算报表补制传票。

各级407准备金账户允许透支,但各级支行应积极调拨头寸,市行应制定相应的措施。

如果当天清算后,416科目不为零,则只有暂挂过渡科目待次日查账。

三、市行清算组的清算过程

分支行汇总:支行营业部及其下属各网点416科目,分别统计、轧差。如果A支行轧差后余额在贷方,则会计分录为:

借:40701 A 支行准备金户

　　贷:416 清算户

如余额在借方则会计分录相反。

汇总全行 416 科目同城交换分户汇差轧差后,如果余额在贷方,则会计分录为:

借:416 清算户

　　贷:110 存放人行准备金

如余额在借方则会计分录相反。

四、各支行分户与市行的清算及与下属网点间的清算

1.各支行分户与市行的清算:对所有下属网点及本身营业部 416 科目汇总、轧差后,如余额在贷方,则会计分录为:

借:416 清算分户

　　贷:40701 存放总行准备金账户

如余额在借方则会计分录相反。

2.各支行分户与网点的清算:对下属各网点 416 科目分别轧差,如 A 网点轧差后余额在贷方,则会计分录为:

借:40702 A 网点备付金户

　　贷:416 清算分户

如余额在借方则会计分录相反。

五、各营业网点

对本网点 416 科目轧差,如轧差后余额在贷方,则会计分录为:

借:416 清算分户

　　贷:40702 备付金户

如余额在借方则会计分录相反。

第七节　通存通兑及资金清算

一、通存通兑的基本规定

1.凡参加联网的营业网点均可相互代办指定范围内的业务。

2.开户时用户指定为通存通兑的对公存款账户才能通存。

3.通存通兑的资金,分市行对一级支行、一级支行对下属网点二级清算。

4.发生通存通兑业务时,账务行通过记 416 辖内汇差科目,在日终时通过该科目和

准备金科目的对转完成资金清算工作。

5.通存通兑时所发生的账务由业务行对账，其中416科目账务由电脑自动补记，不用对账。

6.通存通兑业务发生时和当天日终对账时，不需特殊处理。

7.通存通兑的对公凭证、传票，通过后督返回业务行；业务发生次日，各营业网点打印前天通存通兑各种清单代前天它代本相应科目传票；业务行汇总昨天本代它所有业务凭证作为本代它清单附件，交后督中心。

8.监督中心事后监督后，将通存通兑传票返回业务行，由业务行归入相应科目。

二、通存通兑的业务处理

在发生通存通兑业务时，进行业务的营业网点为业务行，发生通存通兑业务的对公存款账户所在行为账务行。从业务的角度出发，通存通兑可以分为本代它收、本代它付、它代本收、它代本付四种情况。

(一)做业务时的处理

从业务行的角度出发，可以分为两种情况：

1.本代他收

业务行的会计分录为：

借:201或相关科目

　　贷:416科目

账务行会计分录为：

借:416科目

　　贷:201或相关科目

2.本代他付

业务行会计分录为：

借:416科目

　　贷:201或相关科目

账务行会计分录为：

借:201或相关科目

　　贷:416科目

其中416科目的分录由电脑自动补记。

(二)日终对账时的处理

通存通兑处理中，当天账务行没有业务处理，业务行显示的会计分录为：

1.本代他收

借:201或相关科目

贷:416 科目

2.本代他付

借:201 或相关科目

贷:416 科目

由此可见,416 科目分录由电脑自动补记,不参与对账。账务行科目被业务行当作本营业网点账务进行对账。因此,营业网点当日日终的业务对账单包括了本代它的账务,不包括它代本的账务。

(三)次日处理

各营业网点在次日打印出该网点的“日计表”和“科目日结单”,同时打印出昨日通存通兑的各种报表,作为昨日清算科目、准备金科目、汇差科目的传票。同时营业网点应校验:

科目日结单 = 昨日业务对账单 + 它行代本行 - 本行代它行

三、通存通兑资金清算

每个营业网点统一使用 416 科目,下设通存通兑往来户和资金清算户。

每日终了,市行中心机房打印各类账表,轧平全辖账务。市行中心机房按支行设立通存通兑资金清算账户,根据全辖“通存通兑轧差平衡表”进行资金划转。各支行以市行清算中心为清算对象,支行之间不直接划转。

每日全辖营业终了,中心机房根据通存通兑往来户的发生情况,做资金清算户和准备金户之间的资金清算,并入当日营业网点的账务。次日反映在日计表中,并提供通存通兑清算传票的打印。

次日,总行和各级营业网点以“通存通兑轧差表”补制 416 汇差科目和 40701、40702 准备金户传票。各级营业网点以“通存通兑交易明细表”代 416 科目昨日发生传票。

【本章小结】

1.商业银行综合业务模拟系统中,对公业务的系统特点是:核心会计制度、综合柜员制度、客户化管理思想、面向业务、数据大集中等。

2.账户编排体系包括客户号、账号、内部账号、业务代码等的编排规则及其系统自动生成内容。

3.对公会计业务的实验操作中,重点关注几个专用术语:柜员号、凭证号码、出库、入库、钱箱、轧账、交换、清算、退票、销户等。

4.系统的凭证领用采取从市行到支行、支行到网点的二级分配体系。支行到市行领用凭证时,市行财会部必须将凭证的起始号码输入中心机房的管理机内,并进行分配操作,将凭证分配到各支行营业部。

5. 对公业务处理包括三个层次:营业网点、管辖单位(支行)、管理单位(市行)。其中营业网点的业务主要包括:存款业务、贷款业务和结算业务。

6.对公存款业务主要包括:开户、存取款业务、结清销户等。对公贷款业务分为:企业一般贷款和个人消费贷款。对公结算业务包括:辖内通存、同城交换、联行业务等。

7.对公会计业务中的特殊业务主要包括:查询业务、维护业务、固定资产业务、无形资产业务、递延资产摊销业务、应付利息业务、呆账准备金、坏账准备金的计提业务、营业税及附加的核算业务、所得税核算业务等。

8.对公业务系统中的财务收支实行报账制。会计备忘主要是指有关的会计凭证及其会计账簿。

9.资金清算在市行清算中心处理,采用汇差清算方式,每账务日做一次清算处理,自动入账。各清算行完成清算后与市行清算中心自动对账,确保资金清算的正确进行。

10.凡参加联网的营业网点均可相互代办指定范围内的业务,即通存通兑业务。在发生通存通兑业务时,进行业务的营业网点为业务行,发生通存通兑业务的对公存款账户所在行为账务行。从业务的角度出发,通存通兑可以分为本代它收、本代它付、它代本收、它代本付四种情况。

【本章思考题】

1.对公会计业务实验的系统特点有哪些?如何理解?

2.对公客户号、基本账户账号、业务钱箱号码等是如何生成的?编排时有何特点?

3.对公会计业务使用的凭证有哪些?凭证号码是如何编排的?

4.如何理解对公会计业务的日常操作流程?试举例说明。

5.对公会计存贷业务有哪些实验项目?如何进行会计处理?

6.对公会计的结算业务有哪些实验项目?如何进行会计处理?

7.如何进行客户号或账号、凭证号码的查询?

8.如何进行资金汇划清算业务操作和会计处理?

9.什么是通存通兑?如何进行会计处理?

10.对公会计业务有哪些特殊的日期?

CHAPTER 4　第四章
对公会计业务实验操作

【学习目标】

通过本章内容的学习,要求参与实验的学生理解日初处理操作的意义。掌握凭证领用、凭证下发、凭证出库、现金出库等操作规范和流程。掌握对公存贷业务中各项业务的基本操作流程和业务规范,达到可以熟练操作开立对公基本账户、一般对公存取款、贷款业务处理、汇票兑付等业务。掌握个人贷款业务及助学贷款业务的含义及操作流程、业务规范。理解结算业务中辖内业务及同城业务之间的区别,掌握结算业务中各种业务的操作流程及业务规范。熟练操作辖内通存和通兑业务。掌握同城业务中支票转账、托收、票据交换、场次切换等操作流程。掌握通用记账的方法与原理,理解特殊业务中的各专业术语的含义、操作流程及业务规范。掌握进行日终处理的方法与流程。理解日终轧账与部门轧账之间的区别。

商业银行综合业务模拟系统中,对公会计业务实验内容主要包括两大模块:通用模块和业务模块。通用模块由系统维护、信息维护、账户、凭证维护,以及凭证管理、钱箱管理、操作员管理等内容构成,是从事其他各项存贷业务必须进行的、日常的基本实验操作,是对公业务系统特点的根本体现。业务模块由商业银行的存款、贷款和结算业务等三大业务构成。它涵盖了商业银行经营管理过程中的主要业务种类,是商业银行的支柱型业务。通过实验操作,不仅要求学生熟练进行各项业务的实验操作,还要将所学基本理论、基础知识与实验操作结合起来,正确把握这些业务的理论含义和操作要领,达到理论联系实际的实验目的。

第一节　对公业务操作

对公业务操作主要介绍日常操作流程和一般通用操作两项实验内容。

一、操作流程概述

(一)完成日常各项业务操作

1.日常开立账户

(1)客户首次来银行办理业务,操作员必须首先进行新开客户的业务操作,为客户开立对公客户号。如果该客户已经有客户号和预开账户,则可直接办理业务。

(2)进行开存款账户的业务操作,为客户预开账户。该操作不涉及账务处理,只是开立一个预设账户。客户可在当时或日后通过多种方式激活该账户,采用的方式有活期现金存款、账户转账,定期现金存款、转账等。

2.同城交换

(1)支行营业部。

①早上开始办理业务后,收到客户存入的转账支票时,操作员进行提出代付录入和提出代收录入的业务操作,将票据相关信息录入系统,并换人复核,完成记账处理。

②上午9时左右,交换员从人行回来后,综合员审核提入代付和提入代收票据(一交票据),无误后在系统内进行提入代付录入复核和提入代收录入复核的业务操作。如有提入对方行的退票,则在系统内进行提出代付退票或提出代收退票的业务操作,并做好记录。

如遇有需退票的,则电话通知对方行后在系统内进行提入代付退票和提入代收退票的业务操作,做好记录后将票据交交换员。

如接到对方行电话通知退票,则登记退票登记簿后进行提出代付暂缓入账的业务操作。

③中午交换员进行二次交换前,操作员进行交换场次切换的业务操作,将交换场次切换为"2",根据实际核打票据(当日二交前所有能参加二交的提出票据)的数据录入相关要素。执行后如果与系统内数据相符,则完成场次切换;如若不符则失败,须重新查找原因,再次进行场次切换。

④下午交换员从人行回来后,操作员再进行第二步的业务操作(二交票据)。

⑤进行提出代付批量入账的业务操作,将上场次所有已交换未暂缓的提出代付票据进行批量入账,即一交提出代付批量入账。

⑥下午4时左右,操作员再进行一次切换交换场次的业务操作,将交换场次切换为次日"1"场。

⑦进行第五步的业务操作,二交批量入账。

⑧每天要进行两次同城资金清算的业务处理,分别清算当天一交和二交的提出提入差额。该交易操作时间不固定,只要该场提出、提入业务均已完成,当天的任何时间进行清算都可以。

(2)营业网点。

①早上开始办理业务后，收到客户存入的转账支票时，操作员进行提出代付录入和提出代收录入的业务操作，将票据相关信息录入系统，并换人复核，完成记账处理。

②上午 10 时左右，操作员进行交换场次切换的业务操作，将交换场次切换为“2”，根据实际核打票据(当日二交前所有能参加二交的提出票据)的数据录入相关要素。执行后如果与系统内数据相符，则完成场次切换；如若不符则失败，须重新查找原因，再次进行场次切换。完成后将该批提出票据送支行营业部。

③综合员审核提入代付和提入代收票据(一交票据)，无误后在系统内进行提入代付录入复核和提入代收录入复核的业务操作，即时入账。

如有提入对方行的退票，则在系统内进行提出代付退票或提出代收退票的业务操作，并做好记录。

如遇有需退票的，则电话通知对方行后在系统内进行提入代付退票和提入代收退票的业务操作，做好记录后将票据交交换员。

如接到对方行电话通知退票，则登记退票登记簿后进行提出代付暂缓入账的业务操作。

④中午 11 时或下午 2 时左右，操作员进行提出代付批量入账的业务操作，将上场次前所有已交换未暂缓的提出代付支票进行批量入账，即时入客户账户。

⑤下午 3 时左右，进行切换交换场次的业务操作，将交换场次切换为次日“1”场(同第二步)。

⑥重复进行第三步的操作(二交票据)。

⑦下午 4 时左右，再进行一次第四步，即时入客户账。

⑧每天要进行两次同城资金清算的业务处理，分别清算当天一交和二交的提出提入差额。该交易操作时间不固定，只要该场提出、提入业务均已完成，当天的任何时间进行清算都可以。

(二)退出系统

结束一天的业务后，操作员要进行日终处理，包括尾箱轧账、现金入库、库钱箱轧账、启动报表系统中的柜员平账、部门平账五项内容。

1.钱箱轧账打印出“柜员钱箱轧账单”，包括当日该柜员现金，凭证的领用、上缴、入库、出库及余额数。利用钱箱轧账可以查询现金及凭证数。该项操作每天可多次使用。

2.柜员钱箱现金入库，必须保证柜员轧账时柜员钱箱为零。

3.库钱箱轧账打印出“库钱箱轧账单”，和柜员钱箱轧账单反映的内容和种类是一样的，只是反映的主体不同：一个是库钱箱，一个是柜员钱箱。每天可以多次使用。

4.柜员轧账打印出“柜员轧账单”，包括该柜员当日活动的借贷方发生额、开销户数及余额。原则上每天只能操作一次。

5.网点轧账打印出“网点轧账单”，反映网点科目结账。每天只能操作一次。网点轧账后不可以再进行业务操作。如果有问题需要操作，必须由市行中心机房解锁。轧账完成后,结束全天业务日终处理。

二、一般通用操作

1.在使用支票的业务窗口,录入支票号码,对于尚未出售给客户的支票,包括支票的领用、下发、出售必须严格输入支票的批号和支票号码(罗马数字Ⅰ、Ⅱ、Ⅲ、Ⅳ、Ⅴ、Ⅵ、Ⅶ、Ⅷ、Ⅸ、Ⅹ、Ⅺ、Ⅻ分别为阿拉伯数字1、2、3、4、5、6、7、8、9、10、11、12)。

2.系统运行初期,由于对客户手中的支票无法全额登记,则对支票号码不进行控制,"凭证类型"选择"其他"。对新出售的支票,必须严格在电脑中登记。系统运行一段时间后,启动对支票的控制系统,必须录入全部8位支票号码。

3.进行具体业务操作时,若该交易不需要录入密码,请在界面找到"印鉴类别"项,选择C(无限制)或D(印鉴)。

4.所有复核业务需换人进行操作。新系统下,所有操作员既是记账员同时又是复核员。复核时不必退出系统,直接将票据交另一操作员复核即可。

5.操作界面上写有"F9复核…"的,需由高级别操作员进行授权后方可执行。

6.任何时候,若打印出现故障不能再进行处理,请先退出本系统后再进入,进行"重打最后交易"的操作,补打故障前未打印的交易。还不能解决问题的,请联系系统管理员。

7.任何时候,若与市行主机通讯出现故障,系统报错,退出本系统后再进入。若出现故障很长时间,并且系统不报错,直接关机后再重新进入。

第二节　对公存贷实验

对公存贷业务的实验是从开立对公账户开始的。在商业银行综合业务模拟系统中,账户的开立业务主要包括开客户号、在客户号下预开账户、激活已预开的账户三部分。

一、新开户业务

(一)新开客户号

商业银行综合业务模拟系统对公客户采用客户号管理方式,其编排方式见第一篇中的"账号编排体系"。未在银行开立账户的对公客户,首先必须开客户号。客户号由各网点根据需要数量在业务终端生成并打印,开客户时按生成的客户号录入。所开客户号全行唯一。

1.系统界面的进入

在主界面下选择:对公存贷→新开户业务→新开客户号。

2.操作说明

(1)录入要素为“企业性质”、“客户名称”、“证件类别”、“证件号码”、“客户号”、“地址”、“电话号码1”等。

(2)“网点号”由系统自动生成,直接回车即可。(所有交易均同)

(3)“企业性质”包括001全民所有制、002集体、003个体、004三资、005股份制、006有限责任、007个人独资、008合伙企业、009其他。其中人名户选择003个体,事业单位选择009其他。

(4)“客户名称”中,企业户必须严格按照营业执照全称录入,个人名称按照有效身份证明录入。

(5)“证件类别”包括G营业执照、A身份证、Z其他,其中公司户选择G营业执照,个人户选择A身份证,事业单位等选择Z其他。

(6)“证件号码”根据证件类别录入相应营业执照号码、身份证号码及其他号码。

(7)“客户号”根据客户号清单录入。

(8)“地址”有三栏,如果一个地址较长,第一栏长度不够,余下的可录入到第二栏、第三栏。

(9)“电话号码1”录入联系电话。

(10)以上各项为必输项目,其他由各网点根据需要自行选择录入。

(二)预开账户

对于已经在银行开有客户号的客户,要进行存贷业务,必须先预开一个账户。预开户状态的账户不计入当天的开户数及总户数,预开账户不涉及金额。

1.系统界面的进入

对公业务主界面下选择:对公存贷→对公存款→开存款账户。

2.操作说明

(1)录入要素为“客户号”、“账户注解”、“账户类别”、“存期”、“通存通兑”、“是否计息”、“自动转存”、“账户标志”。

(2)“客户号”根据已开号码录入,回车后,界面上部将出现客户基本信息,包括客户号、户名、企业性质、状态、注册地、注册资金。以上均为必输项。

(3)“账户注解”录入开户人的账户名称(预留印鉴)。

(4)“账户类别”包括201工业存款、202商业存款、203建筑企业存款、204农业存款、205城镇集体企业存款、206乡镇企业存款、207三资企业存款、208私营企业及个体户存款、209其他企业存款、210单位其他存款、212保险公司存款、213行政事业单位存款、221一年期(含)以下单位定期、223通知存款、224单位大额可转让定期存单、235财政预算存款、236财政预算外存款、249同业一般存款、260临时存款、411委托存款。

(5)“存期”栏中录入存期代码。存期代码采用BXX3位编码。B为“1”—“3”,表示存期的数量单位,其中“1”表示日,“2”表示月,“3”表示年;XX为“01”—“99”,表示存期单位(B)的数量。例如,“107”表示存期为7天,“206”表示存期为6个月,“301”表示存期为1年,定期存期只能是1年内(包括1年)。该项只对定期存款、大额可转让定期存款有效,一般活期存款或临时存款不必录入。第一次预开户存期代码输入“000”。

(6)“通存通兑”仅限一般活期或临时存款户使用,系统默认为通存通兑。

(7)“是否计息”项,除财政性存款外,均选择“是”。

(8)“自动转存”仅限定期户使用,系统自动默认为非自动转存。

(9)“账户标志”包括0基本户、1一般户、2专用户、3临时户、4其他、5辅助户。一个客户在同一支行只能开立一个基本账户,非一般活期只能选择“4其他”。系统理论上允许一个客户在每个对公存款科目下开设100个分户。已开有基本账户的客户,系统将拒绝再开立基本账户。

(10)执行后提交,系统输出账号为银行现行15位对公账号。

(三)开账户(激活账户)

开账户的前提是该账户已经预开,否则应先进入预开账户的操作。账户开立最后的一步,是账户的实际开立,即新开户金的存入。

在账户的激活中,一般活期存款、临时存款账户和定期存款账户的存入方式有很大区别,其中一般活期存款、临时存款账户新开户金存入可采用多种方式,可以通过表内通用记账、贷款发放、账户转账、现金存款等模块转入或存入资金,而定期存款账户只能采取现金或转账的方式。

二、一般活期及临时存款

对于已经开立存款账户的客户,可在其账户上进行常规的现金存取款、转账及其他操作。未开立客户号或开了客户号未开立账户的客户,应进行开户操作。

存取款业务在本系统中设计为面向业务的操作,操作员记录一笔业务,只须根据有关凭证记录一笔账务记录,系统自动生成相应账务处理。

(一)现金存款

该交易可用于激活预开账户或续存的业务处理。

1.系统界面的进入

在主界面下选择:对公存贷→一般活期及临时存款→现金存款。

2.操作说明

录入相关账号、金额后执行即可。

3.会计分录

借:101 现金

贷:201 活期存款

(二)现金取款

1.系统界面的进入

在主界面下选择:对公存贷→一般活期及临时存款→现金取款。

2.操作说明

(1)录入要素为“账号”、“金额”、“凭证类型”、“支票号码”。

(2)“账号”必须是在本部门开户的对公一般活期账户。

(3)“凭证类型”包括 CCKZ 现金支票和其他。选择现金支票时,系统自动检索支票号码与账户的对应关系,并自动核销。使用非系统管理的现金支票时,选择“其他”。

(4)“支票号码”可以只录入最后 4 位,如果系统检索后提示有重复,则录入完整的 8 位号码。

3.会计分录

借:201 活期存款

贷:101 现金

(三)账户转账

该交易用于同一网点内存款账户间的转账业务,包括预开户。

1.系统界面的进入

在主界面下选择:对公存贷→一般活期及临时存款→账户转账。

2.操作说明

(1)录入要素为“转出账号”、“凭证类型”、“支票号”、“金额”、“转入账号”。

(2)“转出账号”必须是本部门开户的一般活期或临时存款账户。

(3)“凭证类型”包括 TCKZ 转账支票和其他。选择转账支票时,系统自动检索支票号码与账户的对应关系,并自动核销。当使用非系统管理的转账支票时,选择“其他”。

(4)“支票号”全部为 8 位。

(5)“转入账户” 必须是本部门开户的一般活期或临时存款账户。不能为结清、关闭状态。

(6)该交易仅用于本所活期账户间转账业务的处理。

3.会计分录

借:201 本所转出账户

贷:201 本所转入账户

(四)协议存款

该交易用于将一般活期存款户设定为协议存款账户并设定协议金额,或对原有协议存款账户进行信息维护和账户取消操作的业务处理。

1.系统界面的进入

在主界面下选择:对公存贷→一般活期及临时存款→协议存款。

2.操作说明

(1)录入要素为“账号”、“额度金额”、“到期日”。

(2)“账号”必须是本部门一般对公活期存款账户或协议存款账户。

(3)“额度金额”可以超过账面余额。将一般活期存款账户设置为协议存款账户时,直接录入相关信息即可;对原协议存款账户进行信息维护时,直接对相关信息进行修改即可;将原协议存款账户取消时,在“额度金额”中录入“0”或该项不录入即可。

(4)协定存款账户设定的当日起,若存款余额超过设定金额,则系统自动将超过部分的积数累计到协定利率积数,结息时对正常部分的积数和协定部分的积数分别计息。

(5)协定存款到期后,若没有进行取消协定操作,则系统默认为继续执行协定。

(五)账户结清

一般活期存款进行销户前,必须进行账户结清。系统自动按当天该存款种类的挂牌利率进行计息,把利息转入活期账户。临时存款户不计息,可直接取款销户。

1.系统界面的进入

在主界面下选择:对公存贷→一般活期及临时存款→账户结清。

2.操作说明

(1)录入账号后,按 F11 键可以查看该户信息,核对相符后执行。

(2)账户结清后当日必须进行销户,否则平账时无法通过。

(3)执行后打印该户利息清单。

3.会计分录

借:521 活期存款利息支出

　　贷:201 活期存款户

(六)账户销户

进行销户的账户,必须是已经结清且余额为零的一般活期存款或余额为零的临时存款账户,即账户结清后必须将余额转出。进行销户后,该账户剩余支票将全部核销,并关闭账户。

1.系统界面的进入

主界面下选择:对公存贷→一般活期及临时存款账户→账户销户。

2.操作说明

录入账号后按 F11 键可查看该账户信息,核对无误后执行并打印该户分户账。

三、定期存款账户

(一)新开户金转账存款

该交易用于通过转账方式激活预开定期存款账户的业务处理。

1.系统界面的进入

在主界面下选择:[对公存贷]→[定期存款账户]→[新开户金转账存款]。

2.操作说明

(1)录入要素为“转出账号”、“凭证类型”、“转出支票号”、“金额”、“转入账号”、“证实书号”。

(2)“转出账号”必须为一般活期存款或临时存款账户,为必输项。

(3)“凭证类型”包括 TCKZ 转账支票和其他。选择转账支票时,系统自动检索支票号码与账户的对应关系,并自动核销。当使用非系统管理的转账支票时,选择“其他”。必输项。

(4)“转出支票号”录入全部 8 位。

(5)“转入账号”必须为定期存款或通知存款等账户,状态必须是“预开户”。

(6)“证实书号”按照开户证实书编号录入,录入全部 8 位。

3.会计分录

借:201 活期存款

　　贷:205 或 202

(二)新开户金现金存款

该交易用于通过现金存款方式激活预开定期存款账户的业务处理。

1.系统界面的进入

在主界面下选择:[对公存贷]→[定期存款账户]→[新开户金现金存款]。

2.操作说明

(1)录入要素为“账号”、“证实书号”、“金额”,均为必输项。

(2)“账号”必须是本部门开户的对公存款账户。

(3)“证实书号”按照开户证实书录入,录入全部 10 位。

3.会计分录

借:101 现金

　　贷:205 或 202

(三)部分提取转账

该交易用于定期存款、通知存款账户进行部分转账的业务处理。

1.系统界面的进入

在主界面下选择:对公存贷→定期存款账户→部分提取转账。

2.操作说明

(1)录入的要素为“转出账号”、“原证实书号”、“新证实书号”、“通知期”、“转入账号”、“金额”。

(2)“转出账号”必须是本部门定期存款和通知存款账户,为必输项。

(3)“原证实书号”、“新证实书号”按照开户证实书录入,为必输项。

(4)“通知期”用于通知存款账户进行部分提取时需要录入的日期,分为1天、7天和不通知三种,分别用“101”、“107”、“000”表示,不同的通知期所得利率不同。(以下同)

(5)“转入账号”为一般活期存款或临时存款账户,并且账户不能为结清、关闭状态。

(6)系统按规定利率计算提取部分本金的利息,本息合计转入账户。

(7)执行后打印利息清单。

(8)每个定期账户的部分提取交易只能操作一次。

3. 会计分录

借:205或202

借:260应付定期存款息

　　贷:201活期转入账户

　　贷:201活期转入账户

(四)销户转账

定期存款销户必须采用转账方式。

1.系统界面的进入

在主界面下选择:对公存贷→定期存款账户→销户转账。

2.操作说明

(1)录入要素为“账号”、“证实书号”、“通知期”、“转入账号”、“是否节假日”、“金额”。

(2)“账号”必须是本部门定期存款或通知存款账户,为必输项。

(3)“证实书号”按照开户证实书录入,为必输项。

(4)通知存款的销户需要录入“通知期”。

(5)“转入账号”必须是本部门一般活期存款或临时存款账户,并且账户不能为结清、关闭状态,为必输项。

(6)“是否节假日”包括1否、2是。当到期日是节假日,客户在节假日前一天办理销户,选择“是”,按到期销户计算利息。其他情况选择“否”,按提前支取计算利息。

(7)系统按规定利率计算利息,本息合计转入账户。

3. 会计分录

借:205 或 202

借:260 应付定期存款息

　贷:201 活期转入账户

　贷:201 活期转入账户

四、贷款管理

客户申请贷款必须有唯一对应的活期存款账户,作为放贷、收贷、收息时使用的对应账户。该账户必须处于正常状态(非结清、关闭)。

(一)贷款借据管理

1. 借据录入

该交易用于放贷前将经信贷部门审核并批准的贷款借据录入系统的业务处理。

如果系统与信贷系统有接口,则借据从信贷系统自动进入本系统,不需要操作此功能。

(1)系统界面的进入

主界面下选择:

对公存贷 → 贷款管理 → 贷款借据管理 → 点击"新建" → 贷款借据录入。

(2)操作说明

①录入要素为"存款账户"、"贷款类别"、"贷款金额"、"贷款利率"、"还款日期"、"担保方式"、"贴现补充天数"、"贷款借据号"、"贷款用途"、"委托人存款账户"、"委托人委托存款账户"。

②"存款账户"是贷款人在本银行的存款账户,该账户必须在贷款支行所属网点开户,回车后系统自动检索输出该账户对应户名。此为必输项。

③"贷款类别"包括 123 工业短期信用贷款、124 商业短期信用贷款、125 建筑业短期信用贷款、126 农业短期信用贷款、127 乡镇企业短期信用贷款、128 三资企业短期信用贷款、129 私营个体短期信用贷款、130 其他短期信用贷款、131 工业短期保证贷款、132 商业短期保证贷款、133 建筑业短期保证贷款、134 农业短期保证贷款、135 乡镇企业短期保证贷款、136 三资企业短期保证贷款、137 私营及个体短期保证贷款、138 其他短期保证贷款、139 工业短期抵押质押贷款、140 商业短期抵押质押贷款、141 建筑业短期抵押质押贷款、142 农业短期抵押质押贷款、143 乡镇企业短期抵押质押贷款、144 三资企业短期抵押质押贷款、145 私营个体短期抵押质押贷款、146 其他短期抵押质押贷款、147 技术改造信用贷款、148 基本建设信用贷款、149 银团联合信用贷款、150 其他中长期信用贷款、151 技术改造保证贷款、152 基本建设保证贷款、153 银团联合保证贷款、154 住房开发保证贷款、155 其他中长期保证贷款、156 技术改造抵押质押贷款、157 基本建

设抵押质押贷款、158银团联合抵押质押贷款、159其他中长期抵押质押贷款、412委托贷款、161贴现。

④"贷款利率"必须与"贷款类别"一致,"还款日期"必须与"贷款利率"一致,均为必输项。

⑤"担保方式"包括1担保、2抵押、3质押。

⑥"贴现补充天数"为票据到期,从付款行付款后至到达收款行的款项在途时间。一般情况下,外地票据的补充天数为3天,本地票据录入"0"。当贷款类别选择"贴现"时录入。

⑦"贷款借据号"按照统一编排格式:4位年号+2位行号+2位贷款类别+5位合同顺序号+2位借据号。此为必输项。

⑧"贷款用途"包括1流动资金、2固定资金、3借新还旧、0其他用途。

⑨"委托人存款账户"为委托人在该部门开立的存款账户,当贷款类别选择"委托贷款"时录入。

⑩"委托人委托存款账户"为委托人进行委托贷款时,新开立的委托存款账户,专门用于委托存款。当贷款类别选择"委托贷款"时录入。

2.借据维护

该交易用于放贷前对所录入贷款借据进行修改的业务处理。

如系统与信贷系统接口,借据从信贷系统自动进入本系统,不需要操作此功能。

(1)系统界面的进入

在主界面下选择:[对公存贷]→[贷款管理]→[贷款借据管理]→[查询],选中需要维护的借据,双击进入维护。

(2)操作说明

①录入要素为"录入起始日期"、"录入结束日期"、"合同状态"、"合同部门",均为可选项,可以录入其中的一项或几项进行模糊查询。

②"合同状态"包括0未审批、1已审批、2已放贷、3已还贷、4转逾期、5转表外、9已删除、10全部。

③若要对输出借据进行审阅和修改,选择其中一条记录,然后双击,系统将输出该借据的明细信息。操作员可直接对有关栏目做修改,其中合同号、贷款借据号不能修改。只能修改未发放的贷款借据信息。

④只能由原操作员进行修改。

⑤只能在借据录入当日贷款发放前进行维护。

(二)贷款展期确认

该交易用于贷款到期前贷款人申请贷款展期的业务处理。

1.系统界面的进入

在主界面下选择：对公存贷→贷款管理→贷款展期确认。

2.操作说明

(1)录入要素“贷款借据号”、“贷款余额”、“原到期日”、“新到期日”、“新利率”。

(2)“贷款借据号”对应的贷款性质必须是正常贷款，一笔贷款只能办理一次展期。

(3)短期贷款的展期期限累计不得超过原贷款的期限，中长期贷款的展期期限累计不得超过3年。已转逾期的贷款不能再转为展期。

(4)“新利率”为贷款展期期限与原贷款期限累计期限相对应的利率。

(5)展期操作只能在贷款到期前1个月内处理。

(6)展期利率由电脑按新的贷款期限控制利率档次。

(三)放款查询

1.系统界面的进入

在主界面下选择：对公存贷→贷款业务→放款查询。

2.操作说明

“存款账户”为贷款账户对应的存款账户，为必输项。

(四)结转不良贷款

该交易用于贷款逾期时进行结转的业务处理。

1.系统界面的进入

在主界面下选择：对公存贷→贷款业务→结转不良贷款。

2.操作说明

(1)录入要素为“贷款账号”、“贷款金额”、“逾期类别”，均为必输项。

(2)“贷款账号”可以是本支行下任一网点的对公贷款账户，包括逾期和呆滞贷款账户。

(3)“贷款金额”是指该贷款账户的尚欠余额。

(4)“逾期类别”包括162一般逾期、163呆滞贷款、164呆账贷款。

(5)贷款转逾期后，不允许再转回正常贷款。

(6)结转的贷款科目不能大于结转后的贷款科目。

3.会计分录

正常、逾期转呆滞时：

借：130呆滞贷款户

　　贷：(红字)贷款账户或130逾期贷款户

正常、逾期、呆滞转呆账时：

借：130呆账贷款户

　　贷：(红字)贷款账户或130逾期贷款户或呆滞贷款户

(五)呆账核销

该交易用于贷款呆账经有关部门批准后进行核销的业务处理，即完成贷款和呆账准备金之间的对转。

1.系统界面的进入

在主界面下选择：对公存贷→贷款管理→呆账核销。

2.操作说明

(1)录入要素为“贷款账号”、“核销金额”，均为必输项。

(2)“贷款账号”可以是本支行下任一网点的呆账贷款账户。

3. 会计分录

借：131 呆账准备金(呆账准备金户不允许透支)

　　贷：130 逾期贷款→呆账贷款账户

(六)坏账核销

该交易用于贷款坏账经有关部门批准后进行核销的业务处理，即完成贷款表内应收利息和坏账准备金之间的对转。

1.系统界面的进入

在主界面下选择：对公存贷→贷款管理→坏账核销。

2.操作说明

(1)录入要素为“存款账号”、“明细序号”、“核销金额”，均为必输项。

(2)“存款账号”为贷款对应存款账号，可以是在贷款账户所属支行下任一网点开户。

(3)“明细序号”可在“应收利息明细查询”中查询。

3.会计分录

借：134 坏账准备

　　贷：13301 贷款应收利息

(七)抵债资产处理

该交易用于受偿抵债资产处理，即有关审批手续齐备的情况下，完成该贷款账户的本金、表内外应收利息和待处理抵债资产的对转。

1.系统界面的进入

在主界面下选择：对公存贷→贷款管理→抵债资产处理。

2.操作说明

(1)录入要素为“贷款账号”、“作价金额”，均为必输项。

(2)“贷款账号”可以是本支行任一网点开立的贷款账户。

3. 会计分录

(1)抵债资产作价 > 贷款本息合计

借:14901 待处理抵债资产

　贷:贷款账户

　贷:133 应收利息

　贷:501 利息收入(表外应收利息)

　贷:262 应付账户

付:705 表外应收利息

(2)贷款本金 < 抵债资产作价 < 贷款本金和表内利息合计

借:14901 待处理抵债资产

　贷:贷款账户

　贷:133 应收利息

　贷:(红字)501 利息收入

　贷:133 应收利息

付:表外应收利息

(3)贷款本金和表内利息合计 < 抵债资产作价 < 贷款本金和表外利息合计

借:14901 待处理抵债资产

　贷:贷款账户

　贷:133 应收利息

　贷:501 利息收入(表外应收利息的一部分)

付:705 表外应收利息

(4)抵债资产作价 < 贷款本金

借:14901 待处理抵债资产

　贷:贷款账户

借:(红字)贷款账户

借:呆账贷款

　贷:(红字)501 利息收入

　贷:133 应收利息

付:705 表外应收利息

(八)还款查询

查询某一存款户下所有贷款的还贷明细。

1.系统界面的进入

在主界面下选择:[对公存贷]→[贷款管理]→[还款查询]。

2.操作说明

"存款账户"为贷款账户对应的存款账户,为必输项。

(九)到期贷款查询

查询在某段时间内到期的贷款借据。

1.系统界面的进入

在主界面下选择:对公存贷→贷款管理→到期贷款查询。

2.操作说明

(1)录入要素为"起始日期"、"贷款类别"、"到期天数",均为可选项。

(2)对于"起始日期"、"到期天数",查询在起始日期至到期日期的贷款;如不输,系统默认为从当天起30天内到期的贷款。

(3)"贷款类别"按照贷款业务代码选择任一项目,如选择"全部",指以上所有贷款类型。

五、贷款业务

(一)贷款发放

1.系统界面的进入

在主界面下选择:对公存贷→贷款业务→贷款发放。

2.操作说明

(1)录入要素为"贷款借据号"、"存款账户"、"贷款类别"、"贷款金额",均为必输项。

(2)"存款账户"可以是贷款账户所属支行下任一网点存款账户,允许跨网点放贷。

(3)"贷款类别"包括123工业短期信用贷款、124商业短期信用贷款、125建筑业短期信用贷款、126农业短期信用贷款、127乡镇企业短期信用贷款、128三资企业短期信用贷款、129私营个体短期信用贷款、130其他短期信用贷款、131工业短期保证贷款、132商业短期保证贷款、133建筑业短期保证贷款、134农业短期保证贷款、135乡镇企业短期保证贷款、136三资企业短期保证贷款、137私营及个体短期保证贷款、138其他短期保证贷款、139工业短期抵押质押贷款、140商业短期抵押质押贷款、141建筑业短期抵押质押贷款、142农业短期抵押质押贷款、143乡镇企业短期抵押质押贷款、144三资企业工业短期抵押质押贷款、145私营个体短期抵押质押贷款、146其他短期抵押质押贷款、147技术改造信用贷款、148基本建设信用贷款、149银团联合信用贷款、150其他中长期信用贷款、151技术改造保证贷款、152基本建设保证贷款、153银团联合保证贷款、154住房开发保证贷款、155其他中长期保证贷款、156技术改造抵押质押贷款、157基本建设抵押质押贷款、158银团联合抵押质押贷款、159其他中长期抵押质押贷款、412委托贷款、161贴现。

(4)系统自动产生贷款账号,贷款款项划入存款账户。

(5)贷款必须在录入借据的当天发放,如果当天贷款未发放,该借据自动作废,必须重新填写借据,但系统中仍保留该笔借据记录。

3.会计分录

(1)非跨网点贷款发放

借:1××贷款账户

　贷:201 存款账户

(2)跨网点贷款发放

业务网点(贷款账户所属网点):

借:1××贷款账户

　贷:416 辖内往来——本所汇差账户

账务网点(存款账户所属网点):

借:416 辖内往来——本所汇差账户

　贷:201 存款账户

(二)部分还贷

该交易用于对贷款本金部分偿还的业务处理。

1.系统界面的进入

在主界面下选择:[对公存贷]→[贷款业务]→[部分还贷]。

2.操作说明

(1)录入要素为"贷款借据号"、"存款账户"、"凭证类型"、"凭证号码"、"还贷类型"、"还款金额",均为必输项。

(2)"凭证类型"包括 TCKZ 转账支票、OTHR 其他,使用非系统管理的凭证时选择"其他"。

(3)"凭证号码"录入完整的 8 位号码。

(4)"还贷类型"包括 0 一般还贷、1 特殊还贷。当贷款账户无欠息时选择"0 一般还贷",有欠息时选择"1 特殊还贷"。其中特殊还贷必须经信贷部批准,然后由高级别柜员复核方可进行操作。

(5)部分还贷只做本金收取,否则应转入全部还贷界面操作。

3.会计分录

借:201 扣款账户

　贷:1××贷款账户

(三)全部还贷

1.系统界面的进入

在主界面下选择:[对公存贷]→[贷款业务]→[全部还贷]。

2.操作说明

(1)录入要素为“贷款借据号”、“凭证类型”、“支票号”、“还款金额”。

(2)“凭证类型“包括 TCKZ 转账支票、OTHR 其他,使用非系统管理的支票时选择“其他”。

(3)“凭证号码”录入完整的 8 位号码。

(4)全部还贷账户不能有应收未收利息。

(5)全部还贷的还款金额应等于贷款余额(利随本清),否则应转入部分还贷界面操作。

3.会计分录

借:201 扣款账户

贷:1××贷款账户

贷:利息收入

(四)单个账户自动收息

该交易用于系统对单个贷款账户应收未收利息进行收取的业务处理。

1.系统界面的进入

在主界面下选择:[对公存贷]→[贷款业务]→[单个账户自动收息]。

2.操作说明

录入存款账号后回车即可,该存款账号与贷款账户可以同一支行不同网点。

3. 会计分录

表内应收利息:

借:201 存款账户

贷:133 应收利息

表外应收利息:

借:201 活期存款

贷:利息收入

付:705 表外应收利息

(五)应收利息明细查询

该交易用于查询贷款账户表内外应收利息的业务处理。

1.系统界面的进入

在主界面下选择:[对公存贷]→[贷款业务]→[应收利息明细查询]。

2.操作说明

(1)录入要素为“表内外标记”、“销账标记”、“存款账户”。

(2)“表内外标记”包括 1 表内、0 表外;“销账标记”包括 1 已销账、0 未销账;“存款账户”为贷款账户对应的存款户,为必输项。

(3)条件录入后回车,如果该账户存在应收利息,将输出其应收利息的有关信息:明细序号、贷款账号、开始日期、结束日期、利息金额、销账日期。

(六)拆笔自动收息

该交易用于手工对单个贷款账户应收未收利息进行拆分收息的业务处理。

1.系统界面的进入

在主界面下选择:对公存贷→贷款业务→拆笔自动收息。

2.操作说明

(1)录入要素为“存款账号”、“表内表外”、“明细序号”、“收息金额”。

(2)“存款账号”是贷款账户对应的存款账户,可以是与贷款账户同一支行不同网点的账户。

(3)“表内表外”包括1表内、0表外。

(4)“明细序号”是指该客户贷款应收未收息的顺序号,是本功能模块用来把一笔应收未收息拆成若干笔应收未收息的标记。可在应收利息明细查询中查询。

(5)执行成功后生成拆笔序号,编排方式为最大序号加1:序号为“10”的应收未收息第一笔拆息序号为11,第二笔为12,依次类推。

六、汇票兑付

(一)银行承兑汇票

该交易用于发放银行承兑汇票时录入相关要素的业务处理。

1.系统界面的进入

在主界面下选择:对公存贷→贷款业务→商业汇票承兑。

2.操作说明

录入要素为“汇票号”、“付款账户”、“票面金额”、“到期日”,均为必输项。根据实际汇票录入。

(二)汇票到期付款

该交易用于银行客户签发的汇票到期后,银行办理见票付款的业务处理。

1.系统界面的进入

在主界面下选择:对公存贷→贷款业务→汇票到期付款。

2.操作说明

(1)录入要素为“汇票号”、“付款账户”、“应解账户”、“票面金额”、“足额付款”、“付款金额”。

(2)“付款账户”必须是承兑汇票申请人的存款账户。

(3)“应解账户”为应解汇款的账户。

(4)“足额付款”可选择1是、0否。

(5)“付款金额”当不足额付款时,付款金额为银行垫付资金的数额。

第三节　个人消费贷款实验

消费贷款是银行以消费者个人为对象、以个人消费为用途而发放的贷款。个人消费贷款是在商业银行传统贷款业务的基础上,为适应银行业日趋激烈的竞争和满足消费者的需求而发展起来的一项贷款业务。本节实验内容主要有两项:住房按揭贷款(或做汽车贷款)和助学贷款。

一、消费贷款

(一)消费贷款合同管理

该交易用于放贷前将经信贷部门审核并批准的个人消费贷款借据录入系统的业务处理。

1.系统界面的进入

在主界面下选择:个人贷款→消费贷款→消费贷款合同管理。

2.操作说明

(1)录入要素为“借据号”、“存款账户”、“贷款类别”、“贷款金额”、“贷款利率”、“还款日期”、“还款方式”、“类别”、“经销商账户”、“利息偿还方式”、“收息账号”、“担保方式”、“联系电话”、“联系地址”。根据信贷部门下发的借据录入。

(2)“借据号”按照统一编排格式:4位年号+2位行号+2位贷款类别+5位贷款合同顺序号+2位借据号。此为必输项。

(3)“存款账户”为该贷款人在银行任一网点所开立的储蓄活期存款账号,回车后显示对应账户名称。此为必输项。

(4)“贷款类别”包括901住房按揭贷款、902再交易住房贷款、903住房装修贷款、904汽车消费贷款、905助学贷款、906大宗耐用品贷款、907旅游消费贷款、908婚丧嫁娶贷款、909医疗贷款、910其他短期个人消费贷款、920其他中长期个人消费贷款。

(5)“贷款利率”和“还款日期”必须与“贷款类别”相一致,均为必输项。

(6)“还款方式”包括0一次性偿还、1等额还款、2递减还款。

(7)“类别”包括楼房贷款、汽车贷款。

(8)“经销商账号”是经销商在银行开立的存款账号。

(9)“利息偿还方式”包括 0 借贷人偿还、1 第三方偿还。当贷款为电脑等无息贷款时选择“1 第三方偿还”,此种方式由经销商偿还利息。

(10)“收息账号”在“利息偿还方式”选择第三方偿还时录入经销商的收息账号。

(11)“担保方式”包括 1 担保、2 质押、3 抵押。

(12)若对输出借据中某项进行修改,可通过左右箭头将光标移动到该借据信息处并双击,显示其明细,可根据需要进行修改。若欲删除某借据,将光标移动到该条信息,按 delete 键即可删除。只能对贷款尚未发放的借据进行删除。该业务只能由原操作员进行修改。

(二)个人消费贷款发放

1.系统界面的进入

在主界面下选择:[个人贷款]→[消费贷款]→[个人消费贷款发放]。

2.操作说明

(1)录入要素为“借据号”、“贷款账户注解”、“贷款金额”、“委托收款账号”。

(2)“贷款账号注解”是对贷款账号的说明,为可选项目。

(3)“委托收款账号”是经销商的结算账号。

3.会计分录

借:122 个人消费贷款
　　贷:40713 业务周转金
借:40713 业务周转金
　　贷:21101 贷款申请人
借:21101 贷款申请人
　　贷:40713 业务周转金
借:40713 业务周转金
　　贷:201 收款人(经销商)

(三)单笔收息

1.系统界面的进入

在主界面下选择:[个人贷款]→[消费贷款]→[单笔发放]。

2.操作说明

(1)录入要素为“借据号”、“欠款期数”、“罚息标志”、“本金利息标志”、“金额”。

(2)“欠款期数”是需单笔扣款的欠款期数。

(3)“罚息标志”包括 0 不收罚息、1 收罚息。

(4)“本金利息标志”包括 a 本金、I 利息

3.会计分录

借:122 个人消费贷款

贷:40713 业务周转金

借:40713 业务周转金

贷:21101 贷款申请人

借:21101 贷款申请人

贷:40713 务周转金

借:40713 务周转金

贷:201 收款人(经销商)

(四)个人按揭欠款查询

1.系统界面的进入

在主界面下选择:个人贷款→消费贷款→个人按揭欠款查询。

2.操作说明

(1)录入要素为"起始借据号"、"起始日期"、"终止日期"、"贷款状态"、"期数",均为可选项,可录入其中的一项或几项进行模糊查询。

(2)"贷款状态"包括1欠款、2已扣款、3表内欠息、4表外欠息、5表外欠息还款。

(五)提前部分还贷

该交易用于对贷款本金部分偿还的业务处理。

1.系统界面的进入

在主界面下选择:个人贷款→消费贷款→提前部分还贷。

2.操作说明

(1)录入要素为"贷款借据号"、"还款金额",均为必输项。

(2)客户提前部分还贷需要交纳一定金额的赔偿金。该金额作为营业外收入直接在通用记账界面(111)操作,借 101 现金或 211 相关付款账户,贷 262 营业外收入。

(3)交易执行成功的同时,系统自动对该户进行计提利息的业务处理。

3.会计分录

借:416 辖内往来——通存通兑

贷:122 个人消费贷款账户

借:211 付款人

贷:416 辖内往来——通存通兑

(六)提前全部还贷

1.系统界面的进入

在主界面下选择:个人贷款→消费贷款→提前全部还贷。

2.操作说明

(1)录入要素为“借据号”、“还款金额”。

(2)客户提前全部还贷需要交纳一定金额的赔偿金。该金额作为营业外收入直接在通用记账界面(111)操作,借 101 现金或 211 相关付款账户,贷 262 营业外收入。

3.会计分录

借:416 辖内往来——通存通兑

贷:122 个人消费贷款账户

贷:501

借:211 付款人

贷:416 辖内往来——通存通兑

(七)个人消费贷款调息

1.系统界面的进入

在主界面下选择:个人贷款→消费贷款→个人消费贷款调息。

2.操作说明

录入要素为“贷款借据号”、“贷款类别”、“科目号”、“货币”、“新贷款利率”、“调整比率”、“起始日期”。

二、助学贷款

(一)助学贷款借据管理维护

该交易用于放贷前将经信贷部门审核并批准的助学贷款借据进行维护的业务处理。

1.系统界面的进入

在主界面下选择:个人贷款→助学消费贷款→助学贷款借据管理维护。

2.操作说明

录入单位合同号,点击“查询”,可查询到已经录入的贷款合同;选中并双击,可进入维护。点击“新建”,录入新的贷款合同,录入要素为“货款借据号”、“单位合同号”、“还款日期”、“还款方式”。输入完成后,点击“执行”。

(二)助学贷款单位合同录入

该交易用于放贷前将经信贷部门审核并批准的助学贷款单位合同录入的业务处理。

1.系统界面的进入

在主界面下选择:个人贷款→助学消费贷款→助学贷款单位合同录入。

2.操作说明

录入要素为"单位合同号"、"财政存款账号"。输入完成后,点击"执行",进入合同录入界面。

(三)助学贷款财政补贴利息

该交易用于处理财政补贴利息的业务操作。

1.系统界面的进入

在主界面下选择:个人贷款→助学消费贷款→助学贷款财政补贴利息。

2.操作说明

录入要素为"单位合同号"、"应还金额"。输入完成后,点击"执行"。

(四)助学贷款全部提前还贷

该交易用于处理助学贷款提前全部还贷业务。

1.系统界面的进入

在主界面下选择:个人贷款→助学消费贷款→助学贷款提前全部还贷。

2.操作说明

录入要素为"贷款借据号"、"货币"、"还款金额"、"备注"。输入完成后,点击"执行"。

第四节　结算业务实验

结算业务是商业银行代客户清偿债权债务、收付款项的一项传统业务,是商业银行的一项业务量大、收益稳定的典型中间业务。本节实验内容主要包括辖内业务、同城票据交换业务和特约汇款证业务三项。

一、辖内业务

(一)辖内通存

1.辖内现金通存录入

使用该交易可实现辖内现金通存业务,即客户可在银行任一联网网点进行现金通存,交易完成后即时入账。

(1)系统界面的进入

在主界面下选择：结算业务→辖内通存→辖内现金通存录入。

(2)操作说明

①录入要素为“存入账号”、“金额”。

②“存入账号”为在银行任一网点开户的对公存款账户。根据客户填写的现金交款单录入，回车后自动显示该账号对应户名和账户状态。

③本交易完成后必须换人复核。

2.辖内现金通存复核

该交易用于对辖内现金通存录入业务的复核，由另一操作员完成。

(1)系统界面的进入

在主界面下选择：结算业务→辖内通存→辖内现金通存复核。

(2)操作说明(同现金通存录入)

①当辖内通存业务复核完成后发现错误时，要进行联行错账调整处理，重新录入错账交易并复核，金额处录入等额负数即可。

②进行联行错账调整处理时，必须在所通存金额未被使用的情况下进行，即转入账户余额大于等于调账金额。

③联行错账调整要起红字报单。

(3)会计分录

①录入

提出行(业务行)：

借：101 现金

　　贷：416 辖内通存分户

提入行(账务行)：

借：416 辖内通存分户

　　贷：201 或相关科目

②调账

提出行(业务行)：

借：(红字)101 现金

　　贷：(红字)416 辖内通存分户

提入行(账务行)：

借：(红字)416 辖内通存分户

　　贷：(红字)201 或相关科目

3.辖内现金通存查询

该交易用于对本网点所有现金通存业务的查询，并对已录入且未复核的现金通存业务进行修改或删除。已复核的业务发生错误不能修改时，只能进行联行错账调整处理。

(1)系统界面的进入

在主界面下选择:结算业务→辖内通存→辖内现金通存查询。

(2)操作说明

①录入要素为“报单状态”、“录入日期”、“复核日期”,均为可选项,可以录入其中的一条或几条进行模糊查询。

②“报单状态”包括0录入、1复核。

③查询条件录入完毕后回车,系统显示符合条件的所有记录;通过左右箭头可选定某条记录,回车后对该记录进行明细查询或修改;按delete键并选择1,可删除当前记录。

④只能对未复核的报单进行维护和删除。

⑤该操作只能由原操作员进行。

4.辖内转账通存录入

该交易实现辖内转账通存,即收付款人为银行不同网点对公客户;付款人持转账支票在本开户网点办理通存业务;该支票不通过交换,在网点直接审核;交易成功后,即时入收款人账户。

(1)系统界面的进入

在主界面下选择:结算业务→辖内通存→辖内转账通存录入。

(2)操作说明

①录入要素为“转出账号”、“凭证类型”、“凭证号码”、“金额”、“转入账号”。

②“转出账号”为付款人付款账号,转出账户必须是本部门一般活期或临时存款账户。

③“凭证类别”包括TCKZ转账支票、XHDH信汇电汇、OTHR其他,使用非系统管理的转账支票时选“OTHR其他”。

④如果是TCKZ转账支票,则“凭证号码”必输。

⑤“转入账号”为收款人存款账号,必须是银行非本部门一般活期或临时存款账户。录入后回车,显示转入户名和账户状态。

⑥本交易完成后必须换人复核。

5.辖内转账通存复核

该交易用于对转账通存录入业务的复核,由另一操作员完成。

(1)系统界面的进入

在主界面下选择:结算业务→辖内通存→辖内转账通存复核。

(2)操作说明

①当辖内通存业务复核完成后发现错误时,要进行联行错账调整处理,重新录入错账交易并复核,金额处录入等额负数即可。

②进行联行错账调整处理时,必须在所通存金额未被使用的情况下进行,即转入账

户余额大于等于调账金额。

③联行错账调整要起红字报单。

(3)会计分录

①录入

提出行(业务行):

借:201 或相关科目(转出账户)

　贷:416 辖内通存分户

提入行(账务行):

借:416 辖内通存分户

　贷:201 或相关科目(转入账户)

②调账

提出行(业务行):

借:(红字)201 或相关科目(转出账户)

　贷:(红字)416 辖内通存分户

提入行(账务行):

借:(红字)416 辖内通存分户

　贷:(红字)201 或相关科目(转入账户)

6.辖内转账通存查询

该交易用于对本网点所有转账通存业务的查询,并对已录入且未复核的转账通存业务进行修改或删除。已复核的业务发生错误不能修改,只能进行联行错账调整处理。

(1)系统界面的进入

在主界面下选择:结算业务→辖内通存→辖内转账通存查询。

(2)操作说明(同现金通存查询维护)

(二)辖内通兑

1.辖内现金通兑录入

使用该交易可实现辖内现金通兑业务,即客户可在银行任一联网网点进行现金通兑,交易完成后即时入账。

(1)系统界面的进入

在主界面下选择:结算业务→辖内通兑→辖内现金通兑录入。

(2)操作说明

①录入要素为"付款账号"、"金额"。

②"付款账号"为在银行任一网点开户的对公存款账户,根据客户填写的现金交款单录入,回车后自动显示该账号对应户名和账户状态。

③本交易完成后必须换人复核。

2. 辖内现金通兑复核

该交易用于对辖内现金通兑录入业务的复核，由另一操作员完成。

(1)系统界面的进入

在主界面下选择：结算业务→辖内通兑→辖内现金通兑复核。

(2)操作说明(同现金通兑录入)

①当辖内通兑业务复核完成后发现错误时，要进行联行错账调整处理，重新录入错账交易并复核，金额处录入等额负数即可。

②进行联行错账调整处理时，必须在所通兑金额未被使用的情况下进行，即转入账户余额大于等于调账金额。

③联行错账调整要起红字报单。

(3)会计分录

①录入

提出行(业务行)：

借：416 辖内通兑分户

　　贷：101 现金

提入行(账务行)：

借：201 或相关科目

　　贷：416 辖内通兑分户

②调账

提出行(业务行)：

借：(红字)416 辖内通兑分户

　　贷：(红字)101 现金

提入行(账务行)：

借：(红字)201 或相关科目

　　贷：(红字)416 辖内通兑分户

3. 辖内现金通兑查询维护

该交易用于对本网点所有现金通兑业务的查询，并对已录入且未复核的现金通兑业务进行修改或删除。已复核的业务发生错误不能修改，只能进行联行错账调整处理。

(1)系统界面的进入

在主界面下选择：结算业务→辖内通兑→辖内现金通兑查询维护。

(2)操作说明

①录入要素为“报单状态”、“录入日期”、“复核日期”，均为可选项，可以录入其中的一条或几条进行模糊查询。

②“报单状态”包括 0 录入、1 复核。

③查询条件录入完毕后回车，系统显示符合条件的所有记录；通过左右箭头可选定

某条记录，回车后对该记录进行明细查询或修改；按 delete 键并选择 1，可删除当前记录。

④只能对未复核的报单进行维护和删除。

⑤该操作只能由原操作员进行。

4.辖内转账通兑录入

该交易实现辖内转账通兑，即收付款人为银行不同网点对公客户；收款人持转账支票在本开户网点办理通兑业务；该支票不通过交换，在网点直接审核；交易成功后，即时扣付款人账户。

(1)系统界面的进入

在主界面下选择：结算业务→辖内通兑→辖内转账通兑录入。

(2)操作说明

①录入要素为“付款账号”、“凭证类型”、“凭证号码”、“金额”、“收款账号”。

②“付款账户”必须是银行非本部门一般活期或临时存款账户。

③“凭证类别”包括 TCKZ 转账支票，“凭证号码”必输。

④“收款账号”必须是银行本部门一般活期或临时存款账户。录入后回车，显示转入户名和账户状态。

⑤本交易完成后必须换人复核。

5.辖内转账通兑复核

该交易用于对转账通兑录入业务的复核，由另一操作员完成。

(1)系统界面的进入

在主界面下选择：结算业务→辖内通兑→辖内转账通兑复核。

(2)操作说明(同转账通兑录入)

①当辖内通兑业务复核完成后发现错误时，要进行联行错账调整处理，重新录入错账交易并复核，金额处录入等额负数即可。

②进行联行错账调整处理时，必须在所通兑金额未被使用的情况下进行，即收款账户余额大于等于调账金额。

③联行错账调整要起红字报单。

(3)会计分录

①录入

提出行(业务行)：

借:416 辖内通兑分户

　　贷:201 或相关科目(收款账户)

提入行(账务行)：

借:201 或相关科目(付款账户)

　　贷:416 辖内通兑分户

②调账

提出行(业务行):

借:(红字)416 辖内通兑分户

贷:(红字)201 或相关科目(收款账户)

提入行(账务行):

借:(红字)201 或相关科目(付款账户)

贷:(红字)416 辖内通兑分户

6.辖内转账通兑查询

该交易用于对本网点所有转账通兑业务的查询,并对已录入且未复核的转账通兑业务进行修改或删除。已复核的业务发生错误不能修改,只能进行联行错账调整处理。

(1)系统界面的进入

在主界面下选择:结算业务→辖内通兑→辖内转账通兑查询。

(2)操作说明(同现金通兑查询维护)

二、同城业务

(一)提出票据业务

1.提出代付报单管理

(1)同城提出代付录入

该交易用于提出代付票据录入的业务处理,即操作员收到客户存入的票据时,录入相关信息,其中票据收款人在银行开户。

①系统界面的进入

主界面下选择:

结算业务→提出票据业务→提出代付报单管理→同城提出代付录入。

②操作说明

a.录入要素为"收款账号"、"提入行号"、"凭证类别"、"凭证号码"、"金额"。

b."收款账号"是本部门开户的对公存款账户,为必输项。

c."提入行号"为对方行行号。录入后回车,自动显示对应行名称。此为必输项。

d."凭证类别"包括 OBCK 他行支票、OBPO 他行汇票、XHDH 信汇电汇、OTHR 其他。

e."金额"为必输项。

f.该交易必须换人复核。

(2)报单复核

该交易用于对提出代付录入业务的复核,由另一操作员完成。复核无误后,该笔款项完成预记账。

①系统界面的进入

在主界面下选择:结算业务→提出票据业务→提出代付报单管理→报单复核。

②操作说明(同提出代付录入)

③会计分录

借:408 提出代付

　　贷:26101 待抵用票据

(3)报单退票

该交易用于提入提出代付退票时的业务处理,即银行提出支票被对方行电话通知退票并且所退票据已通过交换到达银行时进行的操作。完成后,该报单的状态由“暂缓”修改为“退票”。

①系统界面的进入

在主界面下选择:结算业务→提出票据业务→提出代付报单管理→报单退票。

②操作说明

a.录入要素为“提出日期”、“金额”,为可选项。

b.回车后显示符合条件的已提出代付报单,通过左右箭头可选定某条记录,回车查看其明细信息,无误后录入“退票提入日期”和“退票提入场次”,执行即可。其中退票场次必须晚于原提出场次,并且是已切换未清差的场次。

c.执行后自动返回输出信息界面,可看到该笔报单状态栏已经修改为“退票”。

d.在下一场次切换后方可操作。

③会计分录

借:408 提出票据退票

　　贷:408 提入代付

借:26101 待抵用票据

　　贷:408 提出票据退票

(4)单笔入账

该交易用于对方行电话退票但抵用时间后未退回的业务处理,完成后将该报单状态由“暂缓”修改为“入账”;或者用于某账户单独入账等情况。

①系统界面的进入

在主界面下选择:结算业务→提出票据业务→提出代付报单管理→单笔入账。

②操作说明

a.录入要素为“录入日期”、“金额”,均为可选项。

b.回车后显示符合条件的已提出代付报单,通过左右箭头可选定某条记录,回车查看其明细信息,无误后执行即可。

c.执行后返回输出信息界面,可看到该笔报单状态已经修改为“入账”。

d.在下一场次切换后方可操作。

③会计分录

借:26101 待抵用票据

　　贷:201 或相关收款账号

(5)批量入账

该交易用于提出代付票据到抵用时间后批量入账的业务处理,完成后将票据状态修改为“入账”。

①系统界面的进入

在主界面下选择:结算业务→提出票据业务→提出代付报单管理→批量入账。

②操作说明

a.录入要素为“交换日期”、“交换场次”。其中交换场次必须是已切换的场次。

b.执行后显示对应场次的“待确认笔数”和“金额”;与实际数据核对无误后,再次执行。

c.系统自动返回该场次入账执行情况,输出“总笔数”、“金额”、“成功笔数”、“金额”、“失败笔数”、“金额”。

③会计分录

借:26101 待抵用票据

　　贷:201 或相关收款账号

(6)暂缓入账

该交易用于提出代付票据在抵用时间内接到对方行电话退票时的业务处理。

①系统界面的进入

在主界面下选择:

结算业务→提出票据业务→提出代付报单管理→提出代付暂缓入账。

②操作说明

a.录入要素为“提出日期”、“金额”,均为可选项。

b.回车后显示符合条件的已提出代付报单,通过左右箭头可选定某条记录,回车后查看其明细,无误后执行即可。

c.执行后,可观察到该报单状态已经修改为“暂缓”。

2.提出代收报单管理

同城提出代收录入

该交易用于提出代收票据录入的业务处理,即操作员收到客户存入的票据时,录入相关信息,其中票据付款人在银行开户。

(1)系统界面的进入

主界面下选择:

结算业务→提出票据业务→提出代收报单位管理→同城提出代收录入。

(2)操作说明

①录入要素为“付款账号”、“提入行号”、“凭证类别”、“凭证号码”、“金额”。

②“付款账号”是本部门活期存款账户，根据代收票据录入，回车后自动显示对应付款人名称。此为必输项。

③“提入行号”为对方行行号，录入后回车，自动显示对应行名称。此为必输项。

④“交易码”包括转账、税款。

⑤“凭证类别”包括TCKZ转账支票、XHDH信汇电汇、OTHR其他。

⑥该交易必须换人复核。

3.提出代收复核

该交易实现对提出代收录入业务的复核，由另一操作员完成。复核无误后，该笔款项完成账务处理。

(1)系统界面的进入

在主界面下选择：

结算业务→提出票据业务→提出代收报单位管理→提出代收复核。

(2)操作说明(同提出代收录入)

(3)会计分录

借：201或相关付款账号

　　贷：40801提出代收

4.提出代收退票

该交易用于提入提出代收退票时的业务处理，即银行提出票据被对方行退票并且所退票据已通过交换到达银行时进行的操作。完成后，该报单的状态修改为“退票”。

(1)系统界面的进入

在主界面下选择：

结算业务→提出票据业务→提出代收报单位管理→提出代收退票。

(2)操作说明

①录入要素为“提出日期”、“提出场次”，均为可选项。

②回车后显示符合条件的已提出代付报单，通过左右箭头可选定某条记录，回车后查看其明细，无误后录入“退票提入日期”和“退票提入场次”，执行即可。其中退票场次必须晚于原提出场次，并且是已切换未清差的场次。

③执行后返回到输出界面，可观察到该报单状态已经修改为“退票”。

④在下一场次切换后方可操作。

(3)会计分录

借：40801提入代收

　　贷：40802提出票据退票

借：40802提出票据退票

　　贷：201或相关收款账号(贷方账号销户时直接挂账)

(二)提入票据业务

1.提入代付

该交易用于提入代付票据录入的业务处理,即操作员收到通过交换提入的银行付款票据时,录入相关信息,录入完成账务处理,其中票据付款人在银行开户。

(1)系统界面的进入

在主界面下选择:结算业务→提入票据业务→提入代付。

(2)操作说明

①录入要素为"提入日期"、"票交场次"、"凭证类别"、"凭证号码"、"金额"、"付款账号"、"收款账号"、"收款人名称"、"提出行号"。其中"收款账号"、"收款人名称"、"提出行号"为可选项。

②"凭证类别"必须为本部门凭证,包括 TCKZ 转账支票、OTHR 其他,使用非系统管理的凭证时选择"OTHR 其他"。

③如果是 TCKZ 转账支票,"凭证号码"是必输项。

④"付款账号"是本部门对公存款账号,回车后显示对应付款人名称。

(3)会计分录

借:201 或相关付款账号

　　贷:40801 提入代付

2.提入代收

该交易用于提入代收票据录入的业务处理,即对方行通过交换将票据提到银行,其中收款人在银行开户。

(1)系统界面的进入

在主界面下选择:结算业务→同城业务→提入票据业务→提入代收。

(2)操作说明

①录入要素为"提入日期"、"票交场次"、"凭证类别"、"凭证号码"、"挂账标志"、"金额"、"收款账号"、"付款账号"、"付款人名称"、"提出行号"。其中"付款账号"、"付款人名称"、"提出行号"为可选项。

②"凭证类别"包括 OJZD 进账单和 OTHR 其他。

③"挂账标志"包括 0 不挂账、1 挂账,提入代收不能及时退票的选择挂账。

④"收款账号"是本部门活期存款账号,回车后显示对应账户名称。

(3)会计分录

不挂账时:

借:40801 提入代收

　　贷:201 或相关收款账号

挂账时:

借:40801 提入代收

贷:26103 待划转提入款项

3.提入代付退票

该交易用于提入代付票据退票时的业务处理,即银行提入票据因逾期、余额不足等原因需退回对方行时进行的操作。

(1)系统界面的进入

在主界面下选择:结算业务→同城业务→提入票据业务→提入代付退票。

(2)操作说明

①录入要素为“提入日期”、“票交场次”、“凭证类别”、“凭证号码”、“金额”、“付款账号”、“收款账号”、“收款人名称”、“提出行号”、“摘要”。其中“收款账号”、“收款人名称”为可选项。

②“凭证类别”必须为本部门凭证,包括 TCKZ 转账支票、OTHR 其他,使用非系统管理的凭证是选择“OTHR 其他”。

③如果是 TCKZ 转账支票,“凭证号码”是必输项。

④“付款账号”是本部门活期存款账号,回车后显示对应付款人名称。

⑤“提出行号”为对方行行号,为必输项。

⑥“摘要”处录入退票原因。

(3)会计分录

借:40802 提入票据退票

贷:40801 提入代付

借:40801 提出代付

贷:40802 提入票据退票

4.提入代收退票

该交易用于提入代收票据退票时的业务处理,即银行提入票据因账号不符等原因需退回对方行时进行的操作。

(1)系统界面的进入

在主界面下选择:结算业务→同城业务→提入票据业务→提入代收退票。

(2)操作说明

①录入要素为“提入日期”、“票交场次”、“凭证类别”、“凭证号码”、“挂账标志”、“金额”、“收款账号”、“付款账号”、“付款人名称”、“提出行号”、“摘要”。其中“付款账号”、“付款人名称”为可选项。

②“录入日期”选择当天日期;如果是以前挂账的提入代收退票,则录入该退票以前提入时的日期和场次。

③“凭证类别”包括 OJZD 进账单和 OTHR 其他。

④“凭证号码”不检查。

⑤“挂账标志”包括0不挂账、1挂账。

⑥“收款账号”是本部门对公存款账户,回车后显示对应的账户名称。

⑦“提出行号”为对方行行号,回车后显示对应行名称。此为必输项。

⑧“摘要”处录入退票原因。

(3)会计分录

挂账退票:

借:26103 待划转提入款项

　　贷:40802 提入票据退票

借:40802 提入票据退票

　　贷:40801 提出代收

直接退票:

借:40801 提入代收

　　贷:40802 提入票据退票

借:40802 提入票据退票

　　贷:40801 提出代收

(三)切换交换场次

1.交换场次切换

该交易用于票据交换场次的切换,即将复核过的报单送给交换员参加交换前进行的操作。

(1)系统界面的进入

在主界面下选择:结算业务→同城业务→切换交换场次→交换场次切换。

(2)操作说明

①录入要素为“交换日期”、“交换场次”、“提出代付笔数”、“金额”、“提入代付退票笔数”、“金额”、“提出代收笔数”、“金额”、“提入代收退票笔数”、“金额”、“总笔数”、“轧差金额”。

②“交换场次”随时间不同而不同,如果是下午进行场次切换,录入的日期为下一工作日,场次为“1”,即提出的是次日上午一交票据;如果是上午进行场次交换,录入日期为当日,场次为“2”,即提出的是当日下午二交票据;年终决算最多可以做4场交换。

③有提入无提出的业务发生时,先进行场次切换(报空盘,场次输入为负,分别是-1、-2、-3和-4),再处理提入的业务。

④笔数和金额均根据核打的实际票据录入,执行后若与系统内数据相符则完成切换。

⑤“总笔数”是所有提出票据笔数之和。

⑥“轧差金额”=提出代付+提入代付退票-提出代收-提入代收退票。借差为正数,贷差为负数。

2.取消场次切换

该交易用于票据交换场次切换的取消。操作完成后,场次恢复为上场。有该场次的提入票据或该场次已清差的不能进行本操作。

(1)系统界面的进入

在主界面下选择:结算业务→同城业务→切换交换场次→取消场次切换。

(2)操作说明

录入要素为“交换日期”、“交换场次”。

3.非法二交查询

该交易用于查询非法二交报单的业务处理。由于边远地区银行不参加人行当日二交,因此在交换前需将这些票据的金额与笔数扣除。系统自动将扣除部分滚入下一场次。通过该交易可以查询出非法二交票据的信息。

(1)系统界面的进入

在主界面下选择:结算业务→同城业务→切换交换场次→非法二交查询。

(2)操作说明

录入要素为“业务部门”、“报单种类”、“录入日期”。

4.同城业务查询

该交易用于查询同城业务报单的业务处理。

(1)系统界面的进入

在主界面下选择:结算业务→同城业务→切换交换场次→同城业务查询。

(2)操作说明

①录入要素为“报单种类”、“录入日期”、“报单状态”、“交换场次”、“交换日期”,均为可选项,可选择录入其中一条或几条进行模糊查询。

②“报单种类”包括0提出代付、1提出代收、2提入代付、3提入代收、全部。

③“报单状态”包括0录入、1交换、2入账、3退票、4复核、5暂缓、9冲销、全部。

④通过左右箭头可对输出的报单进行选择,选定后回车可查询其明细内容。

(四)同城资金清算

1.同城资金清算

该交易用于同场次提入提出资金差额的清算,所清算的必须为当日交换。

(1)系统界面的进入

在主界面下选择:结算业务→同城业务→同城资金清算→同城资金清算。

(2)操作说明

①录入要素为“交换日期”、“交换场次”、“提出借方笔数”及金额、“提出贷方笔数”及金额、“提入贷方笔数”及金额、“提入借方笔数”及金额、“总笔数”、“轧差金额”,均为必输项。

②提出借方 = 本场提出代付 + 本场提出的以前场次提入代付退票(银行收款)。

③提出贷方 = 本场提出代收 + 本场提出的以前场次提入代收退票(银行付款)。

④提入借方 = 本场提入代付 + 本场提入的以前场次提出代付退票(银行付款)。

⑤提入贷方 = 本场提入代收 + 本场提出的以前场次提出代收退票(银行收款)。

⑥"总笔数"是所有提出提入票据笔数之和。

⑦轧差金额 = 提出借方 + 提入贷方 - 提出贷方 - 提入借方。

⑧笔数和金额必须根据交换员提供的数据录入,执行后若与系统内数据相符则完成清算。若不符,系统会做出相应提示,调整后重新清算。

(3)会计分录

贷差时:

借:408 同城清算

　　贷:416 同城交换汇差分户

2.取消资金清算

该交易用于发现提入票据录入有误或其他情况时取消资金清算的业务处理。

(1)系统界面的进入

在主界面下选择:[结算业务]→[同城业务]→[同城资金清算]→[取消资金清算]。

(2)操作说明

①录入要素为"交换日期"、"交换场次",均为必输项。回车后显示该场次明细信息。

②只能取消当日场次的同城资金清算。

(3)会计分录

贷差时:

借:(红字)408 同城清算

　　贷:(红字)416 同城交换汇差分户

(五)报单查询维护

1.报单查询

该交易用于查询同城业务报单的业务处理。

(1)系统界面的进入

在主界面下选择:[结算业务]→[同城业务]→[报单查询]。

(2)操作说明

①录入要素为"报单种类"、"录入日期"、"报单状态"、"交换场次"、"交换日期",均为可选项,可选择录入其中一条或几条进行模糊查询。

②"报单种类"包括 0 提出代付、1 提出代收、2 提入代付、3 提入代收、全部。

③"报单状态"包括 0 录入、1 交换、2 入账、3 退票、4 复核、5 暂缓、9 冲销、全部。

④通过左右箭头可对输出的报单进行选择，选定后回车可查询其明细内容。

2.报单冲销

该交易用于冲销提出尚未切换或提入但尚未清差划拨的报单。

(1)系统界面的进入

在主界面下选择：结算业务→同城业务→报单维护→报单冲销。

(2)操作说明

①录入要素为“报单种类”、“录入日期”、“报单状态”、“交换场次”、“交换日期”，均为可选项。

②通过左右箭头可选定要冲销的某条报单，回车后系统提示“0 取消”、“1 确认”，选择确认后冲销该报单。

③只能对报单进行删除，不能修改。

④提出代付、代收状态为“录入”时，可以在此界面随意删除。

⑤提出代付、代收状态为“复核”时，系统已完成记账处理；删除后，生成红字账务。

⑥状态为“入账”的报单可以冲销回交换状态，隔日必须手工起红字冲账传票。

⑦已清差的提入票据不能冲销。

3.场次调整

该交易用于切换了交换场次但未到人行交换，发现提出票据有误或要追加票据时的业务处理。

(1)系统界面的进入

在主界面下选择：结算业务→同城业务→报单维护→场次调整。

(2)操作说明

①录入要素为“报单种类”、“录入日期”、“报单状态”、“交换场次”、“交换日期”，均为可选项。

②选定输出项目中的一项后回车，可以查看其明细信息。

③下方的“维护类别”包括 0 取消单笔交换、1 补报单笔交换。有报单需要取消时选择“0”，有报单需要追加时选择“1”。

④录入相应的交换日期和交换场次后执行即可。

⑤只能补报已复核的报单。

三、特约汇款业务

特约汇款证一式五联，由会员行签发、兑付。

(一)签发特约汇款证

该交易由会员行下属网点操作员完成，使用该交易可实现汇款证签发业务，即签发行受理汇款人递交的特约汇款证委托书，审查无误后，由汇款证签发人员根据特约汇款证委托书所列要素录入。

1.系统界面的进入

在主界面下选择:结算业务→特约汇款业务→签发特约汇款证。

2.操作说明

(1)录入要素为“付款人账号”、“金额”、“收款人账号”、“汇票编号”、“汇入行行号”。

(2)“付款账号”为在银行开户的对公存款账户。

(3)汇款证有效期一个月,按次月对日计算,到期日为例假顺延。

(4)需在兑付地指定行支取现金,交易码为“CS(现金)”,否则交易码为“TR(转账)”。

(5)汇款证签发的起始金额为人民币500元。

3.会计分录

(1)交存现金时

借:101 现金

　　贷:26210 其他应付款

付:特约汇款证

(2)转账交存时

借:201 付款账号

　　贷:26210 其他应付款

付:特约汇款证

(二)兑付特约汇款证

该交易由会员行下属网点操作员完成。

1.系统界面的进入

在主界面下选择:结算业务→特约汇款业务→兑付特约汇款证。

2.操作说明

(1)录入要素为“汇票编号”、“签发日期”、“付款人账号”、“付款人名称”、“币种”、“金额”、“结算金额”、“持票人账号”、“持票人名称”、“签发行号”、“签发行名”、“汇入行行号”、“汇入行行名”、“备注”。

(2)“结算金额”小于汇款证金额。

(3)“签发日期”为当日之前交易日期,期限一个月,遇法定假期顺延。

(4)兑付支取现金时,交易码为“CS(现金)”,否则交易码为“TR(转账)”。

(5)签发行、汇入行、转账交易持票人账号必输。

3.会计分录

(1)以现金兑付时

借: 13910 其他应收款

贷: 24301 应解汇款

(2)以转账兑付时

借:13910 其他应收款

贷:201 收款账号

(三)特约汇款证转汇

该交易由会员行下属网点操作员完成,主要实现网点与市行之间清差划拨。

1.系统界面的进入

在主界面下选择:结算业务→特约汇款业务→特约汇款证转汇。

2.操作说明

(1)录入要素为“交易日期”、“签发笔数”、“签发金额”、“兑付笔数”、“兑付金额”。

(2)“签发笔数”、“签发金额”、“兑付笔数”、“兑付金额”系统有严格校验。

3.会计分录

(1)签发时

借:26210 其他应付款

贷:41605 全国联行分户

(2)兑付时

借:41605 全国联行分户

贷:13910 其他应收款

(四)特约汇款证查询

1.系统界面的进入

在主界面下选择:结算业务→特约汇款业务→特约汇款证转汇。

2.操作说明

录入要素为“汇款证性质”、“起始日期”、“业务部门”,均为可选项。

(五)开出特约汇款证

该交易由会员行清算中心操作员完成。

1.系统界面的进入

在主界面下选择:结算业务→特约汇款业务→特约汇款证转汇。

2.操作说明

(1)录入要素为“开出网点”。

(2)市行授权操作员通过此界面把下属网点汇款证逐一开出。

3.会计分录

借:41605 全国联行分户

贷:24402 开出全国汇票

(六)记联行往来账

1.记联行往账

该交易由会员行清算中心操作员完成。

(1)系统界面的进入

在主界面下选择:结算业务→特约汇款业务→记联行往账。

(2)操作说明

①录入要素为“业务种类”、“报单类型”、“联行报单号”、“币种”、“金额”、“发报行行号”、“发报行行名”、“收报行行号”、“收报行行名”、“备注”。

②“业务种类”包括开出特约汇款、兑付特约汇款、电汇、信汇。

③“报单类型”包括 QYDB(全国联行邮贷报单)、QYJB(全国联行邮借报单)。

(3)会计分录

①签发时

借:24402 开出全国汇票

　　贷:41101 特约联行往账

付:划贷方报单

②兑付时

借:41101 特约联行往账

　　贷:41605 全国联行分户

付:划借方报单

2.记联行来账

该交易由会员行清算中心操作员完成。

(1)系统界面的进入

在主界面下选择:结算业务→特约汇款业务→记联行来账。

(2)操作说明

①录入要素为“业务种类”、“报单类型”、“联行报单号”、“币种”、“金额”、“收款人账号”、“收款人名称”、“付款人账号”、“付款人名称”、“发报行行号”、“发报行行名”、“收报行行号”、“收报行行名”、“备注”。

②“业务种类”包括信汇和其他。

③“报单类型”为 QYDB(全国联行邮贷报单)。

④主要完成兑付后汇款证金额与兑付金额的资金结转。

(3)会计分录

借:41201 特约联行来账

　　贷:41605 全国联行分户

借:41605 全国联行分户
　　贷:201 收款账号

(七)特约汇款证汇差清算

1.特约汇款证汇差清算

该交易由会员行清算中心操作员完成。

(1)系统界面的进入

在主界面下选择:结算业务→特约汇款业务→特约汇款证汇差清算。

(2)操作说明

参考同城资金清算。

(3)会计分录

借:41301 特约联行汇差
　　贷:41401 特约联行汇差资金划拨

2.取消特约汇款证汇差清算

该交易由会员行清算中心操作员完成。

(1)系统界面的进入

在主界面下选择:结算业务→特约汇款业务→取消特约汇款证汇差清算。

(2)操作说明

参考取消同城资金清算。

(3)会计分录

借:(红字)41301 特约联行汇差
　　贷:(红字)41401 特约联行汇差资金划拨

第五节　通用模块实验

通用模块部分是商业银行综合业务模拟系统的对公特殊业务,主要实验内容有:通用记账、账户维护、凭证挂失解挂等业务。实验操作时要掌握各专业术语的含义以及通用记账的方法与原理。

一、通用记账

(一)表内通用记账

该交易用于综合类账户(内部账户)记账的业务处理。

1.系统界面的进入

在主界面下选择:通用模块→通用记账→表内通用记账。

2.操作说明

(1)录入要素为"交易码"、"账号"、"凭证类别"、"凭证号"、"借贷"、"金额"。

(2)"交易码"包括 TR 转账、CS 现金、ST 冲转,为必选项。

(3)录入账号后,系统自动显示对应账户名称。

(4)"凭证类别"包括 CCKZ 现金支票、TCKZ 转账支票、OTHER 其他。选择一定的凭证类别(除了 OTHER)时,必须录入相应凭证号码。

(5)选择借贷标志并分别录入借贷方金额后,界面上方出现对应记录及借贷差额,回车确认入账。

(6)"借贷差额"为零时,套账方允许提交。

(7)操作员发现已录入的记录有误时,在执行前可在上部方框中选择该记录,回车后使该记录回到录入状态,可对其进行修改。或者选定记录后按 delete 键删除,再重新录入。

(二)表外通用记账

该交易用于不进行管理的重要空白凭证(除支票、单位定期存款开户证实书)、其他表外科目(除 705)记账的业务处理。

1.系统界面的进入

在主界面下选择:通用模块→通用记账→表外通用记账。

2.操作说明

(1)录入要素为"账号"、"收付"、"金额"。

(2)"账号"为表外账户的内部账号。录入后回车,系统自动显示对应账户名称。

(3)"收付"包括 RV 收、PY 付。

二、信息维护

(一)公司客户维护

该交易用于对全行所有客户常规信息进行修改的业务处理。

1.系统界面的进入

在主界面下选择:通用模块→信息维护→公司客户维护。

2.操作说明

(1)录入"客户号"后回车,系统将输出该客户的有关信息。

(2)除"客户号"、"企业性质"、"客户名称"、"证件类别"以外,其他信息都可以进行维护。

(3)身份证号码的维护不能与系统已有的号码重复。

(4)可以对全行所有客户的相关信息进行维护。

(5)本交易属于特殊业务,需授权。

(二)表内账户信息维护

该交易用于对本部门表内账户基本信息进行修改的业务处理。

1.系统界面的进入

在主界面下选择:通用模块→信息维护→表内账户信息维护。

2.操作说明

(1)"账号"为本部门表内账号。录入后回车,系统将输出该账户的有关信息。

(2)可对"账户名称"、"通存通兑标志"、"自动转存标志"、"最低余额"、"透支额度"、"账户标志"进行维护。

(3)"账户标志"的维护不能与系统已有的基本户重复。

(4)本交易属于特殊业务,需授权。

(三)表外账户信息维护

该交易用于表外账户开户时,名称录入错误需进行修改的业务处理。

1.系统界面的进入

在主界面下选择:通用模块→信息维护→表外账户信息维护。

2.操作说明

(1)"账号"必须是本部门的表外账号。录入后回车,系统将输出该账户的有关信息。

(2)只能维护"账户名称"。

三、内部账户维护

(一)综合账户开户

开立综合账户(亦称内部账户)。综合账户账号由15位数字组成:1位数字"9"+4位部门号+2位币种+3位业务代码+5位账号后缀。只能开本部门综合账户。

1.系统界面的进入

在主界面下选择:通用模块→内部账户维护→综合账户开户。

2.操作说明

(1)录入要素为"业务代码"、"对方账户部门"、"账户后缀"、"账户名称"。

(2)"业务代码"为银行内部使用的3位科目代码。录入后回车,系统自动显示对应代码名称。此为必输项。

(3)"对方账户部门"仅限市行营业部开设40705账户时使用,其他情况不必录入。

(4)"账户后缀"由各网点在允许范围内(会计业务规范中规定)自己选择。回车后,系统自动显示该业务代码及账户后缀所对应的15位内部账号。此项一般情况下可不输,回车后由系统自动生成一个新的账户账号。如系统自动生成的账号不能用时,可以此项输入一个指定账号后缀。账号后缀定义规则如下:

①普通内部账户为5位顺序号。

②市行针对各支行的40705科目综合账号后缀由2位支行号+3位顺序号组成。

(5)"账户名称"由各网点根据所设账户后缀自行注解。

(6)"计息标志"设置综合账户是否要计息。注意:上存下拨户不能设为计息,上存下拨户的利息在支取归还时按合同即时计算,否则在全行统一计息时会产生重复计息。

(二)内部账户销户

该交易用于网点将根据本部门实际情况自行开设的内部账户销户的业务处理。

1.系统界面的进入

在主界面下选择:[通用模块]→[内部账户维护]→[内部账户销户]。

2.操作说明

(1)录入要素为"销户账号"和"销户状态",均为必输项。

(2)"销户账号"为本部门内部账户。录入后回车,系统检索输出对应的"账户名称"。

(3)进行销户的账户必须无余额、无积数。

(4)"销户状态"包括关闭和销账。关闭后,该账户不可再使用,隔日销账后可重新使用该账户后缀开立新户。

(5)网点自行开设的内部账户可以销户,全行统一开设的内部账户不允许销户。

(三)上存下拨合同发放(由市行营业部操作)

上存下拨合同发放即《资金拆借协议书》发放。协议书经计划部门审批后,计划部门向总行清算中心发出《拆出拆入(调出调入)资金调拨单》,清算中心根据协议书和调拨单入账。

该交易用于支行与市行之间资金拆借合同发放的业务处理。

1.系统界面的进入

在主界面下选择:[通用模块]→[内部账户维护]→[上存下拨合同发放]。

2.操作说明

(1)录入要素为"合同部门"、"资金账号"、"合同种类"、"存期"、"利率"、"交易金额",均为必输项。

(2)"合同部门"为对应的支行营业部部门号代码。

(3)"资金账号"为对应支行在市行营业部的资金账户(综合账户)。

(4)“合同种类”包括479上存、477下拨。

(5)“利率”合同指定的月利率,只做参照用,在实际支取归还时按当时输入的利率计算利息。

3.账务处理

市行自动为支行对应账户转账,市行和支行同时记账。每晚系统自动清算。

(1)上存时的会计分录

市行:

借:416(系统内往来)

　　贷:40709(总行借入资金)

支行:

借:40710(支行借出资金)

　　贷:416(系统内往来)

(2)下拨时的会计分录

市行:

借:40707(总行借出资金)

　　贷:416(系统内往来)

支行:

借:416(系统内往来)

　　贷:40708(支行借入资金)

(四)上存下拨合同查询(由市行营业部操作)

该交易用于支行与市行之间资金拆借合同发放的查询业务。

1.系统界面的进入

在主界面下选择:通用模块务→内部账户维护→上存下拨合同查询。

2.操作说明

(1)录入要素为“合同种类”、“合同部门”,均为必输项。

(2)“合同种类”包括上存、下拨。

(3)“合同部门”为对应的支行营业部代码。

(五)内部下拨户归还(由市行营业部操作)

该交易用于下拨资金归还的业务处理。

1.系统界面的进入

在主界面下选择:通用模块→内部账户维护→内部下拨户归还。

2.操作说明

(1)录入要素为“合同部门”、“合同序号”、“是否结清”、“资金账号”、“利率”、“交易金额",均为必输项。

(2)"合同部门"为对应的支行营业部代码。

(3)"是否结清"包括0否、1是。当"交易金额"等于下拨金额时,选择"是",否则选择"否"。

(4)"资金账号"为支行在市行营业部的对应资金账户。

(5)"利率"为该笔资金归还时的月利率,一般情况下按合同利率输入。

(6)利息计算按合同实际发放日到当日的实际天数计算,采用算头不算尾的方法。计算公式如下:

利息=合同发放日到当日的天数×月利率×发生额÷30000

3.账务处理

市行自动为支行记账,市行和支行同时记账。每晚系统自动清算。

市行的会计分录为:

借:416(系统内往来)

　　贷:40707(总行借出资金)

　　贷:502 系统内往来利息收入(527 拆放系统内往来利息收入)

支行的会计分录为:

借:40708(支行借入资金)

借:522 系统内往来利息支出(549 拆放系统内往来利息支出)

　　贷:416(系统内往来)

(六)内部上存户支取(由市行营业部操作)

该交易用于上存资金支取的业务处理。

1.系统界面的进入

在主界面下选择:[6 通用模块]→[内部账户维护]→[内部上存户支取]。

2.操作说明(同内部下拨户归还1225)

3.账务处理

市行自动为支行记账,市行和支行同时记账。每晚系统自动清算。

市行的会计分录为:

借:40709(总行借入资金)

借:522 系统内往来利息支出(549 存放系统内往来利息支出)

　　贷:416(系统内往来)

支行的会计分录为:

借:416(系统内往来)

　　贷:40710(476 支行借出资金)

　　贷:502 系统内往来利息收入(527 存放系统内往来利息收入)

四、账户维护

（一）账户部分冻结

1.系统界面的进入

在主界面下选择：通用模块→账户维护→账户部分冻结。

2.操作说明

（1）录入要素为“账号”、“冻结截止日”、“冻结金额”、“冻结原因”、“ID 类别”、“ID 号”、“摘要”。

（2）“账号”必须是本部门对公存款账户，为必输项。

（3）“冻结金额”必须小于或等于账面余额。多次部分冻结，冻结金额累加。此为必输项。

（4）“冻结原因”包括 A 书面冻结、B 立案冻结、C 抵押冻结、D 待处理错账、E 其他冻结、F 信用卡冻结。

（5）“ID 类别”为冻结执行人的证件，包括 G 营业执照、Z 其他、A 身份证、B 护照。如果选择了“ID 类别”，则必须录入对应“ID 号”。

（6）“摘要”处录入冻结执行部门或其他备注事项。

（7）对于部分冻结的账户，到期后，系统进行自动解冻。

（二）账户部分解冻

该交易用于部分冻结账户未到冻结截止日而进行解冻的业务处理。

1.系统界面的进入

在主界面下选择：通用模块→特殊业务→账户维护→账户部分解冻。

2.操作说明

（1）录入要素为“账号”、“解冻金额”、“ID 类别”、“ID 号”、“摘要”。

（2）“账号”必须是本部门已部分冻结账户，为必输项。

（3）“解冻金额”必须等于该账户部分冻结时的冻结金额。如果屏幕上方账户信息中“冻结金额”为累加金额，则解冻必须分次进行，分别录入每次部分冻结的金额。

（4）“ID 类别”为解冻执行人的证件类别，包括 G 营业执照、Z 其他、A 身份证、B 护照。如果选择了“ID 类别”，则必须录入对应“ID 号”。

（5）“摘要”处录入其他备注事项。

（三）账户冻结

1.系统界面的进入

在主界面下选择：通用模块→账户维护→账户冻结。

2.操作说明

(1)录入要素为"账号"、"冻结截止日"、"冻结原因"、"摘要"。

(2)"账号"必须为本部门对公账户,为必输项。

(3)"冻结原因"包括A书面冻结、B立案冻结、C抵押冻结、D待处理错账、E其他冻结、F信用卡冻结。

(4)"摘要"为其他备注事项。

(5)冻结交易完成后,该账户全部冻结,只进不出。冻结期间如有进账,同为冻结状态。

(6)冻结账户到期后,系统自动解冻。

(四)账户解冻

该交易用于冻结账户未到冻结截止日而进行解冻的业务处理。

1.系统界面的进入

在主界面下选择:[通用模块]→[账户维护]→[账户解冻]。

2.操作说明

(1)录入要素为"账号"、"ID类别"、"ID号"、"摘要"。

(2)"账号"必须为本部门冻结账户,为必输项。

(3)"ID类别"为解冻执行人的证件类别,包括G营业执照、A身份证、B护照、Z其他。如果选择了"ID类别",则必须录入对应"ID号"。

(4)"摘要"为其他备注事项。

(五)冲销户

1.系统界面的进入

在主界面下选择:[通用模块]→[账户维护]→[冲销户]。

2.操作说明

(1)录入账号后回车,界面上部将显示该账户的有关信息。操作员必须将其与实际账户信息进行核对,无误后方可执行操作。

(2)冲销户是对销户操作的冲销,该账户必须为关闭状态。操作完毕,账户状态改为正常。

(3)该交易完成后,原销户时作废的凭证重新被激活。

(六)睡眠户激活

该交易用于激活要重新活动的睡眠户的业务处理。由于系统不自动将账户转为睡眠户,睡眠户的处理都通过通用记账处理,此功能没有实际作用。

1.系统界面的进入

在主界面下选择:通用模块→账户维护→睡眠户激活。

2.操作说明

(1)录入要素为“账号”、“ID类别”、“ID号”。

(2)“账号”必须为本部门对公账号。

(3)“ID类别”包括G营业执照、Z其他、A身份证、B护照。

(4)该账户必须为睡眠状态,即1年或1年以上没有活动的账户。

五、交易维护

(一)冲账

该交易用于对账务冲销的业务处理。新系统中采用套账制。错账不允许抹账,必须通过冲账交易来完成。

1.系统界面的进入

主界面下选择:通用模块→交易维护→冲账。

2.操作说明

(1)录入“错账日期”和“流水号”并回车,系统将检索输出该业务记录的有关信息。操作员将其与实际账务信息核对,无误后方可确认执行。其中“流水号”为错账的交易流水。

(2)系统自动调整账户的利率积数。若因余额不足、积数无法调整等情况,系统将予以提示。必须进行手工调整积数或暂时不进行冲账。

(3)系统允许隔日冲账。

(4)隔日冲账交易需手工填制红字传票。

(二)补账

1.系统界面的进入

在主界面下选择:通用模块→交易维护→补账。

2.操作说明

(1)录入要素为“错账日期”、“错账流水”、“交易码”、“账号”、“借贷”、“金额”,均为必输项。其中“错账流水”为错账的交易流水,“交易码”包括TR转账和CS现金。

(2)录入错账信息后,开始录入补账的账务记录,其记录方法与通用记账方法一样(套账记录)。

(3)非当日记账错误用补账方法,才可进行积数调整。

(三)串户冲补账

该交易用于串户后冲补账的业务处理。

1.系统界面的进入

在主界面下选择:通用模块→交易维护→串户冲补账。

2.操作说明

(1)录入要素为"错账日期"、"错账流水"、"交易码"、"借贷"、"账号"、"红蓝字"、"金额",均为必输项。其中"错账流水"为错账的交易流水,"交易码"包括TR转账,"红蓝字"包括D蓝、C红。

(2)串户冲补账是进行串户的单边冲补账。录入"错账日期"和"错账流水"后,开始录入分录信息。首先在"借贷"中选择要冲补账一方的借贷标志,然后分别录入错误和正确的账号、红蓝标志及金额。"红蓝字"中,错误账号选择红,正确账号选择蓝,红、蓝金额应一致。

(3)本功能实现冲补账同时完成,允许一红多蓝或一蓝多红;同时单边冲补账也弥补了冲套账的缺点。

(四)差额冲正

该交易用于交易金额出错后冲补账的业务处理。

1.系统界面的进入

在主界面下选择:通用模块→交易维护→串户冲补账。

2.操作说明

(1)录入要素为"错账日期"、"错账流水"、"交易码"、"借贷"、"账号"、"红蓝字"、"金额",均为必输项。其中"错账流水"为错账的交易流水,"交易码"包括TR转账,"红蓝字"包括D蓝、C红。

(2)差额冲正是进行差额的冲补账,录入"错账日期"和"错账流水"后,开始录入分录信息。首先在"借贷"中选择要冲补账一方的借贷标志,然后分别录入账号、红蓝标志及金额。"红蓝字"中,差额为负时选择红,差额为正时选择蓝。

(3)本功能实现冲补账同时完成。

六、凭证管理

(一)凭证领入

该交易用于财会部购买支票后录入系统、支行从财会部或网点从支行领入凭证的业务处理。

1.系统界面的进入

在主界面下选择:通用模块→凭证管理→凭证领入。

2.操作说明

(1)录入要素为"凭证种类"、"开始号码"、"结束号码"、"凭证张数",均为必输项。

(2)“凭证类别”包括 CCKZ 现金支票、TCKZ 转账支票、PYCK 内部往来科目报单、YHBP 本票、TYHK 特约汇款证、TYHP 特约联行汇票、YHHP 银行承兑汇票、SYHP 商业承兑汇票、CNFX 单位定期存款开户证实书、QYJB 全国联行邮划借方报单、QYDB 全国联行邮划贷方报单、QDDB 全国联行电划贷方报单、TYJB 特约联行邮划借方报单、TYDB 特约联行邮划贷方报单、TTDB 特约联行电划贷方报单、DWDQ 单位可转让定期存单、GQZM 股权证明书、GHHP 代理工行汇票、JHHP 代理建行汇票、JHWT 建行汇票委托书。

(3)“开始号码”、“结束号码”必须录入包括批号在内的完整的 8 位凭证号码。

(4)凭证领入数量与起始号码匹配,以张计数。

(二)取消凭证领入

该交易用于对凭证领入操作的取消。

1.系统界面的进入

在主界面下选择:[通用模块]→[凭证管理]→[取消凭证领入]。

2.操作说明

(1)录入要素为“凭证种类”、“开始号码”、“结束号码”,均为必输项。其中“凭证种类”同“凭证领入”。

(2)“开始号码”、“结束号码”必须录入包括批号在内的完整的 8 位凭证号码。

(3)取消的凭证必须是本部门已领入但未出库的凭证。

(4)取消凭证领入不控制数量,以张计数。

(三)凭证下发(由财会部或支行营业部操作)

该交易用于财会部将凭证下发到支行或支行将领入凭证下发到所属网点的业务处理。

1.系统界面的进入

在主界面下选择:[通用模块]→[凭证管理]→[凭证下发]。

2.操作说明

(1)录入要素为“凭证种类”、“下发部门”、“开始号码”、“结束号码”,均为必输项。其中“凭证种类”同“凭证领入”。

(2)“开始号码”、“结束号码”必须录入完整的 8 位凭证号码。

(3)下发的凭证必须是本部门已领入的凭证。

(4)凭证下发不控制数量,以张计数。

(四)取消凭证下发

该交易用于对凭证下发操作的取消。

1.系统界面的进入

在主界面下选择：通用模块→凭证管理→取消凭证下发。

2.操作说明

(1)录入要素为“凭证种类”、“下发部门”、“开始号码”、“结束号码”，均为必输项。其中“凭证种类”同“凭证领入”。

(2)“下发部门”为凭证已下发到的下级部门。

(3)“开始号码”、“结束号码”必须录入包括批号在内的完整的8位凭证号码。

(4)取消下发的凭证必须是本部门已下发但下级部门未领用的凭证。

(5)取消下发的凭证不控制数量，以张计数。

七、凭证挂失

(一)凭证挂失

1.系统界面的进入

在主界面下选择：通用模块→凭证挂失解挂→凭证挂失。

2.操作说明

(1)录入要素为“账号”、“ID类别”、“ID号”、“挂失种类”。

(2)“账号”必须是本部门对公账号。

(3)“ID类别”包括G营业执照、Z其他、A身份证、B护照。

(4)“挂失种类”包括A书面挂失、K口头挂失。

(二)凭证解挂(不换凭证)

该交易用于挂失凭证已找回，对该凭证进行解挂的业务处理。解挂后不换新凭证，系统自动激活原凭证。

1.系统界面的进入

在主界面下选择：通用模块→凭证挂失解挂→凭证解挂(不换凭证)。

2.操作说明(同凭证挂失)

(三)凭证解挂(换凭证)

该交易用于存单挂失到期后解挂的业务处理。原挂失存单作废，更换新存单。

1.系统界面的进入

在主界面下选择：通用模块→凭证挂失解挂→凭证解挂(换凭证)。

2.操作说明

(1)录入要素为“账号”、“替换存单号”、“重复”、“ID类别”、“ID号”。

(2)“ID类别”同凭证挂失。

(四)换存单

该交易用于存单因污损等原因需要更换的业务处理。

1.系统界面的进入

在主界面下选择:通用模块→凭证挂失解挂→换存单。

2.操作说明

录入要素为“账号”、“原存单号”、“替换存单号”、“重复”、“ID 类别”、“ID 号”,其中“ID 类别”同“凭证挂失”。

八、支票管理

(一)支票出售

1.系统界面的进入

在主界面下选择:通用模块→支票管理→支票出售。

2.操作说明

(1)录入要素为“账号”、“凭证类别”、“开始号码”、“结束号码”、“凭证张数”、“缴费类型”。

(2)“账号”必须是本部门对公账户。回车后,系统将检索输出对应的账户名称。此为必输项。

(3)“凭证类别”包括 CCKZ 现金支票、TCKZ 转账支票。

(4)“开始号码”和“结束号码”必须录入包括批号在内的完整的 8 位号码。

(5)出售的凭证必须是本部门已出库到本钱箱的凭证。

(6)支票出售允许以张为单位,可以出售 1—25 张支票。

(7)凭证出售张数为“1”时,开始号码和结束号码均录入该凭证号码。

(二)取消支票出售

该交易用于对凭证出售取消的业务处理。

1.系统界面的进入

在主界面下选择:通用模块→支票管理→取消支票出售。

2.操作说明

(1)录入要素同凭证出售。

(2)取消出售的凭证必须是已出售给该账户的支票。取消出售后,该支票状态返回到未出售状态,红字冲减 702 科目付出发生额。

(三)支票挂失

该交易用于已出售但客户尚未使用的凭证挂失的业务处理。

1.系统界面的进入

主界面下选择:[通用模块]→[支票管理]→[支票挂失]。

2.操作说明

(1)录入要素为“账号”、“凭证类别”、“挂失种类”、“开始号码”、“结束号码”。

(2)“账号”必须是本部门对公账户。录入后回车,系统将检索输出对应的账户名称。

(3)“凭证类别”同凭证出售。

(4)“开始号码”、“结束号码”必须录入包括批号在内的完整的8位号码。

(四)取消支票挂失

该交易用于对已出售但客户尚未使用的挂失凭证解挂的业务处理。

1.系统界面的进入

在主界面下选择:[通用模块]→[支票管理]→[取消支票挂失]。

2.操作说明(同支票挂失)

(五)支票核销

该交易用于将需作废凭证进行手工核销的业务处理。核销的凭证必须是该账户未使用的凭证,核销后不能再使用。

1.系统界面的进入

在主界面下选择:[通用模块]→[支票管理]→[支票核销]。

2.操作说明(同支票挂失)

(六)取消支票核销

该交易用于将已核销的凭证取消核销的业务处理。取消支票核销后,支票可再使用。

1.系统界面的进入

在主界面下选择:[通用模块]→[支票管理]→[取消支票核销]。

2.操作说明(同支票挂失)

九、操作员管理

(一)操作员密码修改

操作员对应有唯一的密码。每次进入系统时,系统将校验密码。为确保操作安全,操作员应定期修改自己的操作密码。

1.系统界面的进入

在主界面下选择:通用模块→操作员管理→操作员密码修改。

2.操作说明

(1)录入要素为“操作员”、“卡号”、“旧密码”、“新密码”、“新密码重复”。

(2)“操作员”录入要修改密码的操作员号码。

(3)“卡号”为操作员对应柜员卡卡号,没有柜员卡的可不必录入卡号。

(4)分别录入旧密码和两次新密码。执行后,系统进行校验。校验正确则密码修改成功。新密码修改后,老密码不再有效。

(5)所有项目均为必输项。

(二)操作员密码挂失

1.系统界面的进入

在主界面下选择:通用模块→操作员管理→操作员密码挂失。

2.操作说明

(1)录入要素为“操作员”、“摘要”。

(2)“操作员”录入要挂失密码的操作员号码。

(3)挂失后如要解挂必须由中心机房处理。

十、钱箱管理

(一)凭证出库

该交易用于网点操作员对总行下发到支行库钱箱的凭证进行领用的业务处理,由柜员操作。操作完成后,该批凭证进入相应操作员钱箱。

1.系统界面的进入

在主界面下选择:通用模块→钱箱管理→凭证出库。

2.操作说明

(1)录入要素为“出库种类”、“起始号码”、“结束号码”、“金额”,均为必输项。

(2)“出库种类”包括CCKZ现金支票、TCKZ转账支票、PYCK内部往来科目报单、

YHBP本票、TYHK特约汇款证、TYHP特约联行汇票、YHHP银行承兑汇票、SYHP商业承兑汇票、CNFX单位定期存款开户证实书、QYJB全国联行邮划借方报单、QYDB全国联行邮划贷方报单、QDDB全国联行电划贷方报单、TYJB特约联行邮划借方报单、TYDB特约联行邮划贷方报单、TTDB特约联行电划贷方报单、DWDQ单位可转让定期存单、GQZM股权证明书、GHHP代理工行汇票、JHHP代理建行汇票、JHWT建行汇票委托书。

(3)凭证出库时,“起始号码”、“结束号码”必须录入包括批号在内的完整的8位号码。

(4)“金额”处录入凭证数量。凭证不控制数量,以张为单位。

(二)凭证入库

该交易用于对已出库到柜员钱箱的凭证进行上缴的业务处理,由柜员操作。操作完成后,该批凭证从柜员钱箱进入网点库钱箱。

1.系统界面的进入

在主界面下选择:通用模块→钱箱管理→凭证入库。

2.操作说明(同凭证出库)

(三)现金出库

该交易用于网点操作员对支行库钱箱的现金进行领用的业务处理,由柜员操作。操作完成后,该批现金进入相应操作员钱箱。

1.系统界面的进入

在主界面下选择:通用模块→钱箱管理→现金出库。

2.操作说明

录入要素为“货币”、“金额”,均为必输项。

(四)现金入库

该交易用于网点操作员对操作员钱箱的现金进行上缴的业务处理,由柜员操作。操作完成后,该批现金进入支行库钱箱。

1.系统界面的进入

在主界面下选择:通用模块→钱箱管理→现金入库。

2.操作说明

录入要素为“货币”、“金额”,均为必输项。

(五)增加钱箱

该交易用于网点增加钱箱的业务处理。

1.系统界面的进入

在主界面下选择：通用模块→钱箱管理→增加钱箱。

2.操作说明

(1)录入要素为“钱箱号”、“钱箱名称”。

(2)“钱箱号”的编码方式由财会部统一规定，按支行编号。

(3)“钱箱名称”为该钱箱对应的标识。

(六)凭证作废

该交易用于柜员钱箱中凭证作废的业务处理。被作废凭证必须是尚未出售的凭证。作废时，必须首先进行凭证入库的操作，将欲作废凭证入库到网点库钱箱，然后退出系统后不输入钱箱号重新登录，才可以进行凭证作废处理。

1.系统界面的进入

在主界面下选择：通用模块→钱箱管理→凭证作废。

2.操作说明

(1)录入要素为“凭证种类”、“开始号码”、“结束号码”。

(2)“凭证种类”包括CCKZ现金支票、TCKZ转账支票、PYCK内部往来科目报单、YHBP本票、TYHK特约汇款证、TYHP特约联行汇票、YHHP银行承兑汇票、SYHP商业承兑汇票、CNFX单位定期存款开户证实书、QYJB全国联行邮划借方报单、QYDB全国联行邮划贷方报单、QDDB全国联行电划贷方报单、TYJB特约联行邮划借方报单、TYDB特约联行邮划贷方报单、TTDB特约联行电划贷方报单、DWDQ单位可转让定期存单、GQZM股权证明书、GHHP代理工行汇票、JHHP代理建行汇票、JHWT建行汇票委托书。

(3)“开始号码”、“结束号码”必须录入包括批号在内的完整的8位号码。

(七)有价凭证查询

该交易用于操作员对本钱箱有价凭证期初余额、当日出入库、收付数及余额情况查询的业务处理。

1.系统界面的进入

在主界面下选择：通用模块→钱箱管理→现金有价凭证查询。

2.操作说明

“查询种类”包括 CCKZ 现金支票、TCKZ 转账支票、PYCK 内部往来科目报单、YHBP 本票、TYHK 特约汇款证、TYHP 特约联行汇票、YHHP 银行承兑汇票、SYHP 商业承兑汇票、CNFX 单位定期存款开户证实书、QYJB 全国联行邮划借方报单、QYDB 全国联行邮划贷方报单、QDDB 全国联行电划贷方报单、TYJB 特约联行邮划借方报单、TYDB 特约联行邮划贷方报单、TTDB 特约联行电划贷方报单、DWDQ 单位可转让定期存单、GQZM 股权证明书、GHHP 代理工行汇票、JHHP 代理建行汇票、JHWT 建行汇票委托书。

(八)日终轧账

该交易用于操作员对本钱箱当日凭证核对轧平的业务处理。

1.系统界面的进入

在主界面下选择:[通用模块]→[钱箱管理]→[日终轧账]。

2.操作说明

(1)进入钱箱扎账界面后回车,系统显示钱箱的现金有价凭证总信息:种类、币种、上日余额、出库金额、入库金额、收入金额、付出金额、余额。

(2)本交易每日可多次进行,方便操作员随时核对钱箱中现金及有价凭证。

第六节 信息查询实验

商业银行综合业务模拟系统中的信息查询业务实验主要包括客户信息查询、账户信息查询、凭证信息查询和交易信息查询四项内容。

一、客户信息查询

(一)客户综合查询

1.系统界面的进入

在主界面下选择:[信息查询]→[客户查询]→[客户综合查询]。

2.操作说明

(1)录入要素为"客户名称"、"证件类型"、"证件号码"、"开户起始日"、"开户结束日"、"起始客户号"。

(2)"证件类型"包括 G 营业执照、A 身份证、Z 其他。

(3)录入项目均为可选项,可以录入其中的一条或几条进行模糊查询。它们之间为并列关系。录入查询条件后回车,可以输出所有符合条件的客户信息。

(4)通过左右箭头可将光标移动到某条输出信息上,回车后可查询该信息的明细情况。

(二)公司客户查询

1.系统界面的进入

主界面下选择:[信息查询]→[客户查询]→[公司客户查询]。

2.操作说明

录入客户号后回车,系统输出该客户明细常规信息。

二、账户信息查询

(一)表内账户综合查询

1.系统界面的进入

在主界面下选择:信息查询→账户查询→表内账户综合查询。

2.操作说明

(1)录入要素为“查询方式”、“科目”、“客户号/账号”、“客户名”。

(2)“查询方式”包括1科目、2客户号、3客户名,选定其一后必须录入相关科目、客户号或客户名。

(3)可将光标移动到某条输出信息上,双击后可查询该信息的明细情况。

(4)只能查询本部门表内账户综合信息。

(二)表内账户明细查询

1.系统界面的进入

在主界面下选择:信息查询→账户查询→表内账户明细查询。

2.操作说明

(1)录入15位账号后并回车,系统输出对应账户明细信息。

(2)只能查询本部门表内账户明细信息。

(三)表外账户综合查询

1.系统界面的进入

在主界面下选择:信息查询→账户查询→表外账户综合查询。

2.操作说明

(1)录入要素为“起始账号”、“开户起始日”、“开户结束日”。

(2)录入项目均为可选项,可以录入其中的一条或几条进行模糊查询。它们之间为并列关系。

(3)可将光标移动到某条录入信息上,双击后可查询该信息的明细情况。

(4)只能查询本部门表外账户综合信息。

(四)表外账户明细查询

1.系统界面的进入

在主界面下选择:信息查询→账户查询→表外账户明细查询。

2.操作说明

(1)“账号”必须是本部门的表外账号。录入后回车,显示该账户明细信息。

(2)只能查询本部门表外账户明细信息。

(五)账户积数查询

1.系统界面的进入

在主界面下选择:信息查询→账户查询→账户积数查询。

2.操作说明

(1)录入要素为“起始账号”、“账户科目”。

(2)录入项目均为可选项,可以录入其中的一条或几条进行模糊查询。它们之间为并列关系。

(3)只能查询本部门账户积数信息。

(六)冻结查询

1.系统界面的进入

在主界面下选择:信息查询→账户查询→冻结查询。

2.操作说明

(1)录入要素为“账户部门”、“冻结用户”、“冻结起始日”、“冻结结束日”。

(2)录入项目均为可选项,可以录入其中的一条或几条进行模糊查询。它们之间为并列关系。

(3)只能查询本部门冻结账户信息。

三、凭证信息查询

该交易只能查询本部门凭证。

(一)凭证综合查询

该交易用于对除支票外其他种类凭证进行查询的业务处理。

1.系统界面的进入

在主界面下选择:信息查询→凭证查询→凭证综合查询。

2.操作说明

(1)录入要素为“客户号”、“凭证类别”、“起始凭证号”、“起始日期”、“终止日期”。

(2)“凭证类别”包括PYCK内部往来科目报单、YHBP本票、TYHK特约汇款证、TYHP特约联行汇票、YHHP银行承兑汇票、SYHP商业承兑汇票、CNFX单位定期存款开户证实书、QYJB全国联行邮划借方报单、QYDB全国联行邮划贷方报单、QDDB全国联行电划贷方报单、TYJB特约联行邮划借方报单、TYDB特约联行邮划贷方报单、TTDB特约联行电划贷方报单、DWDQ单位可转让定期存单、GQZM股权证明书、GHHP代理工行汇票、JHHP代理建行汇票、JHWT建行汇票委托书。

(3)录入项目均为可选项,可以录入其中的一条或几条进行模糊查询。它们之间为并列关系。

(二)已出售支票查询(凭证号)

该交易用于查询已出售凭证所属账户信息的业务处理。

1.系统界面的进入

在主界面下选择:信息查询→凭证查询→已出售支票查询(凭证号)。

2.操作说明

(1)录入要素为"凭证类别"、"凭证号",均为必输项。

(2)"凭证类别"包括CCKZ现金支票、TCKZ转账支票。

(3)"凭证号"必须是已出售凭证的号码。录入后回车,可显示对应信息。

(三)已出售支票查询(账号)

1.系统界面的进入

在主界面下选择:信息查询→凭证查询→已出售支票查询(账号)。

2.操作说明

(1)录入要素为"凭证类别"、"账号",均为必输项。

(2)"凭证类别"包括CCKZ现金支票、TCKZ转账支票。

(3)"账号"必须是本部门对公账户。

(四)支票库存查询

该交易用于查询本部门支票数量的业务处理。

1.系统界面的进入

在主界面下选择:信息查询→凭证查询→支票库存查询。

2.操作说明

(1)录入要素为"支票种类"。

(2)"支票种类"包括CCKZ现金支票、TCKZ转账支票。

(五)凭证下发查询

该交易用于财会部下发支票进行查询的业务处理。

1.系统界面的进入

在主界面下选择:信息查询→凭证查询→凭证下发查询。

2.操作说明

(1)录入要素为"凭证类别"、"查询部门"。

(2)“凭证类别”包括CCKZ现金支票、TCKZ转账支票。

四、交易信息查询

根据各种不同条件对交易进行查询,只能查询本部门各操作员交易信息。

(一)交易综合查询

该交易用于查询本部门选定日期所有交易的业务处理,输出内容按流水号排序。

1.系统界面的进入

在主界面下选择:信息查询→交易信息查询→交易综合查询。

2.操作说明

(1)录入要素为“交易日期”、“交易种类”、“交易账号”、“交易用户”、“交易金额”、“起始流水号”、“终止流水号”。

(2)“交易日期”默认为当日,可根据实际情况录入所需日期,为必输项。

(3)“交易种类”包括01正常、02已冲账、03已补账。

(4)选择不同的交易用户,可查询不同操作员的交易记录。

(5)除交易日期外均为可选项,可以选择其中一条或几条进行模糊查询。

(6)通过左右箭头将光标移动到某条记录上并回车,可显示该记录对应的套账明细,即会计分录。

(二)交易账务查询

该交易用于查询单笔交易的套账信息,即会计分录。

1.系统界面的进入

在主界面下选择:信息查询→交易信息查询→交易账务查询。

2.操作说明

(1)录入要素为“交易日期”、“交易流水号”、“账号”、“科目号”、“交易码”、“交易金额”、“操作员”。

(2)“交易日期”为必输项。

(3)“交易码”包括全部、TR转账、CS现金。

(4)选择不同经办用户,可查询不同操作员的交易记录。

(5)除交易日期外均为可选项,可以选择其中一条或几条进行模糊查询。

(三)账户账务查询

该交易用于查询某账户选定日期内所有交易的业务处理。

1.系统界面的进入

在主界面下选择:信息查询→交易查询→账户账务查询。

2.操作说明

(1)录入要素为“账号”、“交易起始日期”，均为必输项。

(2)“账号”必须录入包括后缀的完整的15位号码。

(四)开销户查询

1.系统界面的进入

在主界面下选择：信息查询→交易信息查询→开销户查询。

2.操作说明

(1)录入要素为“查询类别”、“账号”、“起始日期”、“结束日期”。

(2)“查询类别”包括1开户、0销户。

(3)录入项目均为可选项，可以录入其中的一条或几条进行模糊查询。它们之间为并列关系。

(五)支票交易查询

该交易用于查询已出售给客户并进行过交易的支票的信息。

1.系统界面的进入

在主界面下选择：信息查询→交易查询→支票交易查询。

2.操作说明

(1)录入要素为“凭证类别”、“凭证号码”、“开始日期”。

(2)“凭证类别”包括CCKZ现金支票、TCKZ转账支票。

(3)“凭证号码”必须录入包括批号在内的完整的8位号码，为必输项。

(4)只能查询本部门凭证。

【本章小结】

1. 对公业务柜员第一次登录本系统时，为避免其他人修改登录密码及个人资料，同时也方便教师根据学生姓名及学号统计及查询实验成绩，首先应修改个人资料。

2.对公日初处理是柜员在开始当天业务处理前需要进行的一些业务操作，主要包括领用凭证、凭证出库、现金出库等操作。

3.对公存贷业务包括新开户业务、一般活期及临时存款业务、定期存款业务、贷款管理、贷款业务、汇票兑付。重点掌握如何开立对公基本账户、如何进行贷款业务处理及汇票兑付业务处理等。

4.辖内业务是指商业银行各支行网点之间实现辖内通存通兑业务，即客户可在银行任一联网网点进行通存通兑，交易完成后即时入账。同城业务是处理不同商业银行之间的转账结算业务。同城业务需要通过票据交换中心进行票据交换。

5.对公特殊业务是处理通用记账、账户维护、凭证挂失解挂等业务。要求重点掌握通用记账的方法与原理，理解特殊业务中各专业术语的含义。

6.对公日终处理是柜员在当天营业终止后必须要进行的业务操作。主要包括上缴未使用的重要空白凭证、现金入库及打印营业日报表等。部门轧账是指商业银行支行营业网点进行日终结账处理，日终轧账是指支行对公柜员对当天本人处理的对公业务进行日终结账处理。

7. 消费贷款是银行以消费者个人为对象、以个人消费为用途而发放的贷款。个人消费贷款的实验内容主要两项：个人住房按揭贷款(或做汽车贷款)和助学贷款。要求理解并掌握个人贷款业务及助学贷款业务的含义。

8. 商业银行综合业务模拟系统中的信息查询业务实验主要包括客户信息查询、账户信息查询、凭证信息查询和交易信息查询四项内容。

【本章思考题】

1.商业银行综合业务模拟实验系统中的对公业务有什么特点？如何理解？

2.如何操作增加尾箱业务？日终轧账有何作用？

3.如何理解对公业务中凭证领用、凭证下发、凭证出库等业务规范和流程？

4.商业银行对公业务的账户有哪些种类？

5.如何开立对公客户号、账号？

6.如何查询对公业务客户号、账号、凭证号码？

7.如何操作对公定期存款账户的开立？现金开户和转账开户在操作上有何不同？

8.如何操作个人消费贷款的开户、发放、还息和到期贷款的业务实验？

9.辖内通存通兑业务操作的主要业务流程是什么？如何理解？

10.如何办理同城票据交换业务？

11.如何办理定期存款的挂失及解挂业务操作？

12.如何理解日终现金入库、重要空白凭证入库业务？如何操作？

CHAPTER 5 第五章 实验操作案例与疑难解答

【学习目标】

通过本章学习与实验操作,熟练掌握储蓄业务操作案例中要求完成的所有业务操作,并能够与实际银行业务相对照,理解所操作的目的与理由;熟练掌握对公会计业务操作案例中要求完成的主要业务操作,并能够对照业务做出相应会计分录处理,理解进行操作的目的与理由;对于实验中普遍存在的典型问题,能够通过本章内容的疑难解答予以解决。

商业银行综合业务模拟系统实验的项目,涵盖了商业银行综合业务的所有业务操作。通过这部分操作案例的上机实验,学生可以掌握商业银行核心业务的操作流程、业务规范、会计核算方法及其储蓄业务、对公业务的业务种类、特点,并在业务操作中加深对基础知识与基本理论的理解,从而达到理论联系实际的实验目的,并为学生将来走上本行业的工作岗位奠定扎实的基础。

第一节　储蓄业务操作案例

在本节储蓄业务的实验操作中,学生将以商业银行普通柜员、柜台组长、银行客户等多重身份,以不同的角色登录本系统,模拟操作不同的储蓄业务,从而达到全面熟悉商业银行综合业务的实验目的。

在完成本系统设计的每一个案例后,系统将会根据操作员的实验操作,给出一个分值。学生通过查看系统评定的分值,就可以了解自己当前的实验情况。系统最终评定的分值将作为任课教师对参与本系统实验学生的最终的成绩评价依据。

个人储蓄业务案例名称、操作说明和要求、分值分布、在线演示、实际操作等项目如

图 5－1 所示：

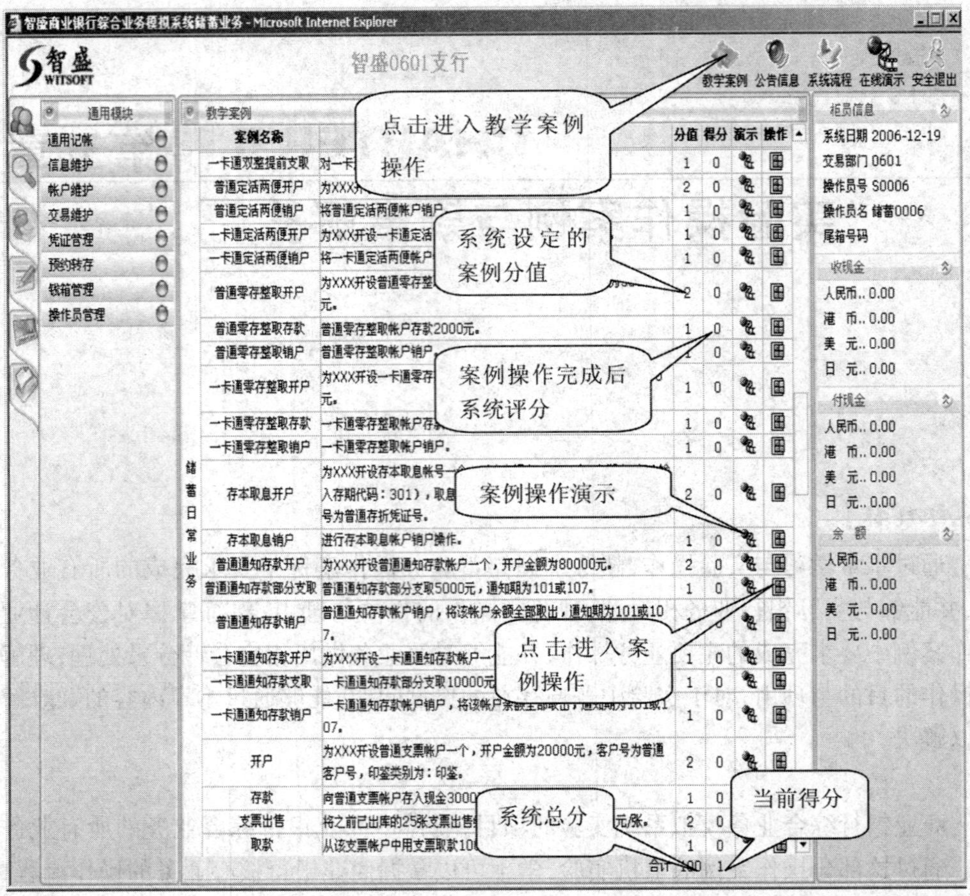

图 5－1

一、储蓄柜员初始操作

如表 5－1 所示：

表 5－1　储蓄业务初始操作

案例	说明	操作	分值
操作员密码修改	修改学生的个人资料	通用模块→操作员管理	1
操作员学号修改		通用模块→操作员管理	1
增加尾箱		通用模块→钱箱管理→增加尾箱	1
知识要点：无			
实验目的：避免其他人修改登录密码及个人资料，同时也方便教师根据学生姓名及学号统计及查询实验成绩。			

二、储蓄柜员日初操作

如表 5－2 所示：

表 5－2 储蓄柜员日初操作

案例	说明	操作	分值
凭证领用： 1.领用“一本通存折”10 张，凭证号码为 8 位数。 2.领用“一卡通”10 张，凭证号码为 8 位数。 3.领用“大额双整存单”10 张，凭证号码为 8 位数。 4.领用“整存整取”存单 10 张，凭证号码为 8 位数。 5.领用“出入库凭证”10 张，凭证号码为 8 位数。 6.领用“普通存折”10 张，凭证号码为 8 位数。 7.领用“普通支票”25 张，凭证号码为 10 位数。 8.领用“定活两便存单”10 张，凭证号码为 8 位数。 9.领用“信用卡”10 张，信用卡号码(16 位)为 8989(4 位) + 部门号(4 位) + 顺序号(8 位) 。	1.柜员第一次使用本系统时，必须要先领用凭证。 2.凭证“开始号码”与“结束号码”不能与其他柜员领取的号码相同。自己领用的凭证号码应记下，以便接下来的业务操作使用。 3.如果钱箱中已有以上各种凭证，日初处理时就不必再领用凭证。	通用模块→凭证管理→凭证领用	3
重要空白凭证出库	领用了多少张凭证就出库多少张凭证，一张凭证为 1 元。	通用模块→钱箱管理→重要空白凭证出库	1
现金出库 10000 元	如果部门钱箱中的现金为 0，则进行此项操作时，系统会提示“不能透支”，所以此项操作可留到日终处理后再进行。	通用模块→钱箱管理→现金出库	1
凭证综合查询	查询已领用并已出库凭证的状态。	一般查询→凭证查询→凭证综合查询	0
重要空白凭证查询	查询个人钱箱重要空白凭证的使用情况及其余额。	通用模块→钱箱管理→重要空白凭证查询	0
尾箱轧账	查看柜员个人钱箱中现金及凭证情况。	通用模块→钱箱管理→尾箱轧账	0
知识要点	掌握如何领用凭证。理解凭证出库、柜员钱箱及部门钱箱之间的关联。掌握进行凭证出库及查询凭证状态的方法。		
实验目的	理解银行柜台工作人员进行日初业务处理时首先应领用凭证。凭证及现金出库到柜员个人钱箱后才能进行柜员的日常业务操作。		

三、储蓄日常业务操作

如表 5－3 所示：

表 5－3 储蓄日常业务操作

<table>
<tr><th colspan="2">案例</th><th>说明</th><th>操作</th><th>分值</th></tr>
<tr><td rowspan="5">个人储蓄业务</td><td>(一)开客户号
1.开普通客户号：为第一次来本行办理开户业务的个人客户(编具体姓名)开设普通客户号一个。</td><td rowspan="2">1.输入个人客户的基本资料后，系统会自动生成一个客户号，记下此客户号。
2.业务完成后需打印相关开户凭证，留底存档，以备查询。</td><td>个人储蓄→客户管理→开普通客户</td><td>2</td></tr>
<tr><td>2.开一卡通(或一本通)客户号：为某客户开设一卡通(或一本通)客户号一个，注意一卡通或者一本通选择后使用的凭证不同。
3.一个身份证号只能在本支行开立一个普通客户号及一个一卡通(或一本通)客户号。</td><td>个人储蓄→客户管理→开一卡通客户</td><td>2</td></tr>
<tr><td>(二)活期储蓄
1.用上一步操作生成的普通客户号为该客户开设普通存折存款账户及一卡通(或一本通)存款账户各一个，开户存款金额各为 5000 元。
2.某客户的普通活期存款账户存款 2000 元，一卡通(或一本通)活期存款账户存款 8000 元。
3.某客户的普通活期存款账户取款 1000 元，一卡通(或一本通)活期存款账户取款 2000 元。</td><td>1.活期储蓄账号共 15 位，由前 10 位的客户号和后 5 位的账号后缀(即子户号)共同组成。其中账号后缀前 4 位为顺序号，第 5 位为校验位。
2.业务完成后打印普通存折。</td><td>个人储蓄→活期储蓄</td><td>7</td></tr>
<tr><td>(三)整存整取
1.为某客户开设普通整存整取账号一个，开户金额为 2000 元，存期为 3 个月。
2.对普通整存整取账号提前支取 1000 元。
3.为某客户开设一卡通(或一本通)整存整取账号一个，开户金额为 6000 元，存期为 1 年。
4.对一卡通(或一本通)整存整取账户提前支取 1500 元。</td><td>1.客户号仍为之前开设的普通客户号和一卡通(或一本通)客户号。
2.注意账户后缀的改变。</td><td>个人储蓄→整存整取</td><td>4</td></tr>
<tr><td>(四)定活两便
1.为某客户开设普通定活两便账户一个，开户金额为 2500 元。
2.为某客户开设一卡通(或一本通)定活两便账户一个，开户金额为 3000 元。
3.将普通定活两便账户销户。
4.将一卡通(或一本通)定活两便账户销户。</td><td>1.用普通客户号开立定活两便账户
2.用一卡通(或一本通)客户号开立定活两便账户。</td><td>个人储蓄→定活两便</td><td>5</td></tr>
</table>

（续表）

<table>
<tr><th colspan="2">案例</th><th>说明</th><th>操作</th><th>分值</th></tr>
<tr><td rowspan="4">个人储蓄业务</td><td>(五)零存整取
1.为某客户开设普通零存整取账户一个,存期为1年,开户金额为3000元。
2.普通零存整取账户存款2000元。
3.普通零存整取账户销户。
4.为某客户开设一卡通(或一本通)零存整取账户一个,开户金额为2000元。
5.将一卡通(或一本通)零存整取账户销户。</td><td>1.用普通客户号开立零存整取账户。
2.用一卡通(或一本通)客户号开立零存整取账户。
3.存折号为普通存折凭证号码。</td><td>个人储蓄→零存整取</td><td>7</td></tr>
<tr><td>(六)存本取息
1.为某客户开设存本取息账号一个,开户金额为10000元,存期为1年(输入存期代码:301),取息间隔为1个月。
2.为某客户存本取息销户。
3.为某客户开设一卡通(或一本通)存本取息账户一个,开户金额为20000元。
4.将一卡通(或一本通)存本取息账户销户。</td><td>1.用普通客户号开立存本取息账户。
2.用一卡通(或一本通)客户号开立存本取息账户。
3.存折号为普通存折凭证号码。</td><td>个人储蓄→存本取息</td><td>3</td></tr>
<tr><td>(七)通知存款
1.为某客户开设普通通知存款账户一个,开户金额为80000元。
2.普通通知存款部分支取5000元,通知期为101或107。
3.普通通知存款账户销户,将该账户余额全部取出,通知期为101或107。
4.为某客户开设一卡通(或一本通)通知存款账户一个,开户金额为60000元。
5.一卡通通知存款支取10000元。
6.将一卡通(或一本通)通知存款账户销户。</td><td>1.用普通客户号开立通知存款账户。
2.用一卡通(或一本通)客户号开立通知存款账户。
3.存折号为普通存折凭证号,通知存款起存金额为5万元,超出5万元的业务操作要输入其他柜员的柜员号及密码进行复核。</td><td>个人储蓄→通知存款</td><td>6</td></tr>
<tr><td>(八)普通支票
1.为某客户开设普通支票账户一个,开户金额为30000元,“印鉴类别”为:印鉴。
2.向普通支票账户存入现金3000元。
3.将之前已出库的25张支票出售给该支票账户。
4.从该支票账户中用支票取款1000元。
5.对该支票账户进行结清操作。
6.对该支票账户进行销户操作。</td><td>1.客户号为普通客户号。
2.支票出售为1元/张,系统会自动从某客户的个人支票账户中扣除此费用。
3.普通支票的销户处理,包含三个步骤,即账户结清——取款——销户。</td><td>个人储蓄→普通支票</td><td>8</td></tr>
</table>

（续表）

案例		说明	操作	分值
个人储蓄业务	(九)教育储蓄 1.为某客户开立普通教育储蓄账户一个，开户金额为1000元，存期为1年。 2.向普通教育储蓄账户存入现金500元。 3.将该普通教育储蓄账户进行销户处理。 4.为某客户开设一卡通(或一本通)教育储蓄存款账户一个，开户金额为1500元。 5.一卡通教育储蓄存款1000元。 6.将一卡通(或一本通)教育储蓄存款账户销户。	1.普通教育储蓄使用普通客户号，存折号码使用普通存折凭证号。 2.用一卡通(或一本通)客户号开立教育储蓄账户。	个人储蓄→教育储蓄	3
	(十)一卡通业务维护 1.一卡通(或一本通)换凭证：凭证类型选一卡通(或一本通)，输入原凭证号及替换凭证号。 2.一卡通(或一本通)挂失。 3.一卡通(或一本通)解挂(不换凭证)。 4.一卡通(或一本通)解挂(换凭证)。 5.一卡通(或一本通)密码修改。	1.挂失后的一卡通需要7天后才能进行解挂操作。 2.“凭证类型”注意选择“一卡通”或者“一本通”，客户号与此对应。	个人储蓄→一卡通(或一本通)	6
	(十一)凭证业务维护 1.将某客户的普通存折进行换存折操作。 2.将某客户的整存整取存单换掉。 3.某客户的整存整取存单已遗失，对其进行挂失操作。 4.某客户已挂失的存单又重新找到了，要对已挂失的存单解挂(不换凭证)。 5.某客户的普通存折账号解挂，并替换原来的存折。 6.对某客户的整存整取存单解挂(换存单)。 7.修改某客户存款账户的密码。	凭证业务是对存折或存单等凭证进行挂失或解挂操作，实际操作是注意选择对应的凭证类型。	个人储蓄→凭证业务	8
知识要点	理解商业银行面向客户的客户化管理思想。掌握如何为个人储蓄客户开立客户号及活期存款账户、整存整取账户、定活两便账户，如何进行存取款业务操作。理解商业银行个人业务处理的业务规范和操作流程。掌握存本取息、通知存款、普通支票的业务规范及操作流程。熟悉教育储蓄、一卡通及凭证业务的规范及操作流程。			
实验目的	学会开立客户号及相关账户开户、存取款操作的方法，体会普通柜员角色的业务处理过程。学会个人客户的存本取息、通知存款、普通支票业务处理方法。理解相关的专业术语。掌握一卡通及凭证特殊业务的处理方法。			

四、个人储蓄特殊业务

如表5－4所示：

表 5－4　个人储蓄特殊业务

案例		说明	操作	分值
特殊业务	(一)表内记账 1.借方账号为:9＋交易部门编号＋1010100000,凭证类型:无,凭证号码:空,借贷:借,金额:1000元。 2.贷方账号为:9＋交易部门编号＋10101＋柜员钱箱号,凭证类型:无,凭证号码:空,借贷:贷,金额1000元。	借贷应平衡,否则无法操作完成。	通用模块→通用记账→表内通用记账	3
	(二)表外记账 往普通储蓄存折库存账号(9＋交易部门编号＋1078100000),存入(收)20元。	可在“账户查询”中查到相关的表外账户,所有的表外账户均以“9”开头。	通用模块→通用记账→表外通用记账	1
	(三)信息维护 1.私人客户维护:输入某客户的客户号,对其个人信息进行维护。 2.表内账户信息维护:输入某客户的普通存折账号,对相关信息进行维护。 3.表外账户信息维护:输入表外账户(9＋交易部门编号＋1078100000),对账户名称进行维护。	可在账户查询中查询相关账户的信息。	通用模块→信息维护	2
	(四)账户维护 1.账户部分冻结:对某客户的存款账户进行冻结操作,冻结金额为200元。 2.对某客户已冻结的账户进行解冻,解冻金额为200元。	对活期账户进行冻结和解冻操作。	通用模块→账户维护	2
	(五)交易维护 冲账处理:往某客户的活期存款账户中存入1000元钱后发现此操作有误,则从“交易查询”中查询到此笔交易的流水号,在“交易维护”中进行冲账处理。冲账后,此笔交易将被取消。	对当天日结清算处理前操作的业务进行错账冲账处理。	通用模块→交易维护	2
知识要点	理解表内记账及表外记账的含义			
实验目的	掌握通用记账的方法,学会如何对账户及交易进行维护。			

五、银行储蓄代理业务

如表 5－5 所示:

表 5－5　银行储蓄代理业务

案例		说明	操作	分值
代理业务	(一) 代扣业务 1.代理合同新建 代理类别:水费托收 代理收付账号:9＋交易部门编号＋1040700001 客户名称:深圳市×××供水公司。 2.代理批量管理 输入系统自动生成的代理合同号,总笔数为 1,总金额为 200 元,其他项不用填。 3.批量明细管理 输入代理合同号及批量号(代理交易序号),涉及对象账号为×××的活期存款账号,涉及对象标志为某客户,涉及金额为 200 元。 4.逐笔代收(有代理清单) 按业务操作要求填入所有项目,收款金额为 200 元。执行后完成代收扣款操作。 5.批量托收(代扣) 输入合同号、批量号,总笔数为 1,总金额为 200,执行后完成整个代扣业务。	新建代理合同时记录系统自动生成的代理合同号,新建代理批量管理后记录代理交易序号。	代理业务	5
	(二)代发业务 1.代理合同新建 代理类别:代发工资 代理收付账号:9＋交易部门编号＋1040700001 客户名称:深圳市某科技有限公司。 2.代理批量管理 输入系统自动生成的代理合同号,总笔数为 1,总金额为 2000 元,其他项不用填。 3.批量明细管理 输入代理合同号及批量号(代理交易序号),涉及对象账号为某客户的活期存款账号,涉及对象标志为某客户,涉及金额为 2000 元。 4.批量托收(代发) 输入合同号、批量号,总笔数为 1,总金额为 2000,执行后完成整个代发业务。	输入系统提示信息后,自动产生合同号、批量号、明细号,“代理类别”选择“代发”、“代付”种类。	代理业务	4
知识要点	代理业务主要分为两大类:一是代扣业务,如水费、电费、电话费等;另外一类是代发业务,如代发工资。			
实验目的	掌握代扣业务和代发业务的业务流程及业务规范,学会如何操作这两项业务。			

六、信用卡业务

如表 5－6 所示:

表 5-6　信用卡业务

案例	说明	操作	分值
(一)信用卡开户 为某客户开立一张信用卡。	信用卡为贷记卡,客户可以从信用卡中透支取现,透支金额应在规定的还款期内还款,否则银行将按贷款利率收取利息。	信用卡业务	1
(二)信用卡存现 某客户来银行办理信用卡存款业务,存入金额为人民币 5000 元。		信用卡业务	1
(三)信用卡取现 柜员为客户办理信用卡取现业务,从其信用卡账户中取现金 2000 元。		信用卡业务	1
(四)信用卡查询 1.信用卡明细查询 2.信用卡交易查询		一般查询→其他交易查询	0
知识要点	信用卡是具有消费信用、存取现金和转账结算等功能的信用支付工具。信用卡是一种贷记卡,先消费再还款。		
实验目的	掌握信用卡开卡操作流程、信用卡还款及取现等业务操作方法。		

七、个人储蓄日终处理业务

如表 5-7 所示:

表 5-7　个人储蓄日终处理业务

案例	说明	操作	分值
(一)重要空白凭证入库 每天日终处理时,银行柜员必须将柜员个人钱箱中未使用的重要空白凭证进行凭证入库。	在教学实验时,学生应学会并理解此项操作,但不必每天将未使用的凭证进行凭证入库操作。	通用模块→钱箱管理→重要空白凭证入库	1
(二)现金入库 柜员查询其个人钱箱中的现金余额,将其全部入库到部门钱箱中。	柜员要查询部门钱箱中现金余额的变化情况。也可以留一部分现金,以备下一个交易日对客户作取款操作。	通用模块→钱箱管理→现金入库	1
(三)尾箱轧账 柜员查看个人钱箱当日凭证及现金借贷情况。	本系统会在当日 24:00 时自动进行账务日结清算处理。所以当日的营业报表可在第二天进行打印输出。	通用模块→钱箱管理→尾箱轧账	1
(四)部门轧账 柜员查看支行网点的部门钱箱当日凭证及现金使用情况。		通用模块→钱箱管理→部门轧账	1
知识要点	储蓄日终处理是柜员在当天营业终止后必须要进行的业务操作。主要是上缴未使用的重要空白凭证、现金入库及打印营业日报表等。部门轧账是指商业银行支行营业网点进行日终结账处理,尾箱轧账是指支行柜员对当天本人处理的业务进行日终结账处理。		
实验目的	掌握日终处理的方法。理解重要空白凭证及现金入库的意义,理解部门轧账及尾箱轧账的含义及其区别。		

第二节　对公业务操作案例

在本节对公会计业务的实验操作中，学生将以商业银行会计记账员、会计柜台组长、总行会计记账员、银行客户等多重身份，以不同的角色登录本系统，模拟操作不同的对公业务，从而达到全面熟悉商业银行综合业务的实验目的。

在完成本系统设计的每一个案例后，系统将会根据操作员的实验操作，给出一个分值。通过查看系统评定的分值，就可以了解自己当前的实验情况。系统最终评定的分值将作为任课教师对参与本系统实验学生的最终的成绩评价依据。

对公会计业务案例名称、操作说明和要求、分值分布、在线演示、实际操作等项目如图 5－2 所示：

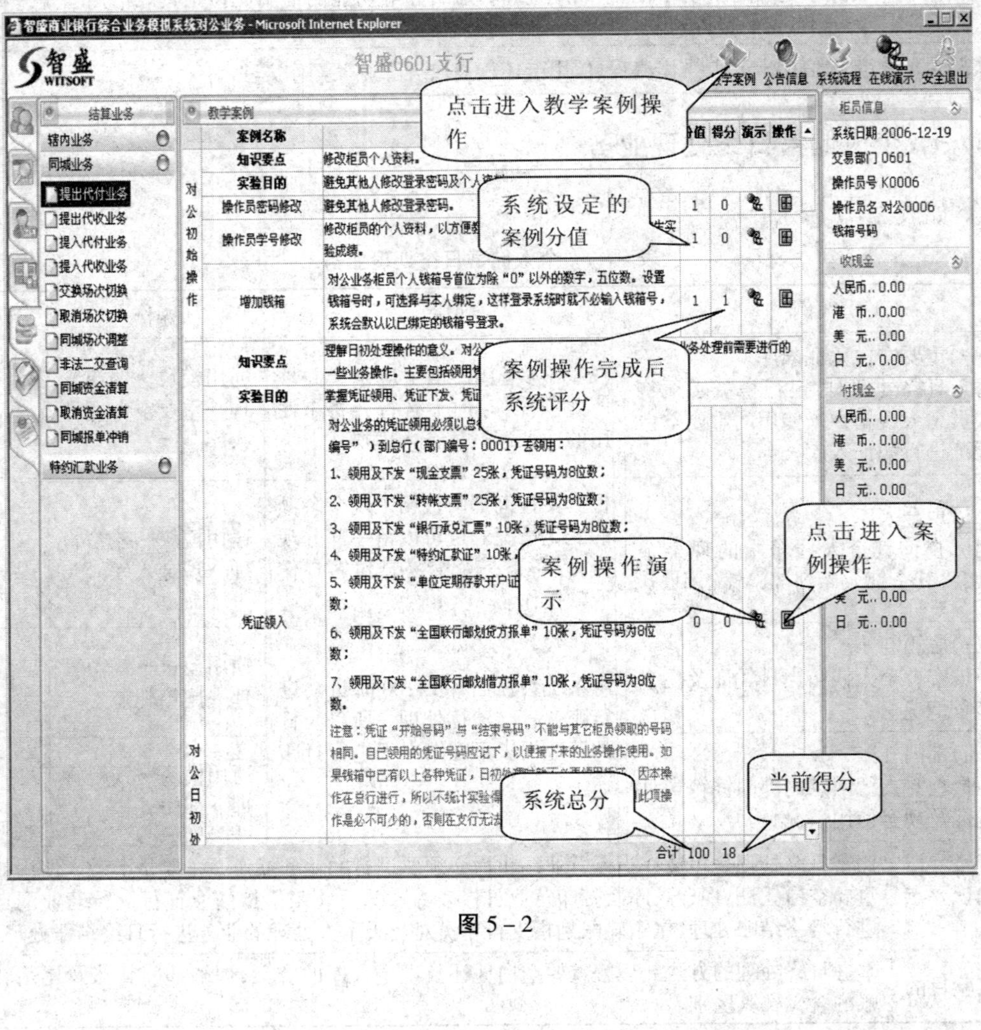

图 5－2

一、对公柜员初始操作

如表 5－8 所示：

表 5－8　对公柜员初始操作

<table>
<tr><th colspan="2">案例</th><th>说明</th><th>操作</th><th>分值</th></tr>
<tr><td colspan="2">操作员密码修改</td><td rowspan="3">1.修改学生的个人资料。
2.柜员第一次登录系统时，必须要设置一个钱箱号，否则无法领用凭证及进行现金业务。</td><td>通用模块→操作员管理</td><td>1</td></tr>
<tr><td colspan="2">操作员学号修改</td><td>通用模块→操作员管理</td><td>1</td></tr>
<tr><td colspan="2">增加钱箱</td><td>通用模块→钱箱管理→增加钱箱</td><td>1</td></tr>
<tr><td>知识要点</td><td colspan="4">无</td></tr>
<tr><td>实验目的</td><td colspan="4">避免其他人修改登录密码及个人资料，同时也方便教师根据学生姓名及学号统计及查询实验成绩。</td></tr>
</table>

二、对公会计柜员日初处理

如表 5－9 所示：

表 5－9　对公会计柜员日初处理

<table>
<tr><th colspan="2">案例</th><th>说明</th><th>操作</th><th>分值</th></tr>
<tr><td colspan="2">(一)总行领用及下发凭证
1.领用及下发“现金支票”25 张，凭证号码为 8 位数。
2.领用及下发“转账支票”25 张，凭证号码为 8 位数。
3.领用及下发“银行承兑汇票”10 张，凭证号码为 8 位数。
4.领用及下发“特约汇款证”10 张，凭证号码为 8 位数。
5.领用及下发“单位定期存款开户证实书”10 张，凭证号码为 8 位数。
6.领用及下发“全国联行邮划贷方报单”10 张，凭证号码为 8 位数。
7.领用及下发“全国联行邮划借方报单”10 张，凭证号码为 8 位数。</td><td>对公业务的凭证必须以总行柜员身份(k0001 或 k＋支行部门编号)到总行(部门编号：0001)去领用，再下发到支行后方可从支行领用及出库。</td><td>通用模块→凭证管理→凭证领用
通用模块→凭证管理→凭证下发</td><td>2</td></tr>
<tr><td colspan="2">(二)支行领用凭证及凭证现金出库
1.将上述已从总行(0001)下发到支行的凭证领用到部门钱箱，再从部门钱箱出库到柜员个人钱箱中。
2.现金出库 20000 元。</td><td>第一次做现金出库，因部门钱箱无现金，此操作无法进行。可在日终处理后，当日营业现金已入库后再操作。</td><td>通用模块→凭证管理→凭证领用
通用模块→钱箱管理→凭证出库
通用模块→钱箱管理→现金出库</td><td>2</td></tr>
<tr><td>知识要点</td><td colspan="4">理解日初处理操作的意义。</td></tr>
<tr><td>实验目的</td><td colspan="4">掌握凭证领用、凭证下发、凭证出库、现金出库等操作规范和流程。</td></tr>
</table>

三、对公业务日常操作

如表 5-10、5-11、5-12 所示：

表 5-10　对公业务日常操作——对公存贷业务

案例		说明	操作	分值
对公存贷	(一)新开户业务 1.新开客户号：为深圳某科技有限公司开客户号一个。 2.开基本存款账户：为深圳某科技有限公司开对公存款“基本账户”一个(账户类别：工业存款。分析码：任意三个数字。存期：000。账户标志：基本户。其他项按默认内容)。 3.开定期存款账户：为深圳某科技有限公司开对公存款“1 年以内定期存款”账户一个(账户类别：定期存款。分析码：任意三个数字。存期：301。账户标志：专用户。其他项按默认内容)。	一个企业只能有一个“基本账户”，此账户需在人民银行备案，该账户可以从事转账、提取现金业务。	对公存贷→新开户业务→新开客户号 对公存贷→新开户业务→开存款账户	4
	(二)基本账户现金存取业务 1.现金存款：深圳某科技有限公司出纳到本支行柜台存入现金 20000 元到其基本账户里。 2.现金取款：深圳某科技有限公司出纳开出现金支票一张，到本支行柜台从该公司基本账户中提取现金 1000 元。 (三)一般活期及临时存款 账户转账：深圳某科技有限公司开出转账支票一张，用于支付往来货款 1800 元。收款方为本支行开户的对公存款客户(转出账户为深圳某科技有限公司基本账户，转入账户为其他公司在本支行开设的对公存款基本账户)。	在进行此案例操作前应将已出库的支票出售给深圳某科技有限公司。	对公存贷→一般活期及临时存款	4
	(四)定期存款账户 1.新开户金转账存款：从深圳某科技有限公司基本账户中转出 50000 元到深圳某科技有限公司定期存款账户。 2.新开户金现金存款：存入 100000 元现金到深圳某科技有限公司定期存款账户。 3.部分提取转账：从深圳某科技有限公司定期存款账户提前支取 8000 元(通知期为 101 或 107)。 4.销户转账：将深圳某科技有限公司定期存款账户进行销户处理，该账户余额全部转账取出。	应为深圳某科技有限公司开立两个定期存款账户，一个用于转账存入资金，一个用于现金存入资金。	对公存贷→定期存款账户	4

（续表）

案例		说明	操作	分值
对公存贷	（五）贷款业务 1.贷款借据管理：为深圳某科技有限公司新建借据。（存款账户为深圳某科技有限公司的基本账户，贷款类别为"中期流动资金抵押质押贷款"，贷款金额为500000元，贷款利率为5‰，担保方式为抵押，贷款借据号为15位数）。 2.贷款发放：将深圳某科技有限公司的500000元贷款发放（借据号为上一步操作所用借据号）。 3.部分还贷：将上一笔贷款部分还贷200000元。 4.贷款展期确认：将上一笔贷款的还款期限延长3个月。 5.全部还贷：将上一笔贷款全部还清。	在银行业务中，给企业发放贷款应经信贷部门的审批后才能发放。本系统的贷款管理主要是处理贷款业务中的会计账务处理，不做贷款审批。	对公存贷→贷款管理 对公存贷→贷款业务	7
	（六）汇票兑付 1.商业汇票承兑：深圳某科技有限公司出纳到本支行申请开出一张票面金额为5000元的银行承兑商业汇票。 2.汇票到期付款：持有深圳某科技有限公司所开出汇票的持票人到本行要求兑付票款。	申请开出汇票后按票面金额10%扣除保证金，手续费为票面金额的万分之五。汇票到期兑付，将保证金退回给汇票申请人。	对公存贷→汇票兑付	4
知识要点	理解对公基本账户、定期账户、汇票业务的含义。理解对公客户号的意义。			
实验目的	掌握对公存贷业务中各项业务的基本操作流程和业务规范，达到可以熟练操作开立对公基本账户、一般对公存取款、贷款业务处理、汇票兑付等业务。			

表5-11　对公业务日常操作——个人贷款业务

案例		说明	操作	分值
个人贷款	（一）消费贷款 1.新建某客户消费贷款合同管理，贷款借据号为15位数，存款账号为×××在本支行开设的个人活期存款账户，贷款类别为"中长期住房按揭贷款"，贷款金额为80000元，贷款月利率为5.79‰，还款日期1年以上，贷款用途为楼房，经营商账户为房产商在本支行开立的对公活期存款账户，担保方式为抵押。 2.发放某客户的个人消费贷款。 3.个人消费贷款调息：将某客户的个人消费贷款月利率由5.79‰调整到6.37‰，调整比例为10%。 4.某客户提前部分还贷10000元。 5.某客户提前全部还清所有贷款余额7000元。	存款账户为本行个人活期存款账户，经营商账户为在本行开户的对公活期存款账户。	个人贷款→消费贷款	6

（续表）

案例		说明	操作	分值
个人贷款	(二)助学贷款 1.助学贷款单位合同管理:为某单位新建助学贷款合同。 2.消费贷款合同管理:为某单位新建助学贷款借据,贷款借据号为15位数,贷款类别为“短期助学贷款”,贷款金额为6000元,贷款利率为3‰,贷款用途为“其他”。 3.助学贷款借据管理维护:将上两步操作生成的贷款借据号及单位合同号录入,还款日期为1年以内。 4.个人消费贷款发放:录入借据号及贷款金额,经营商账户为某单位对公活期存款账户,确认后将贷款发放到某单位账户上。 5.助学贷款提前全部还贷:录入某单位的借据号及还款金额,将此笔助学贷款全部提前还清。	助学贷款的借据生成及贷款发放均在消费贷款的相应模块中操作完成。	个人贷款→助学贷款	3
知识要点	理解个人贷款业务及助学贷款业务的含义。			
实验目的	掌握个人贷款业务及助学贷款业务的操作流程及业务规范。			

表5-12 对公业务日常操作——结算业务

案例		说明	操作	分值
结算业务	(一)辖内业务 1.现金通存管理:深圳某软件技术有限公司是在本行其他支行网点开户的对公存款账户客户,该公司出纳到本支行网点存入现金28000元。 2.转账通存管理:深圳某科技有限公司为本支行开户客户,该公司通过转账支票向深圳某软件技术有限公司(本行其他支行网点开户客户)支付一笔金额为2 000元的货款。转出账号为深圳某科技有限公司的对公账户,转入账号为深圳某软件技术有限公司的对公账户。 3.现金通兑管理:深圳某软件技术有限公司(本行其他支行网点开户客户)出纳到本支行柜台办理支取现金1000元。 4.转账通兑管理:深圳某软件技术有限公司(本行其他支行网点开户客户)向深圳某科技有限公司(本支行开户客户)开出一张支付2120元的支票,用于支付货款。其中付款人账号为深圳某软件技术有限公司对公活期账户,收款人账号为深圳某科技有限公司(本支行开户客户)对公活期账户。	1.操作本案例前,应先在其他支行网点为深圳某软件技术有限公司开立一个对公基本账户,并购买支票。 2.复核操作时需要换其他柜员操作。	结算业务→辖内业务	4

（续表）

	案例	说明	操作	分值
结算业务	（二）同城业务 1.提出代付业务：深圳某科技有限公司（本支行开户客户）持有一张其他公司（开户行：工商银行深圳市分行深圳湾支行）开出的票面金额为58000元的转账支票，深圳某科技有限公司出纳持该支票到本支行办理支票入账。	凭证号码为他行开出的支票号码，本系统不校验。	结算业务→同城业务→提出代付业务	3
	2.提出代付退票：深圳某科技有限公司（本支行开户客户）持有一张其他公司（开户行：工商银行深圳市分行深圳湾支行）开出的票面金额为6000元的转账支票，深圳某科技有限公司出纳持该支票到本支行办理支票入账手续。经场次切换后，支票还未做入账操作。此时同城票据交易中心发现该支票有问题，退回本支行。本支行做退票处理。	未入账的支票才可以做退票处理。	结算业务→同城业务→提出代付业务→报单退票	1
	3.提出代收业务：深圳某科技有限公司（本支行开户客户）开出一张票面金额为1200元的转账支票给深圳某技术有限公司（开户行：中国银行深圳市分行福田支行），用于支付货款。深圳某技术有限公司出纳持该支票到本支行网点办理进账。经票据交换中心交换后再传递到本支行网点，本支行网点柜员按票面金额从深圳某科技有限公司中扣除对应金额。	当天场次切换操作完成后，经同城票据交换中心交换回来的支票才可以进行提出代收业务处理。	结算业务→同城业务→提出代收业务	1
	4.提出代收退票：深圳某科技有限公司（本支行开户客户）开出一张票面金额为500元的转账支票给深圳某系统有限公司（开户行：工商银行深圳市分行深圳湾支行）。经场次切换后，该支票经票据交据中心传递到本支行网点。本支行柜员做同城提出代收录入及报单复核后从深圳某科技有限公司账户上记借方500元（支付）。后本支行柜员发现该支票有问题，要做退票处理。	退票时，输入的场次应大于提出代收切换的场次。空场次切换为－1、－2、－3。	结算业务→同城业务→提出代收业务→报单退票	1
	5.提入代付业务：深圳某科技有限公司（本支行开户客户）开出一张票面金额为2500元的转账支票给深圳某公司（收款人），深圳某公司开户行为工商银行深圳市分行深圳湾支行，账户为8963236910001。深圳某公司出纳持该支票到工商银行深圳市分行深圳湾支行要求进账。工商银行深圳市分行深圳湾支行进行账务处理后，将该支票及深圳某公司填写的进账单一并传递至票据交换中心；经本支行场次切换后再传递到本支行。该支票经本支行柜员做提出代付录入账务处理后，记深圳某科技有限公司账户借方金额2500元。	注意与提出代收业务之间的区别在于提出代收业务是在本支行办理入账手续，而本业务是在他行办理的进账手续。	结算业务→同城业务→提入代付业务	1

（续表）

	案例	说明	操作	分值
结算业务	6.提入代付退票：重复上一案例操作。操作完成后，本支行网点柜员发现支票有问题，需做退票处理。	退票处理后，系统并不会实时将退票款返回给开票人，而是应等票据交换中心返回相关退票凭证后再将退票款退回给开票人。	结算业务→同城业务→提入代付业务→报单退票	1
	7.提入代收业务：深圳某科技有限公司（本支行开户客户）持有一张深圳某股份有限公司（开户行：工商银行深圳市分行深圳湾支行）开给本公司的票面金额为5600元的转账支票。深圳某科技有限公司出纳持该支票到工商银行深圳市分行深圳湾支行办理进账手续。手续办理完成后，该支票经工商银行深圳市分行深圳湾支行提交到同城票据交换中心，同城票据交换中心再传递到本支行网点，本支行网点场次切换后即可入账处理。票款转入深圳某科技有限公司账户里。同时，本支行网点将该支票进账单回执通过下一场次切换传递到票据交换中心。	业务录入票交场次为当日切换的场次。	结算业务→同城业务→提入代收业务	
	8.提入代收退票：重复上一案例操作内容，将票面金额改为2000元。支票入账后，本支行网点发现该支票有误，需做退票处理。	退票处理后，系统并不会实时将已入账的票款扣除，而应等对方行通过票据交换中心返回相关凭证后再做账务处理。	结算业务→同城业务→提入代收业务→报单退票	1
	（三）特约汇款业务 1.签发特约汇款证：深圳某科技有限公司（本支行开户客户）出纳到本支行柜台申请开出一张票面金额为5500元的特约汇款证。	汇票编号为特约汇款证凭证号码。付款人为本支行开户客户。	结算业务→特约汇款业务→签发特约汇款证	1
	2.兑付特约汇款证：深圳某科技有限公司（本支行开户客户）持有一张深圳市华为信息有限公司签发的汇票，票面金额为3000元。在有效期内，深圳某科技有限公司（本支行开户客户）出纳持票到本支行柜台要求兑付。	付款人为他行开户客户，系统不检验汇票编号及账号。持票人为深圳某科技有限公司（本支行开户客户）。	结算业务→特约汇款业务→兑付特约汇款证	
	3.特约汇款证转汇：统计当日本支行网点签发笔数金额及兑付笔数金额，实现支行网点与市行之间清差划拨操作。	完成支行网点与市行之间的资金结算划拨操作。	结算业务→特约汇款业务→特约汇款证转汇	1

（续表）

案例		说明	操作	分值
结算业务	4.开出特约汇款证：将已完成特约汇证转汇操作的汇票进行正式开出操作。	此操作完成后，汇票状态由“转汇”变为“开出”，汇票正式生效。	结算业务→特约汇款业务→开出特约汇款证	1
	5.记联行往账：统计出开出特约汇款证总金额，进行记联行往账业务操作，报单类别为“QYDB全国联行邮划贷方报单”，发报行为“工商银行深圳市分行深圳湾支行”，收报行为“招商银行深圳市深纺大厦支行”。	处理联行汇票资金清算业务。	结算业务→特约汇款业务→记联行往账	1
	6.记联行来账：深圳某科技有限公司（本支行开户客户）收到一笔汇款5800元。联行报单号为“QYDB全国联行邮划贷方报单”凭证号，收款人账号为深圳某科技有限公司账号，付款人为他行开户客户，系统不检验。发报行为“交通银行深圳市分行深南中支行”，收报行为“招商银行深圳市深纺大厦支行”。	处理异地汇款业务。	结算业务→特约汇款业务→记联行来账	1
	7.特约汇款证汇差清算：统计出当日联行往来账的金额与笔数，执行即可完成汇差清算操作。	由清算中心柜员完成此操作。	结算业务→特约汇款业务→特约汇款证汇差清算	1
	8.取消特约汇款证清算：将上一案例的操作取消，查询出已清算的情况，执行即完成取消清算操作。	由清算中心柜员完成此操作。	结算业务→特约汇款业务→取消特约汇款证清算	1
知识要点	理解结算业务中辖内业务及同城业务之间的区别。			
实验目的	掌握结算业务中各种业务的操作流程及业务规范。熟练操作辖内通存和通兑业务。掌握同城业务中支票转账、托收、票据交换、场次切换等操作流程。			

四、对公特殊业务操作

如表5－13所示：

表 5－13　对公特殊业务操作

案例			说明	操作	分值
特殊业务操作	通用记账	表内通用记账： 将通过代理业务收取的 2600 元转入深圳某科技有限公司(本支行开户客户)账户中。	贷方账户为深圳某科技有限公司账户，借方账户为业务周转金账户。	通用模块→通用记账→表内通用记账	1
		表外通用记账： 往有价单证表外账户中收入 12 元。有价单证表外账户为:9＋交易部门编号＋1070100000。	可通过信息查询模块来查找表外账户信息。	通用模块→通用记账→表外通用记账	1
	信息维护	1.输入深圳某科技有限公司客户号，对该公司信息进行维护。 2.输入深圳某科技有限公司账号，对该账号进行维护。 3.输入有价单证表外账户(9＋交易部门编号＋1070100000)账号，对该账户名称进行维护。	可通过信息查询模块查找需要维护的账户信息。	通用模块→信息维护	3
	内部账户维护	1.综合账户开户：为业务代码为 477 的总行借给支行资金开一人账户。 2.内部账户销户：开设一个业务代码为 417 的储蓄通存通兑分户内部账户，再将其销户。 3.上存下拨合同发放：总行存 200000 元到本支行，存期为 2 个月(代码为 102)，月利率为 3‰。	可通过信息查询模块查到相关账户信息。	通用模块→内部账户维护	3
	账户维护	1.账户部分冻结：新开一个对公存款账户，并存入 30000 元现金，然后冻结该账户 10000 元，冻结原因为“立案冻结”。 2.账户部分解冻：将上一案例冻结的账户解冻。 3.账户冻结：将新开户的对公账户冻结。 4.账户解冻：将冻结的账户解冻。 5.冲销户：新开一个对公存款账户，然后对该账户进行销户处理。现要重新启用该账户，对该账户进行冲销户处理，就可以重新启用该账户。 6.睡眠户激活：长时间未使用的账户系统会自动将其置于休眠状态。通过本操作可将此类账户重新激活启用。	在账户冻结 7 天以后方可以进行账户解冻操作。	通用模块→账户维护	5

（续表）

案例			说明	操作	分值
特殊业务操作	交易维护	冲账：向深圳某科技有限公司对公存款账户里存入12000元现金，后发现此笔交易有误，记下此笔交易的错账日期和错账流水，在冲账模块中冲红处理此笔交易。	冲账后，此笔交易将消除。	通用模块→交易维护→冲账	1
	凭证管理	1.领用一本现金支票，再取消该现金支票的领用。 2.下发一本现金支票，再取消该现金支票的下发。	凭证下发操作要在总行（0001）完成。	通用模块→凭证管理	1
	凭证挂失	1.凭证挂失：为深圳某科技有限公司（本支行开户客户）新开一个对公定期存款账户，存入现金38000元。再将此凭证挂失。 2.凭证解挂（不换凭证）：将上一案例操作挂失的凭证解挂。 3.凭证解挂（换凭证）：再次将此凭证挂失，7天后再对其进行凭证解挂（换凭证）操作。 4.换存单：将深圳某科技有限公司的定期存单用新的存单替换。	换凭证解挂要7天后才能操作。	通用模块→凭证挂失	4
	支票管理	1.支票出售：将一本转账支票出售给深圳某科技有限公司。 2.取消支票出售：将出售给深圳某科技有限公司的一本支票取消出售。 3.支票挂失：将已出售给深圳某科技有限公司且未使用的某一张支票挂失。 4.取消支票挂失：将已挂失的支票取消支票挂失，该支票又可以重新使用。 5.支票核销：给深圳某科技有限公司新开一个活期存款账户，并出售一本支票给该公司，然后将该账户做销户处理，再将已出售给该公司的支票做核销处理。 6.取消支票核销：将上一个案例操作核销的支票做取消支票核销处理。	核销支票的前提是该账户已销户。	通用模块→支票管理	6
知识要点	理解特殊业务中各专业术语的含义。				
实验目的	掌握特殊业务中各项业务的操作方法。				

五、对公日终处理及报表打印

如表 5－14 所示：

表 5－14　对公日终处理及报表打印

案例		说明	操作	分值
对公日终处理及报表打印	(一)日终轧账 对柜员个人钱箱进行轧账处理，查看个人钱箱中现金收付及凭证余额情况。 (二)凭证入库 将所有未使用的凭证均进行凭证入库操作，入库到部门钱箱中。 (三)现金入库 将个人钱箱中的现金入库到部门钱箱中。 (四)部门轧账 查看部门钱箱中凭证及现金情况。 (五)报表打印 打印当天营业报表。	只有实验室服务器做了日终结算处理后，才能打印当天的营业报表，否则只能在第二天打印前一天的营业报表。	通用模块→钱箱管理	2
知识要点	理解日终轧账与部门轧账之间的区别。			
实验目的	掌握如何进行日终处理的方法与流程。			

第三节　疑难解答

根据实验过程中存在的一些共性的疑难问题，特做出如下解答。

一、凭证业务

1.领取凭证时提示必须填写的开始号码和结束号码如何得到？

答：在商业银行综合业务中，这些号码是根据操作员实际的凭证号码录入到系统里的。而模拟实验时无实际的凭证，所以凭证号可以任意填写，但不能重复。

2.开设账户时输入对应的普通存折或者一本通存折等的凭证号码，系统提示"账户(906011078200027)不能透支"是什么原因？

答：所领用的凭证没有出库到柜员钱箱中。要先做"通用模块→钱箱管理→重要空白凭证出库"之后才能使用所领的凭证。

3. 在"钱箱管理→重要空白凭证出库"，领取普通存折等凭证的时候，系统提示"账户(906031078200000)不能透支"是怎么回事？

答：普通存折等凭证的出库金额大于领用凭证张数。你领了多少张凭证，就出库多少金额每张 1 元，如超出所领数额就会提示透支。

4.为什么我在进行凭证查询的时候会看到同一个凭证号码既是 CARD 又是 NMPS?

答:同一个号码可以是不同种类的凭证号码。

5.在做一本通(或一卡通)整存整取时,系统提示填写存折号码或存单号码之类,这些凭证号码去哪儿查询?能不能自己随便填一个?

答:不能随便填,凭证号码就是通过“通用模块→凭证领用”来领取的,此业务输入的凭证号码就是当初领用时柜员自己编排的对应号码。可通过“一般查询→凭证查询”得到。

6.做业务时,系统提示所填入的凭证号码“不存在”或者“已注销”是怎么回事?

答:系统提示所用凭证“不存在”,通常说明填入的凭证号码错了,需要输入正确的号码。系统提示“已注销”,特别是存单、一卡通或者一本通等凭证出现这类提示时,说明与此凭证对应的账户已经结清、注销了,可通过“一般查询→账户查询”,确认该账户是否处于“关闭”状态;若是,此时需要另换一张账户状态显示“正常”的对应凭证。

7. 做现金出库业务时使用什么凭证?为什么我做该业务时,显示“不能透支”?

答:现金出库、现金入库使用的凭证都是出入库凭证。若出入库凭证没有做重要空白凭证出库的操作,就会显示“不能透支”。同时,还需要了解,现金出库业务是指从支行的钱箱中领用现金到柜员钱箱,现金入库是指把现金从柜员钱箱交回支行钱箱。当支行钱箱现金余额为“0”时,操作员做现金出库业务,系统也会显示“不能透支”;当柜员钱箱现金余额为“0”时,操作员做现金入库业务,系统也会显示“不能透支”。

二、个人银行业务

1.做新业务时总是会忘记客户号,怎么样查询客户详细资料呢?

答:可以通过“一般查询→客户综合查询”,输入 ID 号或客户名称就以查到客户号。

2.整存整取业务中要求填列的存单号是什么啊?如何替换?

答:是指在储蓄日初操作中从支行钱箱领取的整存整取存单号码,可通过“一般查询→凭证查询”查到具体号码。该存单如要替换,可用柜员自己领用的其他整存整取凭证号替换,相当于在实际中客户自己去银行换存单。

4.销客户的一卡通账户时出现“(AIOM)凭证(10002001)已失效”是什么原因?

答:AIOM 是一本通凭证号,不是一卡通凭证号,注意选择正确的凭证号码。

5.查询客户资料只能通过客户号查询吗?那岂不是要把每一个客户号码都记下来才行?能不能通过其他方法,如姓名之类的查询呢?而在实际银行操作中通过刷卡就会显示全部资料,根本不需要我们填写什么客户号码、凭证号码之类的。感觉模拟业务操作与实际银行操作之间存在很大差别。

答:查询客户资料除了通过客户号码,还可以通过客户名称查询。从事实验操作时,操作员是以银行柜员的身份在做业务,而不是客户身份;参与实验的学生所做的操作是银行柜员要做的操作。这就是为什么你会觉得自己的操作跟客户的操作不一样的原因。在银行柜台,凭证号和客户号可通过刷卡将信息录入电脑,而学生实验时由于没有刷卡机，所以无法这样操作，只能手工录入。在实际中，当你没有带卡或存折去银行办理业务，银行柜员也是一样要手工输入这些信息，只是你看不到他在录入什么信息而已。该系统通过这项实验，可以让学生更好地了解银行柜员日常的操作。

6.系统提示"一卡通客户不能开普通账户"是什么原因？

答：这种提示说明在开普通账户时你的客户号用错了，开普通账户要用普通客户号。你可以开一个普通客户号，再去开普通账号。

7.普通活期存款中要填的存折号是不是在普通活期开户中的存折号？若是，为什么执行之后系统提示"(NMPS)凭证已失效"？

答：当你输入普通活期存款账号的时候，系统提示信息会显示该账号对应的凭证号，输入该凭证号即可。

8.定活两便的取款在哪里操作？只有开户和销户？难道是在销户里面取款？

答：定活两便是一种事先不约定存期、一次性存入、一次性支取的储蓄存款。所以不需要再做存款、取款的操作。

9.开设一本通账户时，存折号填的是我去领凭证时的顺序号码，其他的自己任意设定，但执行时弹出红字提示"账户号(906031078200048)"不能透支，什么原因？

答：所用的凭证没有出库到00048钱箱。

10.做普通存本取息(开账户)的时候遇到存期不合法的问题，请问存期的合法输入方式是什么？

答：定期储蓄业务中要求输入存期代码。存期代码共3位：第1位为数字"1"时表示以天为单位输入存期，为"2"时表示以月为单位输入存期，为"3"时表示以年为单位输入存期；后两位表示相应的存期。现系统中的定期储蓄业务存期代码共有以下几种：1天期通知存款的存期代码为"101"，7天期通知存款的存期代码为"107"，3月期定期存款的存期代码为"203"，6月期定期存款的存期代码为"206"，1年期定期存款的存期代码为"301"，2年期定期存款的存期代码为"302"，3年期定期存款的存期代码为"303"，5年期定期存款的存期代码为"305"，8年期定期存款的存期代码为"308"等。

11.在做存本取息业务时，按要求填了存期是"206"，取息间隔是1月，但都说不合法，为什么？而我填"303"，间隔是12月时就可以，是什么原因？

答：如果有款项在一定时期内不需动用，只需定期支取利息以做生活零用，这就是存本取息定期储蓄存款形式。存本取息业务是一种一次存入本金、分次支取利息、到期支取本金的定期储蓄。其存期分别为1年、3年、5年。且要求分期付息，不得提前支取利息。所以你做业务时选择"206"，代表存期为6个月，这是不合法的。只有选择1年("301")、3年("303")、5年("305")才是正确的。

12.是否所有业务必须在0603交易部门中进行？假如我在0601交易部门中进行是否有效？

答：0601和0603是两个银行网点，在0601中做的业务记录在0603中是查不到的。但如果开户时选择的是"通存通兑"，就可以跨网点进行存取款业务操作。

13.一卡通的账号比如 006030477400010，但是当在操作一卡通销户和一卡通活期存款时，其客户号只能填写前面几位“0060304774”，而后面“00010”则无法输入，导致操作无法进行，是什么原因？

答：客户号是 10 位数，如 0060304774；账号是 15 位数，如 006030477400010。请注意该业务要求填写的项目是客户号还是账户。“00010”为账号后缀，有的业务要求账号和账号后缀分别填写，按提示填写到对应位置即可。

14.为什么登录系统时提示“操作员已登录”，而我还没登陆？

答：有两种情况会出现这种提示：一是密码泄露，该柜员号被别人使用了；二是该柜员退出系统时没有注销用户，直接关闭浏览器退出系统。后一种情况有时系统无法注销该柜员的登录状态，需要延时 5 分钟后才能重新登录。

15.做零存整取开户业务时应该使用什么凭证？

答：普通存折，普通存折的使用业务有活期存款、零存整取、通知存款、教育储蓄和存本取息等。

16.在做开普通客户号的时候，系统提示“客户证件已有客户号(0060302712)”，为什么？

答：这是因为该证件已开普通客户号，不能再开了。每个证件号只能对应开设 1 个普通客户号、1 个一卡通客户号、1 个一本通客户号。

17.通知存款可以部分提前支取吗？若通知存款开户金额是 50000 元。提前支取的通知期是 101，请问有没有错误？为何无论支取多少金额，100 元，哪怕 1 元，系统都显示“超过支取额度”呢？

答：通知存款的起存金额和该账户保有的最低存款余额为 50000 元。若账户上只有 50000 元存款时，当然不能再取了，只能销户取款。要想做通知存款取款业务，账户余额必须大于 50000 元。且通知存款只能提前支取一次，不能续存款，只能重开户。

18.一卡通整存整取(部分提前支取)时，已经填好了全部资料，按“执行”后，系统显示“账户(0 * * * * 0526600020)超过约定取款次数”，这是怎么问题？

答：整存整取不能多次提前支取，只能提前支取一次。

19.怎样才能销去普通客户号？开一本(卡)通客户时，为什么客户号填不了，光标进不去？存折号又是什么？随便编排号码输入后也申请不了，这是怎么回事？

答：开普通客户号时不需要凭证，所以不需要销去普通客户号，系统会一直保留普通客户号。但一卡通或一本通客户号与凭证对应，可以通过销一本(卡)通客户号销户。客户号是系统生成的，不能自己随便填入。存折号即储蓄普通存折，是凭证号的一种。在现实中的银行凭证指的就是活期存折、定期存单、支票、汇票等。

三、对公会计业务

1.我在做对公的凭证领入时，输入 8 位数的凭证号码，但是系统提示“系统中不存在该段凭证下发信息”，这是什么原因？

答:这是因为对公业务凭证要先由总行会计人员领用后下发给各个支行网点,各个支行网点的柜员才能去领用已下发的凭证,否则系统会提示不存在该段凭证下发信息。

2.在银行综合业务模拟系统中进行对公业务的凭证查询时,客户号是指什么?起始日期是指什么?如何才能知道已经领取哪些凭证,领取了多少,已经用了多少,还有多少凭证?

答:客户号是指个人或单位客户在银行里的唯一识别号。客户号是面向客户的基础,系统根据客户号唯一地识别一个客户。账户中不但包含了传统的账务信息,更重要的是它必须归属于一个全行唯一的客户号。客户号的引入为银行提供一个重要的角度——客户——来掌握银行的经营情况,便于实现客户理财,控制多头贷款等,为客户关系管理奠定基础。根据客户号查询凭证,可以查到该客户在本银行所使用的所有凭证。

起始日期是指查询凭证的起始日期。操作员通过"通用模块→钱箱管理→用户轧账"的操作,查询到已经领取的凭证种类和已经使用、尚未使用等信息。

3.用客户号开立账号时,账户号码是如何形成的?也像凭证号码一样是操作员自己编排的吗?最基本的应该开设几个账户?

答:客户号由系统自动生成,并记录下来。开立对公基本账户或结算账户时需要填写系统生成的对公客户号码。按要求将客户资料输入后,账号由系统自动生成,不需要自己编排。一个客户号最少也要开立两个账户:基本户和一般活期或临时存款户。

4.做定期存款业务中的新开户金现金存款开户时,输入定期存款账号,系统提示"该账户非预开户",是什么意思?

答:说明操作员此时输入的账户已经是正常状态了,不需要再做新开户业务。定期存款有两种开户方式:转账存款和现金存款。如账户已经做过转账存款开户,该账户就不能再做现金存款开户,此时操作员应重新开立定期存款账户。

5.定期存款业务中的证实书号是凭证吗?应该用哪个凭证?

答:证实书号为单位定期存款开户证实书凭证号,是当时领取的凭证之一。类似于实际银行业务中的定期存款合同证书。

6.个人消费贷款业务中的客户存款账号从哪里获得?当把储蓄业务中的账号拿来使用后,系统提示"该账号不存在",居民个人的存款不就是开立储蓄存款吗?为什么?

答:不能使用个人储蓄业务的账号,这是两个不同的登录系统。应该通过先开立客户号操作,客户类别选择"个人及私营企业",然后以此客户号"开立存款账号→活期存款",存款类别选择"个人及私营企业存款"。输入有关信息后,系统自动生成15位数的账号。

7.个人消费贷款业务中的经营商账号应该使用哪一个?可以用之前的工业企业基本账号吗?

答:经营商账号是指给客户提供消费服务的单位存款账号,如住宅抵押贷款时房地产开发商的账号、汽车消费贷款的汽车经销商账号,不能笼统地用工业企业存款账号。

8.同城业务中的现金通存通兑业务如何操作?为什么要求换人复核?

答:柜员为客户办理现金通存录入、现金通兑录入业务,客户的开户行和本支行不是同一行,所以操作完成后必须换柜员复核(现金通存、通兑复核)才能即时入账,也可登录对方支行网点查询交易记录及账户余额。

9. 做提出代收录入时,系统提示该支票"尚未场次交换",是什么意思?

答:柜员所在支行的出纳持该支票到本支行网点办理进账手续时,必须先经当天场次切换操作。完成后,经同城票据交换中心交换回来的支票才可以进行提出代收业务处理。

10. 做联行往账业务时,按照系统要求输入所需信息后,系统显示"签发数额大于开出数额"是怎么回事?

答:操作员签发特约汇款证后,需要办理特约汇款证转汇的操作,对汇票进行正式开出操作,然后统计出开出特约汇款证总金额,再进行记联行往账业务操作。

附录:会计科目及业务代码表

科目代码	科目名称	业务代码	业务代码名称
101	现金		
10101	库存现金	101	库存现金
202	通知存款		
20202	个人通知存款	827	个人通知存款
211	活期储蓄存款		
21101	活期储蓄存款	811	活期储蓄存款
21102	定活两便储蓄存款	812	定活两便储蓄存款
21103	个人支票存款	813	个人支票存款
21104	其他活期储蓄存款	814	其他活期储蓄存款
215	定期储蓄存款		
21501	整存整取储蓄存款		
2150101	1年期以下整存整取	821	1年期以下整存整取
2150102	1年期以上整存整取	822	1年期以上整存整取
21502	零存整取定期储蓄存款	823	零存整取定期储蓄
21503	存本取息储蓄存款	824	存本取息储蓄存款
21504	整存零取储蓄存款	825	整存零取储蓄存款
21505	大额可转让定期储蓄存单	826	大额可转让定期储蓄
21506	教育储蓄存款	828	教育储蓄存款
21510	其他定期储蓄存款	831	其他定期储蓄存款
260	应付利息		

（续表）

科目代码	科目名称	业务代码	业务代码名称
26001	应付定期存款息	860	应付定期存款息
26002	应付定期储蓄存款息	861	应付定期储蓄存款息
26003	应付活期存款息	863	应付活期存款息
26004	应付活期储蓄存款息	864	应付活期储蓄存款息
26010	其他应付利息	862	其他应付利息
268	应付利息税	403	应付利息税
407	系统内往来		
4070203	储蓄业务周转金	407	储蓄业务周转金
416	辖内往来汇差清算		
417	通存通兑		
418	系统内往来		
419	同城往来		
511	手续费收入		
51101	结算手续费收入	516	结算手续费收入
51102	委托业务手续费收入	517	委托业务手续费收入
51103	代理业务手续费收入	529	代理业务手续费收入
51104	证券买卖手续费收入	518	证券买卖手续费收入
51105	银行卡手续费收入	530	银行卡手续费收入
51110	其他手续费收入	519	其他手续费收入
521	利息支出		
52101	活期存款利息支出	521	活期存款利息支出
52102	定期存款利息支出	522	定期存款利息支出
52103	活期储蓄存款利息支出	523	活期储蓄存款利息支出
52104	定期储蓄存款利息支出	524	定期储蓄存款利息支出
52105	通知存款利息支出	597	通知存款利息支出
52110	其他利息支出	525	其他利息支出
702	重要空白凭证		
70201	普通存折	751	普通存折
70202	一本通存折	752	一本通存折

（续表）

科目代码	科目名称	业务代码	业务代码名称
70203	存单	753	存单
70204	普通支票	754	普通支票
70205	现金支票	755	现金支票
70206	转账支票	756	转账支票
70207	一卡通	757	一卡通
70208	出入库凭证	758	出入库凭证

【本章小结】

1.商业银行个人储蓄业务操作案例是将实际银行中的主要储蓄业务操作编排成具体案例。通过实验，学生将以商业银行普通柜员、柜台组长、银行客户等多重身份，以不同的角色登录本系统，模拟操作不同的储蓄业务，从而达到全面熟悉商业银行综合业务的实验目的。

2.在对公会计业务的实验操作中，学生将以商业银行会计记账员、会计柜台组长、总行会计记账员、银行客户等多重身份，以不同的角色登录本系统，模拟操作不同的对公业务，从而达到全面熟悉商业银行综合业务的实验目的。

3.疑难问题是将学生在实验中提出的问题汇总后统一进行的解答，这些问题往往是实验中容易出错的关键部位，供学生们有针对性地参阅。

【本章思考题】

1.通过操作商业银行个人储蓄业务，你作为柜员有什么收获？作为支行管理员所从事的操作项目和柜员相比，又有什么感受？

2.试解释为什么对公业务的重要凭证需要通过总行统一下发？

3.通过操作商业银行对公会计业务，你作为会计记账员有什么收获？作为支行管理员所从事的操作项目和记账员相比，对商业银行对公业务有什么新认识？

第二部分　证券投资业务实验

本部分的写作目的是普及科学投资操作方法，提高学生的实践能力。要求学生充分理解《证券投资学》的知识体系，明确投资行为必备的环节，掌握科学投资方法，熟练应用各种主要的分析工具，在此基础上创建并不断完善自己的交易系统。

CHAPTER 6 第六章 证券行情信息获取实验

【学习目标】

熟悉利用专业网站搜索证券行情信息的方法和常用行情软件的种类及其主要的特点。

证券行情信息的获取是进行证券投资实验的初始环节。伴随着互联网的普及和计算机编程技术在证券市场的广泛应用,能否快速、低成本、稳定地获得证券行情信息,对初学者来说是非常重要的。充分了解行情信息的获取方式和常用软件的基本操作,可以帮助投资者确立较好的实践基础。

第一节　获取行情信息的方式

借助于互联网和各种专业软件,现在投资者足不出户就可以获取证券市场的相关信息。获取行情信息的主要方式有两种:一种是浏览提供行情信息的网站,另外一种则是借助专门的软件来获取行情信息。

一、网页行情信息

(一)证券交易所网站

通常在证券交易所网站上,可以利用所提供的搜索功能,直接找到所关注证券品种的行情信息。有的以最新交易数据的方式显示,有的以图表的方式提供。数据通常是可靠的,但是其实时行情数据通常存在比较严重的延迟现象。例如,上海证券交易所网站的所有实时行情数据至少延迟 15 分钟。

(二)综合类网站

各大门户、媒体网站或搜索引擎的财经板块也有行情页面,如新浪财经、搜狐财经、网易财经、腾讯财经、百度财经、谷歌财经、雅虎财经等。

(三)专业财经类网站

专门的财经类网站主要有和讯财经、东方财富、金融界、新财经、证券之星、老钱庄、第一财经等。

(四)证券中介机构的网站

各大券商的网站也是获得网页信息的途径,如中国国际金融公司的中金在线、招商证券牛网等。此外,通常券商都为客户提供免费行情软件下载的服务。

(五)网页模拟交易平台行情信息

近年来,一些网站开始通过提供免费模拟交易平台的方式来宣传自己、吸引客户。这些网站大多能够提供组织模拟交易比赛的平台,为学校、券商等通过组织模拟交易比赛来普及投资知识、培训服务客户提供了很好的工具。目前做得比较成熟的网站有叩富网、同花顺、资本魔方、金库网模拟交易中心等,其模拟交易界面与真实交易界面相差无几。图 6－1 显示的是资本魔方的模拟交易界面中的行情报价信息。

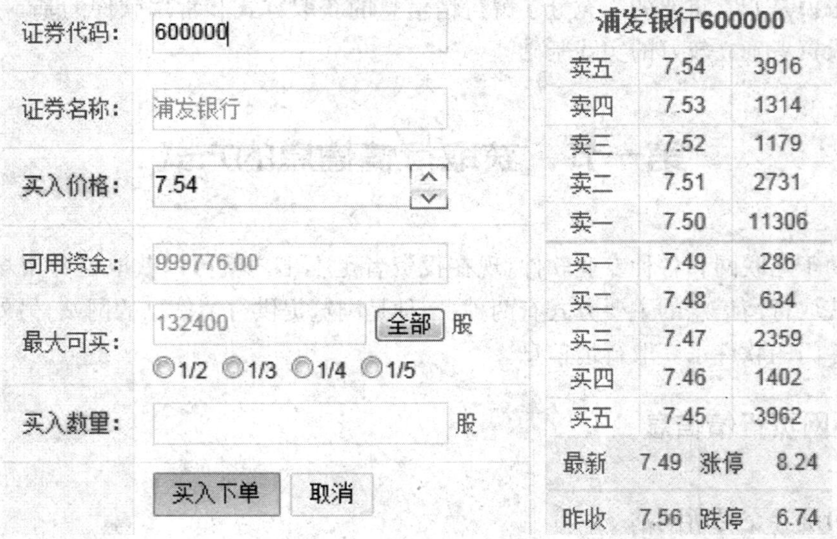

图 6－1　资本魔方模拟交易界面中的行情报价信息

网页行情信息的优点是不需要任何信息费用,不需要安装软件;缺点是信息量小,获取效率低下,通常需要在固定窗口输入相应信息或者用鼠标点击的方式在繁多的页面链接中寻找。此外,页面行情的刷新速度慢,而在机会瞬息万变的证券市场上,一秒钟甚至是不到一秒钟的延迟，都有可能错过一个好的买卖机会，因此通过网站页面来获取行情信息的方式无法满足投资者及时分析、决策和交易的需要。

二、各种行情分析软件

同学们可以借助互联网，搜索下载各种正规行情软件，安装并成功后运行这些软件后，便可在开盘时间内看到不断更新的行情报价信息。刷新速度在几十毫秒至6秒钟不等。目前国内证券市场的行情软件主要可以分为以下几类：

（一）免费行情软件

通常国内各大券商都会为自己的客户提供免费行情软件，最常用的软件有大智慧、通达信、同花顺、东方财富通、益盟操盘手、钱龙等。这些软件通常提供五档价位的行情信息。通过互联网搜索这些软件的名称，找到软件下载地址，或者去各大券商网站找到软件下载菜单，可以进行下载，安装后即可登录使用。以招商证券使用的通达信软件为例，如图6－2所示，登录时，鼠标点击“独立行情”按钮，连接服务器成功后，即可自动进入行情软件的默认证券列表界面；同花顺的免费软件登录时选择“游客登录”，可免去注册账号的麻烦（图6－3）。

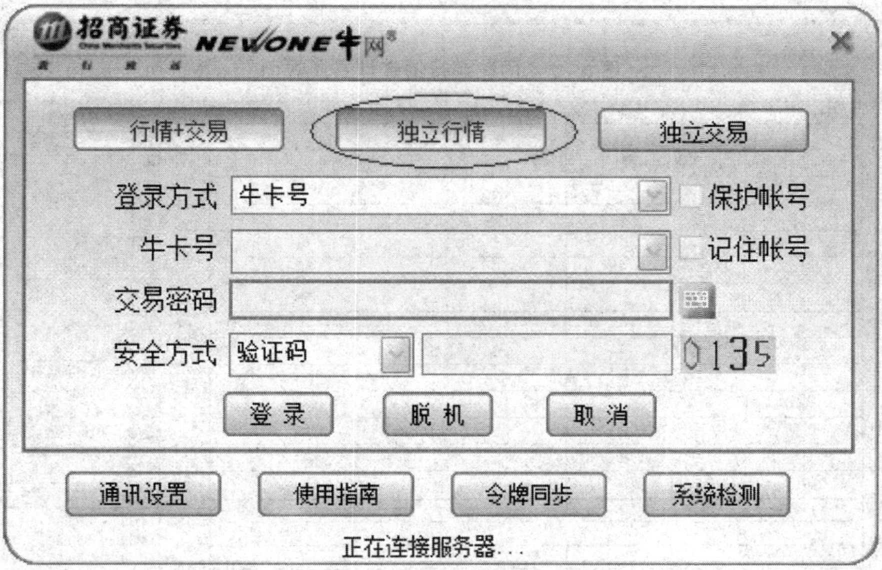

图6－2　通达信行情软件登录界面

由于激烈的竞争，上述免费软件逐渐具有了一些原先收费软件独有的功能，如自编指标、条件选股、行情预警、资金流分析等。此外，通达信、同花顺等软件提供了全部或部分港股的实时或延迟报价行情，通常为只揭示最优买价和最优卖价的level－1行情（图6－4）。而东方财富通软件提供了龙虎榜单、融资融券、高管持股、大宗交易、解禁股、新股上会、新股日历等收费软件才具有的模块。这些免费行情软件适合初级分析水平的投资者及金融专业的本科学生使用，但现实中也不乏操作能力强、市场经验丰富的投资者利用免费软件获得超额收益的案例。

图 6-3　同花顺行情软件登录界面

图 6-4　通达信软件 level-1 港股行情界面

(二)低收费行情软件

目前大智慧、通达信、同花顺、飞狐交易师等软件都提供上海证券交易所的 Level－2 行情报价信息,费用为 1 年 980 元至 1280 元不等。上海证券交易所推出的 Level－2 实时行情信息收费服务,主要提供在上海证券交易所上市交易证券产品的较为详细的实时交易数据,包括十档行情、买卖队列、逐笔成交、委托总量和加权价格等多种新式数据。目前国内的 Level－2 行情与发达国家证券市场的 Level－2 行情软件在摆单信息量、分笔成交显示速度和使用成本等方面还存在一定差距。

除了上述提供 Level－2 行情的软件,还有指南针、益盟操盘手、利多方舟、证券之星等软件。有的侧重提供基本面信息和资金流信息,有的侧重提供复杂的自编指标系统或者简单的自动提示买卖信号的交易系统。这些软件为中级分析水平的投资者和 DIY 指标的爱好者提供了较好的平台。

(三)高收费软件

高收费软件通常是资金规模较大的机构投资者、个人大户、研发机构、高校才有实力购买的软件,具体费用从每套软件每年信息费上万元至十几万元不等。与大智慧 Topview、机构版,Wind 资讯机构版、同花顺的高端软件专注投资者和研发机构市场不同,世华财讯、国泰安、中诚信等则更侧重高校金融实验室软件的提供,因而后者具有较为强大的模拟交易系统,且允许多个 IP 共享一套软件,因而其费用也相对较低;且由于高校金融实验室的不断升级,目前该市场也不断有新的进入者参与竞争。

Topview(赢富)盘后交易统计数据基于上证所数据仓库海量、权威的信息资源,包括分类账户统计(月、周)数据、账户区间统计(月、周)数据等,可以通过 Topview 赢富数据动态跟踪券商、基金等主流机构资金的真实动向。此外,一些网站也提供 Topview 数据查询功能,在百度搜索"Topview 数据查询",即可找出相关网站。

大智慧近期推出了全息高速盘口功能,由逐笔交易图、委买委卖队列、分笔交易、完整买卖盘信息四个子窗口组成。该功能与美股市场 Level－2 行情软件在交易信息内容和质量方面基本相同,但相对于每月只有 100 美元信息费的美股 Level－2 行情软件来说,其费用绝非一般投资者可以承受的。

第二节　行情软件的主要界面

行情软件的操作可以通过键盘输入或鼠标点击来完成:通常键盘操作的主要内容是各种快捷键及其组合、四个方向键以及数字字母键;鼠标点击分为单击和双击,单击右键弹出窗口选项菜单,单击左键常用于菜单选项的选择及下拉或上拉菜单的展开,双击则常用于进入某一品种或指标的详情界面等。不同操作界面下,对两者使用的频率和结合方式也不尽相同,本节将介绍几种主要界面下的基本操作。

一、行情浏览界面

行情软件下载安装运行后,通常默认进入行情浏览界面,如图6-5所示。在该界面可以看到按照证券代码顺序列出的证券品种一览表。界面最上面左半部为各种选项菜单按钮,其具体选项如图6-6所示。不同软件的选项菜单可能存在差异,投资者可以结合帮助菜单自己尝试使用不同的选项功能。界面最上面右半部分为链接到其他模块或网页的按钮。行情浏览界面证券数据下方的一行是分类标签,如图6-7所示。鼠标左键单击某一证券或者用↑↓键可以选定一支证券,然后鼠标左键双击或者按ENTER键,即可进入该证券的详细行情信息界面。按PGUP或者PGDN键,或者滚动鼠标滑轮,则可切换上一屏或者下一屏证券列表。

	代码	名称		涨幅%	现价	涨跌	买入价	卖出价	总量	现量	涨速%	换手%	今开
1	000001	平安银行	×	-0.36	14.02	-0.05	14.02	14.03	87436	1613	0.07	0.28	14.01
2	000002	万　科A	×	-1.51	8.48	-0.13	8.47	8.48	35.3万	2816	0.35	0.37	8.55
3	000004	国农科技		3.75	8.85	0.32	8.85	8.86	51218	2329	0.00	6.11	8.58
4	000005	世纪星源	×	3.42	3.02	0.10	3.02	3.03	16.2万	2487	0.00	1.77	2.91
5	000006	深振业A	×	-1.19	4.14	-0.05	4.14	4.15	56068	549	0.00	0.44	4.17
6	000007	零七股份		-5.29	16.28	-0.91	16.28	16.29	70274	2107	0.06	3.80	17.01
7	000008	ST宝利来	×	-2.15	10.91	-0.24	10.91	10.97	2473	140	-0.54	0.34	11.08
8	000009	中国宝安	×	-0.62	9.60	-0.06	9.60	9.61	19.1万	2996	0.20	1.77	9.60
9	000010	S ST华新		—	—	—	—	—	0	0	—	0.00	—
10	000011	深物业A	×	0.16	6.45	0.01	6.44	6.45	54376	864	0.00	3.73	6.41
11	000012	南　玻A		-1.06	7.50	-0.08	7.49	7.50	11.8万	1426	0.13	0.90	7.58
12	000014	沙河股份	×	1.88	9.20	0.17	9.20	9.21	19.9万	2300	0.00	9.86	8.83
13	000016	深康佳A		-0.61	3.24	-0.02	3.23	3.24	53101	715	0.00	0.89	3.24
14	000017	*ST中华A		-0.89	3.33	-0.03	3.33	3.34	9323	40	0.00	0.35	3.36
15	000018	ST中冠A		5.07	6.43	0.31	6.43	—	10161	660	0.00	1.02	6.27
16	000019	深深宝A		1.49	8.84	0.13	8.83	8.84	21591	569	0.56	1.07	8.64
17	000020	深华发A	×	1.49	6.79	0.10	6.78	6.79	30106	1687	0.14	4.65	6.66
18	000021	长城开发		-0.58	5.17	-0.03	5.16	5.17	20577	193	0.00	0.16	5.20

图6-5　行情浏览界面

在图6-6中,我们可以看到有的选项之后列出了其相应的快捷键,如“功能”菜单中的基本资料选项快捷键为F10。

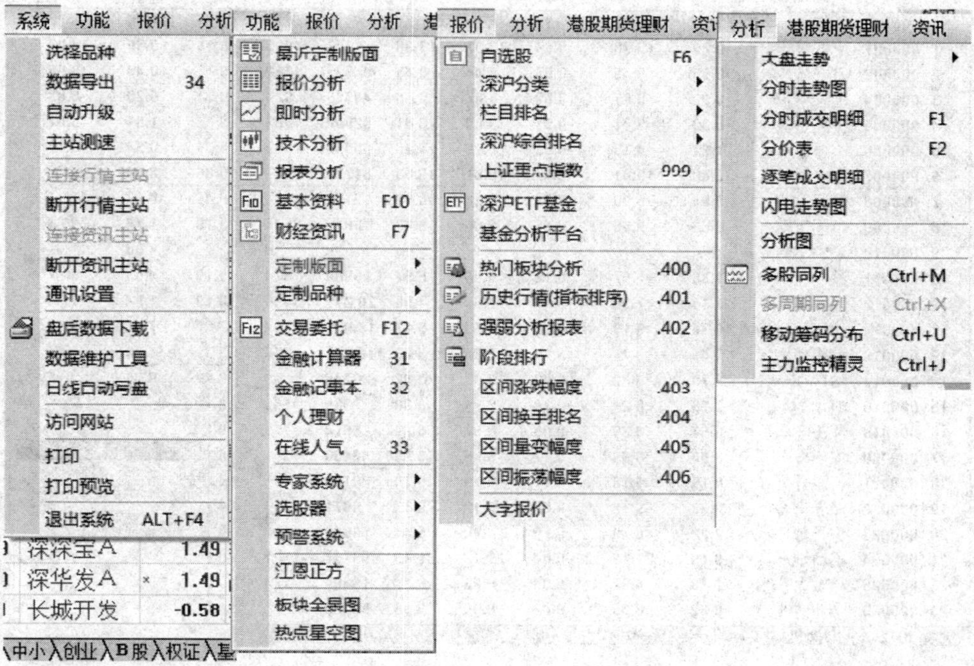

图 6-6 行情界面图中“系统”、“功能”、“报价”、“分析”菜单展开图

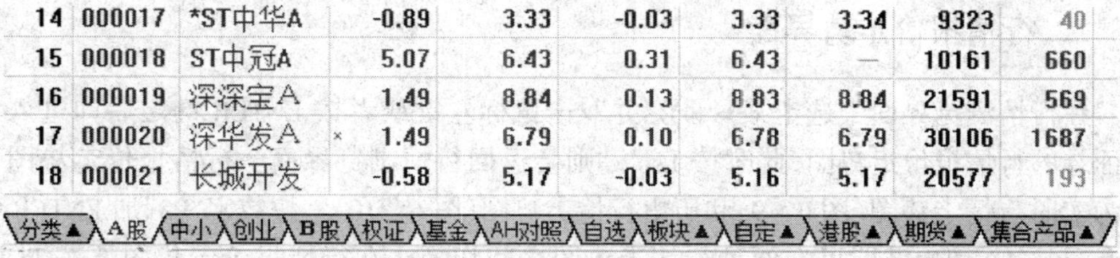

图 6-7 分类标签

此外，也可通过输入证券品种简称的汉语拼音首字母或者证券代码的方式来进入某支证券的详细行情信息。如图 6-8 所示，输入“WK”，在屏幕右下角自动弹出的键盘精灵窗口即出现上市公司“万科”、“五矿发展”、“维科精华”的选项，可以用↑↓键或者鼠标左键点击选择自己所需要的品种。在其他界面也可以通过这样的方法快速寻找目标证券。

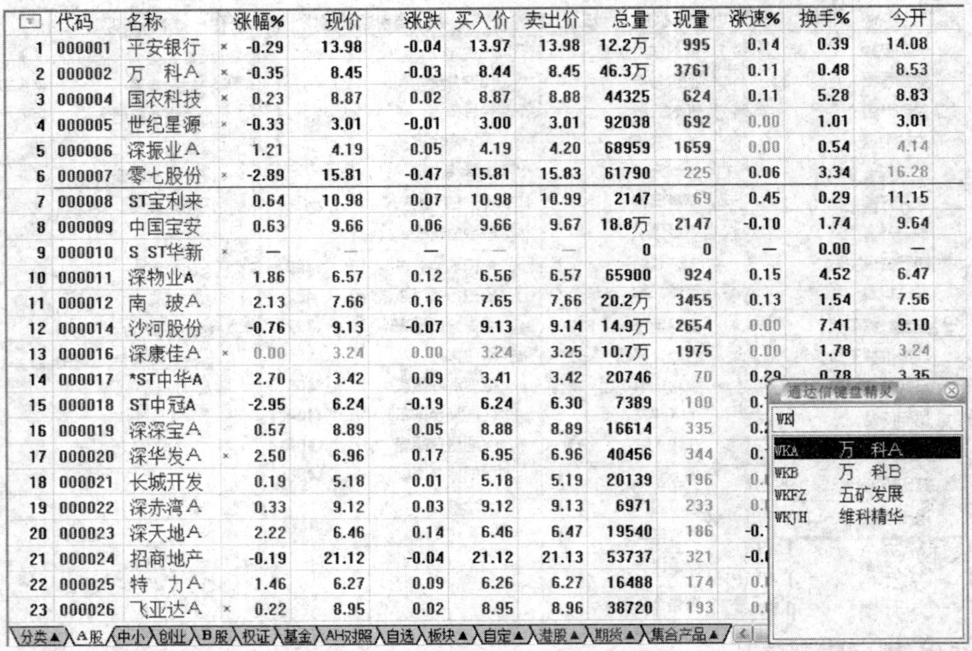

	代码	名称		涨幅%	现价	涨跌	买入价	卖出价	总量	现量	涨速%	换手%	今开
1	000001	平安银行	×	-0.29	13.98	-0.04	13.97	13.98	12.2万	995	0.14	0.39	14.08
2	000002	万　科A	×	-0.35	8.45	-0.03	8.44	8.45	46.3万	3761	0.11	0.48	8.53
3	000004	国农科技	×	0.23	8.87	0.02	8.87	8.88	44325	624	0.11	5.28	8.83
4	000005	世纪星源	×	-0.33	3.01	-0.01	3.00	3.01	92038	692	0.00	1.01	3.01
5	000006	深振业A		1.21	4.19	0.05	4.19	4.20	68959	1659	0.00	0.54	4.14
6	000007	零七股份	×	-2.89	15.81	-0.47	15.81	15.83	61790	225	0.06	3.34	16.28
7	000008	ST宝利来		0.64	10.98	0.07	10.98	10.99	2147	69	0.45	0.29	11.15
8	000009	中国宝安		0.63	9.66	0.06	9.66	9.67	18.8万	2147	-0.10	1.74	9.64
9	000010	S ST华新	×	—	—	—	—	—	0	0	—	0.00	—
10	000011	深物业A		1.86	6.57	0.12	6.56	6.57	65900	924	0.15	4.52	6.47
11	000012	南　玻A		2.13	7.66	0.16	7.65	7.66	20.2万	3455	0.13	1.54	7.56
12	000014	沙河股份		-0.76	9.13	-0.07	9.13	9.14	14.9万	2654	0.00	7.41	9.10
13	000016	深康佳A	×	0.00	3.24	0.00	3.24	3.25	10.7万	1975	0.00	1.78	3.24
14	000017	*ST中华A		2.70	3.42	0.09	3.41	3.42	20746	70	0.29	0.78	3.35
15	000018	ST中冠A		-2.95	6.24	-0.19	6.24	6.30	7389	100	0.1		
16	000019	深深宝A		0.57	8.89	0.05	8.88	8.89	16614	335	0.2		
17	000020	深华发A	×	2.50	6.96	0.17	6.95	6.96	40456	344	0.1		
18	000021	长城开发		0.19	5.18	0.01	5.18	5.19	20139	196	0.		
19	000022	深赤湾A		0.33	9.12	0.03	9.12	9.13	6971	233	0.		
20	000023	深天地A		2.22	6.46	0.14	6.46	6.47	19540	186	-0.1		
21	000024	招商地产		-0.19	21.12	-0.04	21.12	21.13	53737	321	-0.		
22	000025	特　力A		1.46	6.27	0.09	6.26	6.27	16488	174	0.		
23	000026	飞亚达A	×	0.22	8.95	0.02	8.95	8.96	38720	193	0.		

图 6-8　通过输入证券简称或代码来寻找证券

二、行情报价走势界面

在行情浏览界面中选定某只证券并双击鼠标左键或者按 ENTER 键之后即进入该支证券的行情报价走势图，此时按 Esc 键则会返回行情浏览界面。行情报价走势图可分为实时行情走势图（图 6-9）和历史行情走势图（图 6-10）。按数字"05"加 ENTER 键或者只按 ENTER 键即可在两种行情走势图之间切换。在行情报价走势图下按 PGUP 或者 PGDN 键，或者滚动鼠标滑轮，则可切换至上一支或者下一支证券的行情走势。

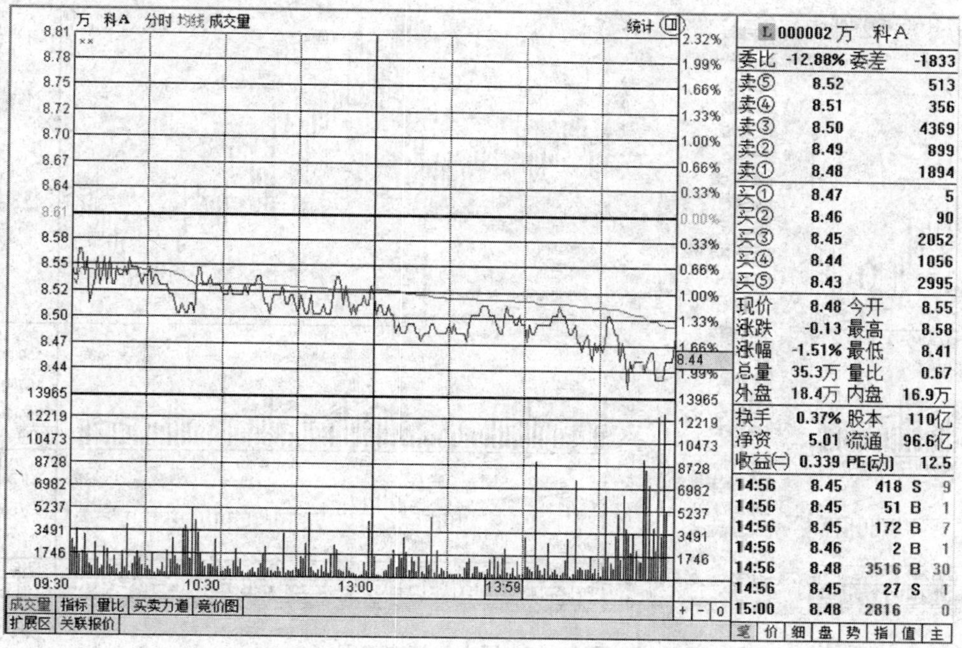

图 6-9 实时行情走势图

(一)实时行情走势图

实时行情走势图显示的是某一证券品种当前交易日因正在发生或已经发生的交易行为而导致的价格曲线波动及成交量变化的详细情况。其横坐标为交易的具体时间,证券价格曲线的纵坐标分别为价格(左坐标)和涨跌幅度(右坐标),证券价格曲线之下为 1 分钟 1 根的成交量柱状线。走势图右半部分显示的是 5 档行情报价信息和主要的交易指标数据以及滚动的成交信息,点击图中上部圆圈部分的按钮可以选择隐藏或显示右半部分的信息。

(二)历史行情走势图

历史行情走势图显示的是证券品种已发生交易产生的价格变化浓缩历史记录,通常将显示价格变化的部分称为主图,将显示成交量或其他技术指标的部分称为副图。在历史行情图中,右键点击鼠标即可弹出相应的操作选项菜单。如图 6-9 所示,该图选择的主图类型为 K 线(空心阳线),其中一根 K 线记录了一个分析周期的主要价格。分析周期最大可以 1 年甚至更长的时间为单位;最小周期可为 1 分钟,甚至是 1 秒钟。长线投资者通常采用较长的分析周期,使用日 K 线以上级别周期的历史行情图;而短线交易通常用较小周期的小时线、15 分钟 K 线、5 分钟 K 线等;超短线交易者可能会使用以秒为周期的秒图。不同分析周期的切换可以用弹出菜单中“分析周期”选项,也可以直接使用快捷键。分别输入数字“91”加 ENTER 键,一直到数字“98”加 ENTER 键,可

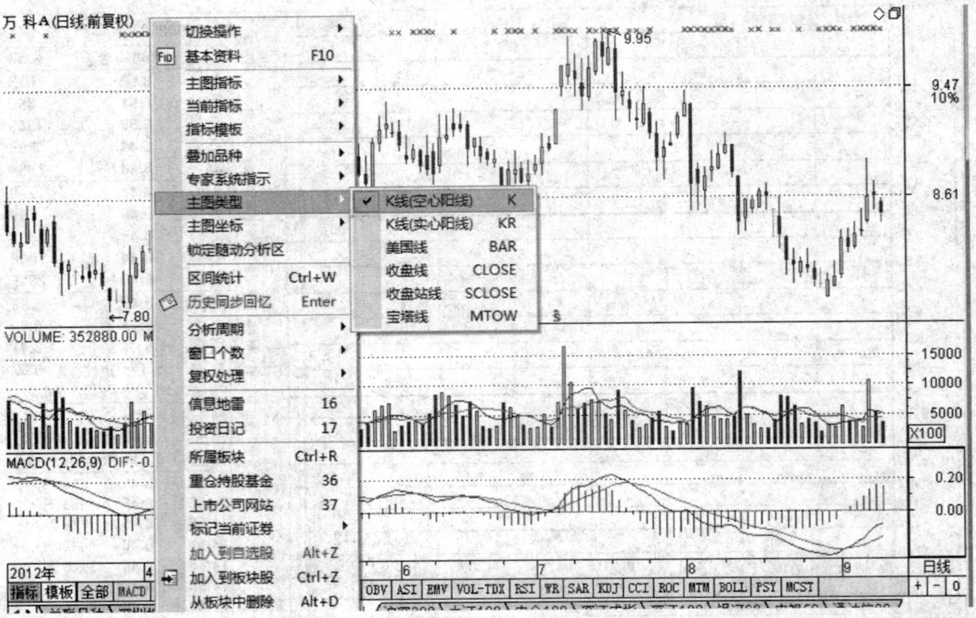

图 6－10　历史行情走势图

以实现从 1 分钟至 1 个月共 8 个级别不同周期 K 线的快速切换。有些软件的相应快捷键是数字“0”至“8”加 ENTER 键。

三、F10 资料界面

在个股实时行情走势图或历史行情走势图下，单击热键 F10 则可进入该股票的基本资料界面。如图 6－11 所示，该界面可查看该股票主要的基本面资料，包括该公司的最新动态、公司概况、股本结构、相关报道、公司公告、大事记录、财务分析、重要事项、持股情况、历年分配、分析评论、行业分析、经营分析、高管介绍、机构持股、关联个股等情况。界面上部是各个栏目链接按钮，鼠标左键点击某个按钮即可迅速进入相应内容。

比较复杂的行情软件，在 F10 资料部分可能会具有搜索、高管 F10 资料、相关研究报告摘要或研究员的链接以及基本面条件选股等功能。

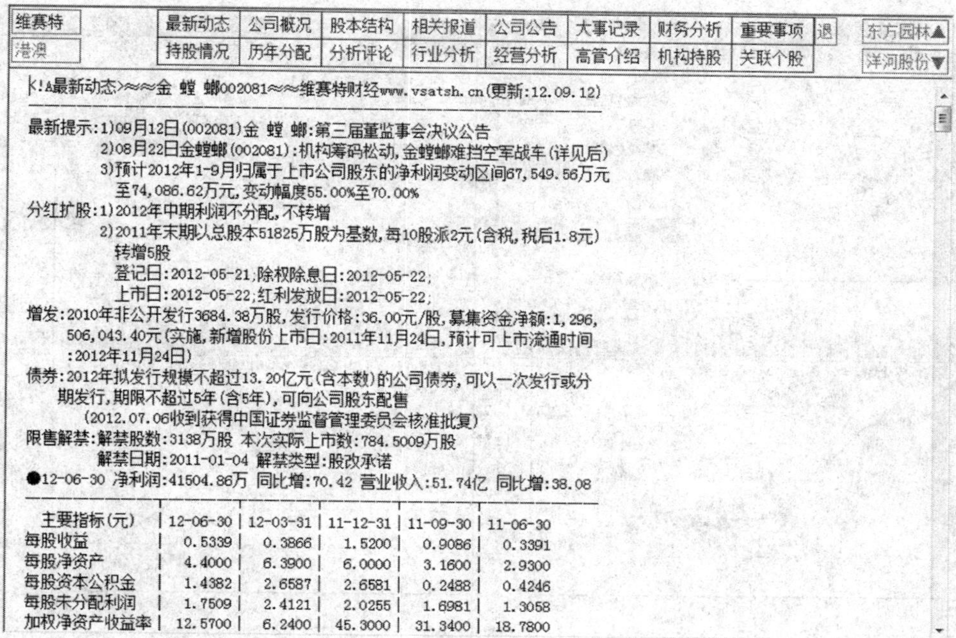

主要指标(元)	12-06-30	12-03-31	11-12-31	11-09-30	11-06-30
每股收益	0.5339	0.3866	1.5200	0.9086	0.3391
每股净资产	4.4000	6.3900	6.0000	3.1600	2.9300
每股资本公积金	1.4382	2.6587	2.6581	0.2488	0.4246
每股未分配利润	1.7509	2.4121	2.0255	1.6981	1.3058
加权净资产收益率	12.5700	6.2400	45.3000	31.3400	18.7800

图 6 – 11　F10 资料界面

第三节　行情软件的基本操作

在熟悉了行情软件的主要界面后,投资者通常要掌握本节所介绍的基本操作内容,并且通过不断的练习来熟悉这些操作。

一、多股同列和多周期同列

实时或历史行情走势图下,可以在同一窗口展示多个证券的走势,以方便进行比较分析。图 6 – 12 显示的是 2 × 2 共四只股票的行情,具体操作可从“分析”菜单中寻找“多股同列”选项。对某一证券品种,在其历史行情走势图下,可以通过选择多周期同列的方式,来同时观察其在短中长不同层级上的走势图。图 6 – 13 显示的是 3 × 2 共 6 个周期的 K 线图,从“分析”菜单中寻找“多周期同列”选项即可实现这一操作。

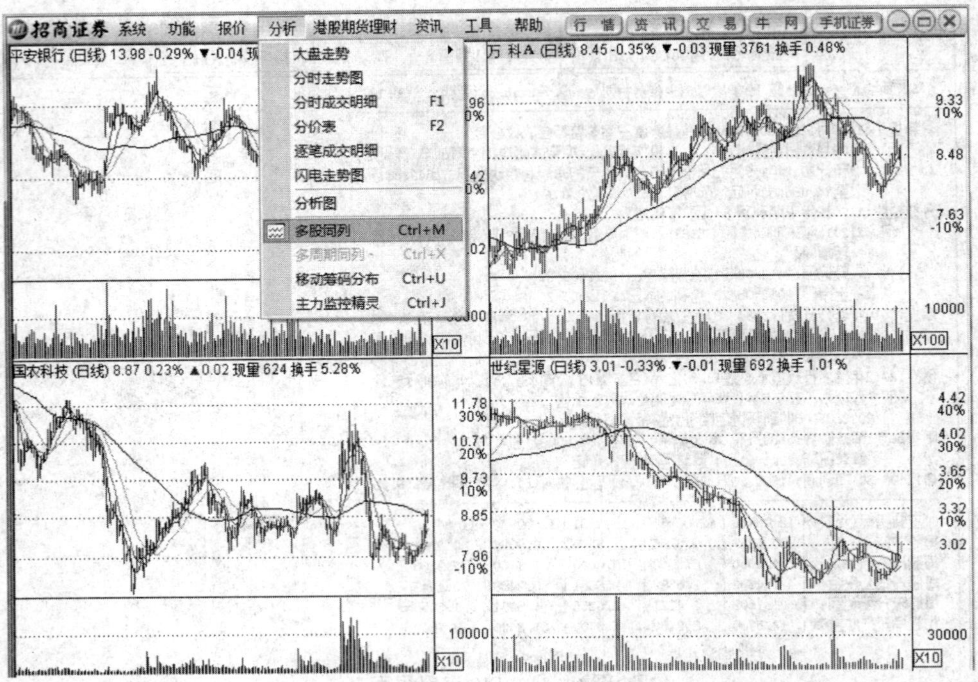

图 6－12　多股同列

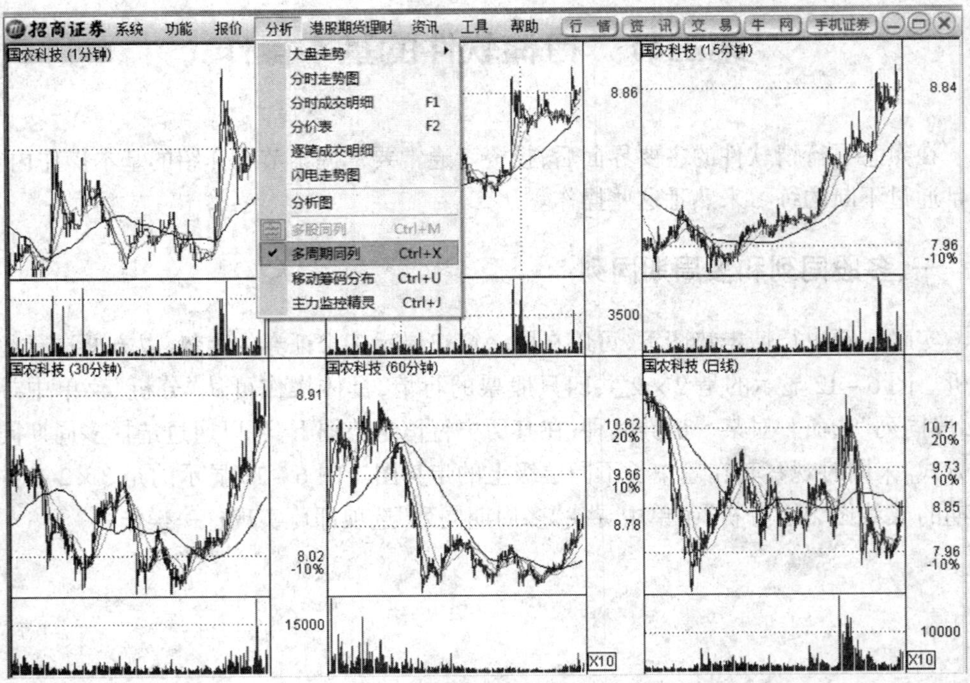

图 6－13　多周期同列

二、复权处理

股票除权、除息之后，股价随之产生变化。例如，原来每股价格 10 元的股票，每 10 股送 10 股，之后原有的 1 股股票变为 2 股股票，每股价格为 5 元。除权并未带来投资者财富的增加，但是股票价格却降了下来，从而形成价格走势图上从 10 元到 5 元的价格落差。图 6 - 14 显示的是苏宁电器在 2005 年 6 月 3 日除权后发生的价格从前一交易日的 55 元跌至 27 元的落差。因此需要通过技术处理来将除权前后的股票价格放在同一标准下进行比较，这种处理就叫做复权。

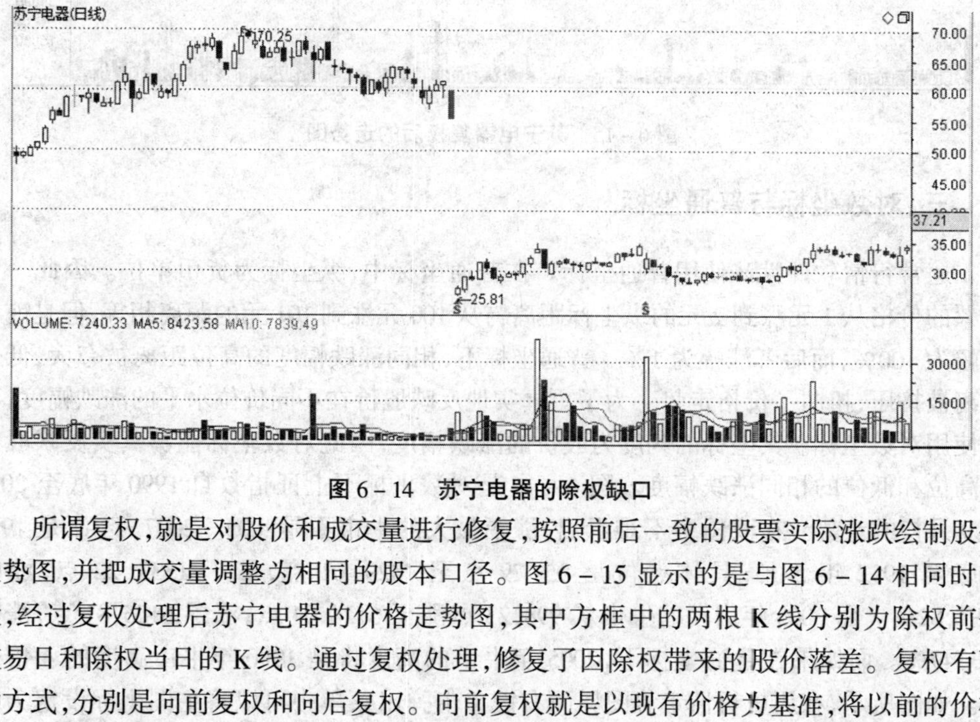

图 6 - 14　苏宁电器的除权缺口

所谓复权，就是对股价和成交量进行修复，按照前后一致的股票实际涨跌绘制股价走势图，并把成交量调整为相同的股本口径。图 6 - 15 显示的是与图 6 - 14 相同时间段，经过复权处理后苏宁电器的价格走势图，其中方框中的两根 K 线分别为除权前一交易日和除权当日的 K 线。通过复权处理，修复了因除权带来的股价落差。复权有两种方式，分别是向前复权和向后复权。向前复权就是以现有价格为基准，将以前的价格做相应的缩减，将除权前的 K 线向下平移，使图形有效衔接，保持股价走势的连续性。向后复权就是保持先前的价格不变，而将除权以后的价格相应增加，K 线相应向上平移，使图形衔接。向前复权操作后，图形与现有价格水平一致；向后复权则能真实体现出现有价格相当于初始价格的增幅。以苏宁电器为例，采用向前复权处理后，该股票在 2012 年 9 月 12 日的收盘价为 7.03 元，在 2004 年 7 月 21 日上市当天的收盘价为 0.04 元；采用向后复权处理后，则可以看到该股票在上市第一天的收盘价为 32.70 元，而在 2012 年 9 月 12 日，其 K 线收盘价则为 598.96 元。

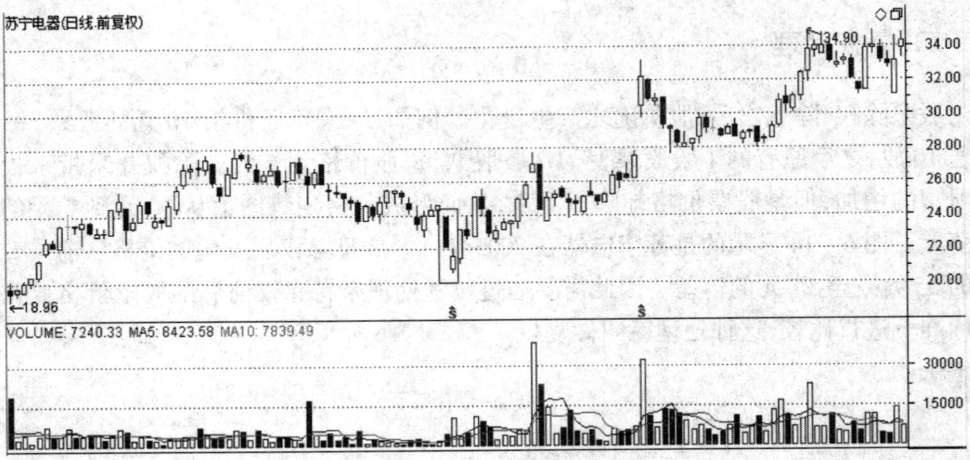

图 6－15　苏宁电器复权后的走势图

三、对数坐标与普通坐标

通常行情软件默认使用普通坐标。在普通坐标中，纵坐标为货币单位。因此一只股票的价格从 1 元涨到 2 元的纵坐标距离与从 100 元涨到 101 元的距离相等，但是前者涨幅为 100%，而后者涨幅为 1%。普通坐标下，相同涨跌幅度的高位距离被夸大，低位距离被挤压，扭曲了价格走势。为了更真实地反映股价在不同价位水平的涨跌幅度，建议使用对数坐标。其坐标的刻度为股价的涨跌幅度，因此对数坐标能够真实反映股价在高位和低位的相同涨跌幅度。图 6－16 是对数坐标下上证指数自 1990 年底至 2012 年 9 月初的走势。在该图中不难看出，涨幅最大的牛市不是2005—2007 年，而是 1990 年底至 1992 年 5 月；具体点位是 95.79 点至 1429.01 点，涨了 1333.22 点，涨幅 1391.82%。而 2005 年启动的牛市从 998.23 点涨至 6124.04 点，涨了 5125.81 点，涨幅 513.49%。而如果在普通坐标下，2005 年牛市的高度将是 1990 年牛市高度的 4 倍左右。如图所示，在历史行情走势图界面右键单击弹出菜单中可以将主图坐标设定为对数坐标。

四、行情走势图中方向键的用法

在实时行情走势图中，用 ← → 键可以控制光标在当天价格走势曲线上浏览到不同时点的具体价格信息。如图 6－17 所示，在实时行情走势图下，当光标移动至 13:45 时，在界面左上角看到该时刻的价位、涨跌和成交额的详细信息。

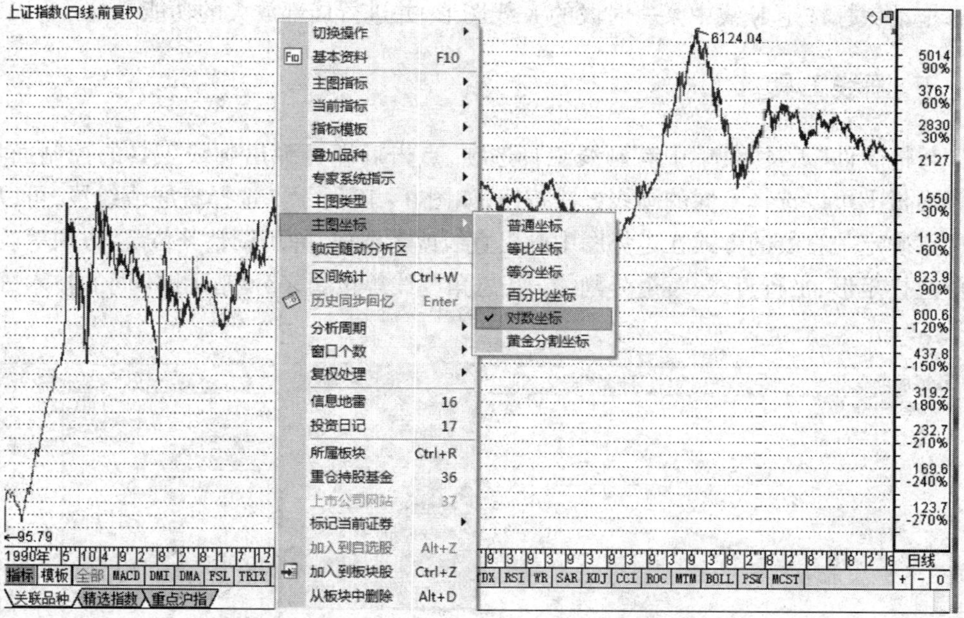

图 6－16　对数坐标下的上证指数走势图

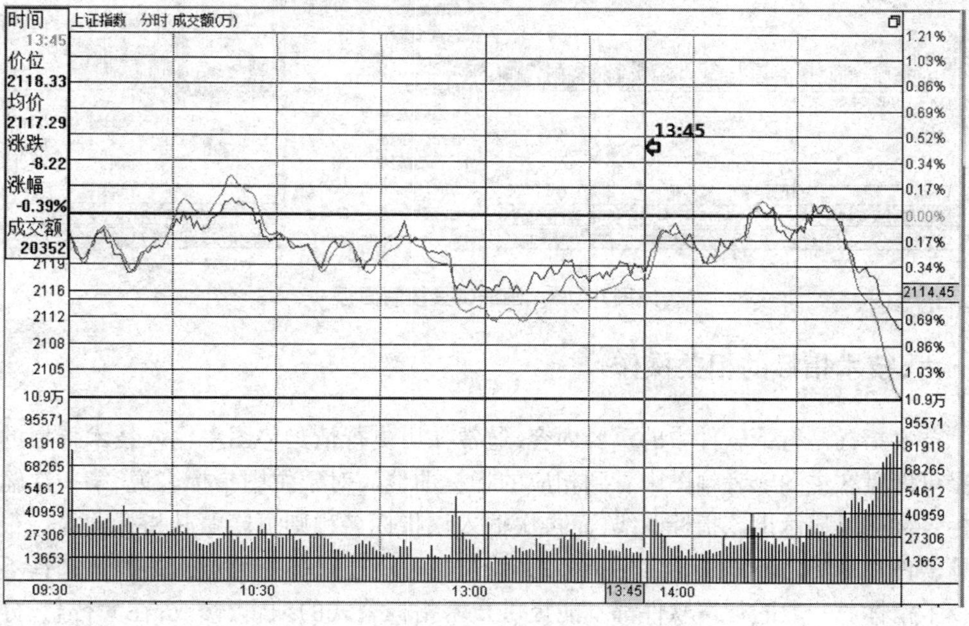

图 6－17　实时行情走势图中← → 键的用法

在历史行情走势图下，除了← → 键有着相同的操作外，利用↑↓键可以放大或者缩小当前界面中能观察到的 K 线数量。一直按着↓键不放，服务器允许的话，随着数据的下载，可以看到自首个交易日以来的所有 K 线。反之，不断按↑键则可逐渐减少界面中的 K 线数量至默认数值，从而可以看到更为清楚的 K 线组合。另外有的软件提供了拖动鼠标选定K线中某一时段的K线图形,并进行局部放大的功能。

五、画线工具

行情软件"工具"菜单中有画线工具选项,点击后即可弹出画线工具的控制面板。在该面板上可以选择不同的画线方法按钮,如图6-18所示。选择直线或线段,可以通过两点确定一直线的方式在走势图中画出直线或者线段,并可调整其位置、方向等。同理可选择矩形、平行直线、黄金分割线、江恩角度线等按钮来分别画出不同的技术分析线条。

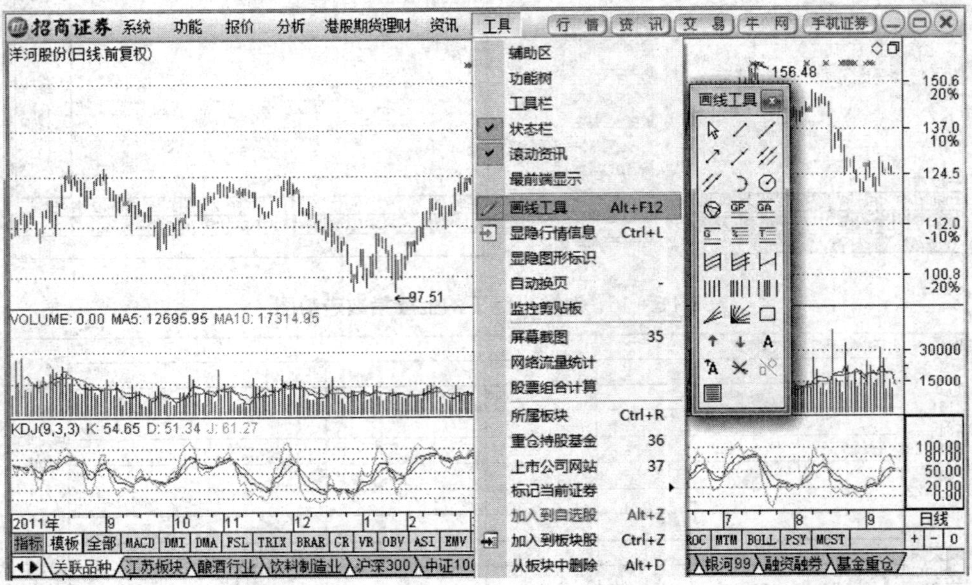

图6-18 画线工具控制面板

六、技术指标的相关操作

技术指标是行情软件中的重要内容,通常在历史行情走势图中输入技术指标的简称字母即可在主图或者幅图中看到相应的指标曲线。对于主图指标来说,第一次输入指标名称可以显示出该指标曲线,而再次输入该指标名称则可隐藏其指标曲线。很多行情软件在副图之下添加了常用指标的标签,也可通过鼠标左键点击的方式选择不同的技术指标。一般的行情软件都不能提供技术指标公式的编辑、修改,在大智慧、分析家、飞狐交易师、通达信的收费版中有强大的技术指标自创和编辑功能。在免费软件中,通过鼠标左键点击曲线可以选中该指标,然后鼠标右键单击即可弹出指标用法注释、指标参数调整。个别免费软件提供指标公式修改功能,也可通过鼠标右键单击技术指标名称后弹出的菜单中选择"修改当前指标公式"的功能。图6-19显示的通达信免费软件分别用两种不同的方式进入指标修改功能。

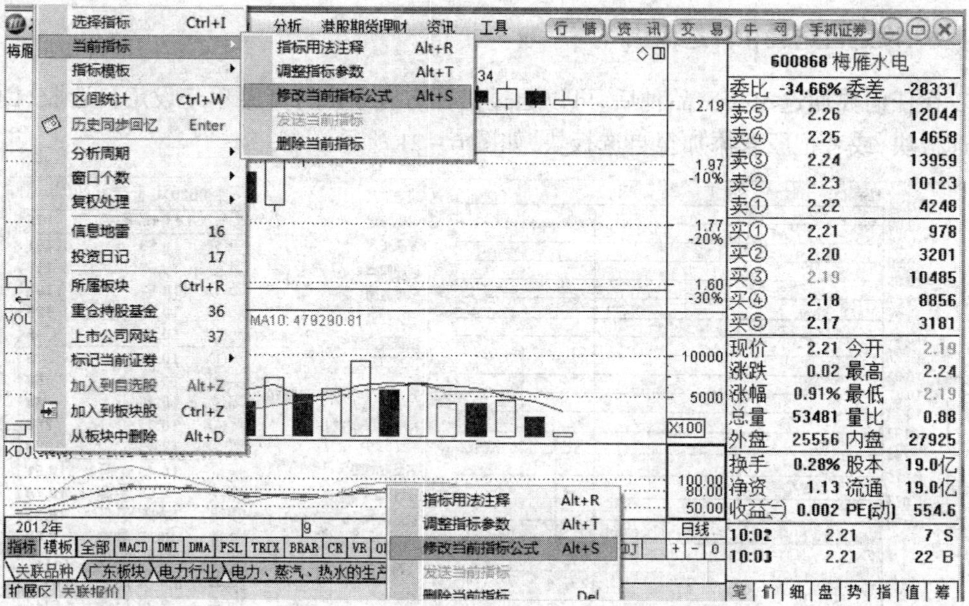

图 6－19　指标修改功能

七、叠加功能

为了方便比较不同品种的走势强弱，在实时行情走势图和历史行情走势图下，鼠标右键点击弹出界面中都有品种叠加功能。图 6－20 显示的是实时行情走势图下自动叠加对应大盘的界面。从该图中不难看出，该品种走势弱于指数。

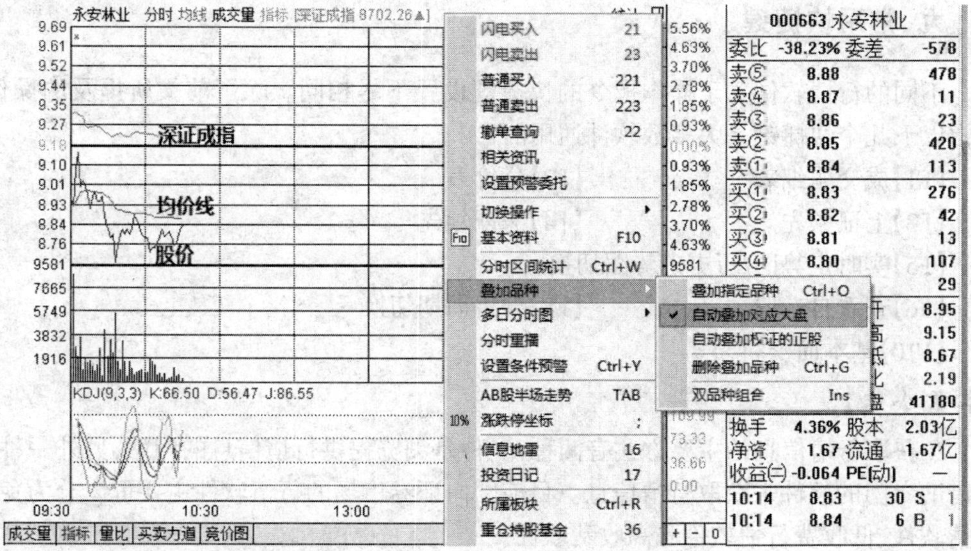

图 6－20　实时行情图下股价叠加对应大盘

八、设定自选股和自选板块

在任何界面选定某一品种后，可以通过鼠标右键单击打开菜单来设定自选股、创建自选板块，或者把股票添加至自选板块，如图 6－21 所示。

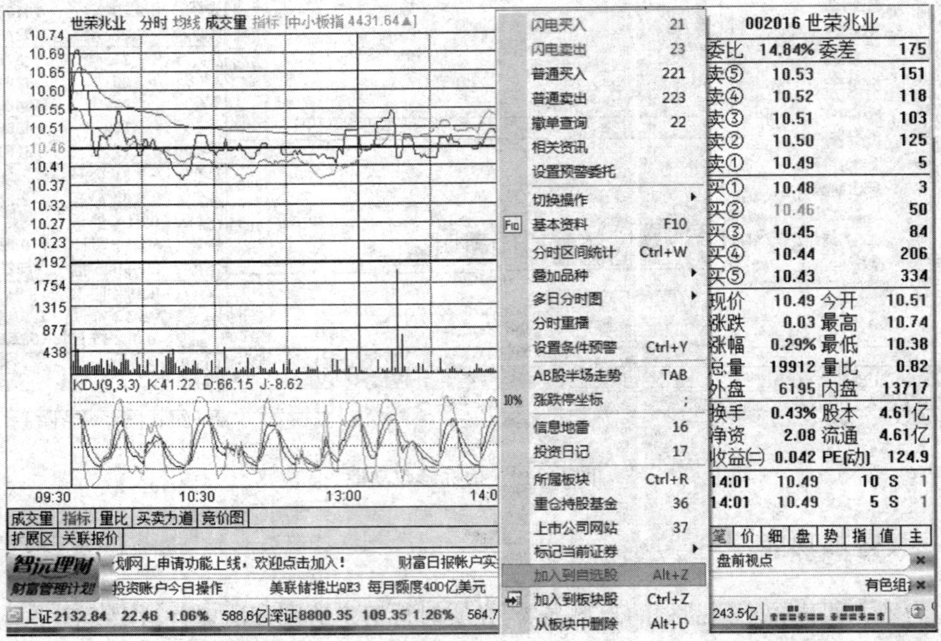

图 6－21　自选股或自选板块的添加

九、常用快捷键

不同的行情软件关于操作指令的快捷键设置不尽相同。除了前文所提及的操作，通常以下几个快捷键是大多数软件通用的：

【F1】成交明细表　　【F2】分价表

【F3】上证领先　　【F4】深证领先

【F5】实时走势图/历史走势图切换

【F6】查看自选股　　【F8】分析周期切换

【F10】基本面资料

【本章小结】

1.获取行情信息的主要方式有两种：一种是浏览提供行情信息的网站，另外一种则是借助专门的软件来获取行情信息。目前国内证券市场的行情软件主要可以分为免费行情软件、低收费行情软件和高收费软件。

2.行情软件的操作可以通过键盘输入或鼠标点击来完成：通常键盘操作的主要内容是各种快捷键及其组合、四个方向键以及数字字母键；鼠标点击分为单击和双击，单击右键弹出窗口选项菜单，单击左键常用于菜单选项的选择及下拉或上拉菜单的展开，双击则常用于进入某一品种或指标的详情界面等。

3.行情软件中，主要的界面有行情浏览界面、行情报价走势界面、F10资料界面等。

4.行情软件的基本操作包括多股同列和多周期同列、复权处理、对数坐标与普通坐标、行情走势图中方向键的用法、画线工具、技术指标的相关操作、叠加功能、设定自选股和自选板块、快捷键的使用等。

【本章思考题】

1.浏览证券交易所网站和其他财经类网站，找到指数及各种证券的行情信息。

2.下载、安装、登录常用的免费行情软件，熟悉其界面和特点。

3.下载各种 Level-2 行情软件、各种 Topview 行情软件、Wind 资讯等行情软件免费体验版，了解其主要的功能模块。

第七章 CHAPTER 7
基本分析实验

【学习目标】

了解中国经济现状、经济与股市的关系；通过实验了解中国证券市场主要的行业，能够运用所学理论对这些行业的现状进行分析，并对其未来发展趋势进行预测；了解公司分析的主要内容和方法，熟悉各种估值模型，能够运用所学知识对目标公司进行较为全面的分析；让学生综合运用基本分析的主要方法和原理，从三个层面进行全面的基本面分析，最终筛选出具有投资价值的股票。

基本分析是指根据经济学、金融学、财务学、管理学等基本原理，通过对决定证券价值及价格的基本要素，如宏观经济指标、经济政策走势、行业发展状况、产品市场状况、公司销售和财务状况等进行分析，评估证券的投资价值，判断证券的合理价位，提出相应的投资建议的一种分析方法。基本分析的核心是价值发现，其内容主要包括宏观经济分析、行业分析和区域分析以及公司分析三个层次。基本分析能够比较全面地把握证券价格的基本走势，应用较为规范、简单。从长期来看，基本分析方法是一种有效的分析工具，而对短线投资者的指导作用比较弱。

第一节　宏观经济分析实验

证券市场的波动总是与整体的经济变化密切联系在一起的，证券市场素有"经济晴雨表"之称。它一方面表明证券市场是宏观经济的先行指标，另一方面也表明宏观经济的走向决定了证券市场的长期趋势。宏观经济分析有助于把握证券市场的总体变动趋势，判断整个证券市场的投资价值，掌握宏观经济政策对证券市场的影响力度与方向。宏观经济分析的主要内容可以分为三个方面：宏观经济指标分析、宏观经济运行分析和宏观经济政策分析。

一、宏观经济数据的获取

(一)获取宏观经济数据的网络资源

1.政府部门网站

获取宏观经济数据最便捷的网站是中华人民共和国国家统计局网站,在其统计数据板块(图 7－1),可以免费查询到月度、季度、年度的宏观经济数据,并提供数据库查询。其网址为 http://www.stats.gov.cn/tjsj/。该板块还汇总了 44 个部门的统计数据链接地址,如图 7－2 所示。

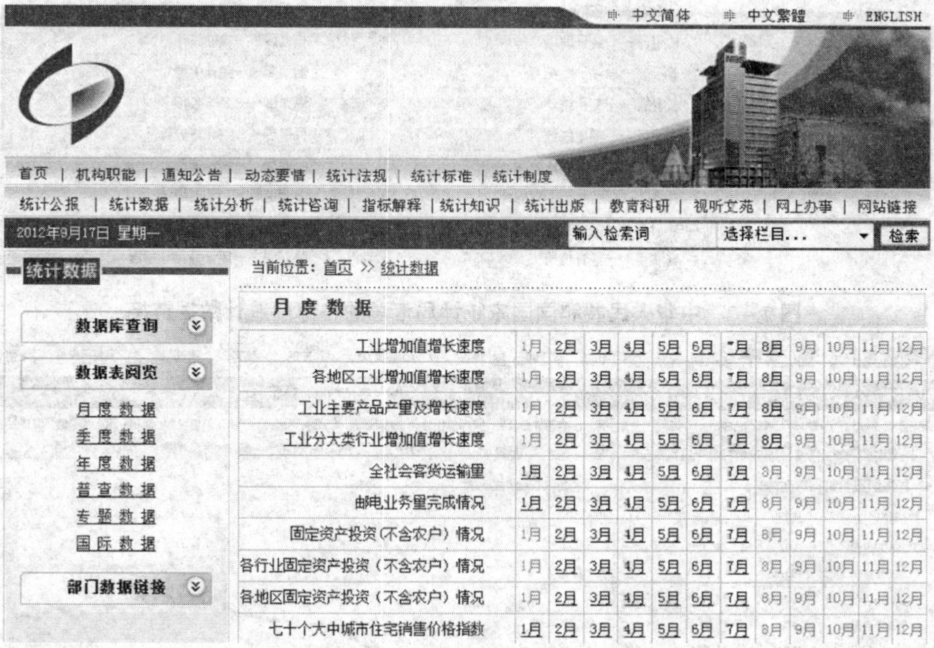

图 7－1　中华人民共和国国家统计局数据统计页面

2.专业财经类网站

该类网站的主要代表有和讯网、金融界、证券之星、东方财富等。通常该类网站提供的宏观经济数据一目了然,并且配以直观的图表。以东方财富网为例,该网站数据中心的经济数据板块提供了我国及主要发达国家的宏观经济数据(图 7－3),其网址为 http://data.eastmoney.com/center/macro.html,其免费行情软件——东方财富通也提供了相应的数据。

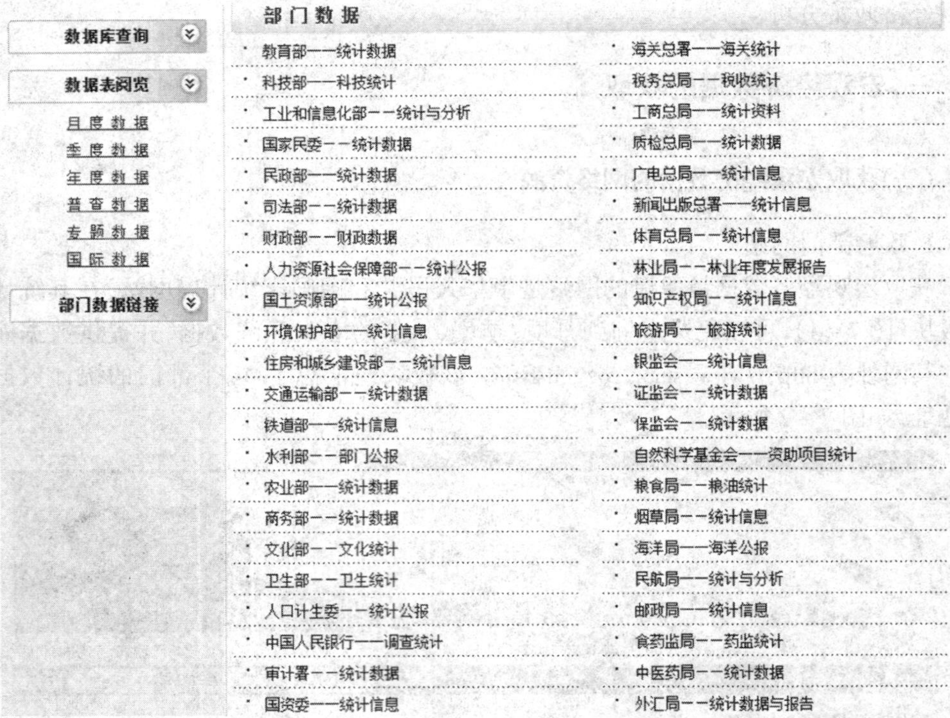

图 7-2　中华人民共和国国家统计局汇总的各部门统计数据链接

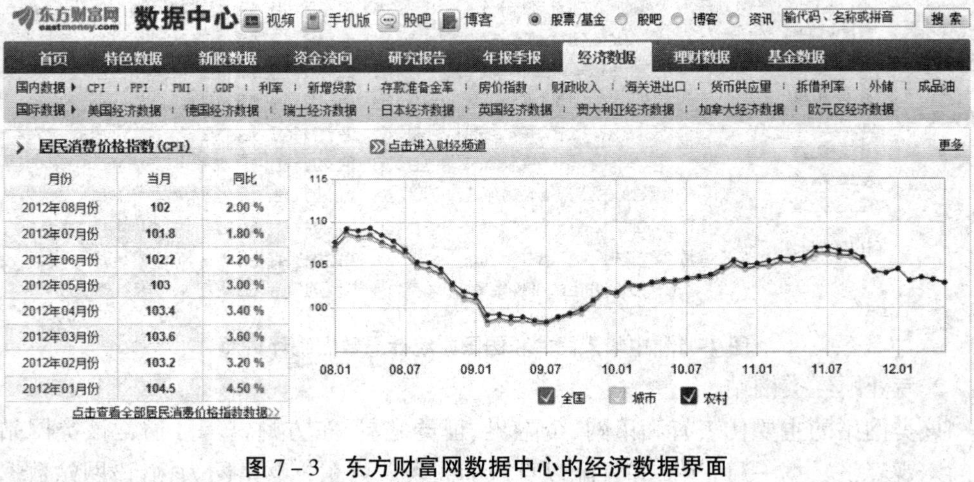

图 7-3　东方财富网数据中心的经济数据界面

3.教育科研机构网站

代表网站有国务院发展研究中心信息网、中国经济信息网(简称中经网)、中国宏观经济信息网(简称中宏网),其数据库通常由高等学校图书馆实验室等购买。

4.媒体网站

此类网站的主要代表有中国经济网、人民网等,通常以专题界面来提供免费的具体数据信息。

(二)我国宏观经济数据公布时间

宏观经济数据及其变化,是投资者判断宏观经济形势的重要依据。每逢重大经济数据的公布,尤其是实际数据与预期数据相差较多时,市场都会受到明显的影响。因此,掌握宏观经济数据的公布时间,第一时刻获取这些数据并进行科学的判断以指导自己的投资决策,是非常重要的宏观基本分析环节。表 7 - 1 是中华人民共和国国家统计局 2012 年度重要经济统计信息发布日程表。此外,中国人民银行网站 2012 年在每月后 15 日左右公布货币供应量、金融机构人民币信贷收支表等数据,季后 15 日左右公布黄金储备、外汇储备、汇率等数据。

表 7 - 1 2012 年国家统计局经济统计信息发布日程表①

内容	1月	2月	3月	4月	5月	6月	7月	8月	9月	10月	11月	12月
国民经济运行情况新闻发布会	17日 周二 上午 10:00	……	……	13日 周五 上午 10:00	……	……	13日 周五 上午 10:00	……	……	18日 周四 上午 10:00	……	……
2011年国民经济和社会发展统计公报	……	22日 周三 上午 9:30	……	……	……	……	……	……	……	……	……	……
居民消费价格指数月度报告	12日 周四 上午 9:30	9日 周四 上午 9:30	9日 周五 上午 9:30	9日 周一 上午 9:30	11日 周五 上午 9:30	9日 周六 上午 9:30	9日 周一 上午 9:30	9日 周四 上午 9:30	9日 周日 上午 9:30	15日 周一 上午 9:30	9日 周五 上午 9:30	9日 周日 上午 9:30
工业生产者价格指数月度报告	12日 周四 上午 9:30	9日 周四 上午 9:30	9日 周五 上午 9:30	9日 周一 上午 9:30	11日 周五 上午 9:30	9日 周六 上午 9:30	9日 周一 上午 9:30	9日 周四 上午 9:30	9日 周日 上午 9:30	15日 周一 上午 9:30	9日 周五 上午 9:30	9日 周日 上午 9:30
规模以上工业生产月度报告	17日 周二 上午 10:00	……	9日 周五 下午 13:30	13日 周五 上午 10:00	11日 周五 下午 13:30	9日 周六 下午 13:30	13日 周五 上午 10:00	9日 周四 下午 13:30	9日 周日 下午 13:30	18日 周四 上午 10:00	9日 周五 下午 13:30	9日 周日 下午 13:30
固定资产投资(不含农户)月度报告	17日 周二 上午 10:00	……	9日 周五 下午 13:30	13日 周五 上午 10:00	11日 周五 下午 13:30	9日 周六 下午 13:30	13日 周五 上午 10:00	9日 周四 下午 13:30	9日 周日 下午 13:30	18日 周四 上午 10:00	9日 周五 下午 13:30	9日 周日 下午 13:30

① 来源:http://www.stats.gov.cn/tjdt/zygg/tztg/t20110111-402697558.htm

（续表）

内容	1月	2月	3月	4月	5月	6月	7月	8月	9月	10月	11月	12月
房地产投资和销售情况月度报告	17日 周二 上午 10:00	……	9日 周五 下午 13:30	13日 周五 上午 10:00	11日 周五 下午 13:30	9日 周六 下午 13:30	13日 周五 上午 10:00	9日 周四 下午 13:30	9日 周日 下午 13:30	18日 周四 上午 10:00	9日 周五 下午 13:30	9日 周日 下午 13:30
社会消费品零售总额月度报告	17日 周二 上午 10:00	……	9日 周五 下午 13:30	13日 周五 上午 10:00	11日 周五 下午 13:30	9日 周六 下午 13:30	13日 周五 上午 10:00	9日 周四 下午 13:30	9日 周日 下午 13:30	18日 周四 上午 10:00	9日 周五 下午 13:30	9日 周日 下午 13:30
70个大中城市住宅销售价格月度报告	18日 周三 上午 9:30	18日 周六 上午 9:30	18日 周日 上午 9:30	18日 周三 上午 9:30	18日 周五 上午 9:30	18日 周一 上午 9:30	18日 周三 上午 9:30	18日 周六 上午 9:30	18日 周二 上午 9:30	18日 周四 上午 9:30	18日 周日 上午 9:30	18日 周二 上午 9:30
工业经济效益月度报告	……	……	27日 周二 上午 9:30	27日 周五 上午 9:30	27日 周日 上午 9:30	29日 周五 上午 9:30	27日 周五 上午 9:30	27日 周一 上午 9:30	27日 周四 上午 9:30	27日 周六 上午 9:30	27日 周二 上午 9:30	27日 周四 上午 9:30

（三）主要的宏观经济指标

1.GDP

国内生产总值（GDP）是指一个国家（或地区）所有常住单位在一定时期内（一般按年统计）生产活动的最终成果。从支出角度看，GDP是最终需求——投资、消费、净出口这三种需求之和，因此经济学上常把投资、消费、出口比喻为拉动GDP增长的"三驾马车"，这是对经济增长原理最生动形象的表述。图7-4显示的是2001年至2012年上半年，消费、投资、净出口对我国GDP增长的贡献。

国内生产总值的增长速度一般用来衡量经济增长率（也称经济增长速度）。它是反映一定时期经济发展水平变化程度的动态指标，也是反映一个国家经济是否具有活力的基本指标。因此，在宏观经济指标分析中，国内生产总值指标占有非常重要的地位，具有十分广泛的用途。国内生产总值的持续、稳定增长是政府追求的目标之一。

2.投资指标

投资是拉动GDP增长的主要变量，具体可分为私人投资（民间投资）和政府投资。就政府投资而言，通过发行国债或者增发货币的发式获得资金，并增加投资力度，能够短期内带来GDP的明显增长。但政府投资普遍存在效率低、浪费大等问题，因此其短期刺激经济增长的副作用往往需要在更长的时期内进行消化。因此，采取有效措施保护、引导和鼓励民间投资增加，是促进GDP健康稳定增长的重要方法。投资指标主要有固定资产投资（包括房地产投资）、企业投资、政府投资和外商投资。

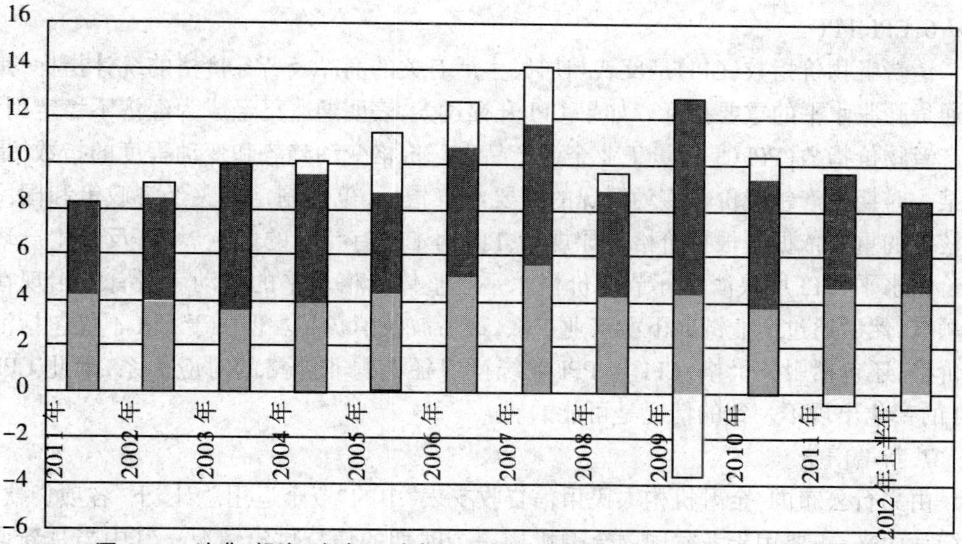

图 7-4　消费、投资、净出口对我国经济增长的贡献(2001—2012 上半年)①

3.消费指标

消费在各国 GDP 中通常占有最大的比重,因而消费增长对经济增长影响较大,保持消费的稳定增长对于宏观经济的稳定增长具有重要作用。由于居民消费是社会最终消费,因此通过稳健的宏观调控,保证居民消费的稳步增长才是宏观经济长期稳定发展的科学选择。社会消费品零售总额是最重要的消费指标,指各种经济类型的批发零售贸易业、餐饮业、制造业及其他行业对城乡居民、社会集团的消费品零售额和农民对非农业居民零售额的总和。

4.出口指标

在考量对 GDP 的贡献时,通常采用净出口指标。净出口是一国出口额与进口额的差额。从图 7-4 中不难看出,净出口对我国 GDP 增长的贡献自 2009 年起出现了负值,其主要原因是国际经济不景气、劳动力成本上升、原材料价格上升、人民币汇率变动、贷款利息提高、厂房租金上升等。应对这些问题的唯一出路就是提高出口产品的技术含量,努力生产具有真正竞争优势的产品。

5.M_0、M_1、M_2

我国现行货币统计制度将货币供应量划分为三个层次:流通中现金(M_0),是指银行体系以外各个单位的库存现金和居民的手持现金之和;狭义货币供应量(M_1),是指 M_0 加上企业、机关、团体、部队、学校等单位在银行的活期存款;广义货币供应量(M_2),是指 M_1 加上企业、机关、团体、部队、学校等单位在银行的定期存款和城乡居民个人在银行的各项储蓄存款以及证券客户保证金。M_2 与 M_1 的差额,即单位的定期存款和个人的储蓄存款之和,通常称作准货币。

① 来源:中华人民共和国国家统计局

6. CPI、PPI

消费者物价指数(CPI)是反映与居民生活有关的商品及劳务价格的统计指标,是观察通货膨胀水平的重要指标。如果CPI升幅过大,表明通胀已经成为经济不稳定因素。生产者物价指数(PPI)是衡量工业企业产品出厂价格变动趋势和变动程度的指数,是反映某一时期生产领域价格变动情况的重要经济指标,也是制定有关经济政策和国民经济核算的重要依据。根据价格传导规律,PPI对CPI有一定的影响。PPI反映生产环节的价格水平,CPI反映消费环节的价格水平。整体价格水平的波动一般首先出现在生产领域,然后通过产业链向下游产业扩散,最后波及消费品。但由于CPI不仅包括消费品价格,还包括服务价格,CPI与PPI在统计口径上并非严格的对应关系,因此CPI与PPI的变化出现不一致的情况是可能的。

7. 新增信贷

由央行公布的"金融机构人民币信贷收支表"中的"资金运用总计"下"各项贷款"科目统计而来,主要用于考察国内金融机构一个时期的信贷供给情况。其中当月新增信贷是指在上个月的基础上增加了多少信贷,当期累计新增信贷则是指从该年1月至统计月这个期间新增信贷之和。

8. PMI

采购经理指数(PMI)是综合性的经济先行指标体系;涵盖生产与流通、制造业与非制造业等领域;分为制造业PMI、服务业PMI,也有一些国家建立了建筑业PMI。生产、新订单、雇员、供应商配送与库存五项类指标加权计算得到制造业PMI综合指数。服务业PMI指标则包括:商业活动、投入品价格指数、费用水平、雇员、未来商业活动预期等。

9. 利率

利率(或称利息率)是指在借贷期内所形成的利息额与本金的比率。利率直接反映的是信用关系中债务人使用资金的代价,也是债权人出让资金使用权的报酬。利率特别是基准利率是中央银行一项行之有效的货币政策工具,其波动反映市场资金供求的变动状况。除了与整体经济状况密切相关之外,利率还影响着人们的储蓄、投资和消费行为,利率结构也影响着居民金融资产的选择和证券的持有结构等。

10. 汇率

汇率是外汇市场上一国货币与他国货币相互交换的比率。一国汇率的水平及其变化状况综合地反映了其所处的国际经济环境状况。因此,各国政府和中央银行为防止汇率过分波动危及经济发展和对外经济关系的协调,都或多或少地通过直接参与外汇交易的手段来干预外汇市场。较固定的汇率水平不能及时根据实际经济状况进行调整,而浮动汇率制度则会增加对外经济活动的风险。

二、宏观经济数据分析方法

(一)总量分析法

总量分析法是指对影响宏观经济运行总量指标的因素及其变动规律进行分析,如对国内生产总值、固定资产投资、货币供应量及物价水平等指标的变动规律的分析等,进而说明整个经济的状态和全貌。总量分析主要是一种动态分析,因为它主要研究总量指标的变动规律,并根据这些规律预测宏观经济的趋势。同时,也包括静态分析,因为总量分析也考察同一时间内各总量指标的相互关系,如投资额、消费额和国内生产总值的关系等。

(二)结构分析法

结构分析法是指对经济系统中各组成部分及其对比关系变动规律的分析,如国内生产总值的结构、消费和投资的结构、经济增长中各因素作用的结构分析等。结构分析主要是一种静态分析,即对一定时间内经济系统中各组成部分的分析。如果对不同时期内经济结构变动进行分析,则属于动态分析。

(三)计量经济模型分析法

计量经济模型分析法是通过建立模型并进行预算,从而寻找经济变量之间的关系,并对影响经济变量之间关系的各种因素进行分析的方法。在宏观经济分析中,通过运用各种宏观经济计量模型,可以在宏观总量水平上把握和反映经济运动的各方面动态特征,并了解主要经济指标之间的动态关系。这些模型还可用于宏观经济的结构分析、决策研究和政策模拟。

(四)概率预测法

概率预测法是在概率论的基础上发展起来的一种预测法,其实质是根据过去预测将来,也就是说,要了解经济活动的规律性,必须掌握它的过去,并加入新的因素进行调整,进而预计将来的发展状况。由于预测时期越长,所受的随机因素的影响也就越大,因此概率预测法应用得较多也较为成功的是宏观经济的短期预测,如通货膨胀率、工业生产总值及其增长率的短期预测等。

三、宏观经济政策分析

宏观经济政策指政府为达到充分就业、经济增长、物价稳定和国际收支平衡,而采取的一系列调节控制宏观经济运行的政策。

(一)财政政策分析

财政政策是政府依据客观经济规律制定的指导财政工作和处理财政关系的一系列方针、准则和措施的总称。财政政策是当代市场经济条件下国家干预经济、与货币政策并重的一项手段。财政政策手段主要包括国家预算、税收、国债、财政补贴、财政管理体制、转移支付制度等。这些手段可以单独使用,也可以配合协调使用。

财政政策分为扩张性财政政策、紧缩性财政政策和中性财政政策。实施紧缩性财政政策时,政府财政在保证各种行政与国防开支外,并不从事大规模的投资。而实施扩张性财政政策时,政府积极投资于能源、交通、住宅等建设,从而刺激相关产业如水泥、钢材、机械等行业的发展。如果政府以发行公债方式增加投资的话,对景气的影响就更为深远。总的来说,紧缩性财政政策将使得过热的经济受到控制,证券市场也将走弱,因为这预示着未来经济将减速增长或走向衰退;而扩张性财政政策刺激经济发展,证券市场则将走强,因为这预示着未来经济将加速增长或进入繁荣阶段。

(二)货币政策分析

货币政策是指政府为实现一定的宏观经济目标所制定的关于货币供应和货币流通组织管理的基本方针和基本准则。货币政策工具又称货币政策手段,是指中央银行为实现货币政策目标所采用的政策手段。货币政策工具可分为一般性政策工具(包括法定存款准备金率、再贴现政策、公开市场业务)和选择性政策工具(包括直接信用控制、间接信用指导等)。

货币政策的运作主要是指中央银行根据客观经济形势采取适当的政策措施调控货币供应量和信用规模,使之达到预定的货币政策目标,并以此影响整体经济的运行。通常,将货币政策的运作分为紧缩的货币政策和宽松的货币政策。从总体上说,宽松的货币政策将使得证券市场价格上扬,紧缩的货币政策将使得证券市场价格下跌。

第二节　行业分析实验

行业分析是介于宏观分析和微观分析之间的中观分析。从某种意义上讲,投资于某上市公司,实际上就是以该上市公司所属行业为投资对象;行业分析的重要任务就是发现最具有投资潜力的行业,进而在此基础上选出最具有投资价值的公司。

一、行业的定义与分类

所谓行业,是指从事国民经济中同性质的生产或其他经济活动的经营单位和个人构成的组织体系结构。

在实践领域中根据不同需要对行业进行分类时,所采取的标准不尽相同,从而形成了不同的行业分类方法。常用的行业分类方法三要有以下几种：

(一)道—琼斯分类法

道—琼斯分类法将大多数股票分为工业、运输业和公用事业三类，然后选取有代表性的股票。在道—琼斯指数中，工业类股票选取了工业部门的30家公司，例如包括了采掘业、制造业和商业。运输业包括航空、铁路、汽车运输和航运业。公用事业类主要包括电话公司、煤气公司和电力公司。

(二)全球行业分类标准(Global Industry Classification Standard，GICS)

GICS是根据公司所从事的主要活动来进行行业分类的，由摩根斯坦利公司和标准普尔公司于1999年联合开发并负责维护。GICS由四个不同层次构成，分别为部门、行业群、行业、子行业。在每一层次上，该行业的主要活动都能更精确地得到描述。截至目前，GICS涵盖了能源、材料、工业、主要消费、可选消费、健康护理、金融、IT、电信服务、公用事业10大经济部门、23个行业群、59个行业及123个子行业。

(三)我国国民经济的行业分类

2011年，我国推出了新的《国民经济行业分类》国家标准(GB/T 4754—2011)。经过调整与修改，新标准共有行业门类20个，分别是农、林、牧、渔业，采矿业，制造业，电力、热力、燃气及水生产和供应企业，建筑业，批发和零售业，交通运输、仓储和邮政业，住宿和餐饮业，电信传输、软件和信息技术服务业，金融业，房地产业，租赁和商务服务业，科学研究和技术服务业，水利、环境和公共设施管理业，居民服务、修理和其他服务业，教育，卫生和社会工作，文化、体育和娱乐业，公共管理、社会保障和社会组织，国际组织。

(四)我国上市公司的行业分类

中国证监会于2001年4月4日公布了《上市公司行业分类指引》，将上市公司共分成13个门类：农、林、牧、渔业，采掘业，制造业，电力、煤气及水的生产和供应业，建筑业，交通运输、仓储业，信息技术业，批发和零售贸易，金融、保险业，房地产业，社会服务业，传播与文化产业，综合类。

(五)上海证券交易所上市公司行业分类

上海证券交易所与中证指数有限公司于2007年5月31日公布了调整后的沪市上市公司行业分类，将在该交易所上市的公司共分为金融地产、原材料、工业、可选消费、主要消费、公用事业、能源、电信业务、医药卫生、信息技术10大行业。

二、行业信息获取途径

(一)政府主管部门公布的统计数据

前文提及国家统计局网站提供了 44 个政府主管部门的统计数据链接(图 7-2)。通过这些链接,可以获取主要行业的统计数据。例如,在中华人民共和国工业和信息化部,可以找到原材料工业、装备工业、消费品工业、通信业、电子信息业、软件业的主要数据及统计分析。此外,中华人民共和国国家发展和改革委员会网站的宏观经济形势分析板块也有权威的行业统计数据。

(二)各行业门户网站

可能为行业协会的网站,如中国房地产业协会的中房网;也可能是国家职能部门研究机构建立的网站,如国家安全生产监督管理总局信息研究院的中国煤炭网。通常该类网站会对该行业内的某些与资源、市场、技术、管理、经营业绩等相关的数据进行专门统计和调研。

(三)券商或其他研究机构的报告

随着资本市场的快速发展,国内券商、国外投资银行、咨询公司、研究中心等机构根据其掌握的统计数据、调研成果、预测信息等对某些行业的相关信息数据进行汇总、综合,通常以报告的方式汇总成文。这些报告有的作为内部参考资料,有的收费提供,有的则免费向市场公开。

(四)其他

1.统计年鉴

统计年鉴记载的数据是政府统计部门按照一定的统计口径、分组、工作方案,在划定总体范围和样本范围后通过各级呈报、分类汇总后得到的统计工作成果,适于时效性要求不高的研究需要。

2.阿里巴巴数据门户

2011 年 5 月 25 日,阿里巴巴宣布推出数据门户,根据 4500 万中小企业用户的搜索、询单、交易等电子商务行为进行数据分析和挖掘,为中小企业以及电子商务从业人士等第三方提供免费的行业搜索动态趋势图、专业化行业分析报告、细分行业和地区的内贸分析和针对行业各级产品的热点分析,以及实时行业热点资讯等。

3.百度数据研究中心

作为全球最大的中文搜索引擎,百度每天响应数亿次搜索请求,依据统计学原理建立的搜索关键词数据库能反映中国网民的兴趣点和选择指向。百度数据研究中心于 2006 年 12 月成立,从行业角度对用户搜索行为数据进行综合梳理,挖掘出网民的潜在需求与消费偏好，描绘出品牌竞争格局，并预测行业的发展趋势，为企业提供决策依据与营销效果评估。

4.收费证券软件、数据库

大智慧投资家经济数据库（EDB）完整覆盖中国宏观经济、中国地区经济、行业经济、全球宏观经济四大领域，目前共收录了15个国家、23个一级行业和300多个二级行业的经济数据。Wind行业数据库是万得资讯依托多年丰富的金融数据处理经验，结合国家统计局、国务院各部委、行业网站等发布的权威数据信息，由万得资讯自行设计与维护的行业数据库。整个数据库由行业动态与研究和行业数据两大部分组成。

三、行业的一般特征分析

（一）行业的市场结构分析

市场结构就是市场竞争或垄断的程度。根据该行业中公司数量的多少、进入限制程度和产品差别，行业基本上可分为四种市场结构：完全竞争、垄断竞争、寡头垄断、完全垄断。

完全竞争型市场是指竞争不受任何阻碍和干扰的市场结构。在现实经济中，完全竞争的市场类型是很少见的，初级产品（如农产品）的市场类型较类似于完全竞争。

垄断竞争型市场是指既有垄断又有竞争的市场结构。在国民经济各行业中，制成品（如纺织、服装等轻工业产品）的市场类型一般都属于垄断竞争。

寡头垄断是指相对少量的生产者在某种产品的生产中占据很大市场份额的情形。资本密集型、技术密集型产品，如钢铁、汽车等，以及少数储量集中的矿产品，如石油等的市场多属这种类型，因为生产这些产品所必需的巨额投资、复杂的技术或产品储量的分布限制了新公司的进入。

完全垄断市场是指独家公司生产某种特质产品的情形，即整个行业的市场完全处于一家公司所控制的市场结构。公用事业和某些资本、技术高度密集型或稀有金属矿藏的开采等行业属于接近完全垄断的市场类型。

（二）行业生命周期分析

通常，每个行业都要经历一个由成长到衰退的发展演变过程。这个过程便称为行业的生命周期。一般地，行业的生命周期可分为四个阶段，即初创阶段（也叫幼稚期）、成长阶段、成熟阶段和衰退阶段。

在行业的初创阶段，只有为数不多的创业资本参与。由于初创阶段行业的创立投资和产品的研究、开发费用较高，而产品市场需求狭小，销售收入较低，因此这些创业公司财务上可能不但没有盈利，反而普遍亏损；同时，较高的产品成本和价格与较小的市场需求还使这些创业公司面临很大的投资风险。

在行业的成长阶段，拥有一定市场营销和财务力量的公司逐渐主导市场。这些公司往往是较大的公司,其资本结构比较稳定,因而它们开始定期支付股利并扩大经营。在成长阶段初期,新行业的产品经过广泛宣传和消费者的试用,逐渐以其自身的特点赢得了大众的欢迎或偏好;市场需求开始上升;新行业也随之繁荣起来。由于市场前景良好,新行业会吸引越来越多的投资,产品也逐步从单一、低质、高价向多样、优质和低价方向发展,因而新行业出现了生产厂商和产品相互竞争的局面。在成长阶段的后期,由于产业中生产厂商与产品竞争优胜劣汰规律的作用,市场上生产厂商的数量在大幅度下降之后便开始稳定下来。投资者蒙受经营失败而导致投资损失的可能性大大降低。

行业的成熟阶段是一个相对较长的时期。在这一时期里,在竞争中生存下来的少数大厂商垄断了整个行业的市场,每个厂商都占有一定比例的市场份额。由于彼此势均力敌,市场份额比例发生变化的程度较小。厂商与产品之间的竞争手段逐渐从价格手段转向各种非价格手段,如提高质量、改善性能和加强售后维修服务等。行业的利润由于一定程度的垄断达到了很高的水平,而风险却因市场比例比较稳定。新公司难以打入成熟期市场,其原因是市场已被原有大公司比例分割,产品的价格比较低。

行业在经历了较长的稳定阶段后,通常会步入衰退阶段。由于新产品和大量替代品的出现,原行业的市场需求开始逐渐减少,产品的销售量也开始下降,某些厂商开始向其他更有利可图的行业转移资金。因而原行业出现了厂商数目减少、利润下降的萧条景象。至此,整个行业便进入了生命周期的最后阶段。在衰退阶段里,厂商的数目逐步减少,市场逐渐萎缩,利润率停滞或不断下降。当正常利润无法维持或现有投资折旧完毕后,整个行业便逐渐解体了。

(三)行业竞争状况分析

行业的竞争状况直接关系到行业的盈利水平及其持续性。通过对行业的竞争状况进行分析,可以了解行业的前景,帮助投资者在行业内部选取优秀的公司。行业竞争状况分析主要依据“竞争战略之父”迈克尔·波特提出的五力模型。波特认为行业盈利的增长潜力取决于行业的竞争激烈程度。

波特认为一个行业内存在着五种基本竞争力量,即供给方的议价能力、需求方的议价能力、潜在进入者的威胁、替代产品的威胁、行业内现有公司的竞争。从静态角度看,这五种基本竞争力量的状况及其综合强度,决定着行业内的竞争激烈程度,决定着行业内的公司可能获得利润的最终潜力。从动态角度看,这五种竞争力量抗衡的结果,共同决定着行业的发展方向。

在进行行业竞争分析时,必须综合考虑以上五个方面的力量,以及它们对行业利润的影响程度。五力模型可以应用于几乎所有行业的竞争性分析,但是由于行业总是处于不断发展变化的状态,要注意根据实际情况不断更新分析结果。

四、影响行业发展的环境因素

通常所指的行业环境主要包括四个方面,即经济环境、社会环境、技术环境和政策环境。了解这些环境因素对行业发展的影响将有助于对行业进行更全面的分析,并得出更可靠的结论。行业分析中常用的 PETS 分析方法,就是通过对行业以上四种环境的分析,来预测行业的发展趋势。

(一)宏观经济环境与行业发展

所有行业的总和构成了整个宏观经济,但是不同的行业对宏观经济波动的反应却是不一样的。当经济处于经济周期的不同阶段时,不同行业的业绩表现也各不相同。例如,当经济处于复苏阶段时,钢铁、汽车制造等顺周期产业往往表现较好;而当经济即将步入衰退阶段时,食品加工、公用事业等行业却能帮助投资者回避一定的风险。根据行业发展与经济周期的关系可以将行业划分为增长型行业、周期型行业、防守型行业。

增长型行业的运动状态与经济活动总水平的周期及其振幅关系并不紧密。在过去的几十年内,计算机和生物医药行业就表现出了这种状态。周期型行业的运动状态与经济周期紧密相关。典型的周期型行业主要有消费品业、耐用品制造业及其他需求的收入弹性较高的行业,如耐用消费品、珠宝等。防守型行业的经营状况在经济周期的上升和下降阶段都很稳定,甚至有些行业在经济衰退时期还会有一定的增长。食品加工业和公用事业等属于防御型行业。

(二)技术环境与行业发展

技术进步是影响行业发展的最主要因素。它一方面推动现有行业的技术升级,甚至可以使处于衰退期的行业焕发出新的生命力;另一方面,也决定了新行业的兴起和旧行业的衰亡。

目前人类社会所处的时代正是科学技术日新月异的时代。不仅新兴学科不断涌现,而且理论科学朝实用技术的转化过程也被大大缩短,速度大大加快。战后工业发展的一个显著特点是,新技术在不断地推出新行业的同时,也在不断地淘汰旧行业。新产品在定型和大批量生产后,其市场价格大幅度下降,从而很快就能被消费者所使用。上述这些特点使得新兴行业能够很快地超过并代替旧行业,或严重地威胁原有行业的生存。如彩色电视机代替黑白电视机,电子表超过机械表,以及数字音像对传统音像行业产生自下而上的严重威胁等情形就是证明。因此,充分了解各种行业技术发展的状况和趋势,对投资者来说是至关重要的。

(三)社会环境与行业发展

对行业发展产生影响的社会环境变化主要来自人口结构的变化和社会习惯的改变。

各年龄层次人口的比例情况称为人口结构,处于不同年龄层次的人有不同的消费需求、储蓄习惯甚至是业余爱好。20—40 岁是消费高峰时期,这一年龄层次的人群对房地产、汽车之类的生活必需耐用消费品具有很强的需求。40—60 岁是储蓄的高峰期,该年龄层次人群比例的增长会为金融服务行业提供稳定的资金支援。60岁以上的高龄人群对医疗服务的需求会大大高于其他年龄层次的人群。分析社会人口结构的变化趋势对不同行业市场容量的预测有很大帮助。例如,美国二战以后到1960年代"婴儿潮"时期出生的人口占总人口的比重很大,而他们正在向储蓄的高峰期迈进。这对美国的金融服务业和社会保险行业的发展非常有利。

社会习惯对国民经济构成中的消费、储蓄、投资、生产经营等方面都有较大的影响,这自然也影响到行业的发展和行业结构的演进。现代社会,消费者和政府越来越强调经济行业所应负的社会责任,越来越注重工业化给社会所带来的种种影响。这种日益增强的社会意识或社会倾向对许多行业已经产生了明显的作用,如美国政府要求汽车制造商加固汽车保险杆、安装乘员安全带、改善燃油系统、提高防污染系统的质量等。防止环境污染、保持生态平衡目前已成为工业化国家的一个重要的社会趋势,在发展中国家也正日益受到重视。现在发达国家的工业部门每年都要花费几十亿美元的经费来研制和生产与环境保护有关的各种设备,以便使工业排放的废物、废水和废气能够符合规定的标准。

(四)政策环境与行业发展

行业所处的政策环境指的是行业所受到的政府干预情况和行业政策影响。

政府对不同行业的干预主要是通过财政补贴、税收、信贷和价格等手段实现的;除此之外,还可以通过市场准入、公司规模限制、环保标准限制,甚至是直接干预来影响行业的发展。政府对不同类型行业的干预程度往往是不同的。由于政府干预经济的目的是维护经济的公平和竞争,所以其干预的行业主要有以下三类:一是自然垄断型行业,主要包括供水、电力、邮电和公共设施等,对这些行业的干预目标是减轻垄断对经济效益的消极影响;二是关系到经济发展全局的行业,如金融、教育、高科技行业等;最后是与国家安全相关的行业,如传媒出版业和国防工业。对于一般的竞争性行业,政府的主要目标是维护行业的健康发展。

政府对于行业的管理和调控主要是通过产业政策来实现的。产业政策是国家干预或参与经济的一种形式,是国家(政府)系统设计的有关产业发展的政策目标和政策措施的总和。正确理解国家产业政策的目的,有助于把握投资机会。一般认为,产业政策可以包括产业结构政策、产业组织政策、产业技术政策和产业布局政策等部分。其中,产业结构政策与产业组织政策是产业政策的核心。

产业结构政策是选择行业发展重点之优先顺序的政策措施,其目标是促使行业之间的关系更协调、社会资源配置更合理,使产业结构高级化。产业结构政策是一个政策系统,主要包括产业结构长期构想、对战略产业的保护和扶植、对衰退产业的调整和援助。产业组织政策是调整市场结构和规范市场行为的政策,以"反对垄断,促进竞争,规范大型公司集团,扶持中小公司发展"为主要核心,其目的在于实现同一产业内公司的组织形态和公司间关系的合理化。产业组织政策主要包括市场秩序政策、产业合理化政策和产业保护政策。

五、供需分析

供给、需求分析用于预测未来行业的盈利能力。供给、需求同步增长，行业盈利将按趋势线发展；供给过剩意味着产品价格会降低，进而限制行业投资；供给不足，产品价格将会上升，吸引更多投资进入。

投资者通过需求分析能找到未来具有较好成长性的行业。常用的方法是分部研究法，即将客户划分入不同的子市场，研究影响每个子市场需求的因素，从而了解市场的整体需求。供给分析的目的是明了行业供需是否处于均衡状态。对于供过于求的行业，由于竞争加剧会影响行业的利润水平。从长期来看，行业供给会自动调节规模，最终与需求保持一致。从短期来看，部分资本密集型、智力密集型行业的供给可能受到资本和人才的限制而落后于需求的增加。供给是由未利用的产能和增加新产能的潜力共同决定的。供给与需求预测相符，市场均衡；否则行业产品的价格将会发生变化。

第三节 公司分析实验

根据不同的划分标准，公司可分为各种不同的类型。其中，按公司股票是否上市流通为标准，可将公司分为上市公司和非上市公司。证券投资分析中，公司分析的对象主要是指上市公司，但在对上市公司进行分析的过程中往往还关注一些与上市公司之间存在关联关系或收购行为的非上市公司。

在实际投资活动中，投资者对于上市公司的了解是必要的，否则其收益将面临很大的风险。公司分析最重要的信息来源是公司年报。公司年报涵盖了公司的基本情况、员工情况、当年的经营状况、财务数据和其他重要事项等，为投资者提供了一个系统了解公司的信息平台。获取公司年报最直接、最方便、最可靠的途径是证券交易所网站和上市公司网站；中国证监会指定的信息披露媒体及网站也是重要途径，主要有《中国证券报》、《证券时报》、《上海证券报》、《金融时报》、《中国改革报》、《证券日报》、《证券市场周刊》、巨潮网站等；专业的财经网站如和讯财经以及行情软件的 F10 资料也是获取公司财务或其他信息的途径。此外，投资者从各种信息渠道甚至日常生活中所获取的一切有关公司的信息都可以作为公司分析的基础。公司分析大致可以分为公司基本素质分析和公司财务分析两大部分。

一、公司基本素质分析

(一)公司竞争地位分析

1.公司行业地位分析

行业地位分析的目的是判断公司在所处行业中的竞争地位,如是否为领导公司,在价格上是否具有影响力,是否有竞争优势等。在大多数行业中,无论其行业平均盈利能力如何,总有一些公司比其他公司具有更强的获利能力。公司的行业地位决定了其盈利能力是高于还是低于行业平均水平,决定了其在行业内的竞争地位。决定公司竞争地位的首要因素在于公司的技术水平,此外公司的市场开拓能力、经营管理水平、资本与规模效益、产品的研发能力也是重要的决定因素。

2.公司经济区位分析

区位,或者说经济区位,是指地理范畴上的经济增长点及其辐射范围。区位是资本、技术和其他经济要素高度积聚的地区,也是经济快速发展的地区。区位经济的发展状况构成了公司运营的直接环境。处在经济区位内的上市公司可以获得额外的竞争优势,一般具有较高的投资价值。区位分析主要包括区位内的自然条件与基础条件、区位内政府的产业政策、区位内的经济特色三个方面。

3.公司产品分析

产品是公司获取收入、实现利润的主要载体,其市场认可程度和竞争力直接决定了公司的盈利能力和竞争地位。公司产品要在激烈的市场竞争中获胜,必须从成本、技术、质量、品牌等方面确立自己的优势。

(二)公司经营管理能力分析

1.公司法人治理结构

公司法人治理结构有狭义和广义两种定义。狭义上的公司法人治理结构是指有关公司董事会的功能、结构和股东的权利等方面的制度安排;广义上的法人治理结构是指有关公司控制权和剩余索取权分配的一整套法律、文化和制度安排,包括人力资源管理、收益分配和激励机制、财务制度、内部制度和管理等。健全的公司法人治理结构至少体现在以下几个方面:规范的股权结构、有效的股东大会制度、董事会权力的合理界定与约束、完善的独立董事制度、监事会的独立性和监督责任、优秀的职业经理层、相关利益者的共同治理。

2.员工素质及能力分析

所谓素质,是指一个人的品质、性格、学识、能力、体质等方面特性的总和。上市公司的员工按组织结构通常可以分为三个层面,即决策层、管理层和执行层。

3.公司内部调控机制效率分析

公司内部应当建立严格的管理制度、共同遵守的办事程序和行为准则。在具体考察时，可以根据公司的经济目标，看公司内部各项规章制度是否健全、是否切实可行，员工是否遵守，各部门是否都有自己的办事程序，是否分工明确、责任清楚，权利是否享受，义务得否履行，是否都熟悉自己的业务，技术水平、文化素质是否高，操作是否娴熟，是否善处理复杂问题、适应多变的环境等。据此，即可对该公司内部调控机制做出总体评价。

（三）公司战略分析

战略是公司面对激烈的市场变化与严峻挑战，为求得长期生存和不断发展而进行的总体性谋划。它是公司战略思想的集中体现，是公司经营范围的科学规定，同时又是制定规划的基础。公司战略通常可以分为三个层次，即总体战略、经营单位战略、职能部门战略。

1.公司总体战略分析

公司总体战略即公司的主导战略或核心战略，目标是确定公司的业务领域及其在行业中的地位。一般来说，公司的总体战略可以分为稳定型战略、增长型战略和紧缩型战略。

2.经营单位战略

经营单位是大型公司内部的单位，是从事经营活动最基本的独立事业单位。它为同一市场或不同市场提供某种产品或服务。经营单位战略是公司总体战略的具体表现形式，在公司总体战略的制约下，指导和管理具体经营单位的计划和行动。经营单位战略是公司总体战略的基础，其核心内容是事业部战略或竞争战略。著名的竞争战略专家迈克尔·波特从最广泛意义上，归纳出三种具有内部一致性的基本竞争战略：总成本领先战略、差异化战略和目标集聚战略。

3.职能部门战略

职能部门战略指公司各个业务领域中各个具体职能单元的战略。职能部门战略是公司内主要职能部门的短期战略计划，因而又称为职能层战略。职能部门战略可以使职能部门的管理人员更加清楚地认识到本职能部门在实施公司总体战略中的责任和要求，从而有效地运用研究开发、营销、生产、财务、人力资源等方面的经营职能，保证实现公司目标。

二、公司财务分析

公司财务分析以会计核算和报表资料及其他相关资料为依据，采用一系列专门的分析技术和方法，对公司过去和现在的偿债能力、盈利能力和营运能力状况等进行分析与评价，为公司投资者、债权人、经营者及其他相关利益者了解公司过去、评价公司现状、预测公司未来、做出正确决策提供准确的信息或依据。

(一)财务报告的组成

公司的财务报告是关于公司经营活动的原始资料的重要来源,主要包括基本财务报表、附表、附注、审计报告及财务情况说明书等一系列财务资料。其中,作为主体的基本财务报表是反映上市公司某一时刻财务状况与经营成果的书面文件。上市公司必须遵守财务公开的原则,即定期公开自己的财务状况,提供有关财务资料,便于投资者查询。根据我国《企业会计准则》及有关会计制度的规定,上市公司的基本财务报表包括资产负债表、利润及利润分配表(损益表)、现金流量表(财务状况变动表)。

(二)财务比率分析

财务比率分析是利用财务比率,包括一个单独的比率或者一组比率,以判断公司在某一方面的业绩、状况或能力。财务比率分析所建立的财务指标既可以单独用于评价公司财务的状况,也是进行财务比较分析和财务因素分析的基本工具。财务比率分析应结合实际情况,如行业特点、季节性趋势和通货膨胀等,同时还应结合财务报表后的"附注"或"注释"部分,以防止企业的盈利操纵。

表 7-2　财务比率分析指标体系①

类别	指标	计算	目标和含义
流动性	流动比率 速动比率 应收款收款期 日销售变现期	流动资产/流动负债 (流动资产-存货)/流动负债 期末应收款/每日赊销额 (现金+存货)/每日赊销额	评价企业以短期可变现资产支付短期负债的能力 评价企业快速变现资产支付短期负债的能力 评价企业回款效率(分子可使用销售收入) 评价企业应收款和现金管理效率
盈利能力	净资产收益率 资产收益率 投入资本收益率 主营业务利润率 毛利率	净利润/权益资本 净利润/有形总资产 (1) EBIT/(现金+WCR+固定资产净值) 主营净利润/主营收入 毛利/销售收入	评价企业使用股东资本的效益 评价企业每使用一元总资产的盈利能力 评价企业所投入资本的盈利能力 评价企业销售收入中的盈利比例 假定销售成本中绝大部分是变动成本,销售收入中贡献于固定成本和利润的比重

① 资料来源:中国经济学教育科研网——厦门大学吴世农《财务分析》.pdf。(1)EBIT(Earning Before Interest and Tax)息税前利润;WCR(Working Capital Requirements)营运资本需求量=应收账款+其他应收款+存货-应付账款-其他应付款。(2)T为税率。(3)WACC(Weighted Average Cost of Capital)加权平均资本成本。(4)ONCFPS每股价格拥有的经营性现金流。(5)ONCF(Operating Net Cash Flow)经营净现金流。

（续表）

类别	指标	计算	目标和含义
负债能力	负债权益比 负债资产比 偿债倍数 利息保障倍数	总负债/权益资本 总负债/总资产 (2) EBIT/{利息 + [到期债务/(1 - T)]} EBIT/利息费用	权益资本与债务资本的关系——总体偿债能力 评价企业的总资产中使用债务资本的比例 使用息税前利润偿还利息和到期债务的保障程度 评价企业使用息税前利润支付利息的程度
资产周转	总资产周转率 应收账款周转率 存货周转率	销售收入/有形总资产 赊销收入/平均净增应收账款 销售收入/平均存货	一段时期(年)内总资产带来销售收入的次数 评价企业一段时期(年)内应收账款回收次数 评价企业一段时期(年)内存货转化为销售的次数(分子可用售货成本)
价值创造	经济增加值 市场增加值	(3)EBIT(1 - T) - (占用资本 * WACC) 权益资本的市场价值 - 占用资本	评价企业产出的利润和利息是否超出投入的资本的成本 评价企业权益资本的市场价值是否超过占用资本
盈利及市场表现	每股盈利 每股股息 市盈率	净利润/发行在外总股数 支付股利/发行在外总股数 股票价格/每股盈利	评价企业发行的股票每股所获得的净利润 评价企业发行的股票每股所获得的分红 评价企业股票价格和每股利润之间的关系。若市场有效，说明企业发展潜力；若市场无效，说明泡沫程度或风险(价格偏离价值或盈利能力)
现金情况	ONCFPS 经营现金成本比 现金负债比	经营性现金流/每股价格 (4) ONCF/经营成本(不含折旧) 总净现金/到期债务	每股价格拥有的经营性现金，通过比较评价企业现金充裕否 评价经营性现金与经营成本之间的关系，满足经营所需现金否 评价企业现金是否足于偿还到期债务

(三)财务比较分析

比较分析法是财务报表分析中最常用的一种方法，也是一种基本方法。它是指将实际达到的数据同特定的各种标准相比较，从数量上确定其差异，并进行差异分析或趋势分析的一种分析方法。与财务管理不同，证券投资分析中的财务差异分析，侧重对公司的实际财务指标数据与行业平均水平及历史正常水平的明显差异进行分析。

1.绝对数比较

绝对数比较，即利用财务报表中两个或两个以上的绝对数进行比较，以揭示其数量差异。

2.相对数比较

相对数比较，即利用财务报表中有相关关系的数据的相对数进行对比，如将绝对数据算成百分比、结构比重、比率等进行对比,以揭示相对数之间的差异。

3.趋势分析

趋势分析侧重对同一公司不同时期指标的对比分析。为了更清楚地了解公司业绩的发展历程和趋势,以及发现需要解释和分析的比率变动,应该分析公司3年以上的数据。一家公司通过使用特殊的会计方法编制一次有较高获利能力的假象并不困难,但是要保持这种业绩则非常困难。因此,追踪的时期越长,趋势分析的准确度就越高。

4.横向比较

横向比较通常将被评价公司与同类公司对比,即与行业平均数比较。在取得某个指标的行业平均值时,可以将行业中所有公司的相关指标进行排序,然后计算出平均结果。但如果出现极端数据,将会扭曲所计算出的平均数。此时,采用中位数代替平均数作为对比的基准更为科学。

5.差异分析

证券市场中,上市公司的股票价格通常反映预期财务数据。当实际财务数据公布时,股价会根据实际值与预期值之间的差异而出现相应的波动。因此,投资分析更注重的是提高对公司财务数据预测的准确度,而当实际公布数字与预测数字出现较大差异时,应考虑如何改进分析体系以提高分析水平和准确度。

三、估值模型

(一)相对估值模型

相对估值模型描述一种资产相对于另一种资产的价值,其逻辑是类似的资产应该以类似的价格出售,通常会用到各种价格乘数,如市盈率、市净率、市销率等。市盈率,又称价格收益比或本益比,是每股价格与每股收益之间的比率,其计算公式为:

$$市盈率=\frac{每股价格}{每股收益}$$

如果能分别估计出股票的市盈率和每股收益,就能由此公式估计出股票价格。这种评价股票价格的方法就是市盈率估值法。

(二)绝对估值模型

绝对估值模型是确定资产内在价值的模型,其逻辑是投资者资产的价值必须与投资者预期可从持有资产所得到的收益相联系。如果将这些收益看成是资产的现金流,该类模型也称为现金流贴现模型,其公式为:

$$V=\frac{D_1}{1+k}+\frac{D_2}{(1+k)^2}+\frac{D_3}{(1+k)^n}+\cdots+\frac{D_\infty}{(1+k)^\infty}$$

V——股票在期初的内在价值;

Dt——时期 t 末以现金形式表示的每股股息;

k——一定风险程度下现金流的合适的贴现率(也称必要收益率)。贴现率通常可以根据 CAPM 确定,或者是用无风险利率+风险溢价(3%—4%)等方法来确定。

除了现金流贴现模型,股利贴现模型、自由现金流贴现模型、剩余收益模型、新型价值模型也是常用的绝对估值模型。

第四节　基本分析综合实验

本节主要介绍两种风格的选股模式以及研究报告的获取与阅读。对于初学者来说,大量阅读专业分析师的分析报告或许是系统学习基本分析的最佳途径。

一、自上而下和自下而上的选股模式

(一)自上而下(Top - down)选股模式

即在选择股票时遵循以下逻辑,首先考察整体经济对所有公司和证券市场的一般影响,然后分析经济环境中具有较好发展前景的行业,最后寻找理想行业中的单个公司及其权益证券。自上而下的分析法符合顺势而为的理念。对大多数投资者来说,在宏观经济形势向好的时候寻找优势行业中的优质股票,通常能够获得较好的收益。

(二)自下而上(Bottom - up)选股模式

也称精选个股分析法,即不管外部环境如何变化,只要公司的基本面没有改变,企业股票的价格最终要回到它的价值上。自下而上的分析法具有逆向思考的特点,即巴菲特所说的"在别人贪婪的时候恐惧,在别人恐惧的时候贪婪"。然而牛市的起点和熊市的起点都只有一个,且底部的形成往往需要一个漫长的过程。只有市场经验丰富且具有长期投资资金或者稳定现金流的投资者,才有可能通过精选个股来战胜市场。

二、研究报告的获取与阅读

(一)研究报告的来源

通常国内各大券商、主动管理型基金管理公司、专业财经媒体、投资公司、商业银行等机构都设有自己的研究部门,并定期公布宏观、中观、微观层面的研究报告。投资者可以从这些机构的网站上获取其自主研发或者为客户提供的免费报告,或者从一些免费行情软件中浏览到机构报告摘要。国内还有诸如迈博汇金、汗ᅳ网等网站,系统汇总

了各大券商等机构的报告,并免费提供①。收费报告可以从万点、中诚信等收费软件中搜索,或者从诸如价值投资网等专门汇总各类最新研究报告的网站购买,或者直接从研究部门购买。

(二)研究报告的主要类型

1.晨会报告

通常在每个交易日开盘前即可阅读到,反映研究部门就开盘前最新基本面变化的讨论及建议,是最具有时效性的报告。

2.策略报告

策略报告从发布时间看,可以分为年度、季度、月份投资策略报告;从分析层面看,可以分为市场策略报告、行业策略报告、品种策略报告等。

3.宏观研究报告

主要对宏观经济运行状况、宏观经济指标、宏观经济周期、宏观经济政策、重大宏观事件等进行分析。

4.行业研究报告

是对整个行业的综合报告;通常介绍行业的具体情况,及相关的具体投资品种;对行业的评价主要有三种观点,即强势、中性、弱势。

5.公司研究报告

通常该类报告会给出最后的操作建议,主要有买入、增持、持有、卖出等。

6.其他类型

研究员可能会因个人爱好或擅长而就任何与市场有关的新闻、人物、事件、观点、理论等做出分析、总结和评价。

三、阅读研究报告的注意事项

1.基本面分析最大的特点是模糊正确的预测,无法像技术分析那样具有较高的准确性和即时性,因此那些半年、一年甚至多年的目标价位只能作为参考。具体操作时,必须有很好的技术分析功底,不要预期价格一定能达到目标价位。

2.注意研究员所使用的数据是否可靠,是否存在不符合常识的数据夸大;哪些是定性分析,哪些是定量分析,分析方法是否合理,逻辑是否缜密,是否存在线性思维的特点;同一研究内容,是否有其他研究员的报告,其观点和结论是否一致,是否存在关注不足或者关注过度的现象;研究员是否充分揭示了各种潜在风险。

3.在各种排名机制的影响下,研究员跳槽的现象频繁发生,因此不要只关注研究所的排名,还要结合研究员的历史表现来确定其报告的可靠度。但永远不要忘记,不管曾经多么优秀的研究员,都可能出现重大的预测偏差,谁都不是永久可靠的。只有提高自

① 该类网站在版权上可能与券商存在冲突。

己的分析操作能力，才有可能获得满意的回报。

【本章小结】

1.基本分析是指根据经济学、金融学、财务学、管理学等基本原理，通过对决定证券价值及价格的基本要素，如宏观经济指标、经济政策走势、行业发展状况、产品市场状况、公司销售和财务状况等进行分析，评估证券的投资价值，判断证券的合理价位，提出相应的投资建议的一种分析方法。基本分析的核心是价值发现，其内容主要包括宏观经济分析、行业分析和区域分析以及公司分析三个层次。基础分析能够比较全面地把握证券价格的基本走势，应用较为规范、简单。从长期来看，基础分析方法是一种有效的分析工具，而对短线投资者的指导作用比较弱。

2.获取宏观经济数据的网络资源有政府部门网站、专业财经类网站、教育科研机构网站、媒体网站。宏观经济数据及其变化，是投资者判断宏观经济形势的重要依据。每逢重大经济数据的公布，尤其是实际数据与预期数据相差较多时，市场都会受到明显的影响。主要的宏观经济指标有 GDP、投资指标、消费指标、出口指标、M_0、M_1、M_2、CPI、PPI、新增信贷、PMI、利率、汇率等。宏观经济数据分析方法有总量分析法、结构分析法、计量经济模型分析法、概率预测法等。宏观经济政策分析的对象主要是财政政策和货币政策。

3.投资于某上市公司，实际上就是以该上市公司所属行业为投资对象。行业分析的重要任务就是发现最具有投资潜力的行业。在实践领域中根据不同需要对行业进行分类时，所采取的标准不尽相同，从而形成了不同的行业分类方法。行业信息获取途径主要有政府主管部门公布的统计数据、各行业门户网站、券商及其他研究机构的报告等。行业的一般特征分析包括行业的市场结构分析、行业生命周期分析、行业竞争状况分析。影响行业发展的环境因素有宏观经济环境、技术环境、社会环境、政策环境。

4.证券投资分析中，公司分析的对象主要是指上市公司，但在对上市公司进行分析的过程中往往还关注一些与上市公司之间存在关联关系或收购行为的非上市公司。在实际投资活动中，投资者对于上市公司的了解是必要的，否则其收益将面临很大的风险。公司分析最重要的信息来源是公司年报。公司分析大致可以分为公司基本素质分析和公司财务分析两大部分。对于初学者来说，大量阅读专业分析师的分析报告或许是系统学习基本分析的最佳方式。

【本章思考题】

1.宏观经济数据获取实验。

2.宏观经济数据同比、环比分析。

3.宏观经济数据与 A 股的叠加、分析及拐点判断。

4.汇率、利率变化与 A 股市场的关系分析。

5.宏观经济政策分析。

6.明确各行业信息获取方式，了解目标行业的基本特征，包括行业在国民经济中的地位、行业的市场结构、是否具有规模效应、竞争的主要手段，如技术、品牌、渠道、管理等。

7.学会使用五力模型判断竞争优势，根据供求关系对比及市场在当前阶段对供需水平的一致预期，结合行业盈利水平进行投资价值判断。

8.根据行业生命周期的理论，找到目前景气度高或拐点在即的行业。

9.分析影响行业发展的因素，揭示行业投资风险。

10.公司竞争优势分析。

11.公司盈利能力分析。

12.成长能力分析(包括未来产能与新产品分析等)。

13.估值水平分析。

14.选择某机构投资者的股票池作为关注对象，要求学生从中按照自下而上或者自上而下的选股模式选择个股。

CHAPTER 8 第八章 技术分析实验

【学习目标】

熟悉和掌握基本的技术分析方法，能够利用这些方法寻找买卖点，并预测目标价位。通过实验，学生能够熟悉掌握常用的技术指标，能够利用这些指标寻找买卖点，能够自编简单的技术分析指标；了解常用行情技术分析软件的主要功能模块。

在进行技术分析实验之前，必须明确一点：技术分析是经验的总结，其方法只能帮助投资者提高对价格变化进行预测的成功率，但无法保证预测一定成功。技术分析必须与有计划、有原则的操作结合在一起才能发挥作用，否则所有的分析都只能是纸上谈兵。

第一节　主要的技术分析理论及方法实验

趋势的概念来自道氏理论，趋势是技术分析的核心，主流的技术分析方法都涉及趋势追踪和预测的内容，不同的技术分析方法各有不同的适用范围。

一、道氏理论的应用要点

1.道氏理论主要用于分析市场的整体性变化。因此，利用道氏理论选择个股的买卖点很可能错过最佳买卖时机。然而即便如此，如果严格按照道氏理论来买卖道－琼斯指数，在不考虑通胀和费用的前提下，1897 年投入的 100 美元到 1956 年会变成 11236.65 美元。事实告诉人们，即使是最迟钝的买卖信号，只要坚持原则，都能获得超出大多数人的收益。

2.只要相继的价格波峰和波谷都对应地高过前一个波峰、波谷，那么市场就处于上升趋势之中；下降趋势则以依次下降的波峰和波谷为特征。因此，趋势只有上升和下降两种方向。不存在水平的趋势，水平运动是一种无趋势状态。

3.任何市场中，都必然同时存在着三种趋势，即基本趋势、次级趋势和短期趋势。基本趋势是无法被人为操纵的。

4.次级趋势如果严重背离基本趋势，则被称为次级折返或修正。道氏线（Dow's line）又称盘局，即指数在5%的范围内进行横向运动的现象，盘局可以代替次级折返。

5.主要走势是整体的基本趋势，具体表现为主要的多头市场（牛市）或主要的空头市场（熊市）。持续时间可能在一年以内，乃至于数年之久。

6.通常在牛市中，价涨量增，价跌量缩；在熊市中，价跌量增，价升量缩。对于趋势的判定，主要还是依靠价格水平的变化。成交量仅能提供辅助信号，且只有总体的和相对的成交量趋势才能给出一些有用的信号。

7.两种指数必须互相验证，市场趋势中，不是一种指数就可以单独产生有效信号的。

8.把收盘价放在首位。因此，价格的涨跌、支撑线及阻力线的绘制以及有效突破的判断等，通常以收盘价为标准。

9.在反转趋势出现之前，主要趋势仍将发挥影响，然而一个旧趋势的反转可能发生在新趋势被确认后的任何时间，所以作为投资人，一旦做出委托后，必须随时注意市场。

二、波浪理论的应用要点

1.价格的波动如同潮汐一样，一波跟着一波，而且周而复始，展现出周期循环的必然性。任何的波动均是有迹可循的。同道氏理论一样，波浪理论主要用于分析市场的整体运动，也可应用于黄金、外汇及价格不易被操纵的品种，不适用于个股分析。

2.波浪理论总结了三个方面的规律，即形态、比例和时间。形态是价格走势波浪的形状和构造，比例是价格走势图中各个高点和低点① 所处的相对位置，时间即完成某个运动状态所经历的时间长短。

3.股票市场遵循着一种周而复始的节律（图8－1）。一个完整的上升（下降）周期包含8浪，先是5浪结构的上涨（下跌）推动阶段，随之有3浪结构的下跌（上涨）调整阶段。在上涨（下跌）推动阶段，每一浪均以数字编号。其中第1、3、5浪是上升（下降）浪，称为主浪。2、4浪分别是对1、3浪的调整，称调整浪。下跌（上涨）调整阶段（corrective phase）的三个浪分别用字母a、b、c来表示。

4.一个上升周期中的8个子浪各有各的特点，必须牢记这些细节。不是所有5个子浪结构的运动都是推动阶段，很多投资者数错浪的主要原因就是只会机械地数浪，却没有记住各浪的特征。对于初学者来说，最容易把握的是第3浪，建议非波浪理论高手不要尝试预测第5浪，也不要在所谓第4浪终点介入，因为很可能会数错浪。

---

① 高点通常指价格波动中的波峰处，低点指波谷处。

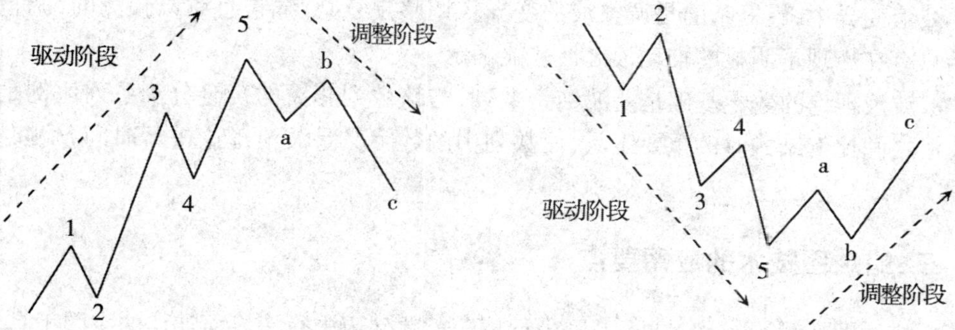

图 8－1　上升和下降周期的 8 浪结构

5.波浪理论中,趋势可分为 9 个层次,上达覆盖 200 年的长周期,下至仅仅延续数小时的微小尺度。不管所研究的趋势处于何等规模,其基本的 8 浪周期是不变的。根据波浪理论,每一个波浪都可以向下一层次划分成小浪,而小浪同样也可以进一步向更下一层划分出更小的浪。反之,每一个波浪本身也是上一层次波浪的一个组成部分。

6.能不能辨认 5 浪和 3 浪结构具有决定性的重要意义,因为其各自有不同的预测意义。一组 5 浪结构通常意味着更大一层次的波浪仅仅完成了一部分(除非这是第 5 浪的 5 个小浪)。调整绝对不会以 5 浪的形式出现:在牛市中,如果看到一组 5 浪式的下跌,那么可能意味着这只是更大一组 3 浪调整的第 1 浪,市场的下跌还将继续。在熊市中,一组 3 浪结构的上涨过后,是下降趋势的恢复;而 5 浪结构的上涨则说明将会出现更可靠的向上运动,其本身甚至可能构成了新的牛市的第 1 浪。

7.波浪理论中,难以把握的是复杂的波浪变异。图 8－2 显示的是推动阶段第 3 浪的延伸。缺乏经验的投资者可能会把 1、2、(1)、(2)、(3)序列当做一个完整的 5 浪结构的推动阶段,而根据一个完整周期中 8 个子浪的特点,第 3 浪绝对不是推动浪中最短的浪,所以(1)浪不能成为一个 5 浪结构中的第 3 浪。

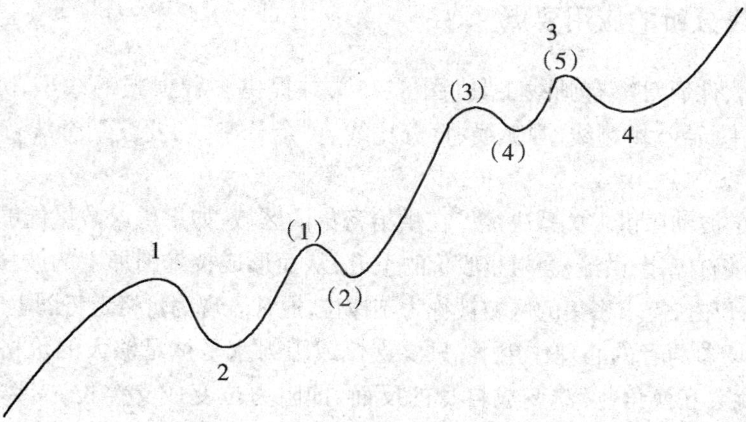

图 8－2　推动浪的延伸

波浪变异中，最复杂的是调整浪的变异。调整是复杂、痛苦且难以预测的，调整的终结只有在出现了明显的推动浪之后才能确定。

8.波浪理论的数学基础是斐波纳奇数列，与该数列相关的黄金分割系列比例是预测波浪之间比例结构时的重要工具，而数列中的数字又是波浪理论进行时间预测时的依据。

三、蜡烛图技术的应用要点

1.蜡烛图在我国俗称K线，是国内行情分析软件历史行情界面默认的主图工具。

2.单根K线分析时，大阳线大阴线的开盘价、收盘价或者实体中点位置均可以作为判断未来价格涨跌的参考。

3.十字线的出现通常都是警告信号。如果出现在顶部且伴随有巨大成交量，那么行情见顶的概率极高。

4.较长的影线通常代表着明显的阻力或支撑。

5.通常借助于连续出现的K线组合而不是单根K线来分析价格波动。K线组合的主要类别有反转形态和持续形态。当反转形态的K线组合符合以下情况时，预测的成功概率更高：

(1)组合出现在长期且明显的上涨或者下跌之后；

(2)组合形成过程中的重要K线伴随成交量放大；

(3)组合出现在历史的重要阻力或支撑位置。

6.由于短期股价容易被操纵，因此分析时要结合不同周期的K线来确定价格波动的真实性。

7.出现反转形态时，并不必然意味着趋势的方向要发生逆转，而是表明原有的趋势将会停止；至于价格今后运行的方向如何，还需进一步观察、判断。

四、切线分析的应用要点

1.行情软件通常都有画线工具(图8-3)，并提供多种模式的线型，如线段、趋势线、通道线、平行线、抛物线、圆弧线、百分比线、黄金分割线、斐波纳奇线、速度线、江恩角度线等。

2.价格的波动由供求关系决定。在供给密集的区域，如果供给数量能够满足所有买盘的需求，且仍有富余供给，会阻止股价的上升，从而形成技术图形上的波峰。该区域被称为阻力位；反之，需求密集的区域被称为支撑位，通常表现为价格走势图上的波谷。

3.在市场参与者的心理作用下，只要支撑或阻力水平被足够大的价格变化有效地突破，它们就会互换角色，演变成自身的反面，即阻力位变成支撑位，支撑位变成阻力位。

4.支撑和阻力的重要程度受证券在该区域换手的影响。该区域的交投越活跃，支撑与阻力便越重要；价格在某个支撑或阻力位置逗留的时间越长，该区域就越重要；支撑或阻力位置距离当前的时间越短，其影响力越大。

5.在上升趋势中，连接价格走势曲线各波谷的低点，即可得上升趋势线；在下降趋势中，连接价格走势曲线各波峰的高点即可得下降趋势线。

6.通常两个高点或低点就可以确定一条趋势线，但是画趋势线所取两点之间的距离太近时，其所发挥的支撑或阻力作用将会大为削弱，因此趋势线的画法应该选择距离较为远的两个点才具有参考价值。此外，在通过画趋势线追踪趋势时，趋势线上被触及的波峰或者波谷越多，该趋势线越有效。图 8 – 3 中扇形原理的三条趋势线追踪了一个减速上升的趋势，其中第一条趋势线的选点方法具有参考价值。

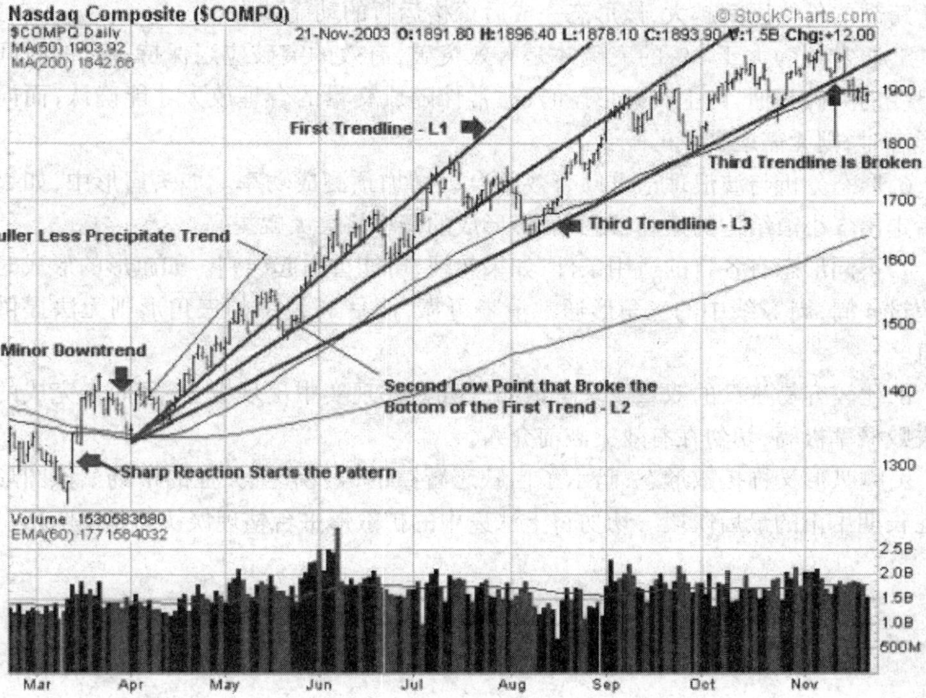

图 8 – 3　扇形原理分析 NASDAQ 成分股指（来源：stockcharts. com）

7.价格向上突破下降趋势线而上涨时，通常成交量须大量增加，而且要有比较可靠的底部形态出现，才可称为有效突破；向下跌破上升趋势线时，成交量不论是否增减都可视为有效跌破。

五、形态分析的应用要点

1.市场价格大多数时间会处于一种没有明显趋势的运动状态，具体表现为证券价格在某个价格范围内做横向运动。这种运动就是通常所说的无趋势状态，或者是水平运动状态。这种水平运动通常是连接上升或下降趋势的过渡阶段，而且大多数情况下都会表现为某种确定的模式，即技术分析中的价格形态。

2.价格形态在技术分析中具有重要的意义,因为正确地识别价格形态能够帮助投资者判断趋势变化的可能并把握有效的买卖时机。

3.反转形态出现后,股价反转的概率较高,并不必然预示着价格将会反转。价格形态反映的是多空双方的较量进入一个相持阶段。最终哪一方的力量取得决定性的胜利,价格就会朝哪个方向运动,从而结束过渡阶段,形成新的趋势。

4.价格形态可以适用于从分钟、小时,到日、周、月、年的任何时间跨度。然而不同时间单位的价格形态对趋势预测的意义是不同的。一般来说,价格形态持续时间越长,该形态完成后的价格走势就越强。

此外,价格形态的预测意义与形态的波动范围通常具有正相关的关系。形态形成时所跨越的价格区间越大,该形态完成后价格运行的动能越大。

5.通常认为大于3%的突破才是有效突破,有效的突破应当保持一定的时间。与趋势线的突破相似,向上突破形态时,通常伴随成交量的合理放大才能确认,而向下突破形态时,则无需成交量的配合。

6.形态分析与波浪理论可以有效结合以增加预测成功率。如头肩形中,如果头部之后走出5小浪结构的运动,则头肩形形成的概率将会大幅提高。

7.不同形态有各自的适用条件,如果忽视,可能会引起误判。如旗形的形成时间不能超过4周,周K线中的三角形通常清晰可靠,而月K线中的三角形则无法提供有效信息。

8.比较容易辨认的双重或三重顶部(底部)在现实中出现极少,且尚未完成的三重底失败概率极高,切勿在有效突破前介入。

9.喇叭形又称扩散形态,暗示了由缺乏智慧的人发起且失控的市场。该图形只出现在长期牛市的最后阶段。切勿将上涨途中的扩散形平台整理误认为是喇叭形。

第二节 技术指标分析实验

技术指标是技术分析的重要手段。它是运用一定的数学、逻辑判断方法对价格和成交量等市场原始数据进行处理,计算出相应的指标值,进而为市场预测提供依据的技术分析方法。除了传统的行情软件默认附带的指标,提供自编指标功能、交易系统设置功能的软件能够帮助投资者将自己的交易系统以直观、科学的方式展现出来。

一、技术指标的基本知识

1.技术指标种类繁多,可以分为顺势指标、摆动指标、资金流量指标、量价指标、大盘指标、成交量指标、通道指标、状态指标等。在使用软件时,如果遇到不熟悉的指标,可以借助指标用法注释来了解其简单的用法。通常在鼠标左键单击选中指标曲线后,右键单击鼠标即弹出关于指标的选项菜单,如图8-4所示。

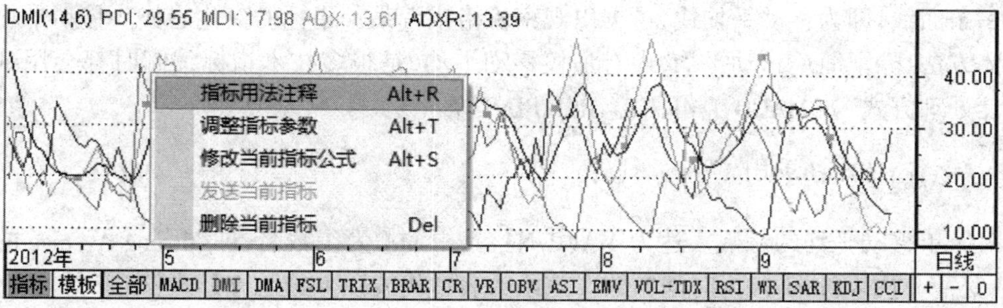

图 8－4 指标选项菜单

2.指标的背离指技术指标线的波动方向与价格走势方向不一致,包括两种表现形式,即顶背离和底背离。技术指标与价格的背离,暗示价格波动无法得到技术指标的支持,原有的趋势动力不足。

3.指标的交叉有两种情况:一条指标线与另一条指标线或者与零轴、超买线、超卖线的交叉。具体说来,两条指标线的交叉情况又分为两种,即黄金交叉(简称金叉)和死亡交叉(简称死叉)。通常超卖区域的金叉和超买区域的死叉预测信号更强。通常较为稳健且市场经验丰富的投资者喜欢采用右侧穿越的金叉或死叉信号,或者指标线上穿超卖区域与指标线下穿超买区域的信号。

4.借助条件选股功能,可以根据设定的条件从备选品种中过滤出在指定时间区间出现信号的品种,并可进行成功率测试。

5.在历史行情走势图或实时行情走势图中,在选定主图或附图后,输入指标缩写字母加回车键,即可调出该指标曲线。如输入“MA”加 ENTER 键,即可在主图看到移动平均线指标;再次输入“MA”加 ENTER 键,则主图中的 MA 指标线会隐藏。副图中的指标切换直接输入指标字母简称加回车,或者按副图下方的指标标签即可选择(图 8－5)。

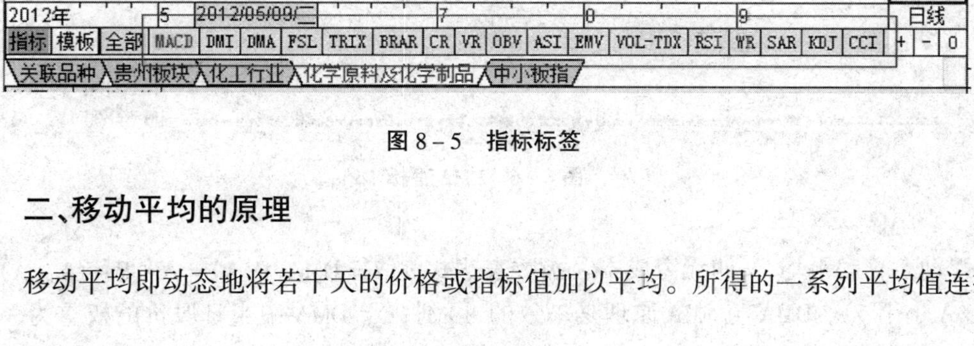

图 8－5 指标标签

二、移动平均的原理

移动平均即动态地将若干天的价格或指标值加以平均。所得的一系列平均值连接成一条曲线,即为移动平均线,可据以观察价格或者某一指标的变化趋势。移动平均的具体方法,除了简单移动平均,还有加权移动平均,是很多技术指标编制时都会用到的统计处理方式,如 MACD、DMI、KDJ、RSI、BIAS 等。

(一)简单移动平均

简单移动平均的函数表达为 MA(P,N),其中 MA 为函数名,即 Moving Average 的缩写;变量 P 代表价格;N 为时间参数。该函数表达代表以下的运算公式:

$$MA(P,N) = (P_t + P_{t-1} + P_{t-2} + \cdots\cdots + P_{t+1-N})/N$$

(二)其他移动平均

1.EMA

指数平滑移动平均函数,是一种加权移动平均函数。函数表达式为 EMA(P,N),即求 P 的 N 日指数平滑移动平均;具体的算法是若 Y = EMA(P,N),则 Y = [2 * P + (N - 1) * Y']/(N + 1),其中 Y'表示上一周期 Y 值。

2.SMA

函数 SMA 是一种加权移动平均指标。函数表达式为 SMA(X,N,M),即求 X 的 N 日移动平均,其中 M 为权重;算法是若 Y = SMA(X,N,M),则 Y = (M * X + (N - M) * Y')/N,其中 Y'表示上一周期 Y 值,N 必须大于 M。

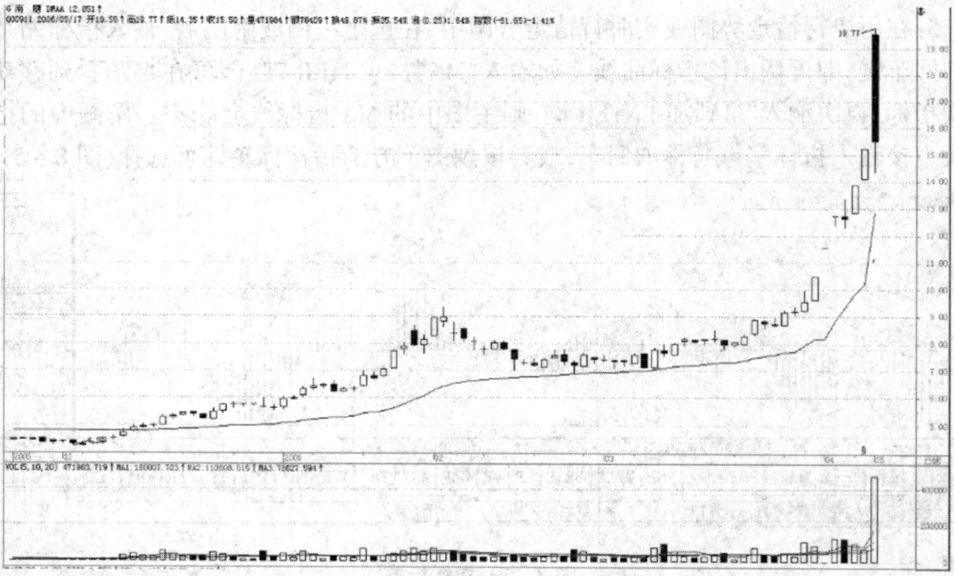

图 8-6 DMA 指标

3.DMA

动态移动平均,又叫无穷成本。函数表达式为 Y = DMA(P,A) = A * P + (1 - A) * Y'(A 小于 1)。DMA 与 SMA 原理是一致的,区别在于 DMA 中当日股价的权重为一个小数,SMA 中的相应权重为 M/N。通常 DMA 中的 A 取换手率即 V/CAPITAL。当换手率较大时,DMA 跟随股价变化较快,如图 8－6 所示。需要注意的是,通常免费行情软件中的 DMA 指标并不是移动平均指标。

三、技术指标编制的基本知识

1.在免费行情软件的指标选项菜单中,选择修改当前指标公式,即可弹出软件的指标公式编辑器,如图 8－7 所示。通常在专业的收费行情分析软件的指标栏中,通过新建指标公式也可以进入相似的公式编辑器。

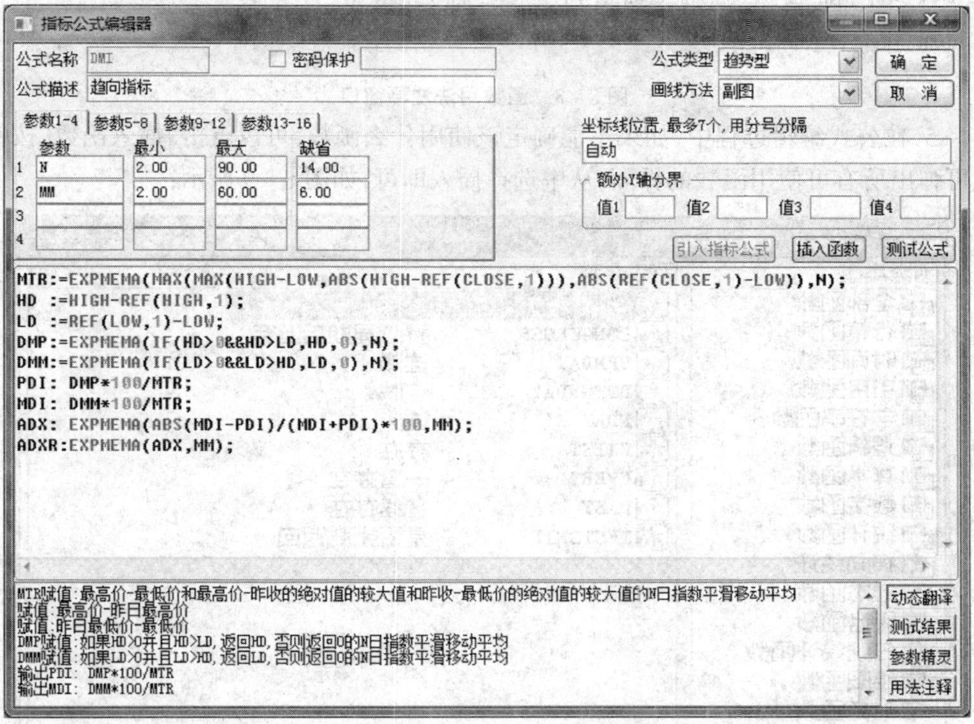

图 8－7　公式编辑器

2.在设定公式名称和简要描述后,需要确定公式是主图叠加指标还是副图指标,还需要在参数栏中输入公式中所用参数的变化范围(最小、最大值)以及缺省值(默认值)。

3.在公式编辑界面输入或者粘贴自己的公式语言即可。通常所需绘制的指标线的格式为变量名之后用英文标点冒号隔开,之后是关于该指标的描述。如 MA1:MA(C,M1),即要求绘制收盘价 C 以 M1 为参数的移动平均线 MA1。如果不许绘制指标线,只对某一变量做定义,则冒号之后再加上等号。如 A:=(O＊2+C＊2+H+L)/6,即对变量 A 做了定义。独立的语句之间以英文中的分号来做分隔。

4.在公式编辑器中,当光标停留在某个函数所在位置的时候,通常会自动弹出介绍该函数用法的小窗口,如图 8－8 所示:

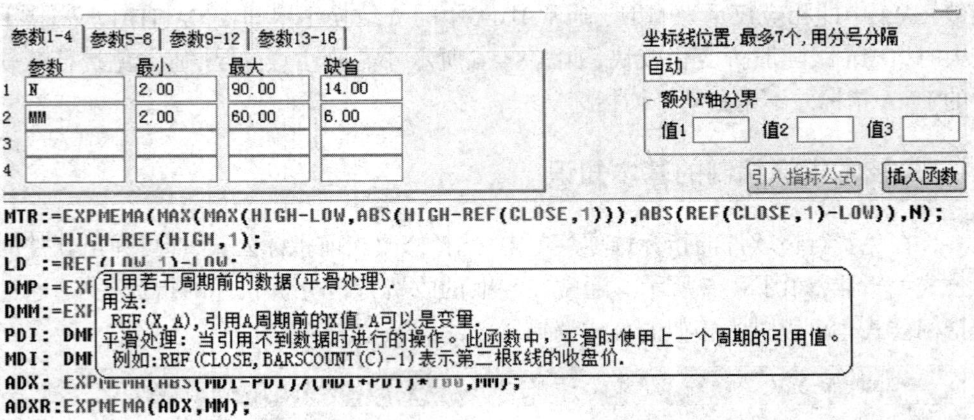

图 8-8 函数用法注释窗口

5.在公式编辑过程中,如果不能确定该使用什么函数,可以点击"插入函数"按钮,即可弹出所有可使用函数的界面,从中选择插入即可,如图 8-9 所示:

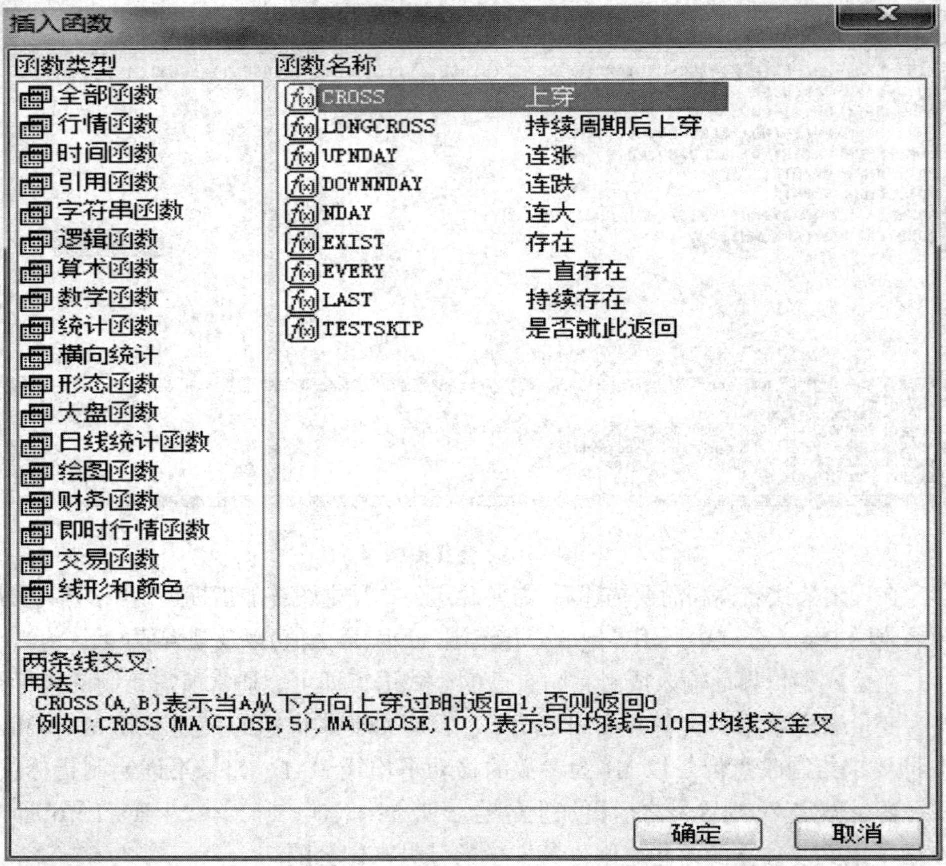

图 8-9 插入函数界面

第三节 行情技术分析软件其他功能的使用

本节主要介绍常用免费软件及低收费软件的其他功能,以帮助投资者学习利用这些软件提高技术分析的效率和成功率。

一、条件选股

条件选股即根据一个或多个技术指标,设定组合条件,由计算机自动筛选出满足条件的所有品种。图 8-10 显示的是软件飞狐交易师的条件选股界面。选股依据的指标是 KDJ 指标,要求找出 2008 年 4 月 1 号至 21 号出现 3 金叉信号的品种。具体的操作步骤如下:

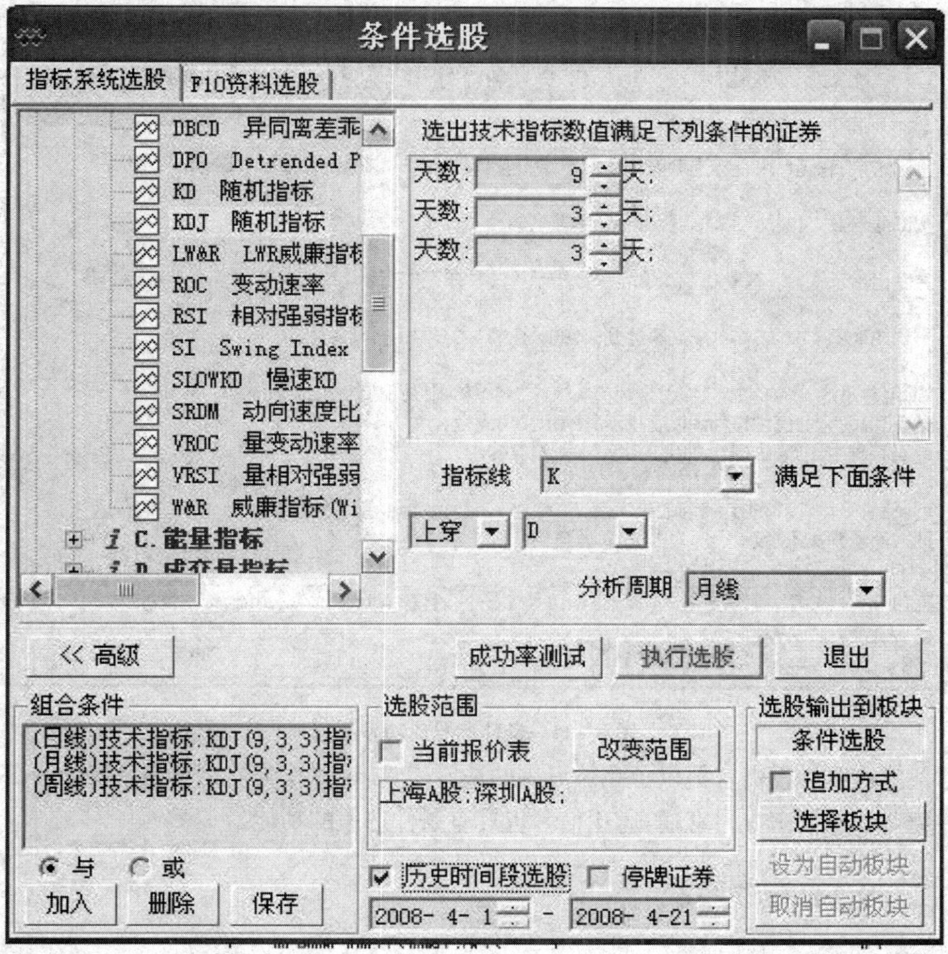

图 8-10 飞狐交易师的条件选股界面

1.在“指标系统选股”标签中选定 KDJ 指标。

2.设定指标参数。

3.选择指标线 K,满足上穿指标线 D。

4.分析周期,分别选择日线、周线、月线,点击组合条件下的“与”选项,然后点击“加入”按钮,将三个周期的选股条件加入组合条件。

5.选股范围定为沪深 A 股。

6.历史时间段定为 2008 年 4 月 1 日至 2008 年 4 月 21 日。

7.点击“执行选股”。

设定好选股条件后,如果选择“成功率测试”选项,则电脑会自动进行该组合条件的成功率测试。图 8－11 显示的是某组合条件自 1990 年 1 月 1 日至 2008 年 10 月 18 日内的成功率测试情况。要求买入信号出现后,在 20 个交易日内收益率 20%。测试结果是,在该时间段,1385 只证券中有 69 只证券共出现 79 个买入信号,能实现目标收益率的信号是 51 个。

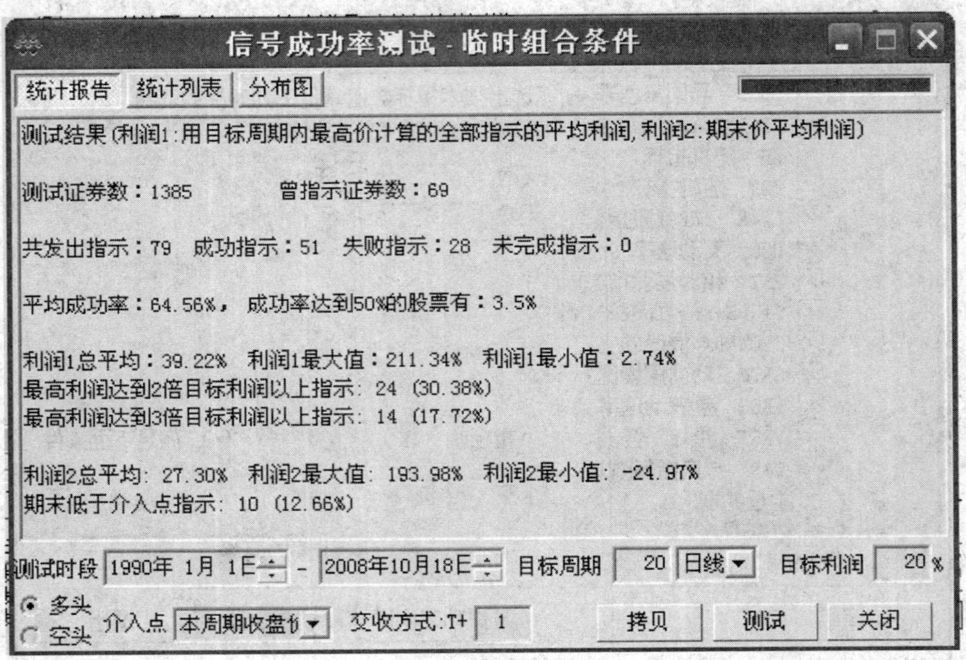

图 8－11　条件选股成功率测试

条件选股为投资者提供了高效可靠的选股工具,可以作为简单交易系统的一部分。一些免费软件如东方财富通、通达信等也具有条件选股的功能。

二、形态匹配选股

形态匹配选股又称模式匹配选股,通过设定特定模式,利用计算机自动筛选股价波动具有相似模式的股票。具体的操作步骤如下:

1.在K线图中,按住鼠标右键拖动鼠标,划定出样本K线区间;松开鼠标后,在弹出的右键菜单中选择“形态匹配选股”(图8-12)。

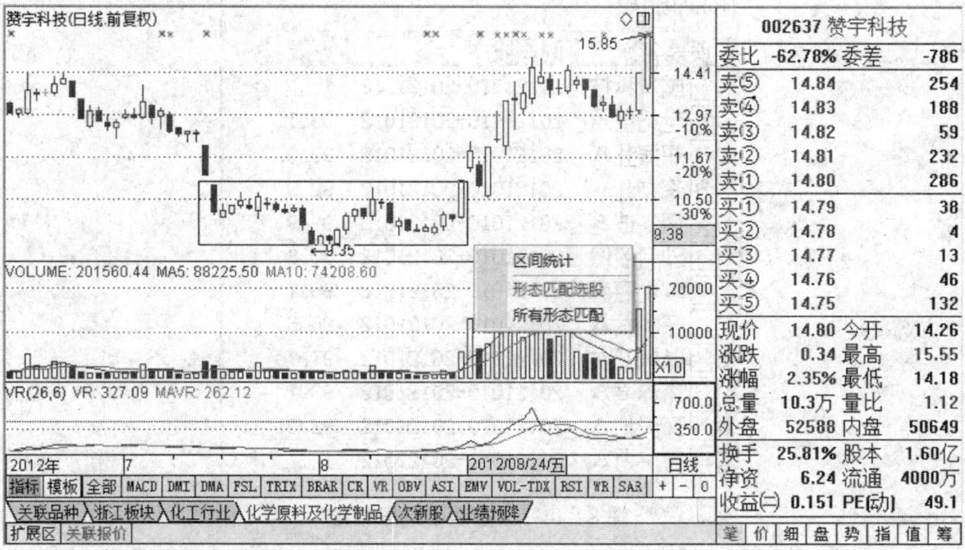

图8-12 形态匹配选股

2.在弹出的形态匹配选股窗口中,设定匹配方案、匹配度、匹配项目名称及比例,然后点击“执行选股”按钮(图8-13)。

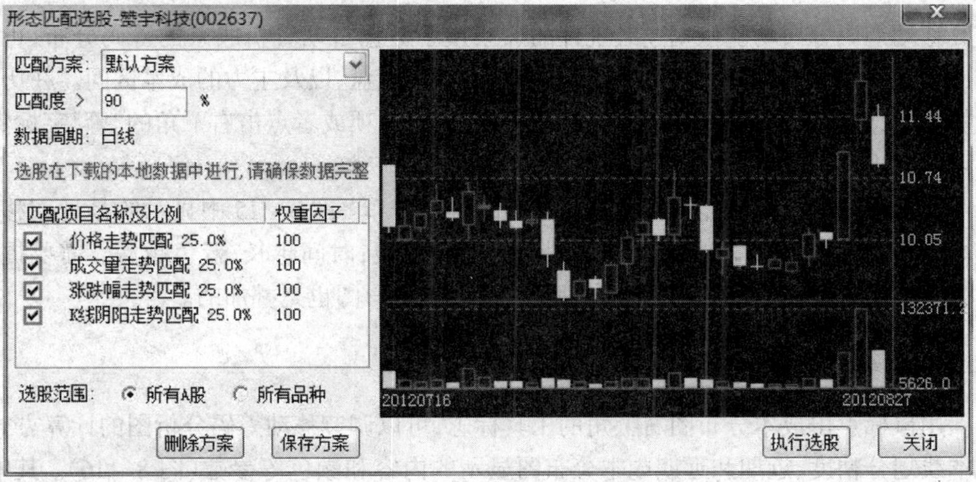

图8-13 形态匹配选股界面

3.执行选股后,弹出的选股结果窗口中,会列出出现信号的股票名称、时间段和匹配度(图8-14)。

图 8－14 形态匹配选股结果

三、移动筹码分布

(一)移动筹码分布的含义

移动筹码分布功能依据连续统计的股票换手数据自动分析股票的筹码分布，可以据此估算股票的支撑位、阻力位，当前的获利盘、套牢盘，以及主力的成本区间。在历史走势图下，通过选择分析菜单中的"移动筹码分布"选项或者点击右下角的"筹"字标签，都可以调出移动筹码分布图(图 8－15)。

通常最多可以同时显示 6 种不同时间的筹码分布。图 8－15 中显示的是近期移动成本分布。色彩由浅蓝到深蓝。时间越短，蓝色越浅；时间越长，蓝色越深。需要提醒的是，由于各个时间段的筹码叠加的原因，所以其色彩图也是叠加的。

(二)参数的设定

用鼠标点击成本分布图右上角的工具标志，可以调节移动筹码分析图的计算方式、成本线划分精度、近期和远期成本分布图显示的内容和颜色等参数(图 8－16)。其中，"平均分布"选项意味着当日换手的成交量在当日的最高价和最低价之间平均分配；"三角形分布"选项即当日换手的成交量在当日的最高价、最低价和平均价之间三角形分配；历史换手衰减系数表示历史换手的递减速度，将多少倍数的当日换手率从昨日的成本分布中移走得到当日的成本分布图。

图 8－15 移动筹码分布图

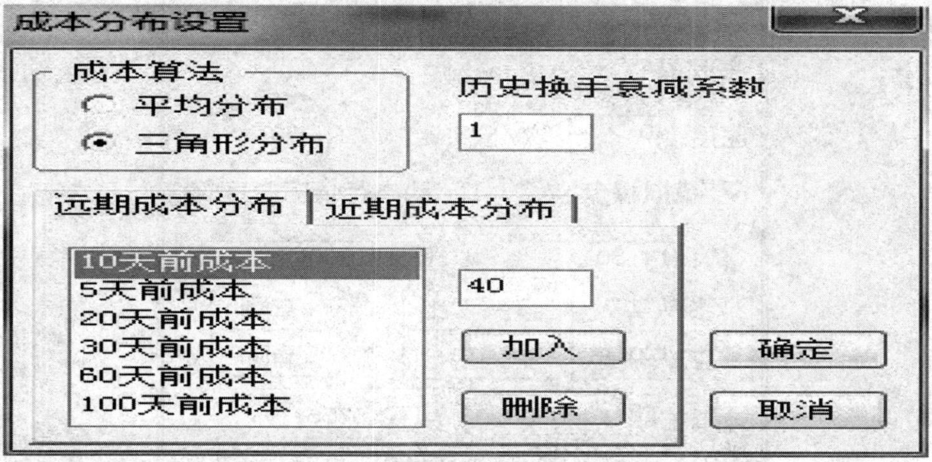

图 8－16 成本分布设置

(三)筹码形态特征及其含义

1.单峰密集

移动成本分布形成一个独立的密集峰形,在这个密集峰的上下几乎没有筹码分布。

它表明该股票的流通筹码在某一特定的价格上下区域充分集中。

2.双峰密集

由上密集峰和下密集峰构成,对股价的运行有较强的支撑力和阻力。

3.多峰密集

股票筹码分布在两个或两个以上价位区域,分别形成了两个或两个以上的密集峰形;上方的密集峰称为上密集峰,下方的称为下密集峰,中间的称为中密集峰;根据上下峰形成的时间次序可分为下跌多峰和上涨多峰。

4.筹码发散

筹码呈不均匀松散的分布状态,通常是过渡阶段。

四、训练模式

飞狐交易师的训练模式可以将数据定位到指定时间,该时间后的数据将不被显示。通过不断点击训练模式控制面板上的“前进”按钮,被隐藏的K线会一根接一根地显示出来(图8-17)。可以利用该模式测试自己的交易系统和分析、操作能力,另外还可以检测出一个指标是否使用了未来数据。若使用了未来数据,则指标数值会随着训练模式的变化而变化。

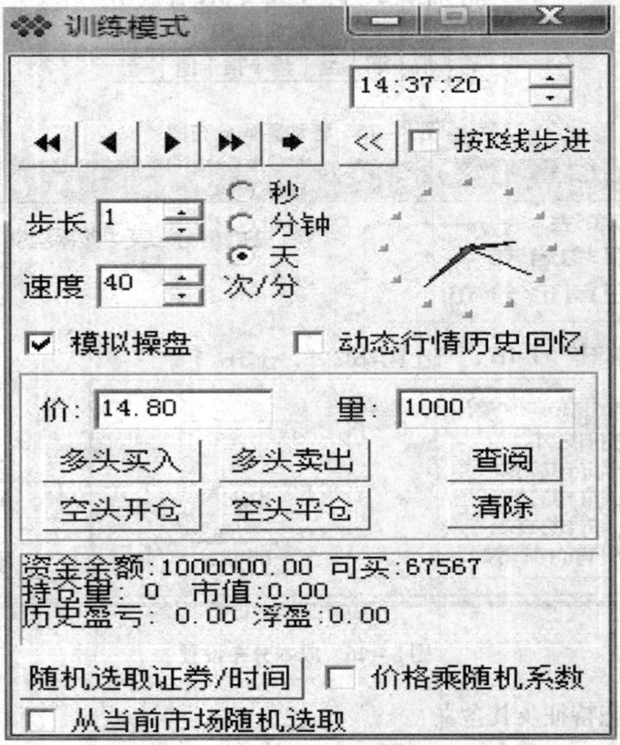

图8-17 训练模式控制面板

"模拟操盘"打勾后不显示证券代码、名称、时间;可随机选取证券/时间,且可选价格是否乘随机系数(0.5—1.5 倍);可以作为练习行情预测能力的工具。通过点击"买入"或"卖出",系统自动在投资管理器中记录操盘的资金盈亏,可通过查阅键观看。

训练模式控制面板中有一个时钟,调整时钟即可以改变定位时间。定位时间可自动调整。每次按动对话框底部的按钮,系统自动调整一次定位时间。变化量由步长决定,可以从 1 秒钟到若干日自由设定,也可选根据活动窗口的 K 线有效时间变动。底部最左边红色按钮是自动连续调整按钮。按下后会每隔一定时间自动调整一次定位时间,间隔时间由"速度"决定。

五、预警系统

预警系统可以在股票满足预定的条件时,自动进行报警。点击该项目,系统打开一个预警窗口(图 8 - 18)。在该窗口中点击"新增条件"按钮,即弹出预警条件设定窗口。条件设定完成后,点击"启动预警"按钮,则在设定的时间范围内,当监控证券中的股票变化触发条件时,软件会自动弹出预警框,或者发出预警声音提示。

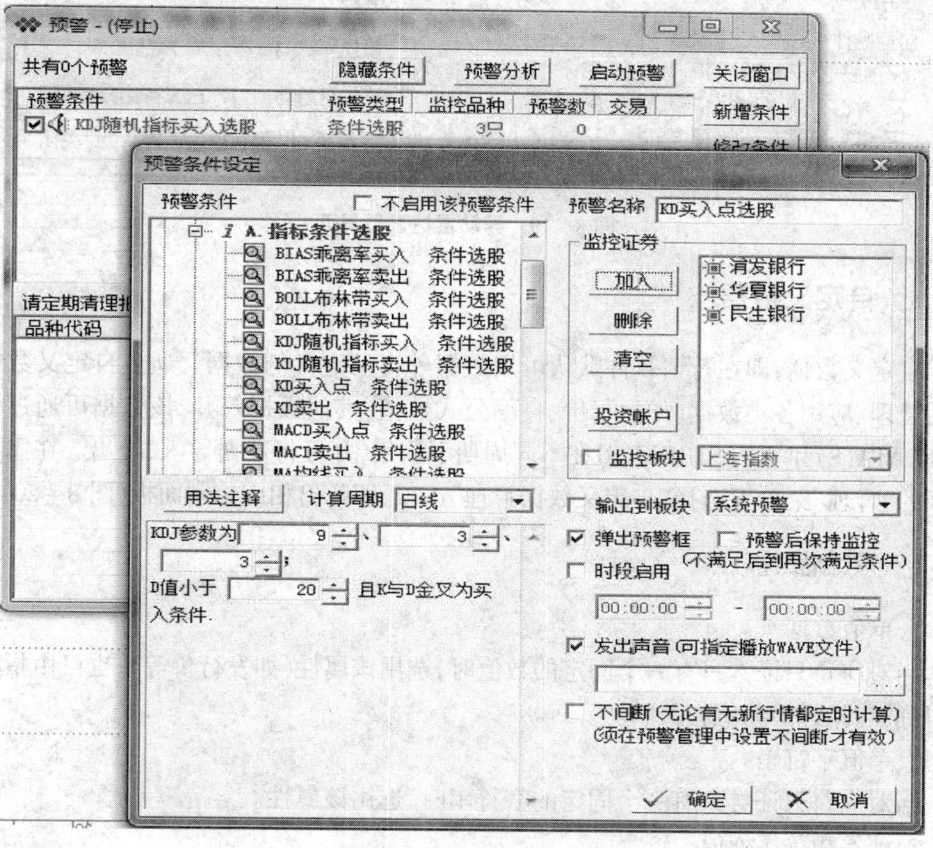

图 8 - 18 预警系统界面

六、异动雷达

异动雷达应用于盘口分析，能够迅速发现盘中异动个股。雷达设置窗口如图 8－19 所示。其选项包括火箭发射、高台跳水、巨额成交、大幅放量、大买单、大卖单、涨停打开、跌停打开、大笔成交、封涨跌停等。可根据自己的需求随意设置。

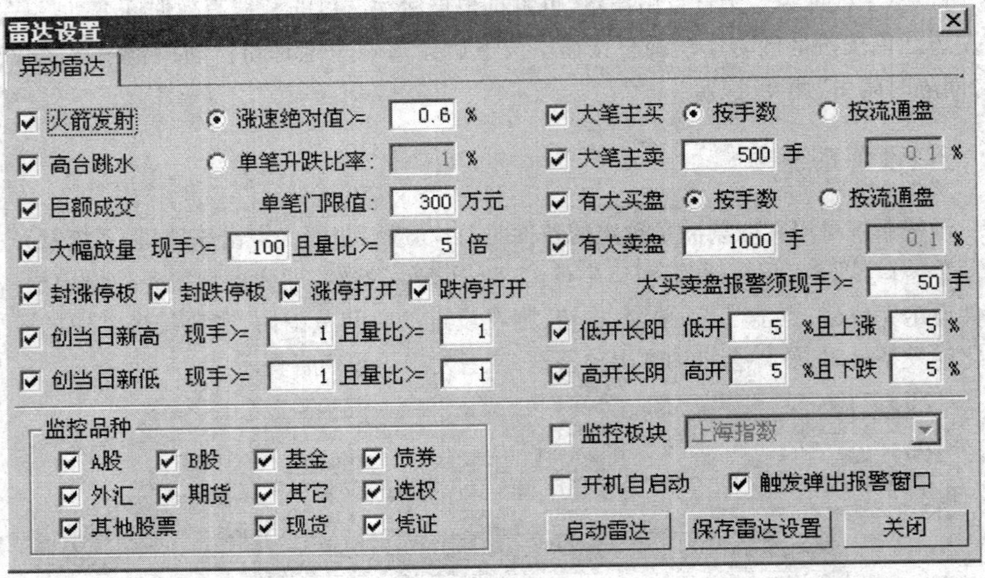

图 8－19　异动雷达设置界面

七、自定义数据

自定义数据，即在行情软件默认可用数据外自己定义的数据。通过自定义数据可灵活管理、应用各类数据(如发行价、自编公式数值、其他数据等)。该数据可通过函数 SELFDATA(S)和 SELFSTRING(S)在不同周期下调用，并可将数据导入、导出。在飞狐交易师的“管理”菜单下选择“自定义数据管理”选项，即弹出相应控制面板(图 8－20)。

(一)数据属性

1.单值数据

当对应每只证券只有一个固定的数值时，选用该属性(如发行价等)；也可由指标计算得到，与指标最新值相关联。

2.单值字符串

当对应每只证券只有一个固定的字符串时，选用该属性。

3.证券相关序列值

当设定证券跟时间有关的数据时，选用该属性(如自编指标或系统指标数值)。

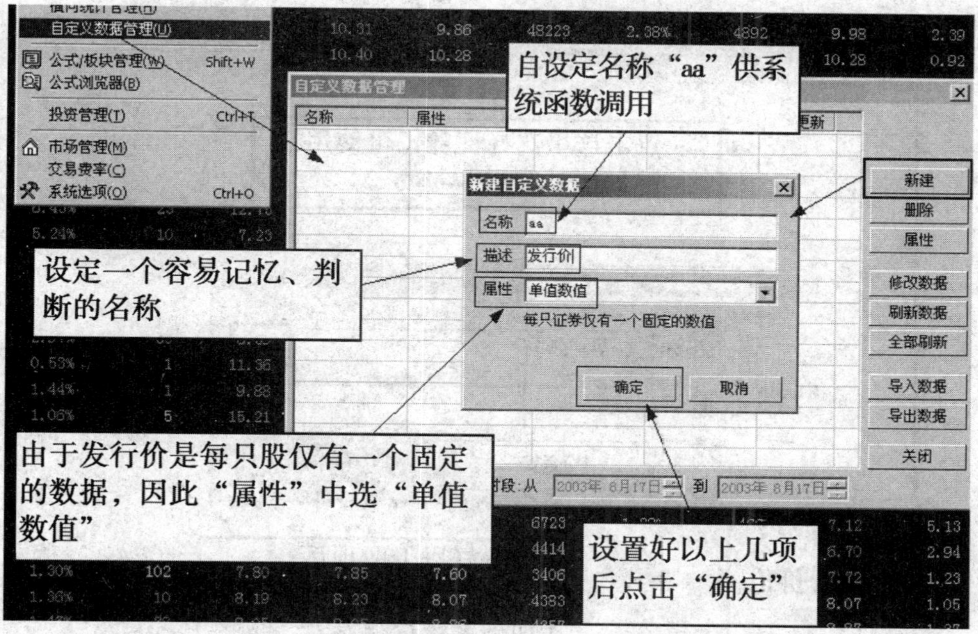

图 8－20　自定义数据管理界面(来源:飞狐交易师软件帮助)

4.证券无关序列值

当保存跟证券无关而与时间有关的数值时,选用该属性(如某日公布的经济指数等类似的数据)。

(二)操作步骤

1.设定自定义数据名称和属性(图 8－20)。

2.在“自定义数据管理”窗口,选择定义的数据,单击“修改数据”按钮,随后弹出“自定义数据”窗口(图 8－21)。

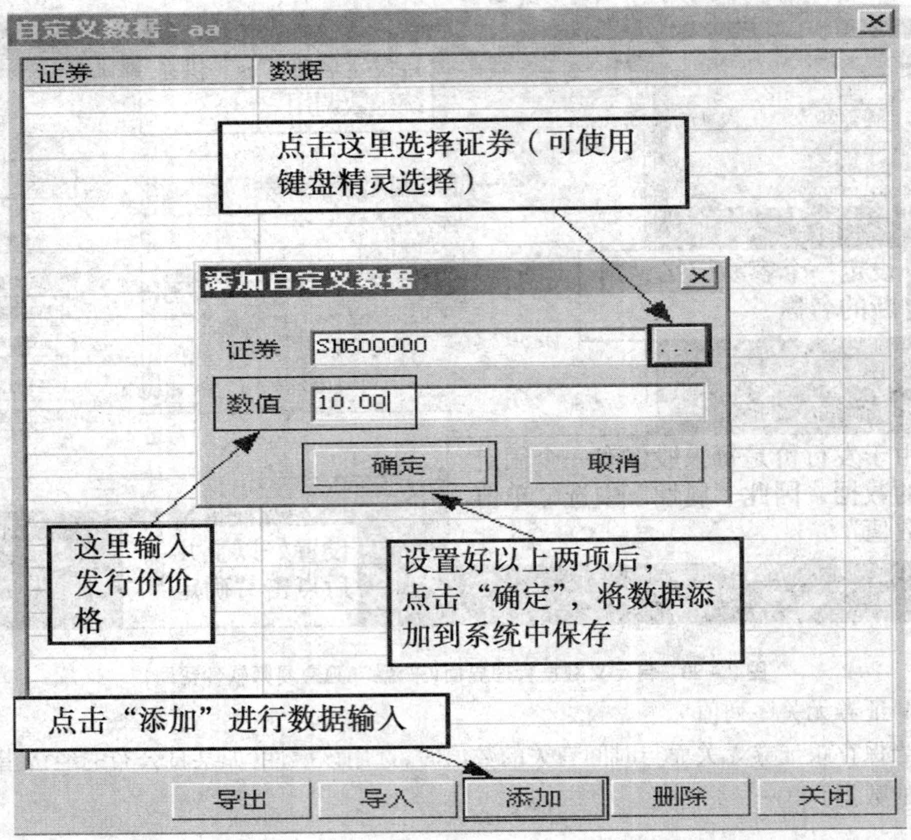

图 8－21　自定义数据的添加(来源:飞狐交易师软件帮助)

3.在"自定义数据"窗口中点击"添加"按钮,随即弹出"添加自定义数据"窗口;选择证券、并输入相应数据后点击"确定"按钮,完成所有添加后,关闭窗口即可。

4.在自编指标中,通过扩展数据函数 SELFDATA(自定义数据名称)即可调用自定义数据。

【本章小结】

1.技术分析是经验的总结,其方法只能帮助投资者提高对价格变化预测的成功率,但无法保证预测一定成功。技术分析必须与有计划、有原则的操作结合在一起才能发挥作用。

2.趋势的概念来自道氏理论,趋势是技术分析的核心,主流的技术分析方法都涉及趋势追踪和预测的内容,不同的技术分析方法各有不同的适用范围。道氏理论主要用于分析市场的整体性变化。

3.波浪理论总结了三个方面的规律,即形态、比例和时间。能不能辨认 5 浪和 3 浪结构具有决定性的重要意义,因为其各自有不同的预测意义。波浪理论中,难以把握的是复杂的波浪变异。

4.蜡烛图在我国俗称 K 线,是国内行情分析软件历史行情界面默认的主图工具。

通常借助于连续出现的K线组合而不是单根K线来分析价格波动，K线组合的主要类别有反转形态和持续形态。

5.行情软件通常都有画线工具。支撑和阻力的重要程度受证券在该区域换手的影响。该区域的交投越活跃，支撑与阻力便越重要；价格在某个支撑或阻力位置逗留的时间越长，该区域就越重要；支撑或阻力位置距离当前的时间越短，其影响力越大。

6.市场价格大多数时间会处于一种没有明显趋势的运动状态，具体表现为证券价格在某个价格范围内做横向运动。这种运动就是通常所说的无趋势状态，或者是水平运动状态。这种水平运动通常是连接上升或下降趋势的过渡阶段，而且大多数情况下都会表现为某种确定的模式，即技术分析中的价格形态。

7.技术指标是技术分析的重要手段。它是运用一定的数学、逻辑判断方法对价格和成交量等市场原始数据进行处理，计算出相应的指标值，进而为市场预测提供依据的技术分析方法。除了传统的行情软件默认附带的指标，提供自编指标功能、交易系统设置功能的软件能够帮助投资者将自己的交易系统以直观、科学的方式展现出来。

8.移动平均即动态地将若干天的价格或指标值加以平均。所得的一系列平均值连接成一条曲线，即为移动平均线，可据以观察价格或者某一指标的变化趋势。移动平均的方法是很多技术指标编制时都会用到的统计处理方式。

9.行情软件的条件选股、形态匹配、移动筹码分布、训练模式、预警系统、异动雷达、自定义数据等功能可以帮助投资者提高分析效率和成功率。

【本章思考题】

1.观察历史行情图中主要趋势、次要趋势和微小趋势，利用道氏原理，根据收盘价，标记出上证指数曾经出现的买卖点，并分析其有效性。

2.根据波浪理论，尝试对不同周期的指数历史行情走势图进行数浪。

3.随机选取证券品种，在其历史行情图上观察典型的蜡烛图组合。

4.寻找行情走势图中重要的支撑和阻力位置，画出明显趋势中的趋势线，寻找明显的通道。

5.观察股票走势图中曾经出现过的明显的形态及其有效性。

6.在不借助技术指标的情况下，仅通过蜡烛图和画图工具来对一只品种进行综合分析。

7.应用移动平均原理及均线系统。通过调整参数，观察移动平均线的变化；通过增加移动平均线，观察均线系统中的买卖信号；根据葛兰碧法则和均线系统的原理判断买卖点。

8.利用平滑异同移动平均指标MACD、抛物转向指标SAR与趋向指标DMI，判断趋势和买卖点，观察指标线与股价的背离现象。

9.应用摆动指标乖离率BIAS、随机指标KDJ、相对强弱指标RSI、变化率指标ROC、威廉指标W%R等。尝试确定超买超卖水平，观察指标线之间及指标线与超买、超卖区域、0轴或中值水平的关系，观察背离现象。

10.利用资金流量 DDX、DDY、DDZ 等指标判断主流资金的变化倾向。

11.测试条件选股系统及其成功率。通过调整参数或公式语句,寻找最佳技术指标选股系统。

12.使用形态匹配功能,寻找典型的形态。

13.使用筹码分布功能来确定阻力位、支撑位,判断主力成本区间。

14.运用操盘训练模式培养对股价波动的感觉,根据价格历史变化的重现来检测自己技术分析方法的应用水平、个人选股系统的科学性和操作计划的执行力度。

15.运用预警系统、异动雷达等功能,及时发现市场或个股的买卖信号及异动现象。

16.运用自定义数据功能,并将其与指标编制等其他功能有效衔接在一起。

CHAPTER 9　第九章

证券投资策略、操作与模拟交易实验

【学习目标】

理解价值投资的内涵,及其在应用时应注意的问题;掌握实施反馈交易策略的主要方法;掌握计划投资操作方法的实施步骤和细节。通过模拟交易,使学生能够在构建和完善自己的交易系统的基础上,培养市场感觉,养成良好的投资操作习惯。

第一节　价值投资策略实验

价值投资策略是指投资者通过对公司内在价值的估算,比较其内在价值与公司股票市价之间的差价,当两者之间的差价达到某一程度时就可以选择该公司股票进行投资。

根据价值投资策略,当市场价格低于内在价值时,可以买入股票,并在市场价格向内在价值回归甚至超出内在价值时,卖出获利。然而,市场价格与内在价值之间的差距达到什么程度时介入难以确定。

一、格雷厄姆:廉价股价值投资策略

1.格雷厄姆建议投资人通过财务分析和统计数据分析来寻找价值被严重低估的廉价股票,他选择的股票是众多被巴菲特称为"雪茄烟蒂"的价格非常便宜的公司股票。

2.其投资策略可以概括为四个方面:安全边际原则;内在价值原则;市场先生原则;此外,他还主张分散投资,不提倡长期持有。

3.他确定了选择价值被低估股票的十条标准,只要符合其中的七个,就可以认定为价值被低估且具有相当安全边际的股票。标准的具体内容如下:

(1)该公司获利与股价之比是一般AAA级公司债券收益率的2倍;
(2)公司目前的市盈率应该是过去5年中最高市盈率的2/5;
(3)公司的股息收益率应该是AAA级债券收益率的2/3;
(4)公司股价低于每股有形账面资产价值的2/3;
(5)股价低于净流动资产或是净速动资产清算价值的2/3;
(6)公司的总负债低于有形资产价值;
(7)公司流动比率>2;
(8)公司总负债不超过净速动清算价值;
(9)公司的获利在过去10年来增加了1倍;
(10)公司的获利在过去10年中的2年减少不超过5%。

二、费雪:成长股价值投资策略

1.费雪投资策略的核心是寻找未来几年每股盈余将大幅增长的“真正杰出的公司”。强调定性分析;重视对公司业务、管理等进行深入研究;深信持股种类愈少,获利反而愈多的道理。

2.其投资策略可以归结为六个方面:投资具有持续竞争优势的公司;成长性越高,其市盈率越高;利用金融圈[①] 偏离事实真相的错误;公司盈余即将大幅改善而股价尚未上涨之际;不要过度强调分散投资;长期持有甚至永远持有。

三、巴菲特:基于盈利能力的价值投资策略

1.巴菲特投资策略的根本原则仍然是格雷厄姆的内在价值原则、安全边际原则和市场先生原则,同时他在选股策略、集中投资、长期持有等方面吸收了费雪的投资策略的优点。

2.综合了格雷厄姆和费雪的估值方法,主要采用现金流贴现模型进行估值;他认为内在价值是估计值,而不是精确值。

四、林奇:实用的价值投资策略

1.林奇通常将公司股票划分为六种类型:缓慢增长型、大笨象型、快速增长型、周期型、资产富余型、转型困境型。他根据不同类型公司的特点,确定不同的投资预期目标,然后进一步分析公司的具体情况,分别采取不同的操作策略。

2.其策略有以下几个方面的特点:不选热门股,只选冷门股;避开高增长易变行业,关注低增长稳定行业;远离高技术公司,关注低技术公司;不选多样化公司,关注专业化公司;不选竞争对手多的公司,只选竞争对手少的公司;不听内幕消息,只看公司及其内

---

① 指可能准备以某个价格买进或卖出股票的所有人。——费雪:《怎样选择成长股》。

部员工买入行动。

3.林奇在对公司进行估值时通常采用市盈率估值法,认为投资应该尽可能集中投资优秀企业的好股票,而只投资于一只股票是不安全的,一个小的资产组合应含有3—10只股票。在投资组合管理中,要不断地复查自己的股票,同时仔细观察股市动态,并进行相应调整。同费雪与巴菲特一样,林奇也倾向于做长期投资。

第二节 反馈交易策略实验

反馈交易策略是以股票过去的表现作为买卖判断的主要依据的策略,具体分为两种,即顺势交易策略与逆向交易策略。顺势交易策略是买入近来的强势股,卖出近来的弱势股,其表现形式俗称"追涨杀跌";而逆向交易策略则卖出近来的强势股,买入近来的弱势股,其表现形式俗称"低买高卖"。

一、顺势交易策略

顺势交易者认为早期收益率较高的股票仍会在接下来的表现中超过早期收益率较低的股票,因此应该顺势买入这些收益率较高的股票。顺势交易的方法主要有以下三种:

(一)趋势线交易法

最常用的顺势交易法也是最简单的方法,即趋势线交易法。上升趋势中的趋势线位于价格的下部,根据两个主要的低价点即可连成一线,原则是趋势线连接的主要低点越多越好。下跌趋势的趋势线则画于价格的上部,原理同上。趋势一旦形成,不会很快结束。当价格波动到趋势线附近,即可根据趋势方向做买入或卖出。

(二)移动平均线交易法

根据移动平均线做顺势操作,通常利用价格与移动平均线的交叉现象。当移动平均线参数取值较小时,移动平均线波动明显,买卖信号频繁;反之则移动平均线较为平滑,反应较为迟钝。

(三)形态突破

通常巩固形态被有效突破后,可以及时跟进,并在目标价位处获利了结;如果配合均线、趋势线等技术手段,能够提高成功概率。巩固形态的形成会产生的关键支撑和阻力,是交易者进攻或防守的重要依据。

顺势交易策略通常属于短期策略,风险很高,仅适合于有丰富投资经验的投资者。为了减少判断失误带来的损失,该策略必须有严格的风险控制标准,例如采取止损操作。只有严格遵守自己的风险控制标准,才有可能取得顺势策略的成功。

二、逆向交易策略

逆向交易策略,是一种通过买进过去表现差的股票而卖出过去表现好的股票来进行套利的投资策略。该策略要求投资者衡量一般投资大众的意见。当他们的看法达到极不合理的状态时,便反其道而行之。利用极端意见,把握机会从中获利,是逆向交易策略的精髓。逆向交易的方法主要有:

(一)反向思考理论

重点研究投资者的群众心理,认为当某一证券的投资者愈来愈看涨时,是准备卖出的时机;而当投资者愈来愈看跌时,则是准备买入的时机。反向思考者经常参考报刊的市场调查结果,若80%以上投资者认为价格看涨,则应准备卖出;若20%以下的投资者看涨,则准备买入。根据反向思考理论,最好的卖出时机是当利多的消息或报告发布后,价格居然不涨;最好买入时机是极端利空消息发布后,价格并未下跌。

(二)动能指标法

动能指标的数值总是从一个极端摆动到另一个极端。当指标进入超买区域,说明上涨势头反转的可能性提高,此时应该准备卖出证券;当指标进入超卖区域时,说明市场进入一个过度悲观的状态,可以考虑买入。常用的动能指标有BIAS、RSI、KDJ等。

从总体上看,采用逆向交易策略风险较小,回报较高。但是逆向交易策略仍存在一定的局限性。短期内使用该策略时,逆向操作者可能经常过早行动;长期内使用该策略时,投资者对投资品种信息变化的反馈各不相同,造成差异化的走势。证券市场上很难出现按图索骥的事情,也许从长期动能指标和群众心理上来看都认为市场已经到了底,但实际上熊市可能仍然继续。

第三节　计划投资操作实验

计划操作法,也称固定模式操作法。它是指在一定时间内按照某种确定的模式,定期地或在该模式要求的条件成立时,根据预定方案买卖证券,进行程式化操作的投资方法。在变化无常的市场中,采用固定模式操作法的收益往往超出由于投资者情绪波动而驱使的交易行为。

一、哈奇趋势投资计划法

又称10%转换法,适用于长期操作,因为长期来看,各国的经济发展情况总是处于上升趋势中。其具体操作是:投资者首先根据自己的投资目标,在股市处于中长期上升趋势时,审慎地选择和买入一组股票。此后投资者将购进的股票在每周末计算平均市值,并在月底再计算出月平均市值。若本月的平均数比最近一次的最高价下降了10%,投资者便卖出全部股票。继续密切关注并计算这些股票平均市值的变化。当所抛出的股票平均市值完成了阶段性下跌过程,并由最低点反转回升了10%时,再行买进。

二、等级定量投资计划法

投资者根据经验确定某一投资对象的价格变化标准。当该股价下降幅度每达到一个变化标准时,即进行固定数量的买进;反之,则卖出。例如,市场价格为10元的股票,每下跌1元买入100股,每上涨1元卖出100股。

三、逐期定额投资计划法

也称金额平均法、平均资金投资计划法。银行、证券公司理财计划中的基金定投采用的就是该方法。即确定投资品种后,在一定的投资期间内,不论其价格上涨还是下跌,都坚持定期以相同的资金购入该品种。

四、固定金额投资计划法

固定金额投资计划法,又称定额法和常数投资计划法,即投资者在购建股票和债券组成的投资组合时,确定把投资于股票的金额固定在一个水平上。当股票的总市值超过固定金额的一定比例(如10%)时,即出售其增值部分,增加债券投资;反之,当股价下跌使所持股票的总市值低于固定金额的一定比例时,出售部分责券来购买股票。

五、固定比例组合投资法

即投资者将其资金分别投向股票和债券,并事先确定出两者持有量的固定比例;一旦股价发生变化,原有的组合比例被打破,即根据股价变动的程度,通过卖出股票、买入债券或卖出债券、买入股票的方式,重新恢复既定组合比例的方法。

第四节　模拟交易实验

模拟交易是交易者利用真实或者虚构的行情信息、运用虚拟资金进行买卖操作的行为。模拟交易与真实交易最主要的区别在于是否使用真实资金。这一区别导致模拟交易无法替代真实交易,模拟交易账户的盈利状况也不能说明交易者的投资水平。在模拟交易中,由于资金是虚拟的,参与者很难产生真实的市场感觉和由盈亏状态带来的情绪反应。此外，模拟交易系统中，通常无论以怎样的委托量下单，只要价格符合成交要求，即可全部成交，且不会改变行情摆单序列中的任何数据。而在真实交易中，同样条件下发出的委托，不一定能够成交，且如果成交通常会影响摆单数据。因此，模拟交易只是成长的初阶段中，投资者借以了解市场的训练项目之一。

一、常用的模拟交易平台

（一）网络版模拟交易平台

1.普通的网络交易平台

该类平台的行情数据与真实行情一致，但数据刷新速度较慢。用户注册并登录后，可以通过简单的模拟交易界面进行模拟交易。提供该类平台的代表性网站是新浪网。

2.能满足基本实验教学需要的网络版模拟交易平台

此类平台可以申请单独的比赛群体，并有部分后台数据管理功能，如收益率排序、数据导出等。比较有代表性的网站是资本魔方（图9-1）、叩富网、同花顺金融实验室等。

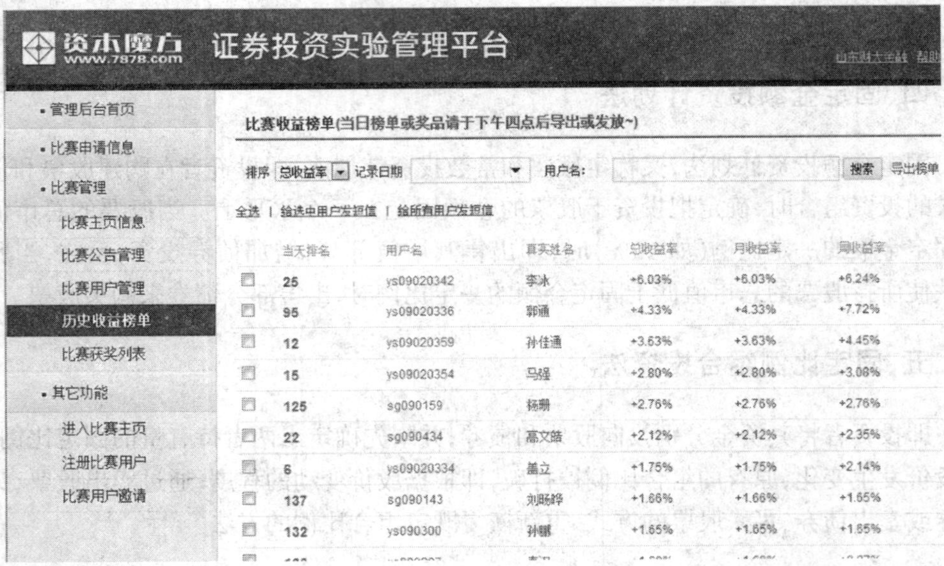

图9-1 资本魔方的模拟交易管理平台界面

在该类平台中，通常需要学生自己注册账号，然后申请加入班级所使用的比赛群体。模拟交易操作界面的主要内容与真实交易基本一致（图9-2），并附有简易的行情图。

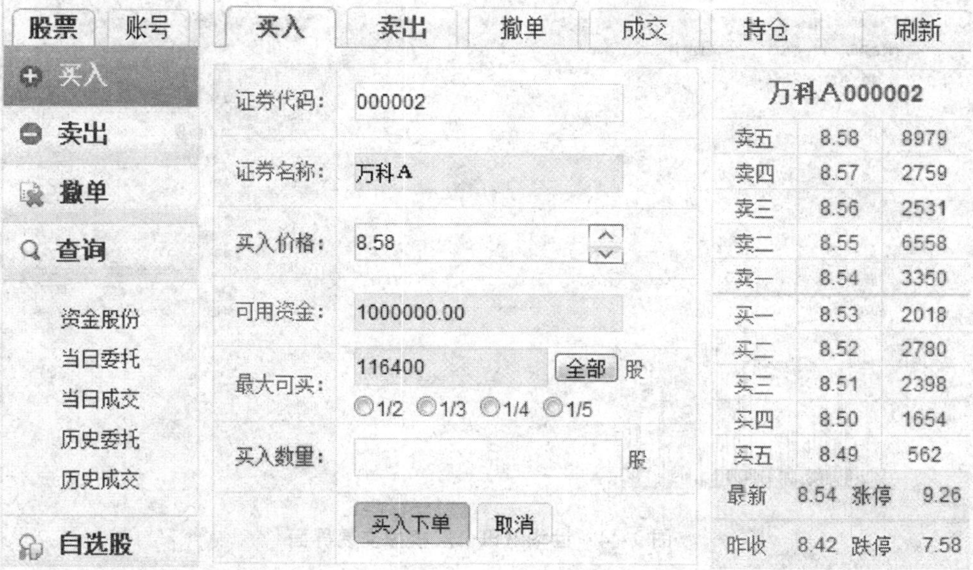

图 9－2　资本魔方的模拟交易界面

3.网络版高校金融模拟交易实验平台

该类平台通常只提供收费服务，具有覆盖面宽广的金融数据库、专业的分析工具、实时数据行情、功能强大的高效模拟交易实验平台及后台管理模块。该类系统通常需要按年度支付服务费。以世华财讯 BS 模拟交系统为例，该平台支持股票、外汇、期货、股指期货和黄金的实时交易(图 9－3)。学生们能够在真实市场环境下进行模拟投资操作。

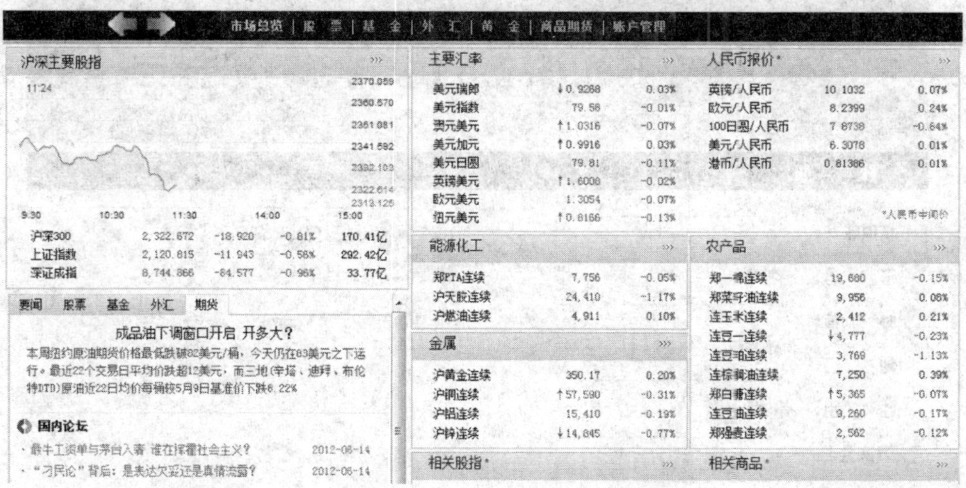

图 9－3　世华财讯模拟交易平台的市场总览界面

世华财讯 BS 模拟交易界面在买 1 和卖 1 处设置的买卖快捷按钮类似于招商证券真实交易中的闪电买卖功能。通过这样的设置可以快速调出下单窗口，不必再输入股票代码(图 9－4)。

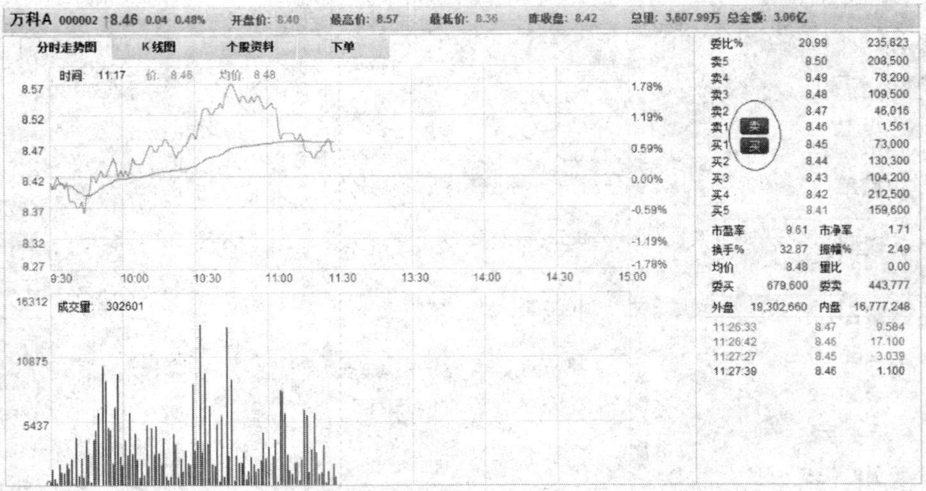

图 9－4　世华财讯个股模拟交易界面

(二)终端版模拟交易实验平台

1.免费模拟交易平台

目前国内的通达信软件能够提供免费的终端版模拟交易平台,只需在其网站申请模拟账户,然后下载软件并登录即可,如图 9－5 所示:

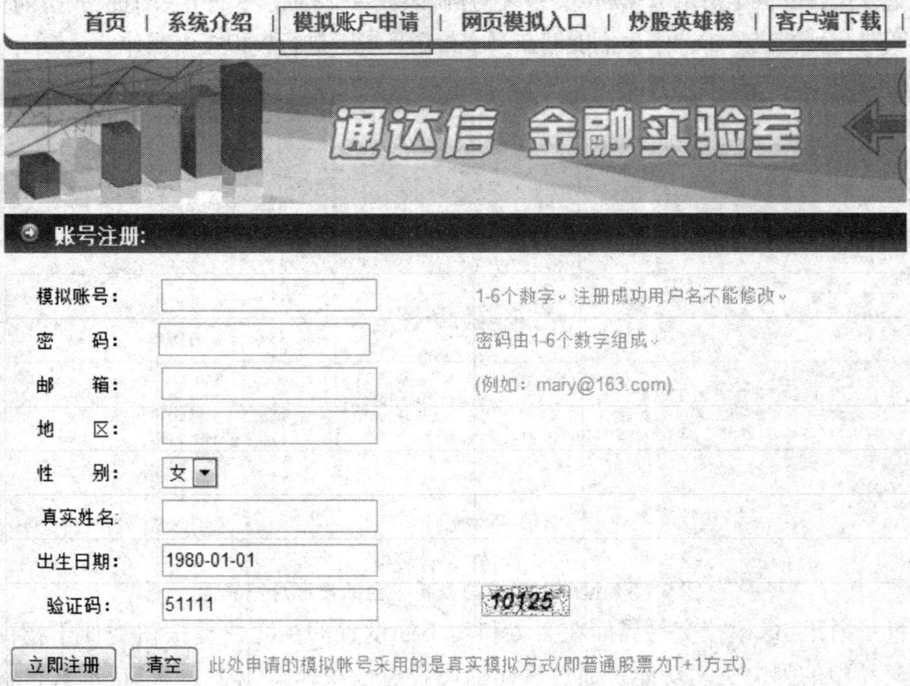

图 9－5　通达信金融实验室模拟账户申请界面

通达信金融实验室客户端的模拟交易委托下单界面与真实交易的界面完全一致，如图 9－6 所示。

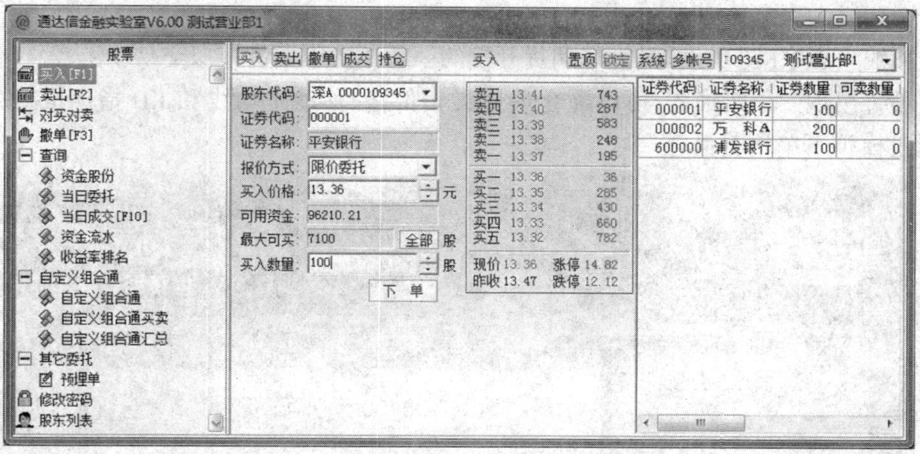

图 9－6　通达信金融实验室客户端模拟交易下单界面

2.终端版金融实验室模拟平台

该类软件的典型代表是国泰安金融实验室，该软件提供商提供从实验室设计到施工、安转软件和维护的全套服务。该软件具有国际化的金融投资分析平台、投资组合与风险管理系统(图 9－7)、Level－2 数据、专业的投资组合分析工具、CSMAR 财经数据库及算法交易系统等，比较适合金融工程方向本科生和金融学方向研究生的实验教学。

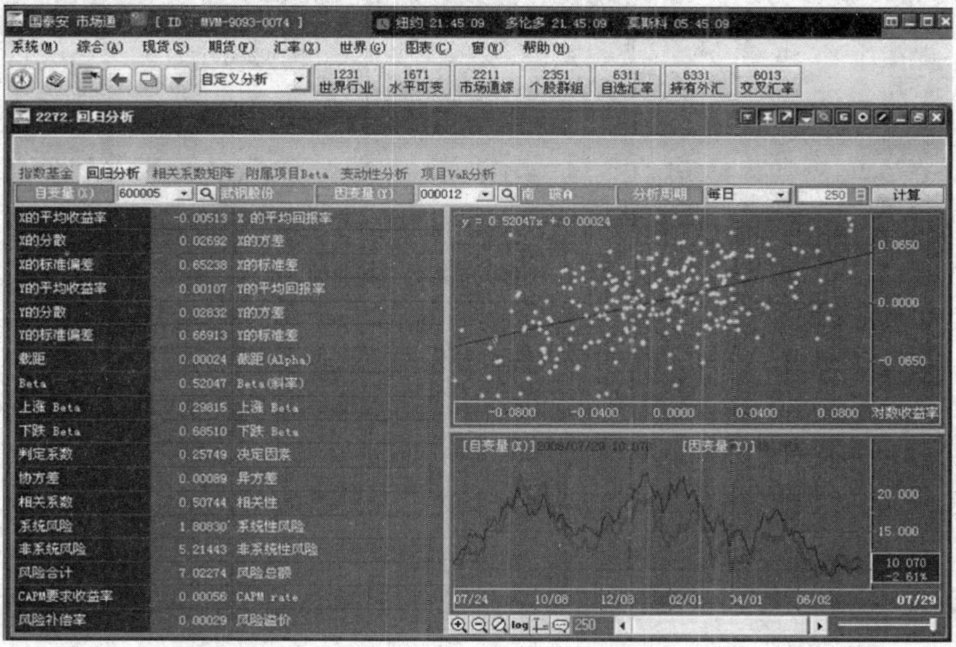

图 9－7　国泰安投资组合与风险管理系统(来源:国泰安软件演示)

(三)模拟交易游戏

1.K 线大赢家

K 线大赢家(图 9－8)是世华期货开发的一款单击版期货模拟交易小游戏。该游戏每 6 秒钟出现一根蜡烛图,可以配合最优买卖价格、移动平均线和 KD 指标进行分析,并通过模拟下单培养盘感。

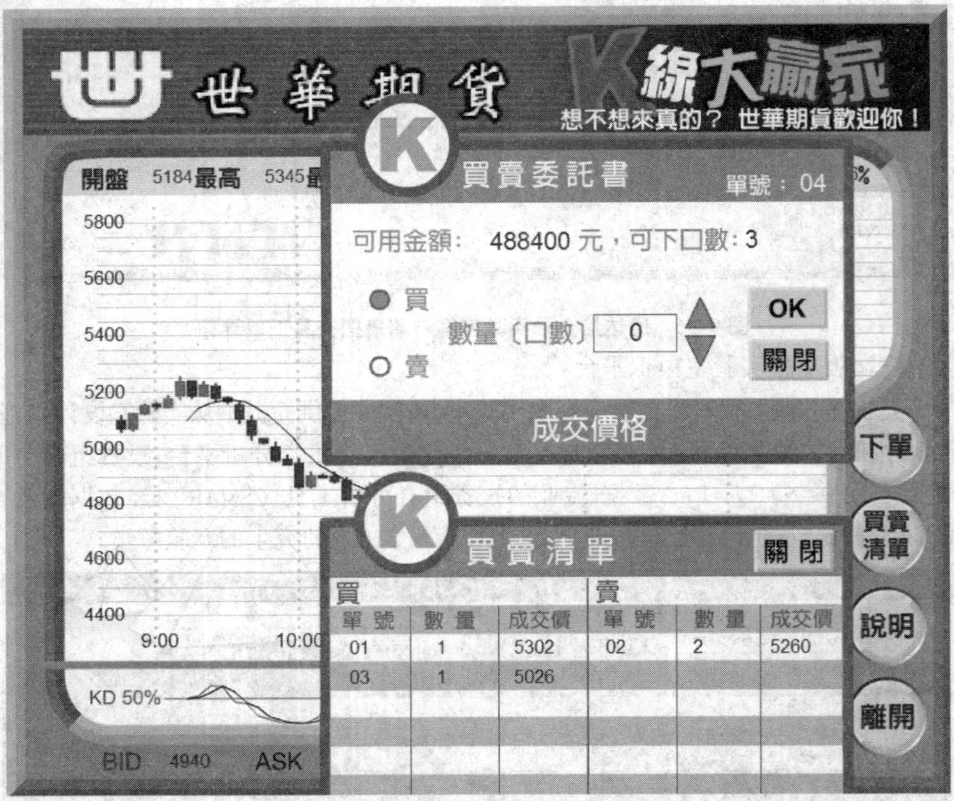

图 9－8　K 线大赢家的游戏界面

2.财富之城

财富之城(图 9－9)是由资本魔方网站开发的一款多人在线竞技类模拟股票交易游戏。该游戏根据上海、香港、东京、伦敦和纽约五大证券交易所上市公司的真实交易数据,将某上市公司一天内的走势曲线浓缩在 4 分钟内重现;4 个玩家在线同场竞技,第一名胜出。该游戏可以作为寓教于乐、培养学生盘感的辅助工具。

图 9－9　财富之城的游戏界面

二、交易系统与交易计划

(一)交易系统

交易系统是交易者依据对价格波动规律的持续观察,结合自身特点确立的涵盖品种选择、出入场时机、仓位控制、委托类型、通道选择等多个方面的系统。随着科学技术在投资领域的普及和发展,交易系统可以通过计算机编程实现自动交易。这种系统属于智能金融的范畴。而如果交易系统通过人工执行,则需要制定具体的交易计划,并严格执行该计划。计算机程序化的交易系统,具有高效稳定的特点;而人工执行的交易系统,则具有相对灵活的特点。遇到极端市场变化时,具有丰富市场经验的交易者可以随机应变,终止或改变交易计划。

(二)盈亏比

交易系统系统的盈亏比＝一段时间所有盈利交易的盈利之和/同时间段所有亏损交易的亏损之和。盈亏比反映承受一定的风险下,投资的收益水平。例如,盈亏比为 2 即意味着 2 块钱的盈利通常伴随着 1 块钱的损失。

(三)交易计划

严格遵守交易计划是成功投资者的共同特征。交易计划通常包括三个部分的内容:一是品种选择,即根据个人投资风格,确定标的证券;二是价格预测,即确定是否交易以及何时买入或卖出;三是风险控制,确定交易资金量以及止盈或止损的问题。交易计划被执行的过程中,应该根据实际情况不断完善;在交易计划执行后,要及时总结计划的执行情况。

1.品种选择

从投资者所关注的证券品种中结合市场变化选择具体操作的品种。市场变化的主要因素有国内外政治经济、事件、政策变化,重要经济数据的公布,行业新闻,企业动态等。

2.买入/卖出依据

主要依据市场价格与估值水平之间的差距变化、价格波动的趋势、主要技术分析指标的变化等。

3.操作计划

主要包括进场位置、出场位置、交易量、重要的支撑位和阻力位、盈亏比等。

【本章小结】

1.价值投资策略是指投资者通过对公司内在价值的估算,比较其内在价值与公司股票市价之间的差价,当两者之间的差价达到某一程度时就可以选择该公司股票进行投资。价值投资策略主要包括格雷厄姆的廉价股价值投资策略、费雪的成长股价值投资策略、巴菲特基于盈利能力的价值投资策略和林奇实用的价值投资策略。

2.反馈交易策略是以股票过去的表现作为买卖判断的主要依据的策略,具体分为两种,即顺势交易策略与逆向交易策略。顺势交易策略是买入近来的强势股,卖出近来的弱势股,其表现形式俗称"追涨杀跌";而逆向交易策略则卖出近来的强势股,买入近来的弱势股,其表现形式俗称"低买高卖"。

3.顺势交易的方法主要有以下三种:趋势线交易法、移动平均线交易法和形态突破。

4.利用极端意见,把握机会从中获利,是逆向交易策略的精髓。逆向交易的方法主要有反向思考理论和动能指标法。

5.在变化无常的市场中,采用固定模式操作法的收益往往超出由于投资者情绪波动而驱使的交易行为。

6.模拟交易是交易者利用真实或者虚构的行情信息,运用虚拟资金进行买卖操作的行为。常用的模拟交易平台有网络版模拟交易平台和终端版模拟交易实验平台以及模拟交易游戏等。

7.交易系统是交易者依据对价格波动规律的持续观察,结合自身特点确立的涵盖品种选择、出入场时机、仓位控制、委托类型、通道选择等多个方面的系统。严格遵守交易计划是成功投资者的共同特征。交易计划通常包括三个部分的内容:品种选择、价格预测和风险控制。

【本章思考题】

1.依据格雷厄姆廉价股价值投资策略的十条选股标准,利用基本面条件选股功能,过滤A股市场中的股票,看看是否存在符合其中七个标准的公司。

2.根据费雪成长股价值投资策略,尝试通过各种渠道去了解真正具有成长性的公司,并列出分析的依据。

3.根据巴菲特基于盈利能力的价值投资策略,结合巴菲特致伯克夏哈撒韦股东的信,观察并学习他的选股思路、入场时机和持仓理念等。

4.根据彼得林奇实用的价值投资策略,结合王亚伟在A股市场的投资操作,寻找符合标准的公司。

5.采用不同的组合设定顺势交易策略的组合条件,据此选股,测试其成功率并不断修正完善。

6.观察动能指标、各大财经媒体对市场变化的调查结果、重大消息公布后股价的变化情况,来预测股价未来的变动方向,并计算成功率。

7.采用不同的计划投资操作方法,利用飞狐交易师的训练模式,对任选品种的历史走势进行模拟操盘,并统计最终获益水平;与同期指数变化进行比较,验证该操作方法能否有效战胜市场。

8.根据自己的观察,修正不同操作方法中的参数,看能否找到更加科学的操作标准。

9.熟悉常见模拟交易平台主要功能和操作界面。

10.制定操作计划,内容包括:当前市场趋势的判断及仓位控制、投资品种和投资依据、买入时机、选择的依据、退出时机。

11.记录每一笔操作的具体情况。

12.撰写实验总结报告。

第十章 CHAPTER 10
海外证券市场模拟交易实验

【学习目标】

了解高频交易、动量交易、日内波段交易的含义和基本方法,熟悉交易软件的使用,利用该软件进行熟练的模拟交易。

随着我国金融服务外包行业的发展,以DAT为代表的海外金融机构借助海底光缆把高劳动力成本的交易员岗位陆续转移到我国,由此培养出了我国第一代华尔街操盘手。他们参与的市场主要有纽约证券交易所、纳斯达克、多伦多证券交易所、东京证券交易所、范欧证券交易所和伦敦证券交易所。

第一节 我国海外证券市场交易行业简介

伴随光纤传输的普及、全球金融市场一体化和交易费用的降低,我国海外证券市场交易行业逐渐兴起,并以其灵活的用人机制、全面的培训体系和有效的资金支持吸引着越来越多的年轻人。

一、国内海外证券交易产业的相关概念

(一)电子直联交易商(Direct Access Trading,DAT)

随着美国证券市场上佣金水平的不断降低,金融机构的竞争也日趋激烈。1997—2000年为超短线交易提供资金、设备、场地、快速网络、培训和交易平台的DAT相继出现。专业交易队伍不断扩大,纽交所、纳斯达克成交量纪录不断刷新。DAT提供资金给交易员,自己承担亏损,而盈利与交易员共享,因此风险控制是其生存的关键。2004

年,以 Swifttrade 为代表的交易机构开始在广州、深圳、上海、北京开设分部;2006 年其中国分部已经达到 30 家,从业人数超过北美分部。

(二)国内海外证券交易的产业链

如图 10-1 所示,在国内的海外 DAT 处于产业链的中游,提供海外证券交易的平台,承担交易员的培训和交易风险并从中赚取利润。其上游是海外金融机构,负责提供交易资金,并通过其做市商身份及提供交易跑道等服务赚取手续费;而下游则是目前遍布全国各大城市的海外证券市场操盘手。他们利用 DAT 提供的平台,利用海外账户资金,赚取交易利润,其主要收入来源于交易业绩提成。

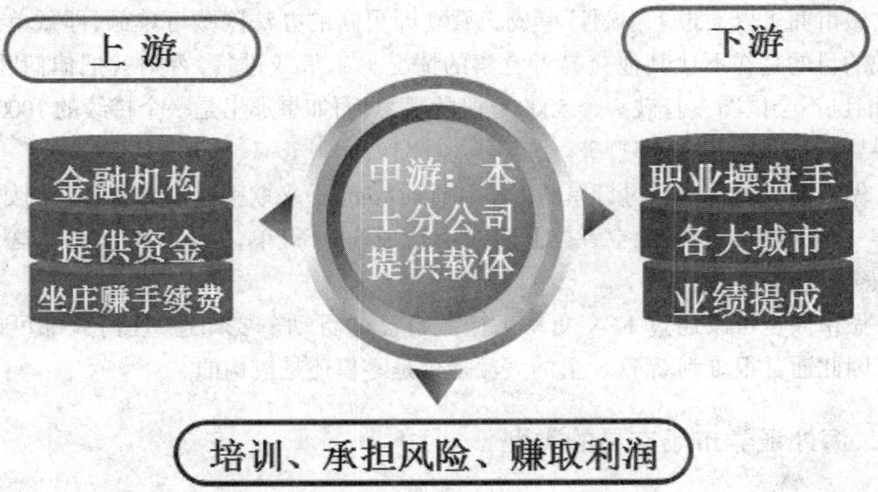

图 10-1 国内海外证券交易的产业链

(三)海外证券市场交易员

海外证券市场交易员是以交易为生,通常在成熟的交易市场工作超过三年,具有独特的交易方法,能够稳定获利,业绩基本不受市场影响,心理素质高、手眼脑协调能力超强的专业交易者。交易员在盘前盘后需要做大量细致的研究和准备工作。准备工作包括需要在交易前一天的晚上认真地研究市场,设计交易方案,为第二天可能出现的行情和机会做准备。一个合格的高频交易员必须从几千只股票中挑出 10 到 20 只股票作为重点追踪对象。交易员的这种能力和准备工作的质量将在很大程度上决定他第二天的盈利水平。

此外,交易员要把握好全球各大股市的最新变化情况,了解自己所做的股市在当天会有哪些重大的数据或者新闻公布,在盘前做好充分的计划并根据实际的情况适时进行调整。开盘之后,如果锁定的股票走出了预计的行情,交易员需要果断按计划建仓并开始管理仓位的过程。即如果股票走势预期与实际一致,则适时加仓;反之,则需判断是否回调还是趋势反转,尽量避免让回调把刚刚建立的仓位平掉或者及时识别出彻底反转的迹象及时退出,避免损失。

(四)做市商 MM(Market Maker)

做市商是市场中提供流动性的参与者。就是说,按规定没有人买的时候他们买进,而没有人卖的时候他们卖出,他们起做市的功能。而每一个市场参与者都有一个ID来代表,在股票窗口上显示位置是MMID。通常来说,每只股票都会有一个或几个做市商来控制这只股票的价格。而作为交易者,与这种做市商交易往往是可以保证有利可图的。但是做市商也是在市场交易的过程中获得利润的,他也可以通过一些手法获取其他交易者的信任,利用这种信任来得到他的利润。最常见的有以下几种手法:

1.做市商可以通过下小额订单成交后立即更新的办法隐藏订单额,即藏单。他们这样做的目的是在不让其他交易者觉察的情况下出货或进货,否则就把他们吓走了。毕竟,谁也不会试图去打破一个500000股的阻力,而如果那里是一个持续的10000股阻力,交易者可能认为它能够打破。

2.做市商有时也会通过订单的大小和选时(timing)来欺骗其他交易者。例如,JPHQ可能摆一个大额卖单,把做空者拉上船,然后撤掉这个订单,挂上大额买单。这会迫使后来做空的交易者平仓。

3.做市商也可以通过ECN交易来掩藏自己的行动。要知道,任何人都可以使用ECN①,因此通常很难判断ECN上的大额指令是零售还是机构的。

二、海外证券市场交易的类型

(一)高频交易(Ultra - short Term Trading)

高频交易是一种广泛适用于T+0二级市场(如外汇、期货、欧美日股市等)的新兴交易模式。其主要特点是持仓时间短(以多则数分钟、少则数秒为时间单位来计量),交易次数频繁(少则几十次,多则上百次),不留过夜持仓等。高频交易捕捉入市后能够马上脱离入市成本的交易机会。入市之后如果不能马上获利,就准备迅速离场。这种交易方式在市时间短,可以回避一些无法预测的市场风险,因此承受的市场波动的影响较小。

高频交易的理念是短期市场影响因素有限而相对误差小、准确性高,且短期市场波动主要受交易者投机行为影响。因此,高频交易的优势为持仓时间短,可回避一些无法预测的市场风险,交易状况较稳定。高频交易通过以高成功率的盈利交易不断地累积微小盈利,最终形成较大利润,在过去的十几年里获得了巨大的收益。尤其是在经历了全球金融危机之后,高频交易不但没有受到影响,反而因其对市场风险的有效避规,获得了前所未有的发展,同时也获得了很多主流交易机构的高度认可。

---

① ECN是在金融场外交易直接撮合买卖双方进行成交的电子交易系统。

(二)日内动量交易

动量是股票价格上升或下降的势头。动量大则上升或下降的幅度就大,反之则小。在股价无序波动时,需要交易员耐心等待时机的出现;而机会出现时,则要果断出手入市,在股价运动变缓或者开始出现反转迹象时立即平仓,获得利润。

日内动量交易可以继续发挥职业交易员所拥有的优势——交易成本低,交易速度快。也就是说,低成本和高速度使交易员在出仓之后可以随时再杀入。因此,日内动量交易的出仓原则是宁早勿晚,不允许账面利润的流失。日内动量交易无法与高频交易相比,交易次数有所减少,每笔交易的盈利目标有所放大,同时对于进仓和出仓的时机也有更高的要求。如果把握得当,则可以进一步转为日内波段交易。

(三)日内波段交易

日内波段交易与日内动量交易相比,交易次数又要少得多;盈利目标则在于尽可能地利用趋势;止损位的设计既要考虑资金和风险管理,又要结合技术分析;建仓、管理仓位和出仓过程更为复杂,更有挑战性。

高频交易到日内动量交易再到日内波段交易是一个循序渐进的过程。高频交易依靠交易次数和成功率赚得利润。在经过一定时间的高频交易后,交易员养成了坚决止损的习惯和敏锐的盘感,对入市和出货时机都有能力较为准确地加以把握。这时就可以转换到日内动量交易。日内波段交易要求交易次数少,限制了高频和动量交易员原有的成本低、速度快的优势,且由于交易次数少,交易成本大大下降,普通散户也可以直接从事这种日内波段交易。但是我们要看到,日内波段交易对交易者的要求是很高的,没有初期的高频交易和动量交易的经验积累就从事这种高难度的交易对散户来说无异于没有学会走路而直接去跑。因此,较之职业交易员,普通散户很难在日内波段交易中取得稳定的盈利。从高频到动量交易再到波段交易是一个交易员成长的过程,从高频交易做起是必不可少的初期入门学习阶段。

第二节　海外证券交易英语基本词汇和基础知识

一、英语基本词汇

(一)Day trader 日内交易

Day trader/Intra – day trader 日内交易
Stock operator 股票操盘手
Proprietary trader 专属操盘手
DAT broker DAT 经纪人

Leverage 杠杆
Margin 保证金

(二)Concepts 概念

Stocks 股票
Shares 股份、股票
Equity 股权
Position 头寸/仓位
Volume 成交量
Sector 部门
Industry 行业
Lots 手数
Analytical methods 分析方法
Fundamental analysis 基本面分析
Technical analysis 技术分析

(三)Market participants 市场参与者

New York Stock Exchange(NYSE)纽约证券交易所
National Association of Securities Dealers(NASD)美国证券交易商协会
National Association of Securities Dealers Automated Quotation System(NASDAQ)纳斯达克
Securities and Exchange Commission(SEC)美国证监会
Broker 经纪商
Specialist 专家
Market maker 做市商
Institutional investor 机构投资者
Retail investor 散户
Insider dealer 内幕交易者

(四)Trading 交易

Long&Short 做多和做空
Flat 空仓
Bid&Offer(Ask)摆单买入和摆单卖出
Buy&Sell 打单买入和打单卖出
Quote level - 1 一级报价
Level - 2 二级报价
Trade ware(TW)交易软件

Chart ware(CW)看图软件
Risk ware(RW)风控软件
Price level 价格层
Spread 最佳买卖报价之差
Intraday range 日内差,当日最高价、最低价之差
Rip&Tank 股价飙升和股价暴跌

(五)Trading orders 交易指令

Limit order 限价指令
Limit buy/Limit sell 限价买入/限价卖出
Market order 市价指令
Market buy/Market sell 市价买入/市价卖出
Stop order 止损指令
Order routing 买卖盘传递(指令路由)
Hybrid trading 混合交易制度
Trading mechanism 交易机制

(六)经济新闻词汇

Craze shares 热门股票
Blue chip stocks 蓝筹股
Bearish 看跌的、卖空的
Bears 空头
Bullish 看多的、牛市的
Bulls 多头
Rally 价格止跌回稳
Recover 恢复
Stagnant 停滞的、萧条的、不景气的
Sitting tight waiting for the stock market to bounce back 观望,等待市场回升
1.在证券交易所
Active trading 交易活跃
Moderate trading 交易适度
Over(excessive) trading 过度交易
Change hands 易手、交易成功
Turnover 成交金额
Trading halt 停板
Suspended trading 暂停交易

Suspension 停牌
2.股票交易市场不十分活跃时
Dull 乏味的、阴沉的、低沉的
Hesitant 迟疑的、犹豫不定的
Lackluster 无光泽的、死气沉沉的、无生气的
Light 轻的
Negligible 可以忽略不计的
Quiet 轻声的、安静的
Slow 慢的、不忙碌的
Sluggish 怠慢的
Thin 薄、细、瘦、稀薄
Weak 虚弱的、能力差的
3.股票价格的趋向不清晰时
Bumpy 颠簸的、起伏不平的
Choppy 波涛汹涌的
Hesitant 迟疑的、犹豫不定的
Mixed 混合的、形形色色的、弄糊涂的
Uncertain 不定的、不可靠的

二、海外证券交易基础知识

(一)股票信息的搜集和查询——GICS 行业分类(Global Industry Classification Standard)

基础材料(Materials):化学品、金属采矿、纸产品和林产品。
消费者非必需品(Unnecessary Consume):汽车、服装、休闲和媒体。
消费者常用品(Necessary Consume):日用品/食品 & 药品零售。
能源(Energy):能源设施、冶炼、石油和天然气的开采。
金融(Finance):银行、金融服务和所有保险。
医疗保健(Medical & Health):经营型医疗保健服务、医疗产品、药品和生物技术。
工业(Industry):资本货物、交通、建筑、航空和国防。
信息技术(Information technology):硬件/软件/通讯设备。
电信服务(Telecom):电信服务和无线通讯。
公用事业(Utilities):电力设备和天然气设备。

(二)股票信息的搜集和查询

使用搜股器(stock screener)来搜索目标股票,是每个交易员必须掌握的技能。如图10-2所示,在搜股器中设定好不同选项的数值或条件,进行搜索后,Symbol(股票代码)

一栏将列出全部符合要求的股票代码。

1.搜股内容

(1)股票的所属行业及行业的共同特征；

(2)该行业的龙头和该股票在行业中的地位；

(3)股票的市值(Market Cap)；

(4)股票的日成交量；

(5)股票价格的年波动范围和最近5日的波动范围；

(6)股票的大股东有哪些。

……

示例1.

搜索条件(来源:北美中文网论坛的shawcable)

%Price Change Today >=4

Last Volume >=500,000

Last Price >=5

Last Price <=30

Market Capitalization >=10,000,000

Market Capitalization <=50,000,000,000

搜索目的

找到增幅较大(>=4%)；有大资金介入(成交量>=500,000)；公司不要太小，也不要太大。

示例2.

搜索条件(用marketwatch股票搜索器，查仲一同学推荐)

成交量大于100万，越大越好

价格层越厚，成交速度越快、越安全

价格波动2—3分

应用于多伦多市场

2.搜股网站

http://www.marketwatch.com/

http://finance.google.com/

http://finance.yahoo.com/

http://www.fx168.com/

3.具体操作提示

(1)最初阶段只能选择每股价格在$20以下、每日成交量在50万到500万股之间的股票，同时波动幅度在20美分以内；

(2)后缀为.OB(Over-The-Counter Bulletin Board的缩写)的股票不在选择范围；

(3)点击任一股票代码可以查看到该股票具体信息；

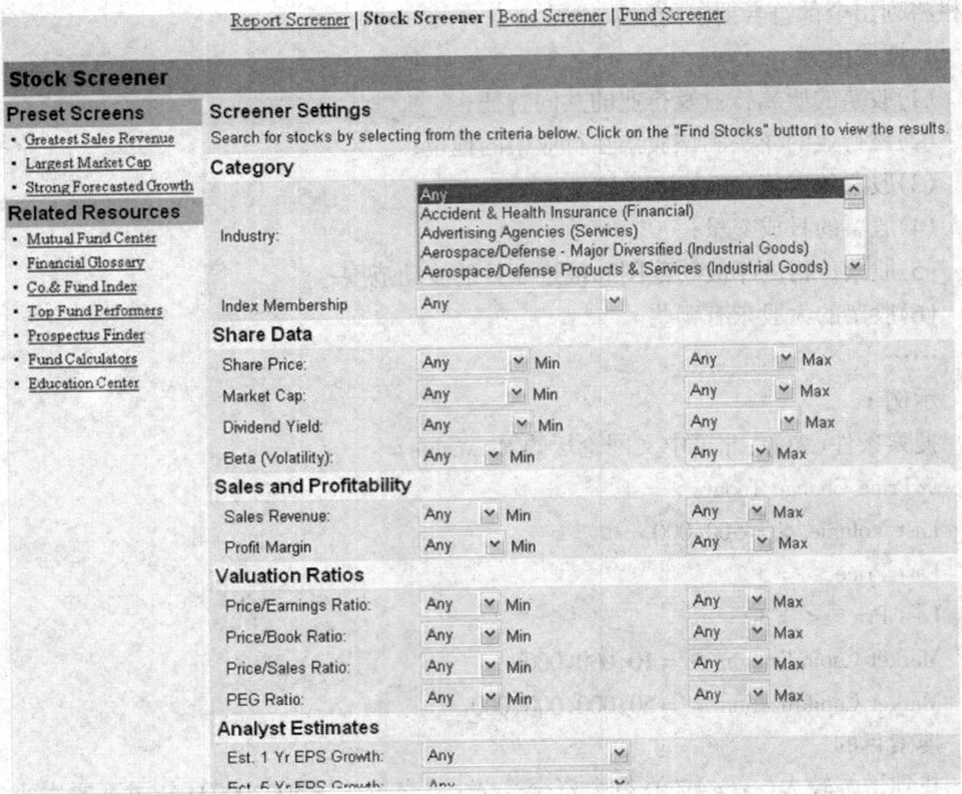

图 10-2 Yahoo 搜股器界面

(4)选择图形比较适合的股票加入关注的自选股。

(三)交易的费用

交易费用高低直接影响着交易员的收入水平、交易模式和生存。当交易费用上升时,以频繁进出市场赚取交易所佣金返还为生的交易员可能会无法获利。在海外证券市场,交易费用的变动是比较频繁的,因此每个交易员都必须密切关注相应的信息。表 10-1 列出了美股交易的主要费用。

表 10-1 美股交易的主要费用

费用名称	交费方	决定因素
SEC Fee 证监会费	卖方交	取决于股价
Activity Fee 活动费	卖方交	取决于股数,可为零
Clearing/Transaction Fee 清算处理费	双方交	与股数有关
Execution Fee 执行费	双方交	
Gateway Fee ECN 通道使用费		可能为负值:摆单交易,客户将获得一定数额的佣金;(Credit)打单交易,大部分 ECN 将收取一定的费用;收取的打单费用通常高于返还的摆单佣金。

第三节　海外证券模拟交易软件界面

一、交易员交易界面设置

在高频交易员使用该软件进行股票交易时,会借助众多功能窗口进行股票行情的查询、下单、追踪信息等操作。图 10－3 显示的就是交易员在日常工作中的一个典型交易界面全图。下面将分别介绍这些窗口的作用和使用方法。

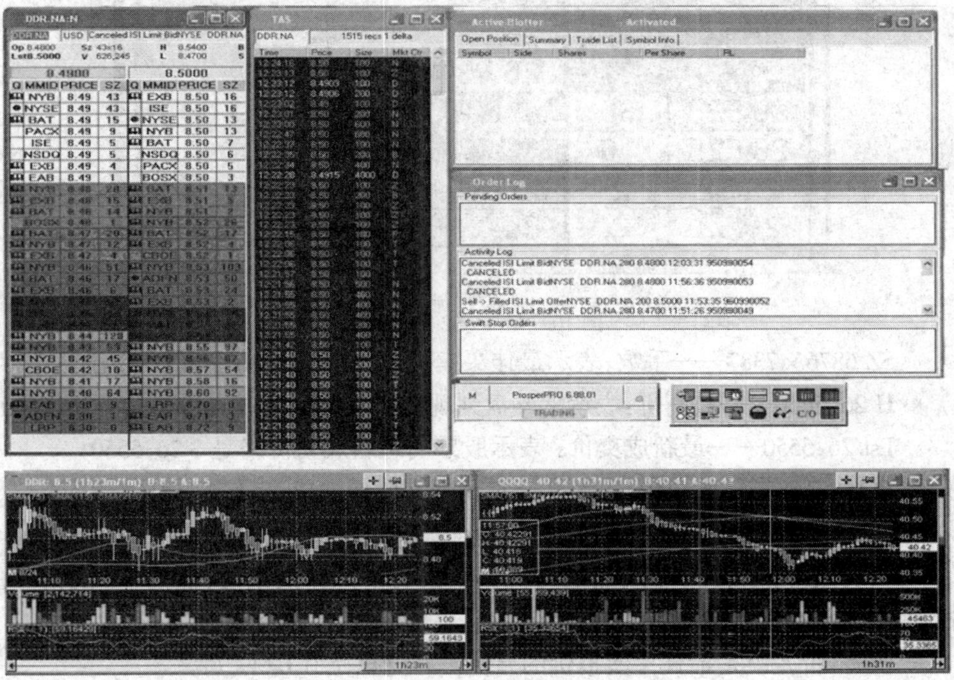

图 10－3　交易员交易界面全图

(一)Level－2 股票窗口

该股票窗口中显示的是二级报价及股票的价格列单,根据这个列单可以对股票的走势进行有效预测。

在窗口的上端是股票代码的输入窗口和货币单位。在股票代码输入窗口输入想查询的股票代码后点回车,就能看到那只股票的报价及相应订单大小,如图 10－4 所示。在这里,货币单位是欧元(EUR)。

接下来的两栏信息是这只股票的相关数据。

* OP 26.4500——开盘价:表示这只股票今天的开盘价是 $ 26.4500。

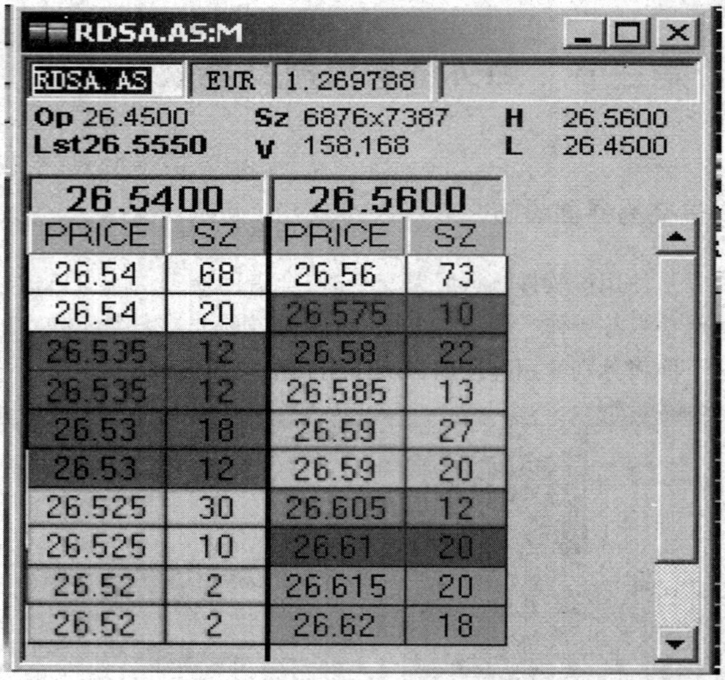

图 10－4　level2 报价窗口

＊ SZ 6876×7387——手数:表示最佳买卖报价分别是 6876 手和 3787 手。

＊ H 26.5600——最高价:表示从开盘到现在股票的最高成交价格是＄26.5600。

＊ Lst 26.5550——最新成交价:表示股票的最新成交价格是＄26.5550。

＊ V 158,168——成交量:表示从开盘到现在股票的成交量是 158168 手。

＊ L 26.4500——最低价:表示从开盘到现在股票的最低价格是＄26.4500。

＊ 买卖报价:左边一栏中,出最高价买股票的单排在最顶层,低的在最底层;右边一栏中,要最低价卖股票的在最顶层,高的在底层。

＊ 价差:价差就是最佳买卖报价的差值。在这里是 0.02 欧元。

＊ 价格层:用不同背景颜色区分的区域称为价格层。每个价格层的价格相同,由不同的通道组成。

(二)Time and Sale TAS 窗口——成交及时间信息

登录到 TAS 界面后,如图 10－5 所示,交易员将会看到以下信息:

交易员将会看到股票窗口右边的是 TAS 界面,每成交一笔都会从上面显示出来,最新成交的在最顶层。股票窗口中左边的订单被"吃掉"(而不是被摆单者自行撤掉)而消失后,相应地就会几乎同时在 TAS 上显示出来。它包含了这只股票该笔交易成交的时间、价位、手数和通道名称(被"吃掉"的订单的通道),这个标签的有无以及顺序都可以根据个人习惯设置。右边的订单同理。左边的订单被"吃掉"后出现在 TAS 上显示

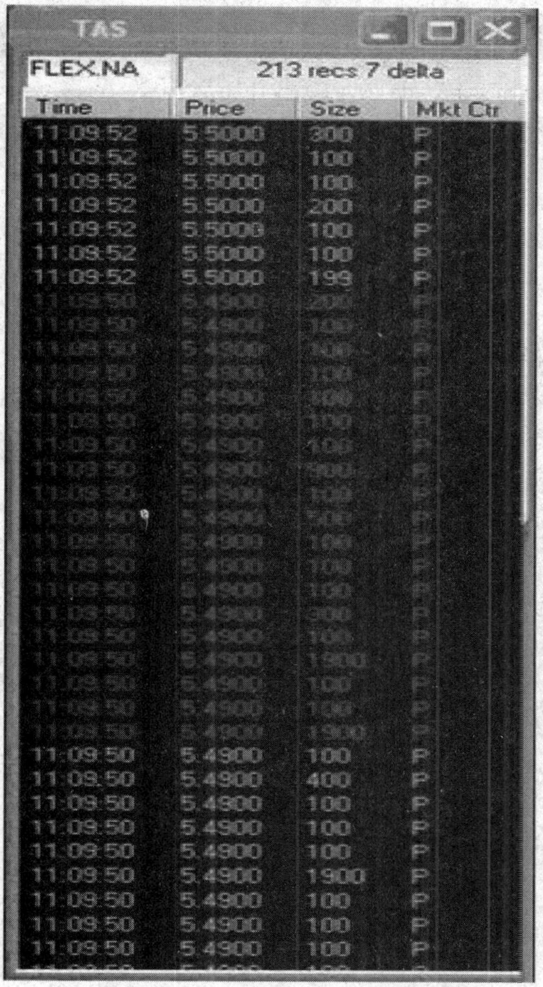

图 10－5　TAS 窗口

的是红色数字，右边订单被“吃掉”后在 TAS 上显示的是绿色数字。海外证券市场行情软件中，通常上涨、买入用绿色标注，下跌、卖出用红色标注。

通过同时观察股票窗口和 TAS 可以判断订单消失的原因——被撤掉还是被“吃掉”。进一步可以判断价格深度。在同样的价位上，成交量越大，价格深度就越大，这个成交价也就越可靠。

（三）Active Blotter 窗口——交易者常用信息查阅

交易者可通过 Active Blotter 窗口中的各个标签页来随时了解交易的相关信息。

1. Active Blotter 窗口——Open Position

数据说明：

* Active Blotter 窗口中的 Open Position 标签页：头寸，显示的是交易者当前没有平

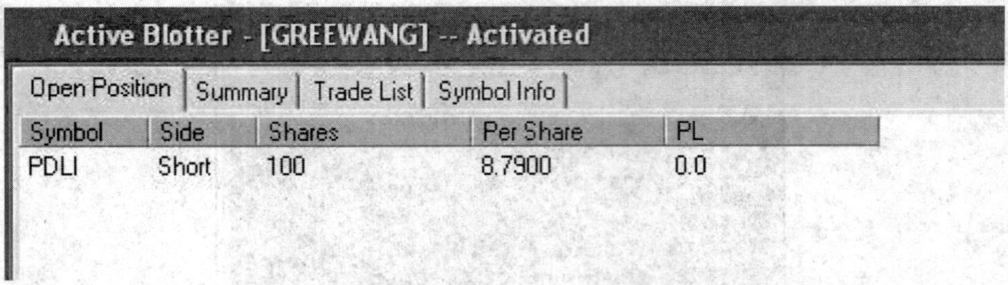

图 10－6 Active Blotter－Open Position 头寸标签

出的仓位。该页面以列表的形式显示以下信息，包括：

* Symbol——股票的代码
* Side——买卖方向，Short（做空）
* Shares——股数
* Per Share——每股成交时的价格
* PL——未平仓盈亏，按照当前市价打单平出的盈亏

2. Active Blotter 窗口——Summary

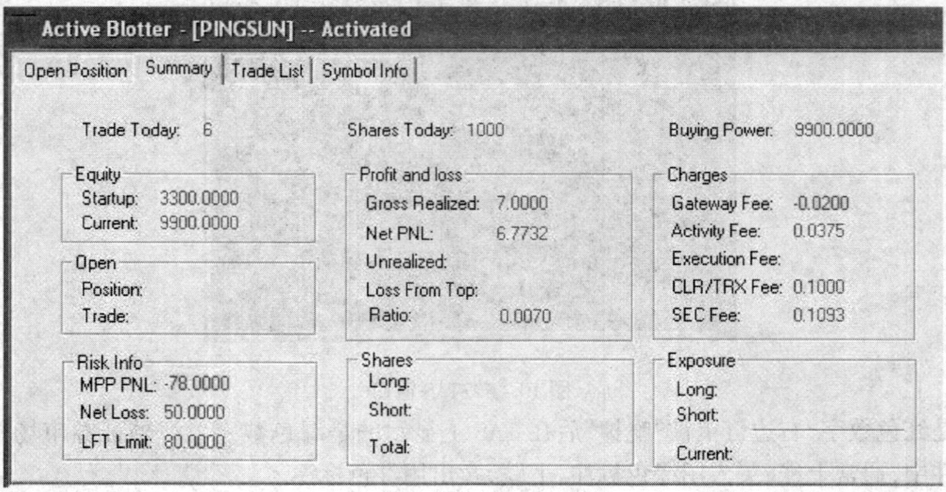

图 10－7 Active Blotter — Summary 交易概况标签

在 Active Blotter 窗口中，标签页 Summary 显示了本交易日中的交易概况。这些详细信息包括：

* Trade Today——本交易日交易次数，每成交一次算作一次交易
* Shares Today——本交易日交易的股数
* Buying Power——账户的资金权限

Open 未平仓情况[①]

① 高频交易要求不留隔夜头寸，因此该项内容通常为空白。

* Position——未平头寸的数量
* Profit and Loss——盈亏
* Gross Realized——总盈亏，即除去各种手续费之前的盈亏
* Net PNL——净盈亏，即除去各种手续费之后的盈亏
* Unrealized——未平仓盈亏，与 Open Position 中显示的盈亏一致

Charges（费用）

* Gateway Fee——通道费
* Execution Fee——执行费
* CLR/TRX Fee——清算费
* SEC Fee——证监会费

Exposure（敞口）

* Long——未平做多头寸总价值
* Short——未平做空头寸总价值
* Current——两者之和

3. Active Blotter 窗口——Trade List

在 Active Blotter 窗口中，标签页 Trade List 显示了某交易日中的交易详情。图 10－8 显示了这些详细信息：

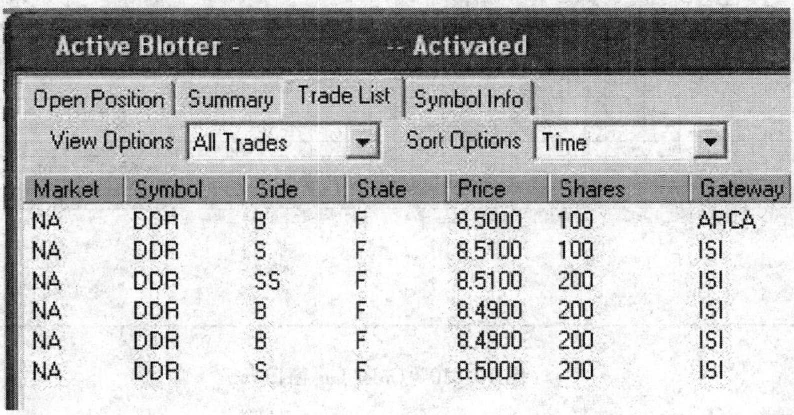

Market	Symbol	Side	State	Price	Shares	Gateway
NA	DDR	B	F	8.5000	100	ARCA
NA	DDR	S	F	8.5100	100	ISI
NA	DDR	SS	F	8.5100	200	ISI
NA	DDR	B	F	8.4900	200	ISI
NA	DDR	B	F	8.4900	200	ISI
NA	DDR	S	F	8.5000	200	ISI

图 10－8　Active Blotter 窗口——Trade List 交易详情标签

4. Active Blotter 窗口——Symbol Info

在 Symbol Info 标签页中，将显示以股票代码进行归类的每只股票交易情况的总结信息。

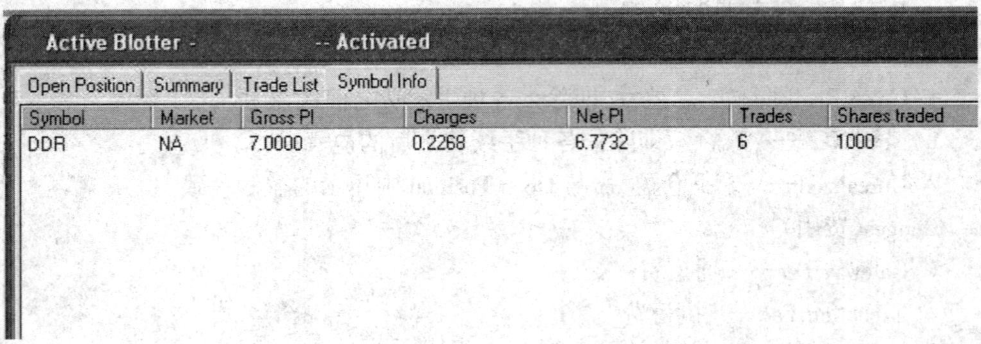
Active Blotter - -- Activated

Open Position | Summary | Trade List | Symbol Info

Symbol	Market	Gross Pl	Charges	Net Pl	Trades	Shares traded
DDR	NA	7.0000	0.2268	6.7732	6	1000

图 10-9　Active Blotter 窗口——Symbol Info 分代码信息标签

(四)Order Log 窗口

高频交易员可以通过 Order Log 窗口来浏览发送指令的详情,包括三部分:Pending Orders, Activity Log,Swift Stop Orders 等。

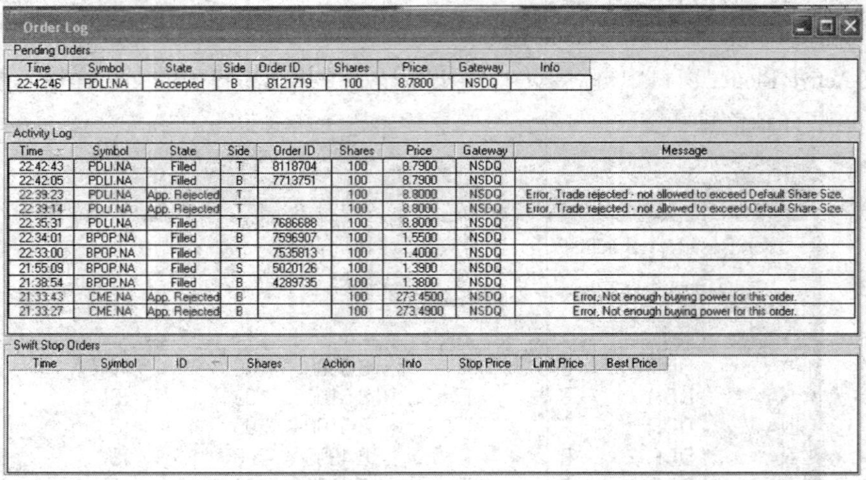
Order Log

Pending Orders

Time	Symbol	State	Side	Order ID	Shares	Price	Gateway	Info
22:42:46	PDLI.NA	Accepted	B	8121719	100	8.7800	NSDQ	

Activity Log

Time	Symbol	State	Side	Order ID	Shares	Price	Gateway	Message
22:42:43	PDLI.NA	Filled	T	8118704	100	8.7900	NSDQ	
22:42:05	PDLI.NA	Filled	B	7713751	100	8.7900	NSDQ	
22:39:23	PDLI.NA	App. Rejected	T		100	8.8000	NSDQ	Error, Trade rejected - not allowed to exceed Default Share Size.
22:39:14	PDLI.NA	App. Rejected	T		100	8.8000	NSDQ	Error, Trade rejected - not allowed to exceed Default Share Size.
22:35:31	PDLI.NA	Filled	T	7686688	100	8.8000	NSDQ	
22:34:01	BPOP.NA	Filled	B	7596907	100	1.5500	NSDQ	
22:33:00	BPOP.NA	Filled	T	7535813	100	1.4000	NSDQ	
21:55:09	BPOP.NA	Filled	S	5020126	100	1.3900	NSDQ	
21:38:54	BPOP.NA	Filled	B	4289735	100	1.3800	NSDQ	
21:33:43	CME.NA	App. Rejected	B		100	273.4500	NSDQ	Error, Not enough buying power for this order.
21:33:27	CME.NA	App. Rejected	B		100	273.4900	NSDQ	Error, Not enough buying power for this order.

Swift Stop Orders

Time	Symbol	ID	Shares	Action	Info	Stop Price	Limit Price	Best Price

图 10-10　Order Log 窗口

1. Pending Orders

Pending Orders 这部分信息显示的是交易者成功发送但没有成交的指令,即摆在 Level-2 上的订单。它显示了这个订单下达的各种信息。

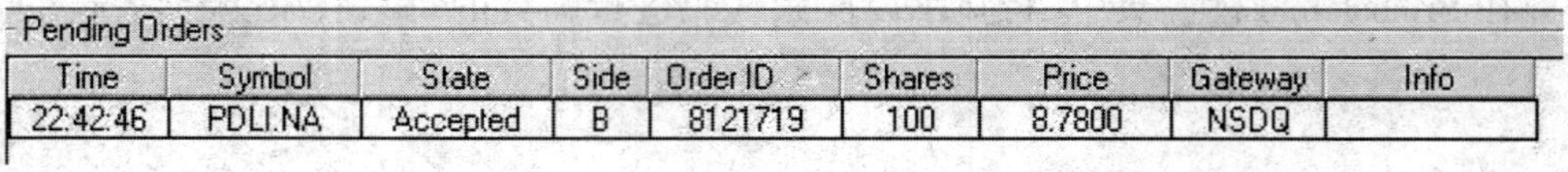
Pending Orders

Time	Symbol	State	Side	Order ID	Shares	Price	Gateway	Info
22:42:46	PDLI.NA	Accepted	B	8121719	100	8.7800	NSDQ	

图 10-11　Pending Orders 图示

* Time——指令成交或失败的时间
* Symbol——交易股票的代码

* State——状态，包括成交(Filled)或指令无效(Application Rejected)
* Side——操作方向，包括买入(B)、卖出(S)、做空(T)
* Order ID——指令标识码
* Shares——股数
* Price——价位
* Gateway——使用通道
* Information——信息
* 这些标签的有无和顺序可以根据交易者的喜好进行调整。

2. Activity Log

Activity Log

Time	Symbol	State	Side	Order ID	Shares	Price	Gateway	Message
22:42:43	PDLI.NA	Filled	T	8118704	100	8.7900	NSDQ	
22:42:05	PDLI.NA	Filled	B	7713751	100	8.7900	NSDQ	
22:39:23	PDLI.NA	App. Rejected	T		100	8.8000	NSDQ	Error, Trade rejected - not allowed to exceed Default Share Size.
22:39:14	PDLI.NA	App. Rejected	T		100	8.8000	NSDQ	Error, Trade rejected - not allowed to exceed Default Share Size.
22:35:31	PDLI.NA	Filled	T	7686688	100	8.8000	NSDQ	
22:34:01	BPOP.NA	Filled	B	7596907	100	1.5500	NSDQ	
22:33:00	BPOP.NA	Filled	T	7535813	100	1.4000	NSDQ	
21:55:09	BPOP.NA	Filled	S	5020126	100	1.3900	NSDQ	
21:38:54	BPOP.NA	Filled	B	4289735	100	1.3800	NSDQ	
21:33:43	CME.NA	App. Rejected	B		100	273.4500	NSDQ	Error, Not enough buying power for this order.
21:33:27	CME.NA	App. Rejected	B		100	273.4900	NSDQ	Error, Not enough buying power for this order.

图 10－12 Pending Orders 图示

该部分显示的是指令成交后(不管是打单成交还是摆单成交)的相关信息。摆单和打单失败(例如交易账户权限不够或某些股票在特定情况下禁止做空等)后，相关信息也会出现在这个栏目里。

* Time——指令成交或失败的时间
* Symbol——交易股票的代码
* State——状态，包括成交(Filled)或指令无效(Application Rejected)
* Side——操作方向，包括买入(B)、卖出(S)、做空(T)
* Order ID——指令标识码
* Shares——股数
* Price——价位
* Gateway——使用通道
* Message——如果指令无效，原因会在此栏注明
* Swift Stop Orders——自动止损指令

二、股票交易窗口的参数配置

(一)设置股票窗口的默认股数

打开 Stock Window Customization：FP. PA 窗口，激活 Options 标签页，在 Default Shares

中的 Shares 右边的文本框中输入数字(图 10－13 中右部框线内),此数字为打开交易软件时所显示的默认股数。

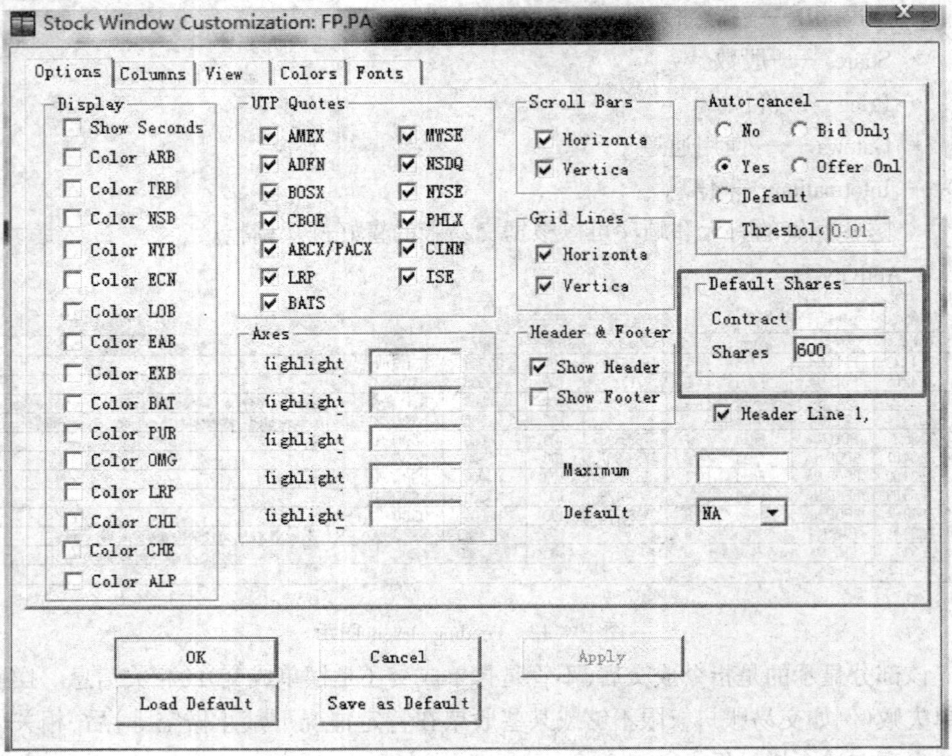

图 10－13　默认股数设置

(二)设置报价层的显示项目

如图 10－14 所示,打开 Stock Window Customization: FP. PA 窗口,激活 Columns 标签页,Unselected 列表中显示的是未在交易软件中显示的内容。如果想让某些项目添加至交易软件中,只需将这些项目通过" > "按钮添加至 Selected 列表中。显示的项目也可以通过"Up"和"Down"按钮来调整其顺序。

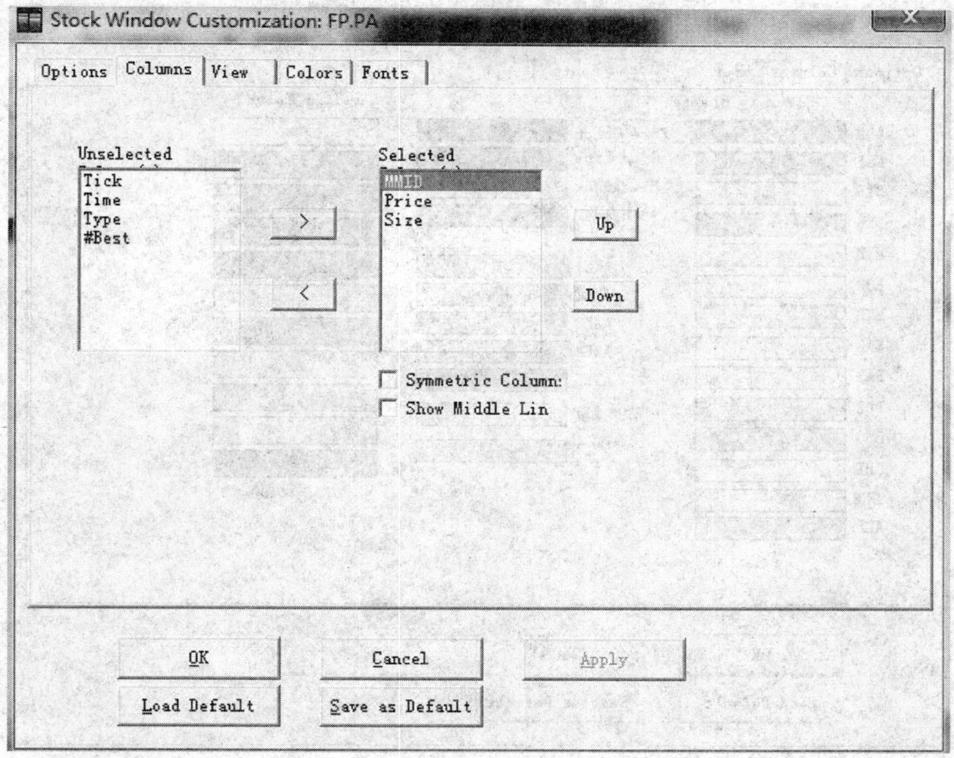

图 10－14　报价层显示项目设置

(三)设置报价层的背景色

如图 10－15 所示,打开 Stock Window Customization:FP.PA 窗口,激活 Colors 标签页,可以设置前景色、网格线、标头背景、标头等项目的颜色,从而以个性化报价层显示窗口的外观。

图 10－15　报价层背景颜色设置

(四)设置报价层的字体

如图 10－16 所示,打开 Stock Window Customization:FP.PA 窗口,激活 Fonts 标签页,可以设置报价层显示窗口的字体。

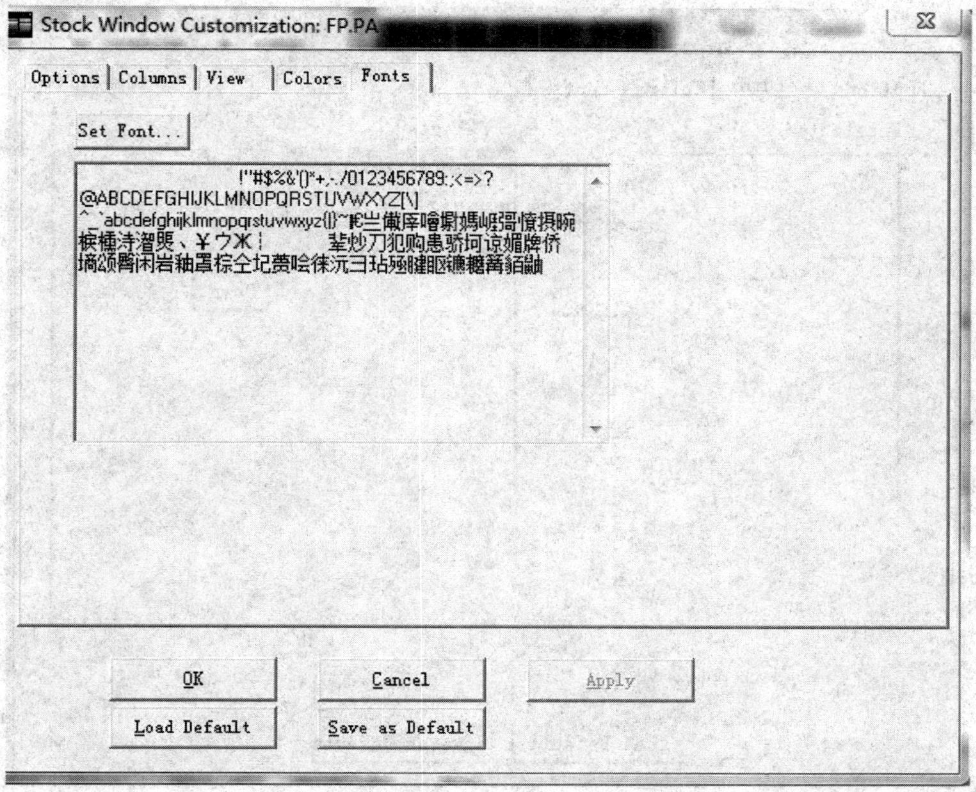

图 10 - 16　报价层字体设置

三、TAS 窗口的参数设置

(一)设置 TAS 窗口的显示项目

如图 10 - 17 所示,打开 Time And Sale Configuration 窗口,激活 Columns 标签页,Deselected 列表中显示的是未在 TAS 窗口中显示的内容。如果想让某些项目添加至 TAS 窗口中,只需将这些项目通过" > "按钮添加至 Selected 列表中。显示的项目也可以通过"Up"和"Down"按钮来调整其顺序。

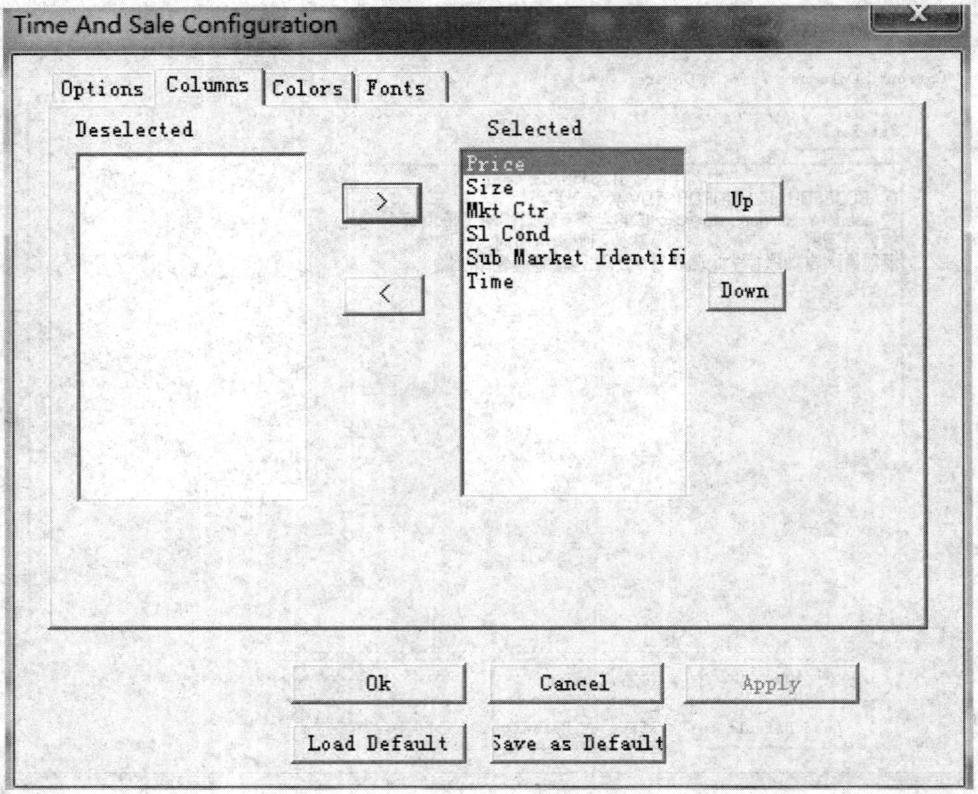

图 10－17　TAS 窗口显示项目设置

(二)设置 TAS 窗口的背景色

如图 10－18 所示，打开 Time And Sale Configuration 窗口，激活 Colors 标签页，可以设置前景色、网格线、标头背景、标头等项目的颜色，从而显示个性化 TAS 窗口的外观。

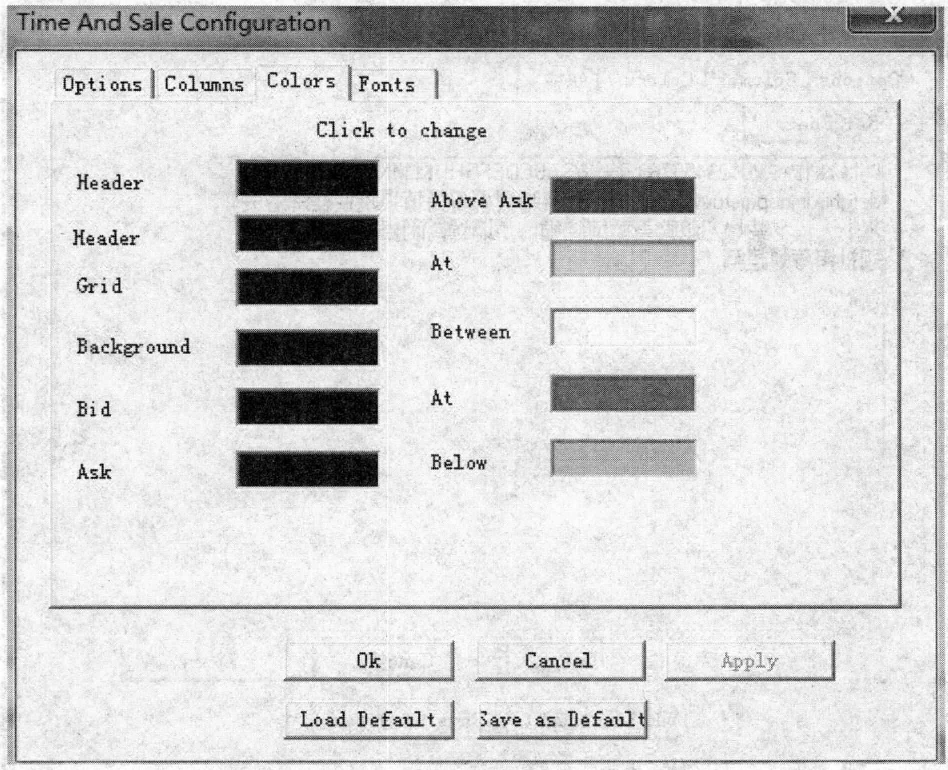

图 10－18　TAS 窗口的背景颜色

(三)设置报价层的字体

如图 10－19 所示,打开 Time And Sale Configuration 窗口,激活 Fonts 标签页,可以设置 TAS 窗口的字体。

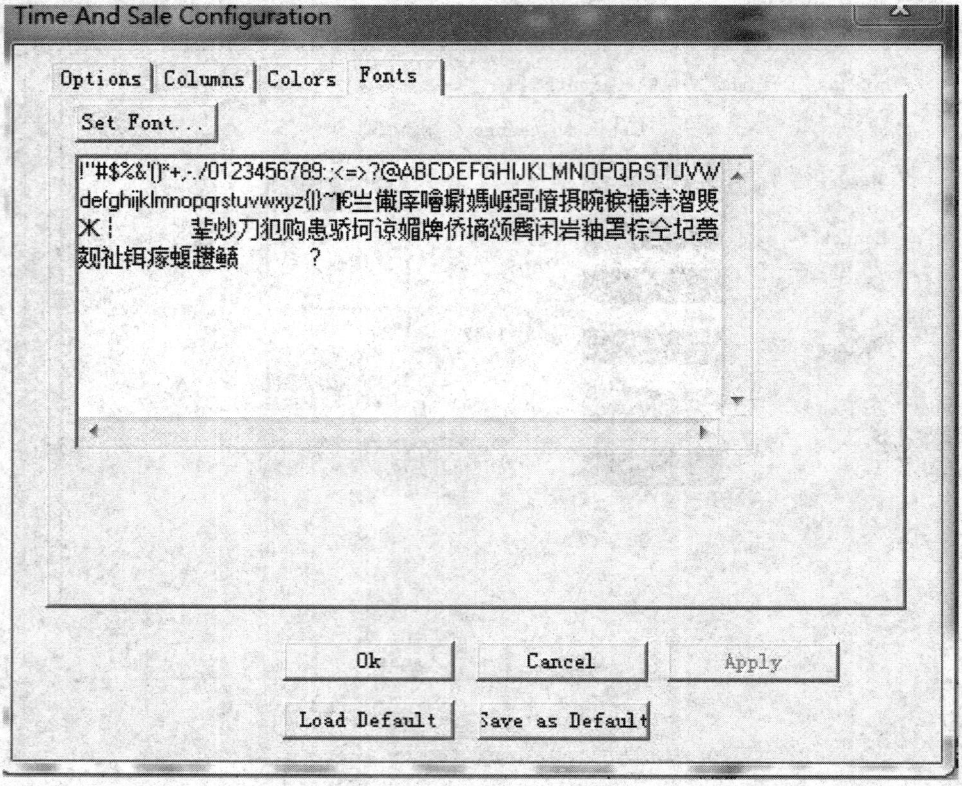

图 10-19　TAS 窗口的字体设置

四、案例分析——典型的 Level II 形态

案例分析 1

分析结论:单子超薄

订单越薄,风险越大。因为用很少的股数就能横扫很多个价位,引起股票的大幅波动。单子薄的股票价差也往往比较大。如图 10-20 所示,股票窗口中,左右报价栏中的队列摆单较少,且队列中各委托报价间的价差较大,最高买价与最低买价相差 264.65,尤其是最低买价只有 0.01。如果遇到市场极端情况,有可能出现因交易者用市价卖出委托,而市场又无足够买单,从而与 0.01 的买单成交的情况。

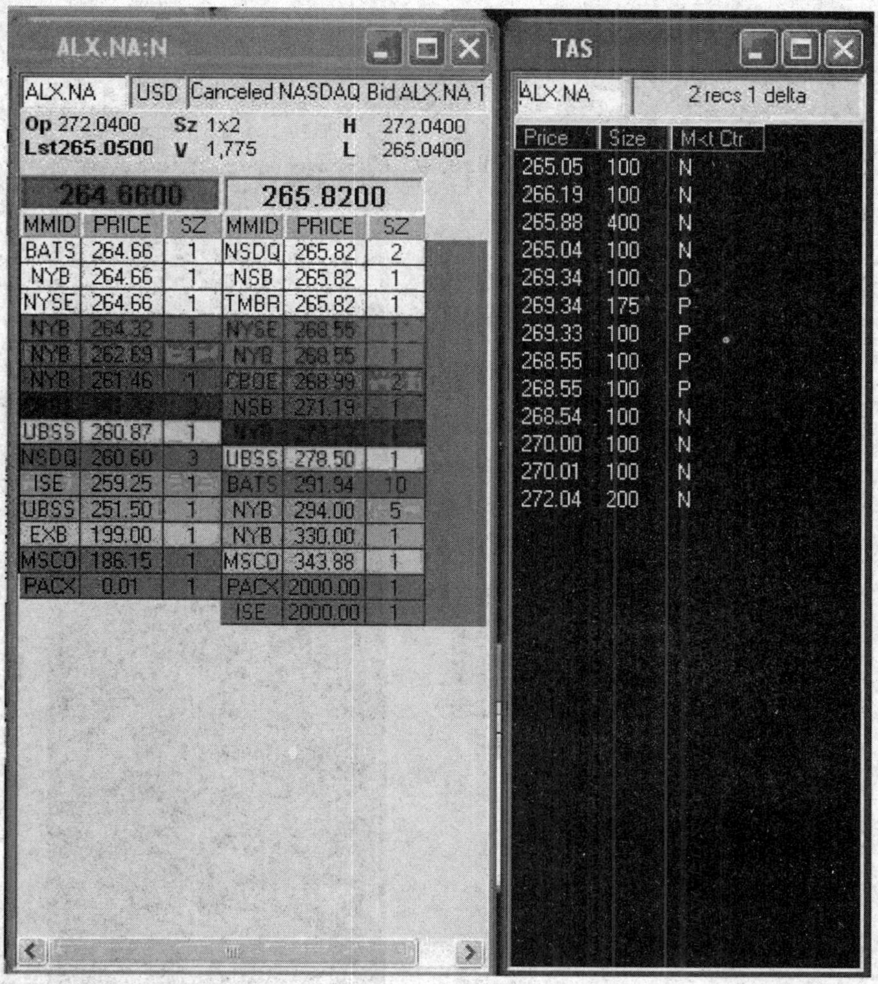
ALX.NA:N
ALX.NA
USD
Canceled NASDAQ Bid ALX.NA 1
Op 272.0400
Sz 1x2
H 272.0400
Lst265.0500
V 1,775
L 265.0400
264.6600
265.8200
MMID PRICE SZ
MMID PRICE SZ
BATS 264.66 1
NSDQ 265.82 2
NYB 264.66 1
NSB 265.82 1
NYSE 264.66 1
TMBR 265.82 1
UBSS 260.87 1
UBSS 278.50 1
ISE 259.25 1
UBSS 251.50 1
NYB 294.00 5
EXB 199.00 1
NYB 330.00 1
MSCO 186.15 1
MSCO 343.88 1
PACX 0.01 1
PACX 2000.00 1
ISE 2000.00 1
TAS
ALX.NA
2 recs 1 delta
Price Size Mkt Ctr
265.05 100 N
266.19 100 N
265.88 400 N
265.04 100 N
269.34 100 D
269.34 175 P
269.33 100 P
268.55 100 P
268.55 100 P
268.54 100 N
270.00 100 N
270.01 100 N
272.04 200 N

图 10－20 案例 1

案例分析 2

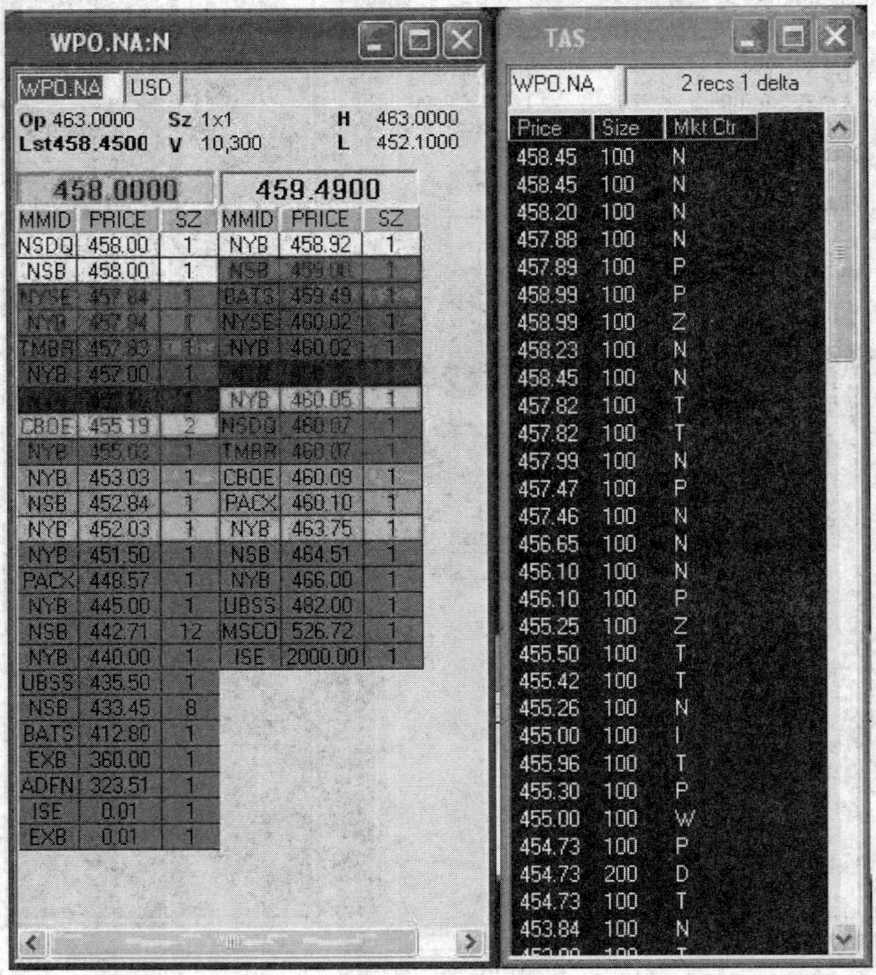

图 10-21 案例 2

交易结论:价差超大

价差越大,说明股票波动越厉害,风险也就越大。这就是为什么从 TAS 中看出股票好长时间也没有成交。打开 TAS 之前的成交股票的时间、价格、股数和通道是没有颜色的,打开之后的成交信息才会有颜色。同时我们可以看到 Level-2 里的单子也比较薄。

第三部分　外汇业务实验

第十一章 CHAPTER 11
外汇与汇率

【学习目标】

通过本章的学习,要求学生掌握外汇、汇率、外汇市场的概念,了解外汇、汇率的分类,掌握汇率的标价方法。理解汇率变动对经济的影响。

第一节 外汇概述

一、外汇定义

外汇(Foreign Exchange),即国际汇兑,是国际金融最基本的概念之一。可以从动态和静态两个不同的角度理解外汇的含义。

动态的外汇是指把一国货币兑换成另一国货币,用以清偿国际间的债权债务以及进行资金转移活动。从这个意义上说,外汇等同于国际结算。

静态的外汇指以外国货币表示的可用于国际结算的各种支付手段。这种支付手段包括以外币表示的信用工具和有价证券,如银行存款、商业汇票、银行汇票、银行支票、外国政府公债、国库券及各种长短期证券。人们通常所说的外汇,是就其静态含义而言的。

国际货币基金组织(International Monetary Fund,IMF)的定义为:"外汇是货币行政当局(中央银行、货币管理机构、外汇平准基金组织和财政部)以银行存款、财政部国库券、长短期政府债券等形式保有的在国际收支逆差时可以使用的债权。"

按照我国 1996 年 1 月 8 号颁布的《中华人民共和国外汇管理条例》的规定,外汇是以外币表示的可以用作国际清偿的支付手段和资产,包括:

1.外国货币,包括纸币、铸币;

2.外币支付凭证,包括票据、银行存款凭证、邮政储蓄凭证等;

3.外币有价证券,包括政府债券、公司债券、股票等;

4.特别提款权、欧洲货币单位;

5.其他外汇资产。

二、外汇的其他一些基本概念

在理解外汇定义时,要区分外国货币、外汇和国际货币三个概念。

1.外国货币指本国以外的主权国家(地区)的货币当局发行的货币。世界上各国(地区)的货币有100多种。

2.外汇一般指可自由兑换的外国货币,但不仅仅局限于货币形态,以可自由兑换货币为面值的银行存款、政府债券、公司债券等有价证券也是外汇。

一种外币成为外汇有三个前提条件:

(1)自由兑换性,即这种外币资产能与主要国际货币进行自由兑换;

(2)普遍接受性,即这种外币资产在国际经济往来中被各国普遍地接受和使用;

(3)可偿性,即这种外币资产是可以保证得到偿付的。

3.国际货币是指在国际经济交往中广泛使用的货币。相对于外汇而言,国际货币更强调该货币作为一种支付手段在国际经济金融交易中使用的广泛性。

三、外汇的种类

(一)自由外汇、有限自由兑换外汇和记账外汇

1.自由外汇,指不需要货币发行国批准,可以对任何国家自由支付,并自由兑换成其他国家货币的外汇。

2.有限自由兑换外汇,指未经货币发行国,不能自由兑换成其他货币或对第三国进行自由支付的外汇。IMF规定,凡对国际性经常往来的付款和资金转移有一定限制的货币均属于有限自由兑换货币。

3.记账外汇,也称双边外汇、协定外汇或清算外汇,指在两国政府签订的双边贸易或多边清算协定中,由进出口贸易所引起的债权债务不用现汇逐笔结算,而是通过对方国家银行专门账户进行相互冲销所使用的外汇。这种外汇不能兑换成自由外汇或对第三国进行支付,只能在双方银行专门账户上使用,所以称为记账外汇。

(二)贸易外汇和非贸易外汇

1.贸易外汇,指因进出口贸易及其从属费用而收付的外汇。从属费用主要包括与商品进出口直接关联的运费、保险费等。

2.非贸易外汇,指与进出口贸易无关的外汇,主要是由资产流动产生的外汇。如捐

赠、侨汇、旅游、海运、保险、银行、海关、邮电、工程承包、资本流动等所收付的外汇。

(三)即期外汇和远期外汇

1.即期外汇,又称现汇,是指在外汇买卖成交后两个营业日内办理交割的外汇。

2.远期外汇,又称期汇,是指交易双方事先签订买卖合约,规定外汇买卖的币种、数量、期限、汇率等,到约定日期才按合约规定的汇率进行交割的外汇。

(四)外币现钞和外币现汇

1.外币现钞,是指外国钞票、铸币。外币现钞主要由境外携入。

2.外币现汇,是指其实体在货币发行国本土银行的存款账户中的自由外汇。所谓自由外汇,是指在国际金融市场上可以自由买卖,在国际结算中广泛使用,在国际上得到承认,并可以自由兑换成其他国家货币的外汇。外币现汇主要由国外收入,或境外携入、寄入的外币票据,经银行托收,收妥后存入。

外国钞票不一定都是外汇,外国钞票是否称为外汇,首先要看它能否自由兑换,或者说这种钞票能否重新回流到它的发行国家,而且可以不受限制地存入该国的任意一家商业银行的普通账户上去,并且在需要时可以任意转账,这样才能称为外汇。各种外汇标的物,一般只有转化为货币发行国本土银行的存款账户中的存款货币,即现汇后,才能进行实际上的国际结算。

四、国际标准化货币符号

全球经济一体化、国际贸易和国际金融的发展以及电子计算机的广泛应用,要求各国在货币的表示方法上具有一致性和通用性。

为了能够准确而简易地表示各国货币的名称,便于开展国际间的贸易、金融业务和计算机数据通讯,1970 年,联合国经济委员会首先提出要制定一项国际贸易单证和信息交换使用的货币代码。1973 年,国际标准化组织第 68 技术委员会在其他国际组织的通力合作下,制定了一项适用于贸易、商业和银行使用的货币和资金代码,即国际标准 ISO—4217 三字符货币代码。如表 11-1 所示:

表 11-1 常用国家和地区的货币名称符号代码表

货币名称	ISO 国际标准三字符货币代码	货币名称	ISO 国际标准三字符货币代码
人民币	CNY	美元	USD
新西兰	NZD	日元	JPY
欧元	EUR	澳门元	MOP
英镑	GBP	港元	HKD
瑞士法郎	CHF	菲律宾比索	PHP

（续表）

货币名称	ISO 国际标准三字符货币代码	货币名称	ISO 国际标准三字符货币代码
新加坡元	SGD	韩国元	KRW
泰国铢	THB	澳大利亚元	AUD
挪威克朗	NOK	马来西亚林吉特	MYR
瑞典克朗	SEK	丹麦克朗	DKK
俄罗斯卢布	SUR	印度卢比	INR
加拿大元	CAD		

第二节　汇　率

一、汇率定义

汇率(Exchange Rate)又称汇价、外汇行市或外汇牌价，是一国货币折算为另一国货币的比率或比价，或两国货币之间兑换的比率或一国货币用另一国货币表示的价格。由于国际间的贸易与非贸易往来，各国之间需要办理国际结算，所以一个国家的货币对其他国家的货币，都规定有一个汇率，但其中最重要的是对美元等少数国家货币的汇率。

二、汇率的标价方法

折算两个国家货币的汇率，首先要确定是以哪一种货币为基准。一国的汇率，是以外国货币表示本国货币的价格，还是用本国货币表示外国货币的价格，称为汇率的标价方法(Quotation)。目前国际上有四种标价法，通常用的是前三种。

(一)直接标价法(Direct Quotation)

直接标价法又称应付标价法，是以一定单位(1、100、1 万、10 万)的外国货币为基准，折算一定单位的外币应付若干单位的本国货币。在直接标价法下，外国货币为基准货币，本国货币为标价货币。目前大多数国家都采用这种标价法，我国人民币的牌价也采用直接标价法。如某日香港外汇市场，USD1 = HKD7.7690，JPY100 = HKD6.8150；东京外汇市场，USD1 = JPY120，GBP1 = JPY180。

这种标价法的特点是外币的数额不变，折合本币的数额随着外国货币或本国货币币值的变化而改变。通俗地讲，是外币不动、本币动的标价法。

在直接标价法下，由于是以外币为基准，因而外汇汇率的升降同本币对外价值增减的方向相反。若一定单位的外币折算成本币的数额比原来多，则说明外汇汇率上升（外币升值），本币汇率下跌（本币贬值）；反之，如果一定单位的外币折算成本币的数额比原来少，则说明外汇汇率下跌，本币汇率上升，本币升值。

（二）间接标价法（Indirect Quotation）

又称应收标价法，是以一定单位的本币为基准，来计算应收若干单位的外国货币。

在间接标价法下，本国货币为基准货币，其数额不变，而标价货币（外国货币）的数额则随本国货币或外国货币币值的变化而改变。通俗地讲，是本币不动、外币动的标价法。

英国、美国都是采用间接标价法的国家。英国一直采用间接标价法，因为英镑曾经是国际贸易计价标准。如某日伦敦外汇市场英镑对美元的汇率是：GBP1 = USD1.4616。在伦敦市场，英镑是基准货币，美元是标价货币。

美国从 1978 年 9 月 1 日起，除对英镑采用直接标价法外，对其他货币均改用间接标价法，以便与国际外汇市场对美元的报价一致，USD1 = JPY110.5。此外，欧元区、新西兰、加拿大、澳大利亚和爱尔兰等国家或地区也采用间接标价法。

间接标价法下，直接表示的不是外币的价格，而是本币的对外价格。如果一定单位的本币折算外币的数量比原来多，说明本币汇率上升，外汇汇率下跌；相反，如果一定单位的本身折算外币的数量比原来少，则说明本币汇率下跌，外汇汇率上升。

虽然以上两种汇率标价法基准货币不同，但表示的一国货币对外汇率的升降意义并无不同，两者互为倒数。

（三）美元标价法

直接标价法和间接标价法都是针对本国货币和外国货币之间的关系而言的。相对于某个国家或某个外汇市场而言，本币以外其他各种货币之间的比价则无法用直接或间接标价法表示。

二战后，特别是欧洲货币市场兴起以来，国际金融市场之间外汇交易量迅速增长。为了便于在国际间进行外汇业务交易，银行间的报价都以美元为标准来表示各国货币的价格，至今已形成习惯。

这种非本币之间以一种国际上的主要货币或关键货币（Key Currency）来作为汇价标准的标价方法被称为美元标价法。即以一定单位美元为基准折合多少其他国家货币单位的标价法，即用美元表示各国货币的价格。目前世界各大国际金融中心的货币汇率都以美元的比价为准，世界各大银行的外汇牌价也都是公布美元对其他主要货币的汇率。

三、汇率的分类

(一)基本汇率和套算汇率

1.基本汇率(Basic Rate),指一国货币对关键货币的汇率。关键货币是指在国际经济交易中各国所能普遍接受的,在国际收支中使用最多的,在外汇储备中所占比重最大的,可自由兑换的货币。一般将美元作为关键货币。

2.套算汇率(cross rate),也称交叉汇率,指两种货币通过各自对第三种货币的汇率推算出的汇率,换言之,是通过基本汇率套算出来的汇率。

(二)买入汇率、卖出汇率

买入汇率(Buying Rate),也称买入价或买价,是指银行向同业或客户买入外汇时所使用的汇率。卖出汇率(Selling Rate),也称卖出价或卖价,是银行向同业或客户卖出外汇时所使用的汇率。买入价和卖出价都是从银行买卖外汇的角度出发的,买卖差价一般为1‰—5‰,作为银行买卖外汇的收益。

(三)开盘汇率、收盘汇率、最高汇率、最低汇率

个人实盘外汇报价(2005年2月21日7:00—18:00)

表11-2　个人实盘外汇报价

币种	开盘	最高	最低	收盘
欧元/美元	1.1929	1.1942	1.1902	1.1913
英镑/美元	1.7442	1.7452	1.7414	1.7427
澳元/美元	0.7402	0.7415	0.7368	0.7382
美元/日元	118.36	118.77	118.24	118.70
美元/瑞士法郎	1.3080	1.3115	1.3073	1.3087
美元/港币	7.7598	7.7619	7.7598	7.7617

(四)官方汇率、单一汇率和复汇率

1.官方汇率,是一国货币金融当局确定并公布的汇率,一切外汇交易都应以该汇率为准。

2.单一汇率,是一国政府对本币兑换另一国货币只规定一种汇率。IMF、WTO都要求会员国只能实行单一汇率。

3.复汇率(多种汇率),是指一国政府根据不同的交易对象公布两种或两种以上的汇率。常见的有贸易汇率和金融汇率。

(五)电汇汇率、信汇汇率和票汇汇率

1.电汇汇率(Telegraphic Transfer Rate,简称 T/T Rate),是指经营外汇业务的银行以电讯方式买卖外汇时所使用的汇率。如银行卖出外汇后以电报、电传或电讯网络等方式委托其国外分支行或代理行付款时所使用的汇率就是电汇汇率。电汇汇率是外汇市场的基础汇率,信汇和票汇汇率都是以其为基础计算出来的。

2.信汇汇率(Mail Transfer Rate,简称 M/T Rate),是指银行以信函方式通知收付款时采用的汇率。如银行开具付款委托书,以信函方式通过航邮寄给付款地银行,由其转付给收款人所使用的汇率,就是信汇汇率。在邮程期间,银行可利用汇款资金,另外信函成本比电汇低,所以信汇汇率比电汇汇率低。

3.票汇汇率(Demand Draft Rate,简称 D/T Rate),是指银行在买卖外汇汇票时使用的汇率。例如,当银行卖出外汇时,开立汇票,交给汇款人,由其自带或邮寄国外,交给收款人,在出票银行的国外分支行或代理行取款。票汇汇率分为即期票汇汇率和远期票汇汇率,票汇汇率比信汇汇率低。

(六)即期汇率和远期汇率

1.即期汇率(Spot Rate),是适于即期外汇交易的汇率。即期外汇交易(Spot Exchange Transaction)指外汇买卖成交后在两个营业日内办理交割的交易。

2.远期汇率(Forward Rate),是适用于远期外汇交易的汇率。远期外汇交易(Forword Exchange Transaction)又称期汇交易,指外汇买卖成交后并不立即办理交割,而是根据合同的规定,在约定的日期按约定的汇率办理交割的外汇交易。最常见的远期外汇交易交割期限一般有 1 个月、2 个月、3 个月、6 个月,最长可达 12 个月。

(七)固定汇率和浮动汇率

1.固定汇率(Fixed Rate),是指外汇汇率基本固定,汇率的波动局限于一个较小的范围内。其特点是该汇率在规定幅度内相对固定,具有相对稳定性。历史上存在过两种典型的固定汇率:一是金本位制下的固定汇率,二是布雷顿森林国际货币体系下的固定汇率。

2.浮动汇率(Floating Rate),是指各国货币之间的汇率波动不受限制,而主要根据市场供求关系自由涨落的汇率。按浮动方式,可分为自由浮动和管理浮动。

(八)名义汇率、实际汇率和有效汇率

1.名义汇率(Nominal Rate),以上所谈的汇率均为汇率的市场标价,称为名义汇率。

2.实际汇率(Real Rate),是名义汇率用两国价格水平调整后的汇率,如 eP * /P(其中 e 为名义汇率,P * 为外国商品价格水平,P 为本国商品价格水平)。

3.有效汇率(Effective Exchange rate,EER,又称 Trade Weighted Rate)是指某种加权平

均汇率,是本国货币对一组外币的汇率的加权平均数。以贸易比重为权数的有效汇率所反映的是一国货币汇率在国际贸易中的总体竞争力和总体波动幅度。我们知道,一国的产品出口到不同国家,可能会使用不同的汇率。另外,一国货币在对某一种货币升值时也可能同时在对另一种货币贬值。即使该种货币同时对所有其他货币贬值(或升值),其程度也不一定完全一致。因此,从20世纪70年代末起,人们开始使用有效汇率来观察某种货币的总体波动幅度及其在国际经贸和金融领域中的总体地位。

第三节 汇率变动的经济影响

汇率变动从根本上说取决于一国国际收支和经济发展的状况。但实际上,汇率的变动在很大程度上受到该国汇率政策的影响,即出于一定的目的,该国政府有意识地促使本国倾向贬值或升值。汇率的变动会对一国经济产生广泛的影响,一国决策层往往为了某些方面的目标,而促使汇率朝有利的方向移动。

一、汇率变动的贸易效应

在其他条件不变的前提下,本国货币汇率下跌(贬值)通过降低本国商品相对外国产品的价格,使国外消费者增加对本国产品的需求,本国居民减少对外国产品的需求,从而有利于本国的出口,减少进口。

货币贬值要起到刺激出口和限制进口的双重作用,需要以下条件:

条件一:马歇尔—勒纳条件和J曲线效应。

马歇尔—勒纳条件是指在进出口商品供给弹性无穷大的前提下,若进口需求弹性与出口需求弹性之和大于1,该国货币汇率下降,可以引起贸易顺差或减少原来存在的贸易逆差。

用货币贬值鼓励出口、限制进口,存在"时滞"问题,即贬值的传导过程受时效的制约。由于合同的制约以及信息传递需要时间,一国出口商品的外币价格下跌后,其商品在国外的需求量不会马上增加,进口量也不会马上大幅度减少。只有经过一段时间,贬值国的进出口需求弹性才会逐渐增加,其贸易差额状况才会得到改善。这种变化用曲线描述,呈"J"字形,即贬值的J曲线效应,而且货币贬值的正效应时间不是持久的,一般情况下,只能维持1—2年。

条件二:国内物价上涨程度小于货币贬值程度。

条件三:其他国家不同时实行同等程度的货币贬值和采取其他报复性措施。

用货币贬值刺激出口、抑制进口,对西方国家的影响程度较大,因为西方国家出口贸易以制成品为主,汇率机制作用明显,而且制成品的价格需求弹性和供给弹性普遍比初级产品大,世界市场在这方面的收入弹性也较大。而发展中国家出口贸易以初级产品为主,汇率机制作用较小。

二、汇率变动的资本流动效应

对长期资本流动的效应。在其他条件不变的情况下，如果预期一国货币贬值是短暂的，那么，它可能吸引长期资本流入该国。因为它能够使一定量的外汇兑换更多的该国货币，等量的外资可以支配更多的实际资源，从而在该国投资可以获取更高的投资收益。若人们认为一国货币贬值是长期趋势，则它对长期资本流动会起到相反的作用。从长期看，汇率上下波动可以部分地相互抵消，所以贬值一般对长期资本流动影响较小。

对短期资本流动的效应。货币贬值会导致短期资本外流。当一国货币汇率开始下跌时，以该国货币计值的金融资产价格相对价值下降，人们会用该国货币兑换他国货币，资本会大量流出国外，引起大量资本外流。同时，贬值还会造成通货膨胀预期，引起资本外流。

三、汇率变动对国内物价的效应

一国货币汇率下跌，会使该国物价水平上升；一国货币汇率上升，会使该国物价水平下降。

贬值通过货币工资机制、生产成本机制、货币供应机制和收入机制，有可能导致国内工资和物价水平循环上升。

四、汇率变动与民族工业、劳动生产率和经济结构

货币贬值无论从理论上还是在实践中，都可以看成是一种税赋行为。它是对出口的一种补贴，对进口的一种征税。在单一汇率制度下，货币贬值的税赋效应，具有统一性的特点。它不甄别单个企业或单项进出口商品的具体情况，对所有出口进行补贴，对所有进口进行征税。其优点是操作简便，没有歧视性；其缺点是过于简单，会导致各种问题。

货币贬值，具有明显的保护本国工业的作用。货币贬值通过提高进口商品的价格，削弱了进口商品的竞争力，从而为本国进口替代品留下了生存和发展的空间。

但货币的过度贬值，使以高成本、低效益生产出口产品和进口替代品的那些企业也得到鼓励。因此，它具有保护落后的作用，不利于企业竞争力的提高，同时也使社会资源的配置得不到优化。

货币的过度贬值，使本该进口的那些商品尤其是高科技产品或因国内价格变得过于昂贵而进不来，或进来了，但加大进口企业的成本。它不利于我国劳动生产率的提高和经济结构的调整。

五、汇率变动对国际经济关系的影响

在国际经济交往中，所使用的外汇主要是发达国家的货币。汇率的变动是双向的。本币汇率下降，就意味着他国货币汇率上升，会导致他国贸易逆差，经济增长减缓，由此招来其他国家的抵制和报复。

一国货币对外贬值，只有在适度的范围内，才可能产生正面的效应。如果一国货币贬值幅度过大，反而会使投资者失去信心，从而产生负面效应，甚至引发货币危机。

汇率变动对各国经济的影响程度取决于以下几方面因素：

1.进出口占 GDP 的比重。其比重越大，汇率对国内经济的影响越大。

2.货币可自由兑换性。若该国货币可自由兑换，在国际支付中使用率越高，则汇率变动对该国经济的影响越大。

3.参与国际金融市场的程度。一国对外开放程度越高，汇率变动对该国经济的影响越大。

4.经济发达程度。若国家经济发达，各种市场机制较完善，汇率变动对该国经济的影响就大；若不发达，政府会对汇率和经济进行管制，汇率的作用就小。政府对经济运行的干预会改变市场机制的运作过程，使汇率变动对经济的影响复杂化。

六、汇率变动对外汇储备的影响

就储备货币的汇率变动来看，汇率变动会改变储备货币的实际价值。如果某种储备货币升值，那么持有这种储备货币的国家就会增加收益；如果某种储备货币贬值，则持有这种储备货币的国家就会遭受损失。

从长期来看，储备货币汇率的变动可以改变外汇储备资产的结构。汇率看涨的币种，在外汇储备中的比重会提高；汇率看跌的币种，在外汇储备中的比重会下降。

以上我们简单分析了汇率变动的经济影响。可以看出，汇率这一变量深刻地影响着开放经济的运行。它所发挥的效力并不局限于国际收支领域，而是对内外均衡目标中的各个层次都发生着影响。

【专题研讨】

专题 1　外汇市场行情解读

要进入外汇市场进行交易，首先要了解交易的行情。可以到银行的柜面上询问报价，也可以通过银行的路透社报价系统去了解即时行情，或查询有关报刊，还可以自己直接上网查询。下面以伦敦金融时报(http://www.ft.com)2005 年 4 月 15 日外汇市场汇率信息来对外汇市场行情进行解读。

如表 11－3 所示，在该汇率行情表中，主要栏目有“货币名称及符号”、“收盘价(中间价)”、“日涨跌幅度”、“买入/卖出价”、“日最高、最低价(中间价)”、“一个月汇率及年率”等。此外汇行情表包含了国际汇市交易的所有主要货币币种,其中主要有瑞士法郎(SFr)、英国英镑(£)、欧元(EUR)、特别提款权(SDR)、加拿大元(C＄)、墨西哥比索(New Peso)、美元(＄)、澳大利亚元(A＄)、港元(HK＄)、新加坡元(S＄)、新西兰元(NZ＄)等。

首先要指出的是,在表11-3中,外汇行情的标价方法采用的是外汇市场上的惯例——美元标价法(Dollar Quotation)。美元标价法的特点是:所有在外汇市场上交易的货币均对美元报价,且除英镑、欧元、澳元和新西兰元外的其他货币均采用以美元为外币的直接标价法。因此,在表11-3中,除英镑、欧元、澳元和新西兰元外,其他各行数字均表示1美元等于若干数量该种货币,而英镑、欧元、澳元和新西兰元这几行数字则表示1单位英镑、欧元、澳元和新西兰元等于若干数量的美元。从美国银行的角度看,该行情表是用间接标价法来表示的各种货币(除英镑、欧元、澳元和新西兰元外)的汇率。

表11-3　国际外汇交易行情表(Data available at www.FT.com 2005-4-15)

Apr 15	Closing Mid-point	Change On day	Bid/offer Spread	Day's Mid		One month	
				high	low	Rate	%pa
Switzerland(SFr)	1.2005	-0.0143	001—008	1.2168	1.1994	1.1982	2.2
Uk(0.5282)*(£)	1.8933	+0.0119	930—935	1.8949	1.8773	1.8905	1.8
Euro(0.7733)*	1.2931	+0.0123	929—932	1.2937	1.2778	1.294	-0.8
SDR	0.6626	-	-	-	-	-	-
Canada(C＄)	1.2406	-0.0016	403—409	1.2450	1.2403	1.2401	0.4
Mexico(new Peso)	11.1019	+0.0072	995—043	11.1565	11.0995	11.1673	7.1
Australia(A＄)	1.2969	+0.0016	965—974	1.3068	1.29957	-	-
HongKong(中国)(HK＄)	7.7985	-0.0006	983—988	7.7990	7.7983	7.7969	0.3
Japan(Y)	107.540	-0.7050	520—560	108.550	107.480	107.275	3.0
New Zealand(NZ＄)	1.3934	+0.0081	930—939	1.4035	1.3887	-	-
Singapore(S＄)	1.6557	-	553—560	1.6615	1.6543	1.6543	1.0
Taiwan(中国)(T＄)	31.6960	-0.0290	930—990	31.7280	31.5800	31.641	2.1

下面以美元对日元的汇率行情为例进行说明。按照上述行情表栏目分布安排,在美元对日元的那行数字中,第一个项目表示的是该交易日收市时美元对日元的中间价,第二个项目为该交易日美元对日元的涨跌幅度,第三个项目为银行进行外汇买卖时所报出的买卖价,第四个项目为该交易日美元对日元的最高价和最低价。在外汇市场上,银行报价采用双向报价法,即同时报出外汇的买入价(Bid Rate)和卖出价(Offer Rate)。如果以美元为外币,日元为本币,那么该行买卖双向报价即表示所报出的两个汇率为直接标价法下的买卖价。前者较小(520)为买价,后者较大(560)为卖价,因为银行总是按照贱买贵卖的原则,并且银行报价省去了“大数”(107),而只报出“小数”(520)。“520”表示银行买入1美元需要用去107.520日元,“560”表示银行卖出1美元可得到107.560日元,贱买贵卖使得银行得到了40个点的买卖差价。中间价(Mid Point)为买卖价的平

均值,一般情况下所说的某一货币的汇率往往就是指其中间价。

在美元对日元那行数字中,最后一组数字代表一个月远期外汇交易所使用的汇率。我们在前面介绍的汇率,实际上是即期交易(Spot Transaction)的汇率。即期交易是指买卖双方成交后,在两个营业日内办理交割的交易,其对应的汇率称为即期汇率(Spot Rate)。而远期交易(Forward Transaction),是指买卖双方事先约定的,据以在未来一定日期进行外汇交割的交易。在远期交易中,事先约定的未来交割日的汇率称为远期汇率(Forward Rate)。

在表11-3中,远期交易的期限为1个月。换言之,在第一组数字中"107.275"表示一个月美元对日元远期汇率,即1美元等于107.275日元;"3.0"表示报价币日元一个月期汇汇率的升贴水率。也就是说,一个月日元期汇汇率为107.275,而在现汇汇率为107.54的情况下,一个月远期日元升值、美元贬值;升贴水点数为265,亦即如果按一个月日元升水265点的速度发展下去的话,日元的年升水率将为3%。

【拓展阅读】

案例1 套算汇率

套算汇率(Cross Rate),也称交叉汇率,指两种货币通过各自对第三种货币的汇率推算出的汇率,换言之,是通过基本汇率套算出来的汇率。

计算交叉汇率有两种情况:一种情况是两种汇率的标价方法相同时,应将相应数字相除;另一种情况是两种汇率的标价方法不同时,应将相应数字相乘。

例1 想获知港元对瑞士法郎的汇率,可通过美元对港元和对瑞士法郎的汇率加以套算。

香港市场 USD1 = HKD7.7598

苏黎世市场 USD1 = CHF1.3080

套算汇率 CHF1 = HKD7.7598/1.3080 = HKD5.9326

例2 想获知英镑对瑞士法郎的汇率,可根据英镑对美元汇率和美元对瑞士法郎的汇率套算。

GBP1 = USD1.7442

USD1 = CHF1.3080

套算汇率 GBP1 = CHF1.7442 × 1.3080 = CHF2.2814

【本章思考题】

1.外汇和外币的区别是什么?

2.什么是汇率?汇率的基本分类有哪些?

3.如何解读外汇交易行情表?

4.汇率变动对一国经济会产生什么样的影响?

第十二章 CHAPTER 12

汇率决定理论

【学习目标】

通过本章的学习,掌握一价定律、购买力平价、利率平价的概念,了解汇率理论的发展阶段,理解掌握汇率决定的资产市场说,了解汇率理论的最新发展。

第一节 汇率与价格水平的关系:购买力平价说

购买力平价说(Theory of Purchasing Power Parity,PPP)是一种历史悠久的汇率决定理论。它的理论渊源可以追溯到16世纪,对之进行系统阐述则是瑞典卡塞尔(G. Cassel)于1922年完成的。购买力平价的基本思想是:货币的价值在于其具有购买力,因此不同货币之间的兑换比率取决于它们各自具有的购买力的对比,也就是汇率与各国的价格水平之间具有直接的联系。

一、开放经济下的一价定律

为说明问题,我们首先分析某一商品在一国内部不同地区的价格之间的关系。我们的分析建立在两个前提之上:

1. 位于不同地区的该商品是同质的,不存在任何的商品质量及其他方面的差别。

2. 该商品的价格能够灵活地进行调整,不存在任何价格上的粘性。

一国内部的商品可分成两种类型:区域间的价格差异可以通过套利活动予以消除的,我们称之为可贸易商品(Tradable Goods);区域间的价格差异不能通过套利活动消除,我们称之为不可贸易商品(Notradable Goods)。不可贸易商品一般主要包括不动产与个人劳务项目。

当我们研究的对象是封闭经济时,则有:

1.某一商品在不同地区的价格存在差异时,就有可能引起套利活动的发生。套利活动是否存在则取决于商品本身的性质及交易成本的高低。

2.对于不可移动的商品及套利活动交易成本无限高的商品,我们称之为不可贸易商品。它在不同地区间的价格差异不可能通过套利活动消除。

3.对于可贸易商品,套利活动将它的地区间价格差异保持在较小范围内。如果不考虑交易成本等因素,则同种可贸易商品在各地的价格都是一致的。我们将可贸易商品在不同地区之间存在的这种关系称为一价定律(One Price Rule)。

当我们研究的对象是开放经济时,某一可贸易商品在不同国家的价格之间的联系与上述分析存在区别:

1.不同的国家使用不同的货币,因此商品价格的比较必须折算成统一的货币再进行。其次,在进行套利活动时,除商品的买卖外,还必须进行不同货币间的买卖活动。

2.跨国间的套利活动还存在着许多特殊的障碍。与一国内部情况相比,各国间的套利活动更加困难,套利的交易成本也更为高昂。

同样,如果我们不考虑交易成本等因素,则以同一货币衡量的不同国家的某种可贸易商品的价格应是一致的,即

$$P_i = e \times P_i^*\ (e\text{表示直接标价的汇率}) \qquad 12-1$$

上式即为开放经济下的一价定律。

二、购买力平价的基本形式

购买力平价理论在长期的发展过程中出现了多种形式,但主要是绝对购买力平价和弱购买力平价或相对购买力平价,下面分别予以介绍。

(一)绝对购买力平价

绝对购买力平价的前提包括:

对于任何一种可贸易商品,一价定律都成立。

在两国物价指数的编制中,各种可贸易商品所占的权重相等。

这样,两国由可贸易商品构成的物价水平之间存在着下列关系:

$$\sum_{i=1}^{n} a_i p_i = e \cdot \sum_{i=1}^{n} a_i p_i^* \qquad 12-2$$

上式中,a 项表示权数。如果将这一物价指数分别用 p,p* 表示,则有

$$P = e \times P^* \qquad 12-3$$

上式的含义是,不同国家的可贸易商品的物价水平以同一种货币计量时是相等的。将上式变形,即

$$e = \frac{P}{P^*} \qquad 12-4$$

这就是绝对购买力平价的一般形式。它意味着汇率取决于不同货币衡量的可贸易

商品的价格水平之比,即取决于不同货币对可贸易商品的购买力之比。

在现代分析中,有的学者认为一国的不可贸易商品与可贸易商品之间、各国不可贸易商品之间存在着种种联系,这些联系使得一价定律对于不可贸易商品也成立。因此,上式中的物价指数应包括一国经济中的所有商品,也就是所有国家的一般物价水平以同一种货币计算时是相等的,汇率取决于货币的价值(一般物价水平的倒数)之比。这种观点由于比较符合汇率是不同货币之间的比价的这一性质,因此运用得更加广泛。

(二)弱购买力平价与相对购买力平价

弱购买力平价是对绝对购买力平价假定的放松而得出的。它认为交易成本的存在使一价定律并不能完全成立,同时各国一般价格水平的计算中商品及其相应权数都是存在差异的,因此各国的一般物价水平以同一种货币计算时并不完全相等,而是存在着一定的、较为稳定的偏离(只要这些因素不发生变动)。

$$e=\frac{q\times P}{P^{*}}(\theta \text{为常数}) \qquad 12-5$$

将上式写成对数形式,再取变动率,即得式:

$$De = DP - DP^{*} \qquad 12-6$$

公式 12-6 即为相对购买力平价的一般形式。相对购买力平价意味着汇率的升值与贬值是由两国的通货膨胀率的差异决定的。如果本国通货膨胀率超过外国,则本币将贬值。与绝对购买力平价相比,相对购买力平价更具有应用价值,这是因为它避开了前者过于脱离实际的假定,并且通货膨胀率的数据更加易于得到。

(三)对购买力平价理论的评价

1.贡献

购买力平价理论从货币的基本功能(购买力)出发,利用简单的数学表达式,对汇率水平与物价水平,以及汇率变动与两国通货膨胀率差异的关系做了描述。它成为经济学家和政府部门计算均衡汇率的常用方法。从理论发展的角度来看,购买力平价被普遍作为汇率的长期均衡标准应用于其他汇率理论的分析之中。从政府政策来看,一国的物价水平是一个国家产品生产成本的反映,任何两个国家之间物价水平的比率都显示了两国产品竞争力的差距。因而,汇率通过购买力平价关系成为影响一国产品国际竞争力的一个至关重要的因素。

从总体上看,购买力平价理论较为合理地解释了汇率的决定基础。虽然它忽略了国际资本流动等其他因素对汇率的影响,但该学说至今仍受得西方经济学者的重视,在基础分析中被广泛地应用于预测汇率趋势的数学模型中。

2.局限

第一,购买力平价理论的基础是货币数量说。

货币数量说的核心是方程 MV = PY,该式表明:当实际国民收入(Y)、货币流通速度

(V)一定时,一国价格水平(P)由货币供给量(M)决定。由于购买力平价理论认为汇率由两国价格水平之比决定,可见购买力平价理论隐含着这样的结论:汇率变化是一种货币现象,货币数量决定货币的购买力和物价水平,从而决定汇率。这意味着购买力平价理论将决定汇率水平的许多重要的实际因素忽略了,如生产率的变动、消费偏好的变动、自然资源的发现、本国对外国资产的积累、国际贸易中管制措施的变动等。

第二,购买力平价是建立在一系列假定基础上的。

例如,物价水平可以灵活调整,不存在资本与金融账户的交易;各国商品同质,不存在贸易壁垒、外汇管制以及交易成本等。现实中,这些前提假设难以成立,因而汇率也很难通过商品套购机制使之满足购买力平价。相对来说,购买力平价理论较适用于预测汇率变化的长期趋势,因而考虑一段时期内相对购买力平价比仅考虑某一时点的绝对购买力平价来说,对长期均衡汇率变动趋势的预测能力更好,短期内汇率变动会因各种原因偏离购买力平价。

第三,购买力平价在计量检验中存在很大的技术上的困难。

(1)采用何种物价指数最为恰当,是一个悬而未决的问题。物价指数的不同选择,可以导致不同的购买力平价。(2)在商品分类上,要求不同国家的商品分类具有一致性和可操作性,否则会缺乏可比性。(3)计算相对购买力平价时,要求准确选择一个汇率达到均衡或基本均衡的基年。这是保证以后一系列计算结果正确的必要前提。客观和主观方面的原因,使得基年的选择十分困难。

第二节　汇率与利率的关系:利率平价说

在上一节中,我们介绍了开放经济下一国与外国商品市场间存在的联系所带来的汇率与商品价格水平间的关系。而在现实生活中,开放经济下一国与外国的金融市场之间的联系更为紧密,国际资金流动的发展使汇率与金融市场上的价格—利率之间也存在着密切的关系。从金融市场角度分析汇率与利率所存在的关系,就是汇率的利率平价说(Theory of Interest - Rate Parity)。与购买力平价说相比,利率平价说是一种短期内的分析。

利率平价说的基本思想可追溯到19世纪下半叶,由凯恩斯于1923年在《货币改革论》一书中首次系统阐述。利率平价说突破了传统的国际收支和物价水平的范畴,从资本流动的角度研究汇率的变化,奠定了现代汇率理论的基础。利率平价理论可分为两种:抛补的利率平价(Covered Interest - Rate Parity,CIP)和非抛补的利率平价(Uncovered Interest - Rate Parity,UIP)。

一、抛补的利率平价

与购买力平价关系的机制类似,利率平价关系的机制也是一价定律。因此,利率平价关系也是产生于寻求收益的套利活动。为了清楚地描述这一过程,我们分析一个案例。假设本国的利率水平为 i,外国为 i*,即期汇率为 S(直接标价法)。

若投资者手中持有一笔可自由支配的资金,计算进行为期一年的储蓄投资。假设资金在国际间流动不存在限制与交易成本。如果投资于本国金融市场,则每 1 单位本国货币到期可增值为:

$$1 + (1 \times \mathrm{i}) = 1 + \mathrm{i} \qquad 12-7$$

如果投资于外国金融市场,需分三步实施投资计划:第一步,将本币在即期外汇市场上换成外币。1 单位本币在即期外汇市场上可兑换为 1/S 单位外币。第二步,将 1/S 的外币存入外国银行,存期一年,期满可增值为:$1/S + (1 + i^*)$。第三步,存期到期后,将外币存款本利和在外汇市场上换成本币。由于汇率的易变性,预测汇率波动的方向十分困难,汇率预测的困难将降低国际套利的可行性。

不同的投资者对于风险有着不同的态度,据此可以将投资者分成风险厌恶者、风险中立者和风险偏好者。只有投资者是风险爱好者时,才会选择非抛补套利;对于风险厌恶者或风险中立者,既想获取国际利差,又想将国际套利的风险降低,则会采用抛补套利操作。

在这种套利方式下,投资者不必等到存期到期后,再将高利率货币兑换成低利率货币,而可以在将低利率货币换成高利率货币进行投资的同时,在远期外汇市场上将投资到期后的高利率货币的本利和按远期汇率卖出(掉期交易),将这一远期汇率记为 F。存款到期后,1 单位本币可增值为:$F/S \times (1 + i^*)$。这样,通过掉期交易,可消除未来汇率变动风险,但同时也失去了汇率出现有利变动时的额外收益。如果投资外国市场的收入$[F/S \times (1 + i^*)]$与投资本国市场的收入$(1 + i)$存在差异,投资者就会进行抛补套利操作以赚取无风险利差收入。套利活动和掉期交易使低利率货币的现汇汇率下跌,期汇汇率上升;而高利率货币的现汇汇率上升,期汇汇率下降。于是,远期差价不断加大,直到两种资产的收益率相等时,抛补套利活动停止,市场处于均衡,最终使利率与汇率形成下列关系:

$$1 + i = \frac{F}{S} \times (1 + i^*) \qquad 12-8$$

整理得:

我们记即期汇率与远期汇率之间的升(贴)水率为△f,$\Delta f = (F - S)/S$

再将上式整理得:

$$Df = i - i^* \qquad 12-9$$

上式即为套补的利率平价的一般形式。其经济含义是:汇率的远期升贴水率是由两国间的利率差决定的。高利率货币在现汇市场上升水,在期汇市场上贴水;低利率货币在现汇市场上贴水,在期汇市场上升水。

抛补的利率平价具有很高的实践价值。根据对市场交易者的实际调查,抛补的利率平价被作为指导公式广泛应用于交易中。在外汇交易中,处于市场创造者地位的大银行基本上就是根据各国间的利率差异来确定远期汇率的升、贴水额。在实证检验中，除了外汇市场激烈动荡的时期，套补的利率平价基本上都能比较好地成立。当然，实际汇率变动与套补的利率平价间也存在着一定的偏离，这一偏离常被认为反映了交易成本、外汇管制以及各种风险因素。

二、非抛补的利率平价

我们在上文的分析中，假定投资者的投资策略是进行远期交易以规避风险。实际上，还存在另外一种交易策略，即根据自己对未来汇率变动的预期而计算预期的收益，在承担一定的汇率风险情况下进行投资活动。对于风险爱好者，他们会选择进行非抛补套利。

在不进行远期交易时，投资者是通过对未来汇率的预期来计算投资活动的收益的。如果投资者预期一年后的汇率为 Ef，则在外国金融市场投资活动的最终收入为：$\frac{Ef}{S}(1+i^{*})$。如果这一收入与投资本国金融市场的收入存在差异，则投资者会在市场上进行相应的操作以使两者相同。这样，在市场处于平衡状态时，有下式成立：

$$(1+i)=\frac{Ef}{S}(1+i^{*}) \qquad 12-10$$

我们对之进行类似上文的整理，可得：

$$EDf=i-i^{*} \qquad 12-11$$

式中，EDf 表示预期的未来汇率变动率。上式即为非抛补的利率平价的一般形式，它的经济含义是：预期的未来汇率变动率等于两国货币利率之差。在非抛补利率平价成立时，如果本国利率高于外国利率，则意味着市场预期本币在远期将贬值。

值得指出的是，随着远期外汇市场的发展，根据对汇率的预期进行非抛补套利活动已越来越少，更多的是抛补套利。

三、非抛补套利与抛补套利的联系

在前文的分析中，抛补的与非抛补的利率平价的成立分别是由两种类型的套利活动来实现的。在外汇市场上，还存在着另外一种交易者——投机者。他们的投机活动使以下两种利率平价统一起来，对远期汇率的形成起到了决定性的作用。

投机者总是试图在汇率的变动中谋利。当预期的未来汇率与相应的远期汇率不一致时，投机者就认为有利可图了。我们假定 $Ef>F$，这意味着投机者认为远期汇率对未来的本币价值高估了，因此他将购买远期外汇。这样在期满后，汇率变动到预期水平时，将远期合约进行交割时获得的外币以这一预期汇率水平卖出，从而获得这一差价所形成的利润。投机者在远期市场的交易将会使 F 值增大，直到与预期的未来汇率相等时为止。可见，投机者的活动将使远期汇率完全由预期的未来汇率所确定，此时抛补的利率平价与非抛补的利率平价同时成立，即

$$Ef = F \quad Df = EDf = i - i^* \qquad 12-12$$

四、对利率平价理论的评价

1.利率平价说的研究角度从商品流动转移到资金流动,指出了汇率与利率之间存在的密切关系。

这对于正确认识外汇市场上,尤其是资金流动问题非常突出的外汇市场上汇率的形成机制是非常重要的。与其他的汇率决定理论的成立条件不同,资金流动是非常迅速而频繁的,这使得利率平价(主要是抛补的利率平价)能够较好地始终成立,从而在分析中运用得特别广泛。

2.同购买力平价说一样,利率平价说并不是一个独立的汇率决定理论,而只是描述出了汇率与利率之间存在的关系。

汇率与利率之间是相互作用的,不仅利率的差异会影响到汇率的变动,汇率的改变也会通过资金流动而影响不同市场上的资金供求关系进而影响利率。更为重要的是,利率和汇率可能同时受更为基本的因素的作用而发生变化,利率平价只是在这一变化过程中表现出来的利率与汇率两者间的联系。因此,利率平价理论与其他汇率决定理论之间是相互补充而不是相互对立的,它常常被作为一种基本的关系式而运用在其他汇率决定理论的分析中。

3.利率平价说具有特别的实践价值。

对于利率与汇率间存在的这一关系,由于利率的变动是非常迅速的,同时利率又可对汇率产生立竿见影的影响,这就为中央银行对外汇市场进行灵活的调节提供了有效的途径,即培育一个发达的、有效率的货币市场,在货币市场上利用利率尤其是短期利率的变动以对汇率进行调节。

第三节　汇率与国际收支的关系:国际收支说

利率平价说利用资金市场上汇率与利率之间的关系讨论了汇率的决定,但在分析时忽略了国际贸易在汇率决定中的作用。国际收支说则考虑了国际收支对汇率的影响,认为国际收支状况决定着外汇供求,进而决定汇率。国际收支说是从国际收支角度分析汇率决定的一种理论,它的理论渊源可追溯到14世纪。1861年,英国学者葛逊(G.L.Goschen)较为完整地阐述了汇率与国际收支的关系,他的理论被称为国际借贷说(Theory of International Indebtedness)。在第二次世界大战后,随着凯恩斯主义的宏观经济分析被广泛运用,很多学者应用凯恩斯模型来说明影响国际收支的主要因素,进而分析了这些因素如何通过国际收支作用到汇率,从而形成了国际收支说的现代形式。

一、国际收支说的早期形式:国际借贷说

国际收支说的早期形式是国际借贷说。1861 年,英国学者葛逊出版了《外汇理论》一书,较为完整地阐述了汇率与国际收支之间的关系。国际借贷说的主要观点是,一国货币汇率的变动由外汇的供求决定,而外汇的供求取决于该国对外流动借贷的状况。一国的对外流动借贷,是指该国处于实际收支阶段的对外债务和债权。当一国处于支出阶段的外汇支出大于进入收入阶段的外汇收入时,外汇需求大于外汇供给,外汇汇率上升;反之,外汇汇率下跌。当进入收支阶段的外汇供求相等时,汇率便处于均衡状态。

国际借贷说的缺陷是,没有说清楚哪些因素具体影响外汇供求,限制了这一理论的应用价值。这一缺陷在现代国际收支说中得到了弥补。

二、现代国际收支说

现代国际收支说的倡导者认为,在分析汇率决定时,可以从两个方面对国际借贷说加以修正和改进:一是将国际资本流动纳入汇率决定的分析中,二是进一步应用贸易收支和国际资本流动的有关理论来探讨深层的汇率决定因素。现代国际收支说形成于布雷顿森林体系崩溃之后,是凯恩斯主义的汇率理论。其主要观点是外汇汇率取决于外汇供求,而国际收支状况决定着外汇供求,因而汇率实际上取决于国际收支。

国际收支均衡的条件是经常账户(CA)和资本与金额账户(K)之和等于零,即 $CA+K=0$。经常账户差额主要是商品和服务的进出口,其出口(X)是由外国国民收入水平(Y*)和实际汇率(q)决定的。这样,影响经常账户收支的主要因素可表示为:

$$CA=f(Y,Y^*,P,P^*,e) \qquad 12-13$$

为简单起见,假定资本与金融账户的收支取决于本国利率(i)、外国利率(i*),还有对未来汇率水平变化的预期[$(Ef-S)/S$],将此与上式结合,可得影响国际收支的主要因素为:

$$\mathrm{BP}=f(Y,Y^*,P,P^*,i,i^*,e,Ef)=0 \qquad 12-14$$

如果将除汇率外的其他变量均视为给定的外生变量,则汇率将在这些因素的共同作用下变化至某一水平,以平衡国际收支,即

$$e=g(Y,Y^*,P,P^*,i,i^*,Ef) \qquad 12-15$$

上式表明影响汇率变化的主要因素有国内外的国民收入、国内外价格水平、国内外利率水平以及人们对未来汇率的预期,这些因素通过影响外汇供求来决定汇率的水平。

上述各变量对汇率的影响机制及效果如下:

1.国民收入的变动。当其他条件不变时(下同),本国国民收入的增加将通过边际进口倾向而带来进口的上升。这导致对外汇需求的增加,本币贬值。外国国民收入的增加将带来本国出口的上升,本币升值。

2.价格水平的变动。本国价格水平的上升将带来实际汇率的升值,本国产品竞争

力下降,经常账户恶化,从而本币贬值(此时实际汇率恢复原状)。外国价格水平的上升将带来实际汇率的贬值,本国经常账户改善,本币升值。

3.利率的变动。本国利率的提高将吸引更多的资本流入,本币升值。外国利率的提高将造成本币贬值。

4.对未来汇率预期的变动。如果预期本币在未来贬值,资本将会流出以避免汇率损失。这带来本币即期的贬值。如果预期本币在未来将升值,则本币在即期就将升值。

需指出的是,以上各变量对汇率影响的分析是在其他条件不变下得出的。而实际上,这些变量之间也存在着复杂的关系,使得对汇率的影响难以简单确定。

三、对国际收支说的简单评价

1.与购买力平价说及利率平价说一样,国际收支说不能被视为完整的汇率决定理论,只是进行更深入的分析时可利用的一种重要工具。其主要特点是具有浓厚的凯恩斯主义色彩,是从宏观经济角度(国民收入、国内吸收、储蓄、投资等),而不是从货币数量角度(价格、利率等)研究汇率,是现代汇率理论的一个重要分支。

2.国际收支说关于汇率决定的流量理论,这一流量特性体现在它认为国际收支引起的外汇供求流量决定了汇率水平及其变动。但是,在国际资金流动迅速发展的背景下,决定汇率的主要因素是金融资产的存量变化,而不是实物资产的流量变动。而且,国际收支说并没有进一步分析哪些因素决定了外汇供求流量,也没有对汇率与各变量之间的关系进行深入分析,得出具有明确因素关系的结论。在分析方法上,它只是简单地运用了类似于普通商品市场上价格与供求之间的关系来对外汇市场进行分析,导致对现实生活中的一些经济现象很难做出解释。例如,利率上升在很多情况下并不能持续吸引资本流入而引起汇率相应变动。再如,外汇市场常在交易流量变动很小的情况下使汇率发生大幅度变动。国际收支说的这一缺陷带来了新的汇率理论的出现,即汇率决定的资产市场说。

第四节　汇率决定的资产市场说

资产市场说是20世纪70年代中期以后发展起来的一种重要的汇率理论。这一理论是在国际资本流动迅速发展的背景下产生的。它特别强调金融资产均衡对汇率变动的影响,使资本与金融项目的交易对汇率的影响日益受到重视。

随着汇率理论的中心注意力转向资本与金融项目,汇率研究的方法也出现了相应的变革,汇率研究开始转向分析存量调节。与传统理论相比,对汇率的资产市场分析法意味着在分析方法上的两点不同。首先,决定汇率的是存量因素而不是流量因素。其次,在当期汇率的决定中,预期发挥了十分重要的作用。为简化分析,在以下的分析中,我们假定预期的未来汇率不发生变动。

在本节的资产市场分析中，我们的分析假定有：第一，外汇市场是有效的，也就是市场当前价格反映了所有可能得到的信息。第二，分析对象是一高度开放的小国（假定其为本国），本国无法影响到国际市场上的利率，同时外国居民不持有本国资产，本国居民不持有外国货币。本国居民主要持有三种资产：本国货币、本国发行的金融资产（主要是本国债务）、外国发行的金融资产（主要是外国债券）。一国的资产市场由本国货币市场、本国债券市场、外国债券市场构成。第三，资金是完全流动的，套补的利率平价（CIP）始终成立。

依据对于本币资产与外币资产可替代性的不同假定，资产市场说可分为货币分析法（Monetary Approach）与资产组合分析法（Portfolio Approach ）。货币分析法假定这两者可完全替代，非套补的利率平价成立。而后一分析法则反之。在货币分析法内部，又依对价格弹性的假定不同，分为弹性价格货币分析法（Flexible - Price Monetary Approach）与粘性价格分析法（Sticky - Price Monetary Approach）。

一、汇率的弹性价格货币分析法

（一）弹性价格货币分析法的基本模型

汇率的弹性价格货币分析法可简称为汇率的货币模型。在这一模型中，由于本外币资产是完全可替代的，因此这两种资产市场是个统一的市场。所以，只要本国与外国的货币市场处于平衡，这一资产市场也必然处于平衡。因此，货币模型将集中分析货币市场上货币供求的变动对汇率的影响。

1.基本模型的建立

弹性价格货币分析法建立在三个假定基础上：垂直的总供给曲线、稳定的货币需求、购买力平价成立。分析的中心是，汇率可以自由调整以反映各种因素对汇率水平决定的影响。特别需要指出的是，此处的货币供给是政府可以控制的外生变量，利率与实际国民收入都与货币供给无关。货币供给只能引起价格水平的迅速调整，而不能降低利率并进一步影响产出。

在这些假定前提下，货币需求等于货币供给这一本国货币市场平衡的条件可写成：

$$Ms - P = ay - bi(a > 0, b > 0) \quad 12-16$$

上式中，除利率（i）外，其他变量均为对数形式。与均为某一常数，分别表示货币需求的收入弹性与利率弹性。

调整后，可得本国价格水平表达式：

$$\mathrm{P = Ms - ay + bi} \quad 12-17$$

为简便起见，我们设外国的货币需求函数的形式与本国相同，同样可得外国价格水平的表达式：

$$\mathrm{P^* = Ms^* - ay^* + bi^*} \quad 12-18$$

购买力平价提供了本国价格水平与外国价格水平之间的联系，即

$$e = P - P^{*} \quad 12-19$$

将式 12－17 和式 12－18 代入 12－19，可得（变量为对数形式）：

$$e = a(y^{*} - y) + b(i - i^{*}) + (Ms - Ms^{*}) \quad 12-20$$

以上即为弹性价格货币分析法的基本模型。从中可以看出，本国与外国之间的实际国民收入水平、利率水平以及货币供给水平通过影响各自的物价水平，最终决定了汇率水平。这样，弹性货币分析法就将货币市场上的一系列因素引进了汇率水平的决定之中。

2.基本模型分析

第一，本国货币供给水平一次性增加。在其他因素不变时，本国货币供给水平的一次性增加，会造成现有价格水平上的超额货币供给，公众将增加支出以减少他们持有的货币余额。由于产出不变，额外的支出将会使价格水平上升，直到实际货币余额恢复正常为止。由于购买力平价成立，本国价格水平的提高将会带来本国货币的相应贬值。

结论：在货币模型中，当其他因素不变时，本国货币供给的一次性增加将会带来本国价格水平的同比例上升、本国货币的同比例贬值，本国产出与利率则不发生变动。

第二，本国国民收入增加的影响。当其他因素不变时，本国国民收入的增加，意味着货币需求的增加。在现有价格水平上，由于货币供给没有相应地增加，因此居民持有货币的实际余额降低，支出将减少。这一支出的减少会造成本国价格水平的下降，直到实际货币余额恢复到原有水平为止。本国价格水平的下降，会通过购买力平价关系而造成本国汇率的相应升值。

结论：在货币模型中，当其他因素不变时，本国国民收入的增加将会带来本国价格水平的下降，本国货币升值。

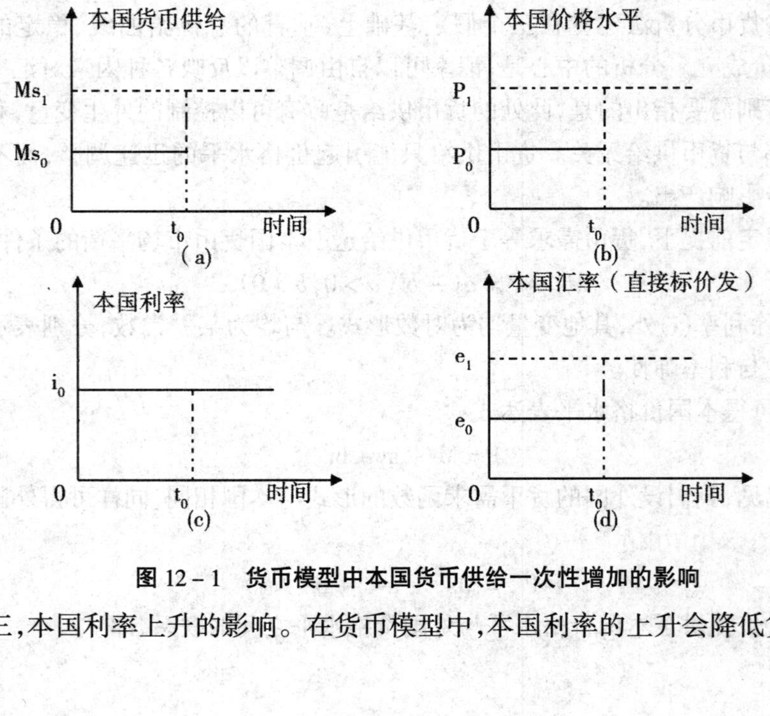

图 12－1　货币模型中本国货币供给一次性增加的影响

第三，本国利率上升的影响。在货币模型中，本国利率的上升会降低货币需求。同样在原有的价格水平与货币供给水平上，这会造成支出的增加、物价的上升，从而通过购买力平价关系造成本国货币的贬值。

结论：在货币模型中，当其他因素不变时，本国利率水平的上升将会带来本国价格水平的上升、本国货币的贬值。

(二)对货币模型的评价

货币模型是建立在购买力平价说这一前提之上的。它是具有诸多创新的独立的汇率决定理论，在现代汇率理论中具有重要地位，这体现在：

1.货币模型将购买力平价这一形成于商品市场上的汇率决定理论引入到资产市场上，将汇率视为一种资产价格，从而抓住了汇率这一变量的特殊性质。这在一定程度上符合资金高度流动这一客观事实，对现实生活中汇率频繁变动提供了一种解释，具有较强的生命力。

2.货币模型引入了诸如货币供给量、国民收入等经济变量，分析了这些变量的变动对汇率造成的影响，从而较购买力平价在现实分析中得到更广泛的运用。

3.货币模型是一般均衡分析。在这个模型里，包含了商品市场的平衡、货币市场的平衡、外汇市场的平衡，这使得它与局部均衡模型相区别。

4.由于理论假定的不同，货币模型是资产市场说中最为简单的一种形式，但它却反映了这一分析方法的基本特点。货币模型的这一简单性使得它在各种分析中被经常使用，同时它也是更为复杂的汇率理论的基础。

货币模型的主要不足体现在：

1.它是以购买力平价为理论前提的。如果购买力平价本身在实际中很难成立的话，那么这种理论的可信性是存在问题的。无论在长期还是短期，均没有充分证据论证购买力平价的成立，这使得货币模型对现实的解释大打折扣。

2.它在货币市场平衡的分析中，假定货币需求是稳定的，这一点至少在实证研究中是存在争议的。

3.它假定价格水平具有充分弹性，这一点受到众多研究者的批评。大量的研究结果显示，商品市场上的价格调整不同于金融资产市场上的价格变动，一般是比较缓慢的，在短期内显示出粘性。坚持这一观点的研究者将粘性价格引入货币模型，即下面介绍的粘性价格货币分析法。

二、汇率的粘性价格货币分析法

汇率的粘性价格货币分析法简称为超调模型(Overshooting Model)，是由美国麻省理工学院教授鲁迪格·多恩布什(Rudiger Dornbucsh)于1976提出的。与货币模型相比，这一模型的最大特点在于：它认为商品市场与资产市场的调整速度是不同的；商品市场上价格水平具有粘性的特点，使得购买力平价在短期内不能成立，经济存在着由短期平衡向长期平衡的过渡过程。这里所说的短期平衡，是指价格还来不及发生变动的经济平衡。由于在一段时期后,价格才开始调整,所以长期平衡就是价格充分调整后经济的平衡。可以看出,货币模型中所得出的结论实际上是超调模型中长期平衡的情况。

(一)超调模型的基本假定

与货币模型相同,超调模型也认为货币需求是稳定的,非套补利率平价是成立的。但是它认为商品市场价格存在粘性,这导致它在分析前提上与货币模型存在以下两方面的不同:

1.购买力平价在短期内不成立。作为一种资产价格,汇率的调整是迅速的,而价格水平的调整是滞后的。这样在短期内不能满足购买力平价的要求,实际汇率会在短期内发生变化。在长期中,价格水平可以充分调整,购买力平价可以较好成立。

2.总供给曲线在短期内不是垂直的。由于价格粘性的存在,总供给曲线在不同的时期内有着不同的形状。如图 12-2 所示。

在短期内的情况如图 12-2(a)所示。此时价格水平完全不发生变动,总供给曲线是水平的。总需求的上升会引起产出的提高,而不会引起价格的上升。随后的一个时期内的情况如图 12-2(b)所示。此时价格开始缓慢调整,总供给曲线呈现出由左下方向右上方倾斜的曲线。总需求的上升在提高产出的同时也会引起价格的上升。在长期内的情况如图 12-2(c)所示。此时价格可以对产出水平的变动进行充分调整,总供给曲线是垂直的。总需求的上升只能引起价格水平的上涨,产出不发生变动。

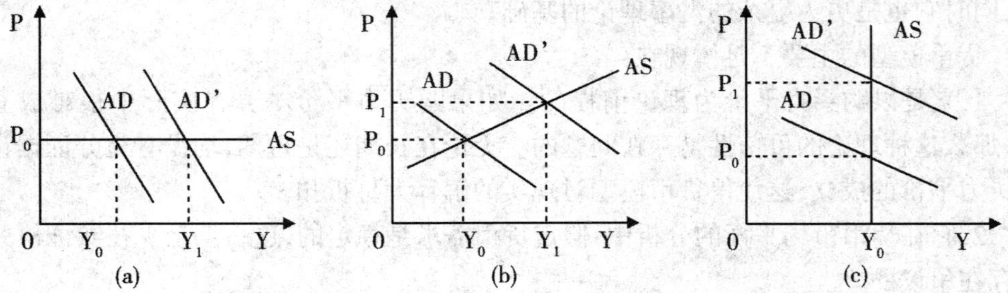

图 12-2　总供给曲线的不同形状

(二)超调模型中的平衡调整过程

当商品价格在短期内存在粘性而汇率、利率作为资产价格可以自由调整时,为维持经济平衡,汇率在短期内的调整幅度超过长期平衡水平,这一现象被称为汇率的超调。在长期内,价格水平经过调整,经济会达到长期均衡水平,价格水平发生与货币供给量同比例的上涨,本国货币汇率达到长期平衡水平,购买力平价成立,利率与产出均恢复原状。在超调模型中,货币供给一次性增加造成经济的调整过程可用图 12-3 表示。

(三)对超调模型的评价

超调模型在现代汇率理论中具有极为重要的地位,体现在:

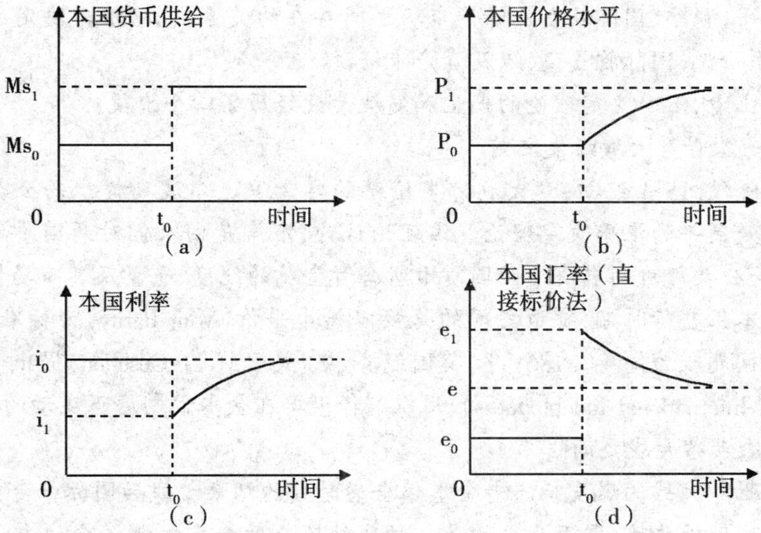

图 12－3　超调模型中本国货币供给一次性增加的影响

1.超调模型在货币模型的框架内展开分析，但它又采用了商品价格粘性这一被认为更切合实际生活的分析方法，对开放条件下的宏观经济做了较为全面、系统的描述，从而被研究者广泛接受。它已成为国际金融学中对开放经济进行宏观分析的最基本的模型。

2.超调模型首次涉及了汇率的动态调整问题，从而创立了汇率理论的一个重要分支——汇率动态学。

3.超调模型具有鲜明的政策含义。既然超调是在资金自由流动条件下汇率自由调整的必然现象，而在这一过程中汇率的过度波动会给金融市场与实际经济带来很大的冲击甚至破坏，那么完全放任资金自由流动、完全自由浮动的汇率制度并不是最合理的，政府有必要对资金流动、汇率乃至于整个经济进行干预与管理。

超调模型的主要缺点是：

1.由于建立在货币模型的分析基础上，具有与货币模型相同的一些缺陷。如假定货币需求是稳定的，再如假定国内外资产具有完全的替代性。事实上，由于交易成本、赋税待遇和各种风险的不同，各国资产之间的替代性远远没有达到可视为一种资产的程度。

2.作为存量理论的超调模型忽略了对国际收支流量的分析。它将汇率波动完全归因于货币市场的失衡，而否认商品市场上的实际冲击对汇率的影响，未免有失偏颇。

【专题研讨】

专题 1　汇率决定理论发展回顾

汇率决定理论研究汇率由哪些因素决定，这些因素之间如何相互影响。对汇率的研究仍是当前国际金融理论研究中非常重要的领域。本章我们将由简至繁依次介绍汇率与价格水平、利率、国际收支及资产市场之间存在的关系,包括汇率决定的购买力平价说、利率平价说、国际收支说,以及资产市场说。

从历史上看,汇率决定理论的产生和发展大致经历了四个阶段:

一、第一次世界大战爆发之前

在这一阶段,15世纪初,意大利佛罗伦萨的学者罗道尔波斯提出的公共评价理论被普遍认为是最早的汇率决定理论。该理论认为,汇率是由人们对两国货币的公共评价决定的,而公共评价则取决于两国货币所含贵金属的纯度、重量及其市场价值。由于该时期是金本位盛行时期,货币之间的兑换以铸币平价(Mint Parity)为标准,所以当时的汇率决定问题较为简单。1861年,英国经济学家戈逊(G.J.Goschen)提出了国际借贷说(Theory of International Indebtedness),用以解释汇率在金本位制度下变动的原因。

二、两次世界大战之间

第一次世界大战的爆发标志着金本位全盛时期的结束。战后国际社会重建金本位制的努力以失败而告终,取而代之的是一种残缺不全的金本位制 - 金块本位制或金汇兑本位制。20世纪30年代的经济危机更使得金本位制彻底崩溃。与之相伴的汇率频繁波动使得经济学家们对汇率问题进行了重新思考。1921年瑞典学者卡塞尔(G.Cassel)提出的购买力平价说、1923年凯恩斯(J.M.Keynes)提出的利率平价说、1927年法国学者阿夫塔里昂(A.Aftalion)提出的汇兑心理说,都是这一阶段的产物。

三、布雷顿森林体系时期

第二次世界大战后,国际社会努力恢复金本位制下的稳定和谐的秩序,于是建立了各国货币同美元保持固定联系,美元同黄金保持固定兑换比率的“双挂钩”的固定汇率制度。在布雷顿森林体系下,汇率决定理论的研究处于停滞时期,而与此同时,国际收支理论的研究则成为重点。

四、20世纪70年代至今

20世纪70年代初,布雷顿森林体系崩溃,主要工业国家纷纷实行浮动汇率制。传统的汇率理论很难解释浮动汇率制度下较商品价格的变动性更强烈的汇率的易变性。这使得汇率决定理论重新成为学术界研究的热点。

回顾历史,我们发现汇率理论的演变是和货币制度的演进紧密联系在一起的。下面简要介绍一些主要的现代西方汇率决定理论。

专题2 汇率的资产组合分析法

汇率的资产组合分析法(Portfolio Balance Model of Exchange)形成于20世纪70年代,其代表人物是美国普林斯顿教授布朗森(W.Branson)。他对此进行了最系统、最早和最全面的阐述。

一、资产组合分析法的基本模型

1.分析前提

(1)本国居民持有三种资产:本国货币(M)、本国政府发行的以本币为面值的债券

(B)、外国发行的以外币为面值的债券(F)。外币债券的供给在短期内是固定的,其本币价值等于F·e(e为直接标价法时的汇率)。

(2)假定本币资产与外币资产是不完全的替代物,风险等因素使非套补的利率平价不成立,从而需要对本币资产与外币资产的供求平衡在两个独立的市场上进行考察。

(3)将本国资产总量直接引入了分析模型。本国资产总量直接制约对各种资产的持有总量,而经常账户的变动会对这一资产总量造成影响。这一模型将流量因素与存量因素结合起来。

2.资产组合模型的基本形式

在上述分析前提下,一国资产总量在任何时候由下式构成:

$W = M + B + e \cdot F$

影响一国资产总量(W)的原因之一是各种资产供给量的变动(例如M、B、F的变动);另一原因是本币汇率的变动,这通过影响既定数量的外国债券资产的本币价值而影响到以本币价值衡量的一国资产总量。可见,这一模型可以将汇率引入分析的原因之一在于短期内(经常账户不发生变动时)汇率与资产总量之间存在的这种财富效应;原因之二在于长期内,汇率可以引起的经常账户调整也作用于资产总量。

一国资产总量分布在本国货币、本国债券、外国债券之上。投资者会根据不同资产的收益率、风险及自身的风险偏好情况确定最优的资产组合。

从货币市场看,货币供给是由政府控制的外生变量,货币需求则是本国利率、外国利率、资产总量的函数。本国利率及外国利率上升时,投资者倾向于减少货币的持有,造成货币需求的降低;而资产总量增加时,投资者倾向于将增加了的资产总量按原有比例分布在每种资产上,因此对货币的需求也会增加。所以,货币需求是本国利率、外国利率的减函数,是资产总量的增函数。

从本国债券市场看,本国债券供给同样是由政府控制的外生变量。本国利率水平提高时,投资者会更倾向于持有本国债券;外国利率水平提高时则反之。因此,对本国债券的需求是本国利率的增函数、外国利率的减函数、资产总量的增函数。

从外国债券市场看,外国债券的供给是通过经常账户的盈余获得的。在短期内,我们假定经常账户状况不发生变动,外国债券的供给是外生的固定值。对外国债券的需求,是本国利率的减函数、外国利率的增函数,也是资产总量的增函数。

3.资产组合模型的图形分析

在以上每个市场中,资产供求的不平衡会带来相应变量的调整,主要是本国利率和汇率的调整。由于各个市场是相互关联的,因此只有当三个市场都处于平衡状态时,该国的资产市场才处于平衡状态。这样,在短期内,在各种资产的供给量既定的情况下,对各种资产的需求将确定本国的利率与汇率水平。长期中,对于本国既定的货币供给与债券供给,经常账户的失衡会带来本国持有的外国债券总量的变动,这一变动又会引起资产市场的调整。因此,在长期内,还要求经常账户处于平衡状态。

根据三个市场均衡的条件,我们可以在i－e(利率—汇率)空间给出表示三个市场均衡条件的曲线。我们假定各种资产供给量的初始水平是给定的,本国汇率(e)采用的是直接标价法。

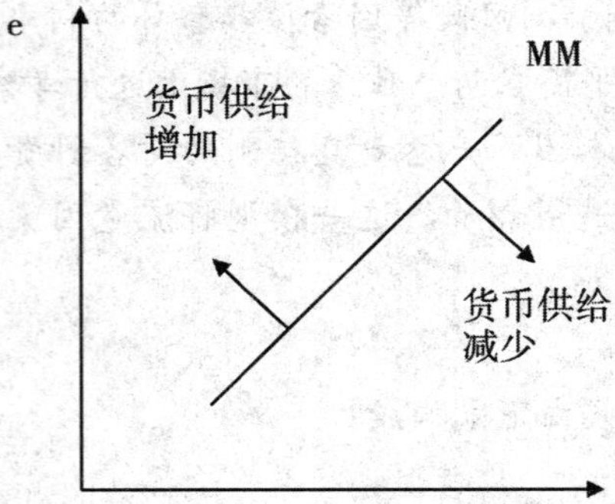

图 12-4 货币市场平衡时本国利率与汇率的组合图

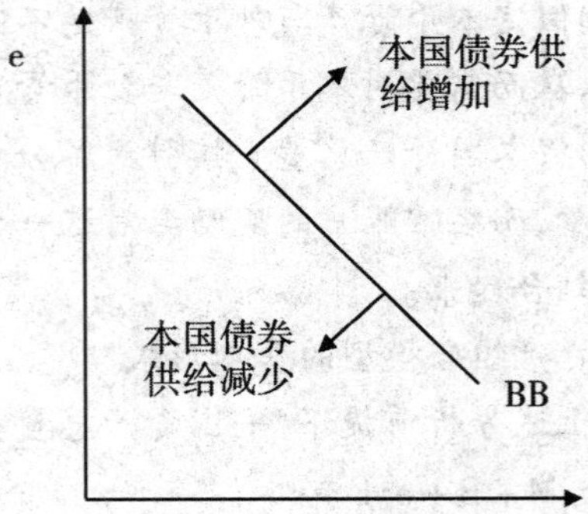

图 12-5 本国债券市场平衡时本国利率与汇率的组合

图 12-4 中,MM 曲线代表货币市场均衡,这一曲线斜率为正。因为随着汇率值增大(本币贬值),对于一定数量的外国债券,以本币衡量的这一资产的价值提高了。这带来资产总量的本币价值提高。其他条件不变,以本币衡量的资产总量的增加将导致对货币需求的上升。在货币供给既定的情况下,需要以本国利率的上升来降低货币需求,维持货币市场的供求平衡。

图 12-5 中,BB 曲线表示本国债券市场平衡。这一曲线斜率为负,因为本币贬值带来本国资产总量增加,将导致对本国债券的需求上升。这导致本国债券价格上涨,本国利率下降。

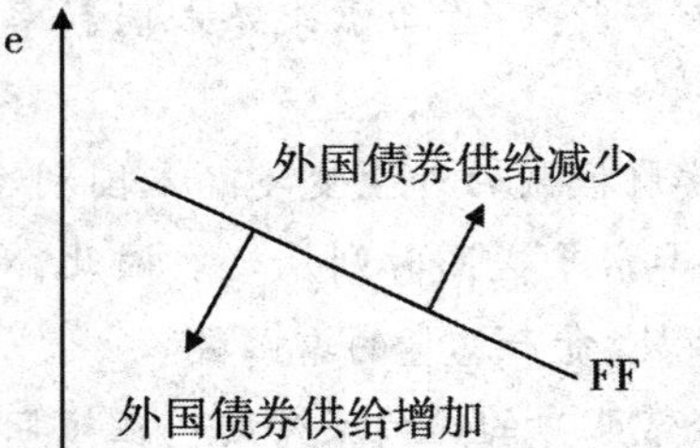

图 12-6 外国债券市场平衡时本国利率与汇率的组合

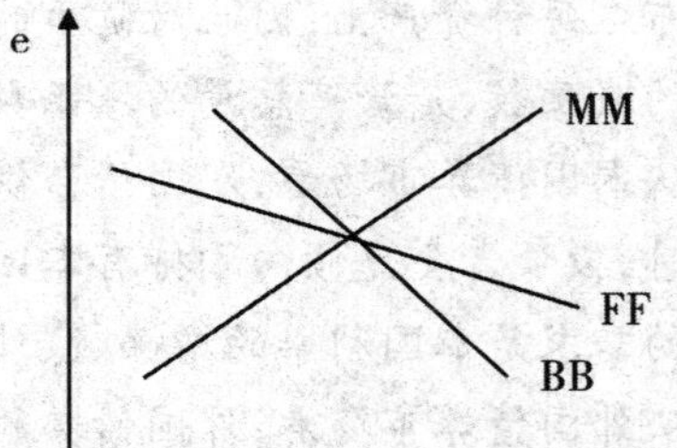

图 12-7 资产市场的短期平衡

图 12-6 中,FF 曲线表示外国债券市场平衡。本币贬值使外国债券的本币价值上升,而资产总量价值增加后,这一增加的资产总量只有一部分用于持有外国债券,因此外国债券市场上出现超额供给,需要本国利率下降以提高对外国债券的需求。因此,FF 曲线斜率为负,而且比 BB 曲线更平缓,因为本国债券市场对本国利率的变化更为敏感,同样的汇率变动在本国债券市场上只需要较小的利率调整便能维持平衡。

另外,在每个资产市场上,每种资产供给量的增加导致了该市场均衡曲线的移动。货币供给增加将导致 MM 曲线向左移动。因为在汇率既定时,货币市场上供给超过需求。为恢复货币市场的平衡，利率必须下降以提高货币需求。本国债券供给增加会使BB曲线向右移动。因为在汇率既定时，本国债券市场上供给超过需求，本国债券价格下降，本国利率水平上升。外国债券供给的增加将导致FF曲线向下移动。因为在汇率既定时，在外国债券市场上供给大于需求，需要本国利率降低以消除这一超额供给，维持市场平衡。

当三个市场同时平衡时，短期内经济处于平衡状态，即三条曲线相交于一点，如图12-7。

二、资产组合基本模型内容分析

1.资产供给变动与资产市场的短期调整

运用此模型，我们可以分析货币政策的短期效应。如果中央银行为融通财政赤字而导致货币供应量增加，这将使资产总量(W)同时增加。由于投资者倾向于对这一新增加的资产总量按原有比例持有各种资产，而本国债券与外国债券的供给量并没有增加，于是在原有平衡点A会出现这两个市场上的超额需求。在本国债券市场上，对于既定的汇率，对本国债券超额需求会导致利率下降，BB曲线左移。在外国债券市场上，对于既定的汇率，在外国债券的需求上升时，需要本国利率提高以消除市场上的超额需求，因此FF曲线右移。此时，MM曲线将由于货币供给增加而左移。三条曲线最终相交于一点B，因为当资产总量供求平衡时，若任何两个市场处于平衡状态，则另一个市场也肯定处于平衡状态。B点即为新的短期平衡点。货币供给增加导致利率下降和本币贬值。汇率的变动通过影响私人部门对财富的重新估价，起着平衡资产供求存量的作用。

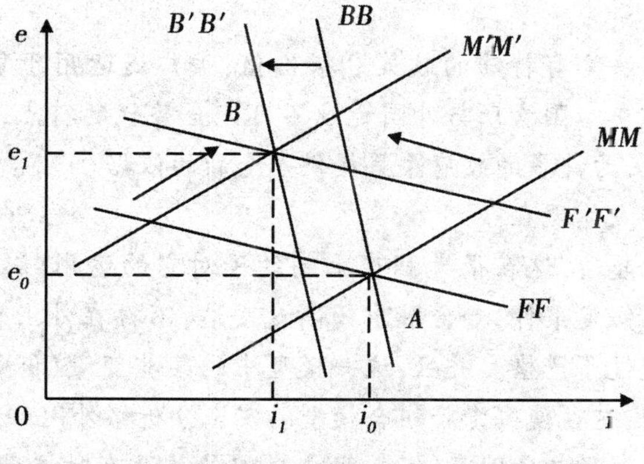

图 12-8 融通赤字带来的货币供应量增加的经济效应

在图12-8中，B点并不一定是长期均衡点，因为此时经常账户可能并未处于平衡状态。当经济在短期平衡位置存在经济账户赤字或盈余时，由短期平衡向长期平衡的调整机制就体现为经常账户差额与汇率相互作用的动态反馈机制。如果存在经常账户赤字时，意味着资本与金融账户的顺差，同时又意味着外币资产存量的减少。这反过来又影响到汇率，使本币汇率贬值，而本币贬值又会影响到经常账户的变动。这种反馈过程将会持续进行。长期平衡能否达到，关键在于本币汇率贬值能否增加经常账户盈余。

这意味着要符合马歇尔—勒纳条件。当这一条件满足时,经济的动态调整必然会实现经常账户平衡。调整结束后,此时经济处于长期平衡状态。

2.在上述资产组合调整过程中可区分两种不同类型的资产调整

一种是金融资产存量在短期内的迅速调整,从而使汇率在短期内产生较大幅度的波动;另一种是贸易流量在长期中的缓慢调整。当金融资产市场上利率、汇率达到短期均衡时,若存在经常账户赤字或盈余,那么通过经常账户余额与汇率相互作用的动态反馈机制,经济将由短期均衡向长期均衡状态调整。

资产存量的瞬间大幅度调整与贸易流量的缓慢而小幅度的变化形成鲜明对照。金融资产市场上,由于利率等因素的变动对金融资产持有人的成本和收益会造成重要影响,因而刺激资产持有人对各资产存量进行瞬间大幅度的调整,旨在迅速重建资产组合的均衡。这种调整不可避免地引起汇率在短期内产生较大幅度的波动。

资产组合分析法认为,重建资产组合均衡正是汇率短期内大幅度且频繁波动的根本原因。而贸易流量的调整涉及生产结构、资源配置等因素,这些因素不可能在短期内达到调整所需要的目标。从长期看,贸易流量或实物市场的变化在汇率变动中占主导地位;而在短期内,汇率的变动则主要取决于金融资产存量的调整。这种观点可用来揭示短期内汇率变动偏离长期均衡汇率水平的现象。

三、对资产组合分析法的评价

1.资产组合分析法具有两个突出的优点。它既区分了本国资产与外国资产的不完全替代性,又将经常账户这一流量因素纳入了存量分析中,从而将汇率模型对各种因素的综合程度提高到了前所未有的高度,使原有的各种理论都能较好地被融入这一模型之中。

2.资产组合分析法具有特殊的政策分析价值,被广泛运用于货币政策的分析中。由于较好地符合现实中本国资产与外国资产不可完全替代的特点,这一分析法对政策效应的研究更为细致,为许多的政府决策提供了全新的依据。

资产分析法的不足体现在:

1.这一模型过于复杂,这在很大程度上制约了对它的运用,影响了实证检验的效果。该理论存在许多假定条件,如金融市场高度发达,不存在外汇管制,资本具有高度流动性等。这些假定过于严格。并且,这一模型中的某些变量(例如本国资产总量)是极难获得统计数据的,这也使得资产组合模型的实证分析格外困难。

2.该模型虽然纳入了流量因素(经常账户),但是并没有对流量因素本身做更为专门的分析。一国的经常账户是受各种因素影响的,是在经济发展中不断调整的,并不能简单地以它在长期内必然平衡而回避对其的分析。此外,商品市场失衡如何影响汇率,没有纳入其分析中。从某种意义上讲,资产组合模型仍带有较多的货币主义特征,可以说是一个过渡性的模型。

【拓展阅读】

案例1　换汇成本说

换汇成本说是中国的学者结合购买力平价说和中国的国情于20世纪70年代末发展出来的一种汇率决定学说。它把购买力平价说中的非贸易商品加以剔除，而用国际贸易商品的价格对比来考察汇率的决定，这显然比购买力平价说更切合中国的实情。因此，可以说它是对传统的购买力平价说的一种发展。

一、换汇成本说的表达形式

换汇成本可以用两种方式来表达。第一种是在国际市场上换得1美元所支出的人民币成本（加上适当的利润），第二种是在国内市场出售1美元的进口物品所能获得的人民币收入（也包括适当的利润）。第一种换汇成本实际上是指出口换汇成本，第二种换汇成本实际上是指进口换汇成本。它们的表达方式分别是：

$$出口换汇成本 = [HP/ED] + [PEP]/ED \quad ①$$

$$进口换汇成本 = MY/MD = (1 - P)MY/MD[PMY]/MD \quad ②$$

在等式①中，P是预期的利润率；EY是一定时期中以人民币衡量的中国出口总成本，包括商品进价、商品流通费用及关税等项目；ED是一定时期中以美元衡量的中国出口总收入；EY与ED之比表示的是狭义的中国出口成本平价，表明中国在国际市场上赚得1美元所需支出的人民币代价。P·EY表示的是预期的总利润，在我们的理论探讨中，它没有意义（但它对我国经贸公司来讲，有重要的实际意义）。在等式②中，MD是以美元表示的一定时期内的中国的进口总值，MY是以人民币表示的一定时期内中国进口商品在国内市场的销售总收入。MY与MD之比表示在国内市场销售成本1美元的商品所能带来的收入。MY中已包含了利润在内，因此这个比例表示的是广义的进口成本平价。同样，P·MY/MD是预期的进口总利润。它没有理论意义，只有经营意义。等式①和等式②的整体，分别表示了广义的出口成本平价（出口换汇成本）和进口成本平价（进口换汇成本）。说它们是广义的，是因为它们都包括了利润在内。

二、两种换汇成本的选择

出口换汇成本和进口换汇成本都是改进了的购买力平价。选择哪种换汇成本作为汇率决定的基础，取决于政府的政策取向和两种成本平价之间的相互关系。如果出口换汇成本与进口换汇成本是相等的两个值，那么，取哪一个结果都是一样的。反之，如果出口换汇成本与进口换汇成本不相等，那就要依经济运行状况和政府的政策取向来选择其一了。在我国，由于国内外价格体系的差异，出口换汇成本和进口换汇成本是两个不等的值，而鼓励出口又是我国汇率政策的主要目标，因此我国长期以来一直采用出口换汇成本作为依据来指导人民币汇率的决定。

三、换汇成本说和传统的购买力平价的异同

换汇成本说和购买力平价的异同，可用附表来加以归纳。从下表的比较中可以看出，两者的理论基础是一致的。但是，换汇成本缩小了货币购买力的对比范围和一价定律的适用范围,它仅仅从国际贸易商品这一范围来进行货币购买力的对比和承认一价定律的存在。同时,换汇成本说没有假定货物的购买力仅仅由货币的数量来决定,这也是它的一个特征。

表1 换汇成本说与购买力平价的主要特征比较

项目	换汇成本	购买力平价
广义基础	单位货币的购买力	单位货币的购买力
狭义基础	单位货币对国际贸易商品的购买力	单位货币对一般商品的购买力
假设前提	一价定律存在于国际贸易商品价格之中	一价定律存在于所有商品价格之中
购买力的决定	货币数量、劳动生产率等	货币数量

【本章思考题】

1.什么是开放经济下的一价定律?它的成立条件是什么?
2.评述购买力平价的基本内容。
3.从利率平价角度解释汇率与利率之间存在的关系。
4.试述国际收支说的主要内容。
5.请简述货币模型的主要内容。
6.请简述超调模型中的汇率动态调整过程。
7.简述资产组合模型的主要内容。

CHAPTER 13 第十三章
汇率制度

【学习目标】

通过本章的学习，理解固定汇率制度、浮动汇率制度的优点与缺陷。掌握香港联系汇率制度运行机制。了解人民币汇率制度的演变过程。掌握人民币参考一篮子货币汇率制度的特点、作用及局限。

第一节　固定汇率制度与浮动汇率制度比较

汇率制度(Exchange Rate Regime)，是指一国货币当局对本国汇率水平的确定、汇率变动方式等问题所做的一系列安排或规定。由于汇率的特定水平及其调整对经济有着重大影响，并且不同的汇率制度本身也意味着政府在实现内外均衡目标的过程中需要遵循不同的规则，所以选择合理的汇率制度是一国乃至于国际货币制度面临的非常重要的问题。

按照汇率变动的方式，汇率制度最主要的两大类型是固定汇率制度与浮动汇率制度。固定汇率制度是指政府用行政或法律手段确定、公布、维持本国货币与某种参考物之间固定比价的汇率制度。充当参考物的东西可以是黄金，也可以是某一种外国货币，也可以是某一组货币。在黄金是国际货币制度的基础时，各国一般均规定其货币的含金量，各国货币间汇率则依据这一含金量之比确定。在纸币流通的条件下，不同货币之间的固定汇率往往是人为规定的。在经济形势发生较大变化时，这一汇率可以进行调整，因此这种固定汇率制度实际上是一种可调整的固定汇率制，称为可调整的钉住汇率制度(Adjustable Pegging Regime)。浮动汇率制度(Floating Exchange Rate Regime)是指汇率水平完全由外汇市场上的供求决定、政府不加任何干预的汇率制度。

浮动汇率制度与固定汇率制度孰优孰劣是国际金融领域中一个长期争论不休的问

题,一大批著名学者均卷入了这场争论。比如,赞成浮动汇率制度的经济学家有弗里德曼(M.Friedman)、约翰逊(H.Johnson)、哈伯勒(G.Haberler)等,赞成固定汇率制度的有纳克斯(Nurkse)、蒙代尔(R.Mundell)和金德尔伯格(C.Kindleberger)等。

这一争论所涉及的问题是极为广泛的,我们可以将之归结为三个方面。

一、实现内外均衡的自动调节效率问题

固定汇率制与浮动汇率制最大的区别在于出现国际收支不平衡后经济恢复内外均衡的自动调节机制。在固定汇率制下,货币当局会在固定的汇率水平上通过调整外汇储备来消除外汇市场上的供给与需求的缺口,相应地,通过货币供应量的变动来对经济的不平衡进行调节。而在浮动汇率制下,完全通过外汇市场上的汇率变动来平衡外汇的供求,这一汇率变动进而通过各种机制调节经济运行。以上两种调节方式各有其特点,对于哪种调节方式更有效率的分析便构成了固定汇率制度与浮动汇率制度孰优争论的第一个问题。以下分别介绍支持浮动汇率制的四个理由,并在介绍每个理由的同时说明固定汇率制度支持者的反驳。

(一)单一性

以本国产品国际竞争力下降($P>e.P^*$,e为直接标价法下的汇率)为例,在浮动汇率制下,只需听任汇率这唯一的变量自行调整,让本币贬值即可;而在固定汇率制度下,必须通过货币供应量的变动进而调整本国的价格体系,这就牵涉到许多变量的调整。很显然,前者的调整必然时间更快、成本更低。尤其是本国价格调整存在粘性时,浮动汇率制度的优势更为明显。

固定汇率制度的支持者指出,在很多情况下,对本国价格体系的调整是非常必要的,完全通过汇率变动调整是不合理的。例如,本国产品国际竞争力下降是由于生产出口产品的经济部门劳动生产率提高缓慢导致的成本过高所造成时,货币贬值虽可在短期内增加出口,但从长期看不利于本国产品竞争力的提高,不利于本国相关产业的发展。在固定汇率制下,相关产业部门将被迫主动采取措施降低成本,提高技术水平。这一价格调整往往是不可回避的。

(二)自发性

在浮动汇率制度下,只要一国的国际收支出现失衡,货币就会自动地贬值或升值,从而对国际收支与整个经济进行自发调节,不需要任何专门的政策乃至于强制措施。而在固定汇率制度下,国际收支的失衡一般都需要政府制定出特定的政策组合来加以解决,这一过程中存在的时滞等问题使其效率较低。

固定汇率制的支持者是从以下三个方面进行反驳的。首先,导致汇率变动的因素很多,汇率未必能按照平衡国际收支所需要的方向进行调整。例如,一国经常账户出现较大赤字,如果同时存在大规模的资金流入,则本国货币不但不会贬值反而会升值。这

一升值持续较长时间将会给本国出口部门的竞争力带来严重的、不可逆转的损害。经常账户状况是国际收支平衡的基础，当再次出现大规模的资金流出时，货币的贬值很难迅速发挥效力，在整个过程中，汇率变动并不能说是合理或合时的。其次，汇率只能通过价格因素影响到国际收支，而国际收支是受多种因素共同决定的，这就带来很多情况下汇率调整的乏力。例如，一国产品具有较高质量且很少有其他国家产品可以替代时，汇率的升值并不能降低对该产品的需求。一国产品质量低下时，同样会出现马歇尔—勒纳条件不能满足的情况，货币的贬值不能带来国际收支的改善。再次，汇率对国际收支的调整往往需要国内政策的支持。例如，贬值刺激出口时，必须有国内相应的紧缩性政策才可以避免通货膨胀抵消贬值的作用，没有相应政策配合的汇率变动往往是难以发挥效力的。

（三）微调性

在浮动汇率制下，汇率可以根据一国国际收支的变动情况进行连续的微调而避免经济的急剧波动。而在固定汇率制下，一国对国际收支的调整往往是问题已经积累到相当程度时才进行的。这一调整一般幅度较大，对经济的震动也比较剧烈。

固定汇率制度的支持者不否认固定汇率制度下的调整较为僵硬，但是他们同时指出，固定汇率制度可以避免许多无谓的汇率调整，尤其是当这些调整是货币性干扰所造成的时候。例如，在资产市场上需求与供给的暂时性变化（例如本国货币需求暂时下降），在固定汇率制度下可以通过储备变动予以消除，避免其造成汇率的频繁调整。另外，固定汇率制度的支持者还指出，在资金流动对汇率形成产生决定性影响时，浮动汇率的无谓调整是很剧烈的，对经济的冲击也是非常大的。

（四）稳定性

浮动汇率制度的倡导者认为以下两个原因使浮动汇率制具有稳定性。首先，浮动汇率制下的投机主要是一种稳定性投机（Stabilizing Speculation），因为投机者只有在汇率低于均衡水平时（低估）买入，在汇率高于均衡水平时（高估）卖出，才能持续获利。当投机者采取这一投机策略时，对市场价格的影响是稳定性的，倾向于降低市场价格的波幅。其次，在浮动汇率制度下，由于汇率随时都在进行调整，政府也不承诺维持某一汇率水平，因此投机性资金不易找到汇率明显高估（低估）的机会，同时在进行投机活动时还得承担汇率反向变动时的风险。而在固定汇率制下，政府对汇率的调整是很少见的，这便会给投机性资金找到汇率错误定值的时机。并且，在政府承诺对特定汇率水平进行维持时，投机性资金的投机活动就演变为和政府进行的较量。在国际投机性资金实力非常强大的情况下，它们可以从政府的失败干预中获得高额利润。尤其是固定汇率制度下的投机活动可以不承担任何风险，投机失败时可以按原有的汇率水平进行抵补性交易，这大大刺激了投机活动的发生。所以，资金高度流动与固定汇率制度之间可能是一种最不稳定的组合。

固定汇率制的拥护者对此进行针锋相对的反驳。首先,浮动汇率制下盛行的不是稳定性投机,而是非稳定性投机(Destabilizing Speculation)。因为市场投机者的心理往往是非理性的,表现之一就是羊群效应。交易者往往在价格上涨时争相买进,价格下跌时纷纷卖出,结果是扩大了而不是缩小了市场价格的波幅。并且,实力较强的投机者还会故意制造价格的大幅波动以从中获利。相比较而言,固定汇率制下的投机行为一般是稳定性的,因为投机者预期汇率将会向固定水平调整,从而在现实汇率水平与平价存在差异时通过缩小这一差异获利。其次,固定汇率制下政府的介入至少使市场中交易者的心理上存在“名义驻锚”(Nominal Anchor),可以通过改变投机者的预期对汇率稳定施加影响,消除不确定性。而在浮动汇率制度下,对未来汇率变动的预期完全没有任何客观依据。这种高度的不确定性使得外汇市场完全成为投机者的乐园,依靠一国政府的单独力量很难对之制约、与之抗衡。

二、实现内外均衡的政策利益问题

汇率制度的不同导致了在实现内外均衡过程中对政策工具(主要是财政、货币政策)的不同运用方式。在固定汇率制下,政府必须将货币政策运用于对汇率水平的维持之上,而在浮动汇率制下则无此限制。针对这一特点,不同汇率制度的拥护者也从政策利益角度提出了各自的理由。

(一)政策自主性

要求实行浮动汇率制度的重要理由之一就是货币政策可以从对汇率政策的依附中解脱出来,让汇率自发调节,实现外部均衡,货币政策与财政政策专注于实现经济的内部均衡。并且,在浮动汇率制下,一国可以将外国的通货膨胀隔绝在外,独立制定本国经济稳定与发展的政策。因为如果购买力平价成立($P = eP*$),那么在汇率不变时,外国价格水平的上升会带来本国价格水平的相应上升,一国无法控制本国的通货膨胀水平。

固定汇率制度的支持者则指出:首先,汇率调整必须有相应的国内其他政策的配合才能发挥效力。其次,浮动汇率制不可能真正隔绝外国通货膨胀对本国的影响,本国货币的贬值会通过第二章已介绍的货币工资机制等多种途径对国内物价水平产生影响。

(二)政策纪律性

浮动汇率制度的拥护者指出,实行浮动汇率制度可以防止货币当局对汇率政策的滥用。例如,一个发展中国家存在大量进口需求时,会故意高估本国货币汇率以减少进口成本。这一做法往往会造成进口过度、外汇短缺、出口衰退、债务状况恶化等严重后果。再例如,出口导向型国家往往故意低估本国货币以达到增加出口的目的。这可能会恶化本国贸易条件,不利于经济的长久发展。在浮动汇率制下,对汇率政策的滥用将难以发生,因为汇率已脱离当局控制而由市场供求决定。

与之相应，许多研究者指出，固定汇率制可以防止对货币政策的滥用。例如，扩张性货币政策会引起储备外流，最终对固定汇率的维持构成威胁，而恢复经济的均衡还得通过紧缩性的货币政策。而在浮动汇率制下，一国可以更自主地推行扩张性政策，而不必顾及本国货币的贬值。

（三）政策放大性

一般来说，浮动汇率制下货币、财政政策对收入等实际变量的影响比固定汇率制下的效应要大，这主要是因为汇率的调整增强了原有政策的效果。而倡导固定汇率制度的研究者则指出，政府在对固定汇率度的维系中，会获得执行政策始终一致的声誉，这样在政府的政策实施过程中，会通过影响人们的心理预期而收到额外的效果。

三、对国际经济关系的影响

（一）对国际贸易、投资等活动的影响

浮动汇率制的拥护者是从两个方面论证浮动汇率制度有利于国际间经济交往的。首先，汇率可以自由浮动，这使得固定汇率制度下政府为维持一个固定的汇率而采取的种种直接管制措施失去必要；浮动汇率制度可以推动经济自由化，而这会极大地促进国际间经济交往的发展。其次，汇率浮动固然给国际贸易、投资带来了一定的不确定因素，但这可以通过远期交易等方式规避风险，国际金融创新的飞速发展已使这一问题的严重性大大减轻了。

赞成固定汇率制度的人则认为绝不能低估浮动汇率制对国际贸易与投资的危害。首先，进行各项规避风险的交易本身也是有成本的，有时成本还比较高，这不可避免地对国际经济活动产生影响。其次，许多经济活动是无法规避汇率风险的，例如跨国的长期投资、实物投资、对人力资源的投资等。另外，广大发展中国家由于金融市场不发达，缺乏远期交易等规避风险的工具，浮动汇率制对它们是特别不利的。

（二）对通货膨胀的国际传播的影响

在固定汇率制度下，两国的货币和商品市场通过固定汇率紧紧地联结在一起。一国的物价上涨必然引起另一国物价的上涨。这是因为固定汇率制下通货膨胀的国际传递机制是：国外物价上涨，则国内物价相对便宜，导致出口增加，进口减少，本国货币有升值压力。为维护固定汇率制度，货币当局必须在外汇市场上买入外汇，抛出本国货币，结果国内货币供应量上升，物价随之上涨。而在浮动汇率制下，汇率的变动则可抵消这种传递影响。浮动汇率制度因而犹如一堵堤墙，对通货膨胀和经济周期的传播起到一种隔绝作用。

主张实行固定汇率制的学者则指出，浮动汇率制度下同样存在通货膨胀的传递问题，并且这一传递具有不对称性。当本币汇率贬值时，进口成本上升，物价上升；当本币升值时,进口成本则因价格刚性而不容易下降或下降不足,其净效应便是物价的上涨。扩大到两个国家的相互关系来看,一国货币的升值便是另一国货币的贬值。贬值国家的物价上升幅度要超过升值国家物价下降的幅度。其净效应便是世界物价水平的上升,这称为不对称效应或棘轮效应。

(三)对国际间政策协调的影响

比较普遍的观点是:在浮动汇率制下,由于缺乏关于汇率的有约束力的协议,各国将本国国内经济目标摆在首位,易于利用汇率的自由波动而推行竞争性贬值这一以邻为壑的政策,这会造成国际经济秩序的混乱。

对此,浮动汇率制度的拥护者则指出:首先,汇率本质上是个具有竞争性的变量,任何一种汇率制度都不可能完全解决这一问题。其次,在浮动汇率制下,汇率的大幅度波动往往会引起各国的关注,进而形成国际间的磋商协调,这在某种程度上反而会加强各国的政策协调。

以上是固定汇率制度与浮动汇率制度孰优孰劣争论的主要问题。可以看出,两种汇率制度都不是十全十美的,各有其特点。就其本质来说,这两种汇率制度的比较实际上意味着在内外均衡目标的实现中,对可信性(Credibility)与灵活性(Flexibility)的权衡,而这两者常常是不可兼得的。因此,从纯粹抽象的讨论是不能简单得出哪种汇率制度更为优越的结论的。这一争论本身也在沿着两个方向发展:一个方向是研究什么条件下固定(或浮动)汇率制度是更合理的,另一个方向是研究什么样的汇率制度可以较好地结合固定汇率制度与浮动汇率制度的优点。前一方向的研究形成了最适度货币区理论,我们将在第十三章对之进行介绍。后一方向的研究则产生了诸如爬行钉住汇率制度和汇率目标区制等中间汇率制度。

第二节　香港联系汇率制度

一、联系汇率制度产生的背景

纵观中国香港的金融发展历程,香港实行过不同类型的汇率制度。1863 年,香港政府宣布银元为香港的法定货币;1866 年,香港开始发行银元,实行银本位货币制度;到 1935 年,由于全球性白银危机,香港被迫放弃了银本位制,转向将港元与英镑挂钩,并规定 1 英镑兑 16 港元。1972 年 6 月,英国宣布英镑自由浮动。为避免英镑自由浮动对港元的不利影响,同年 7 月,港府取消了港币与英镑的固定汇率,转而实行与美元挂钩,汇率为 1 美元兑 5.65 港元。1973 年 2 月改为 1 美元兑 5.085 港元。1973 年至 1974 年的石油危机使美元的弱势日益恶化,至 1974 年 11 月下旬,国际外汇市场掀起抛售美元的浪潮。为避免港币伴随美元贬值而造成通货膨胀压力,港府于 1974 年 11 月宣布实行港币自由浮动汇率制度。

但是,浮动汇率制度并没有给香港带来货币汇率政策的稳定。从 1978 年开始,香港出现了连年的巨额贸易收支逆差,港币汇率在多种因素的作用下从几年前的强势转为弱势。香港经济环境不断恶化,贸易赤字增加,通货膨胀高起。1982 年,在香港房地产业出现大幅度滑坡、香港公众和外国投资者对香港未来前途产生怀疑、港英当局取消外币存款利息税而保留港币存款利息税等因素的促动下,终于爆发港元危机。1982 年 7 月 1 日至 1983 年 6 月 30 日的一年间,港币兑美元的汇率由 1 美元兑 5.91 港元跌至 1 美元兑 7.20 港元,港币贬值 18%。这一港币危机在 1983 年 9 月达到高峰,9 月 1 日的港币兑美元的汇率为 1 美元兑 7.58 港元,至 9 月 26 日已急泻到 1 美元兑 9.60 港元,引起居民的挤兑和抢购风潮。在此背景下,为挽救港币危机,恢复港币信用,港英当局决定改变浮动汇率制度,转而实行联系汇率制度。

二、联系汇率的运行机制

香港没有中央银行,是世界上由商业银行发行钞票的少数地区之一。而港币则是以外汇基金为发行机制的。外汇基金是香港外汇储备的唯一场所,因此是港币发行的准备金。发钞银行在发行钞票时,必须以百分之百的外汇资产向外汇基金交纳保证金,换取无息的债务证明书,以作为发行钞票的依据。香港自 1983 年 10 月起实施联系汇率制度,其核心内容是港元与美元挂钩,维持 1 美元兑换 7.80 港元的固定汇率。

香港的纸币由 3 家银行汇丰、渣打和中银共同发行。法例规定发钞银行发钞时须按 1 美元兑换 7.80 港元的固定汇率向金融管理局提交等值美元,并记入外汇基金账目,以购买债务证明书作为发钞的支持。因此,港元发行得到外汇基金持有美元的十足支持。相反,回收港币时,金融管理局会赎回债务证明书,发钞银行则自外汇基金收回等值美元。这一机制也被引入了同业现钞市场,即当其他持牌银行向发钞银行取得港币现钞时,也要以百分之百的美元向发钞银行进行兑换;而其他持牌银行用港币向发钞银行兑换美元时,发钞银行也要以等值的美元付给他们。

上述两个联系方式对港元的币值和汇率起到了重要的稳定作用。例如,当港元的市场汇率低于官方汇率(如 7.90)时,持牌银行会进行套汇活动,即在同业现钞市场以 1:7.8的官方固定汇率用港币向发钞银行兑换美元,然后在公开外汇市场上以1:7.90的市场汇率抛售,从中赚取差价;同时,发钞银行也会主动在公开外汇市场抛售美元套汇。这样,市场上美元的供给就会增加,港元的供给会逐渐减少,结果美元汇率下降,港元汇率逐渐上升,最终导致港元市场汇率回升到接近 1:7.80 的官方汇率水平。当港元的市场汇率高于官方汇率时,持牌银行则会在同业现钞市场以 1:7.80 的官方固定汇率向发钞银行用美元兑换港元,然后在公开外汇市场以 1:7.70 的市场汇率抛售港元,从中赚取差价;同时,发钞银行也会用获得的美元向外汇基金换得债务证明书,发行更多的港元,并在公开外汇市场上抛售获利。这样,市场上美元的供给会减少,港元的供给会增加,结果港元汇率下降,美元汇率上升,最终导致港元的市场汇率下降到 1:7.8 的官方汇率水平。

利率机制也是保持香港联系汇率制度正常运行的重要条件。当港元的市场汇率低于官方固定汇率时,持牌银行和发钞银行在公开外汇市场对美元的抛售,会减少同业现钞市场上港元的货币供应量,紧缩银根,促使港元短期利率上升,引发套利活动,增加港元的需求,导致港元的市场汇率上浮,最终使市场汇率趋向官方汇率水平。反之,港元短期利率的下降,会导致港元市场汇率的下浮,并最终使市场汇率趋向官方汇率水平。这是一个完全自动的机制,香港金融管理局无需行使酌情权。

需要指出的是,在香港的公开外汇市场上,港币的汇率是自由浮动的。港币联系汇率只适用于发钞银行与外汇基金之间,以及发钞银行与其他持牌银行之间的港元现钞交易,而发钞银行与其他银行以及银行同业之间、银行与客户之间的一切均按市场汇率进行,由市场的供求状况来决定。联系汇率与市场汇率、固定汇率与浮动汇率并存,是香港联系汇率制度最重要的机理。金融管理局一方面通过对发钞银行的汇率控制,维持着整个港币体系对美元汇率的稳定联系;另一方面,通过银行与公众的市场行为和套利活动,使市场汇率一定程度地反映现实资金供求状况。联系汇率令市场汇率在1:7.80的水平上做上下窄幅波动,并自动趋近之,不需要人为去直接干预;市场汇率则充分利用市场套利活动,通过短期利率的波动,反映同业市场情况,为港币供应量的收缩与放大提供直接依据。

三、联系汇率制度的作用与局限

香港联系汇率制度属于货币局制度,是指在法律中明确规定本国货币与某一外国可兑换货币保持固定的交换率,并且对本国货币的发行作特殊限制以保证履行这一法定义务的汇率制度。实践证明,联系汇率制度是保证香港 20 多年来繁荣和稳定的重要因素。香港联系汇率制度的优点主要表现在:

(一)联系汇率内在的套汇和套利机制,可使市场汇率自动地趋向官方固定汇率

例如,当港币市场汇率低于联系汇率时,持牌银行会以联系汇价将多余的港币现钞向发钞银行兑换美元,然后用换得的美元以市场汇率在市场上抛出,赚取差价;发钞银行也会主动在公开外汇市场抛售港元套汇。这样,市场上的美元供给大于需求,结果美元汇率下降,港元汇率逐渐上升,市场汇率逐渐趋向官方固定汇率。同时,港元供给量的减少,会导致港币短期利率上升,引发套利活动,这也会促使港元的市场汇率向官方固定汇率回拢。

(二)联系汇率内在的稳定性,有助于促进香港国际资本的流动和国际贸易的发展

联系汇率的运作机制,使市场汇率自动趋向官方固定汇率,从而使联系汇率具有了内在的稳定性。联系汇率的这一特点减少了因投机而引起的汇率波动,减少了经济活动中的不确定性,便于成本核算、盈利估计和结算,从而有利于促进国际贸易的发展和

国际资本的流动。实践证明，联系汇率制度所提供的稳定的汇率环境，是多年来香港地区国际贸易迅速发展的关键，是香港股市吸引外资的根本条件。

（三）抑制通货膨胀的效应

联系汇率制度对货币创造做了严格的法律限制。在发行新钞时，发钞行必须以等值美元支付外汇基金，换取债务证明书，然后才可以发行货币。这一规则也可称为后备规则(Backing Rule)。这一规则可避免信用发行制度下滥发钞票行为的发生，从而使联系汇率制度具有了抑制通货膨胀的效应。

（四）可避免通过发行货币弥补财政赤字情况的发生

政府各项政策效力的大小，在相当程度上取决于长期以来政府在公众中所建立起的声誉。如果政府在历史上曾有较强的通货膨胀倾向的记录，那么政府政策的效力将在相当程度上因为公众的预期因素而抵消。在联系汇率制度下，由于严格限制发钞行为融通政府赤字发行货币，因此可以向公众清楚地表明政府的意向，从而调整公众的预期，使政府的政策发挥作用。

（五）管理与操作非常简便

联系汇率制度属于货币局制度，是一种高度规则化了的金融制度。它的运行可以为普通公众所监督。联系汇率制的日常操作很少需要审时度势进行政策，并且它还不需要承担许多中央银行的职能，这些都大大地简化了它的管理难度。联系汇率制度的这一特点也是香港金管局多年来极力维持联系汇率制度的重要因素。

无论哪种汇率制度都会有其局限性，香港的联系汇率制度也不例外。香港联系汇率制度的缺陷主要变现在：

1.在香港经济与美国经济周期不一致时，联系汇率制度会使香港货币当局在选择货币政策时处于两难境地。例如，当美国经济衰退，而香港经济过热时，为抑制通货膨胀，香港利率应提高，但提高利率会吸引投机资金大量进入香港金融市场，促使港元升值，从而危及联系汇率制度的稳定。如果香港货币当局追随美联储，实施低利率政策，则会进一步加剧香港经济的过热程度，导致严重的通货膨胀，从而对香港经济产生严重的负面影响。

2.在联系汇率制度下，货币当局不能通过汇率变动来调节国际收支情况。在浮动汇率制度下，当国际收支出现逆差时，在外汇市场上外汇的供给小于需求，本币就会贬值，出口会增加，进口会减少，从而改善国际收支状况；反之，当国际收支出现顺差时，本币会升值，出口会减少，进口会增加，从而会减少顺差，使国际收支趋向平衡。但在联系汇率制度下，当国际收支出现不平衡时，就无法通过汇率来调节国际收支，而只能借助价格的调整。由于价格具有粘性的特点，因此价格对国际收支的调节较汇率调节来得缓慢，从而会使经济的失调状态存在较大的时期。

四、对联系汇率制度的简要评论

联系汇率制的最大优点在于有利于香港金融的稳定,而市场汇率围绕联系汇率窄幅波动的运行也有助于香港作为国际金融中心和国际贸易中心地位的巩固和加强。但是,这一汇率制度也存在一些缺点。它使香港的经济行为及利率、货币供应量指标过分依赖和受制于美国,从而严重削弱了运用利率和货币供应量杠杆调节本地区经济的能力。同时,联系汇率制也使通过汇率调节国际收支的功能无从发挥。目前联系汇率制的改革已成为理论界十分关心的一个问题。

第三节　人民币参考一篮子货币汇率制度

一、人民币汇率制度演变

按国内外经济环境、经济体制的特点,政府政策目标及汇率市场化程度等因素,可将人民币汇率制度的演变划分为两大时期、七个阶段。

(一)改革开放前人民币汇率制度的演变

第一阶段(1949—1952),没有真正的汇率制度。从国际经济环境来看,新中国刚刚建立,我国尚未得到西方资本主义国家的承认,处于被封锁状态,也就谈不上和这些国家进行正常的经贸往来。从国内经济环境来看,我国尚处于国民经济恢复时期,经济运行很不稳定,物价起伏较大,对外经贸工作刚刚起步、尚未步入正轨,侨汇是当时我国外汇收入的重要来源。由此,从1949年到1950年3月,我国实行"奖出限入、照顾侨汇"的政策方针,人民币汇率频繁下调,且国内通货膨胀非常严重。从1950年3月到1952年底,我国财政经济工作才开始步入正轨,国内物价水平开始下降,而同期外国物价水平却在不断上升。并且,当时我国实行了"鼓励出口、兼顾进口、照顾侨汇"的政策方针,结果人民币汇率逐步上调。到1952年12月,1美元兑换26170元旧人民币。这一阶段,人民币汇率政策目标主要是维护国内经济和政治稳定,顺应经济发展和侨汇需要。并没有形成真正的汇率制度。

第二阶段(1953—1973),可调整固定汇率制。从国际经济环境来看,1944年7月至1973年3月,国际汇率制度处于布雷顿森林体系下,IMF成员国实行可调整的固定汇率制度。从国内经济环境来看,1953年至1956年,我国成功地完成了社会主义经济改造,过渡到社会主义经济建设时期。而且,1955年,中国人民银行发行了新人民币,形成了全国统一的人民币汇率,克服了旧人民币面额过大、汇率混乱不统一、不利于对外贸易发展等内在的缺陷。但是,这一阶段,我国借鉴苏联模式,建立了高度集中的中央计划经济体制。受计划经济模式的影响,政府当局否定了社会主义经济的商品属性,排斥市场机制的作用。结果,人民币汇率与市场严重脱离,仅作为一种计划手段和记账单位,汇率已丧失了其应有的经济意义。这一阶段,人民币汇率制度的主要特点是:(1)实行可调整的固定汇率制,保持汇率高度稳定;(2)人民币汇率不仅与市场供求无关,而且也与对外贸易调节作用无关,仅作为一种计划手段和记账单位,汇率已丧失应有的经济杠杆作用。

第三阶段(1973—1979),钉住一篮子货币汇率制度。从国际经济环境来看,由于美元危机和石油危机的双重打击,布雷顿森林体系下可调整固定汇率制度已经崩溃,资本主义国家普遍实行了浮动汇率制。从国内经济环境来看,我国仍实行高度集中的计划经济,但是我国政府已开始意识到人民币汇率在经济和对外贸易发展中的重要性,因而对人民币汇率的调整原则做了新的规定。主要有:(1)坚持人民币汇率相对稳定的方针,在一定的幅度内,人民币汇率不随西方国家货币浮动;(2)人民币汇率的确定要有利于对外贸易的发展;(3)参照外汇市场行情适当调整人民币汇率,特别是当西方国家主要货币汇率浮动幅度达到一定程度时应适当调整人民币汇率。可见,这一阶段,政府目标函数中已朦胧地出现了两难,即稳定与效率如何权衡。人民币汇率政策目标虽说是"名义锚",但已开始考虑到实际目标。为此,人民币钉住一篮子货币汇率制度。

(二)改革开放后人民币汇率制度的演变

第一阶段(1979—1985),官方汇率与贸易内部结算汇率并存的双重汇率制度。1980年,我国正式恢复了在国际货币基金组织中的合法地位。按照IMF的有关规定,其会员国可以实行多种汇率,但必须尽量缩短向单一汇率过渡的时间。从国内经济环境来看,70年代末期发起的总体经济改革激发了众多学者对人民币汇率政策的热烈争论。1979年8月,国务院决定改革外汇管理体制,除官方汇率外,决定从1981年1月1日起开始试行贸易内部结算汇率,从而形成了人民币双重汇率。

第二阶段(1985—1993),官方汇率与外汇调剂市场汇率并存的双重汇率制度。这一阶段,又可分为两个阶段:

1985—1991年为有限灵活汇率制度。从国际经济环境来看,主要社会主义国家都在进行经济体制改革。这种国际经济环境对我国既有推力也有压力。从国内经济环境来看,1985年1月1日,我国取消了贸易内部结算汇率,恢复单一汇率;该汇率以贸易汇价为基础。虽然在名义上实行了单一汇率,但由于外汇调剂市场汇率的存在,形成了官方汇率与外汇调剂汇率并存的局面,实际上又形成了新的双重汇率。虽然官方汇率被钉住,但是由于外汇调剂市场汇率被逐渐地放开,因而汇率波动暗含着有效汇率实际上是灵活的。所以,这一阶段可称为有限灵活汇率制度。

1991—1993年为外汇调剂市场汇率主导的浮动汇率制度。1991年4月,中国政府正式宣布采用浮动汇率制度。据统计,到1993年年末,中国外汇交易中近乎80%都是通过外汇调剂市场来进行的。外汇调剂市场已被证实对于人民币汇率市场化是一种十分有用的过渡机制。然而,作为过渡机制,外汇调剂市场也引发了许多问题,诸如市场因为准入资格、价格限制等易遭受随机性影响,地方政府总是通过行政手段来频繁地阻滞区域间外汇流动,更严重的是多重汇率导致难以预见的歧视、寻租活动和腐败等。而且,官方汇率与外汇调剂汇率并存的汇率双轨制不符合国际惯例,常常成为西方国家对我国实行经济制裁的借口,不利于我国对外正常的经贸往来,并且对于我国加入 WTO 也是非常不利的。因此,进行外汇管理体制改革,尽快结束汇率双轨制,实行单一汇率制度势在必行。

第三阶段(1994—2005.6),有管理的浮动汇率制度。从国际经济环境来看,市场经济已经在全球范围内得到了极大程度地扩展,特别是信息技术和互联网的迅猛发展,更使得世界经济呈现出一体化的发展态势。我国要想加入 WTO、融入全球经济一体化、发展市场经济,就必须按照国际惯例改革我国外汇管理体制,尽早结束人民币汇率双轨制现象。从国内经济环境来看,我国社会主义市场经济体制已初步建立,官方汇率与外汇调剂汇率并存的汇率双轨制引发的问题愈发显著。

在此情况下,我国于 1994 年初对外汇管理体制进行了重大改革,决定从 1994 年 1 月 1 日起,实现人民币官方汇率与外汇调剂市场汇率并轨。并轨后的人民币汇率实行以市场供求为基础的、单一的、有管理的浮动汇率制度。此次外汇管理体制改革的创新之处在于确立了统一的以市场为基础的管理浮动汇率制度和经常账户下有条件可兑换。但是,由于实行银行结售汇制,人民币汇率并未实现完全意义上的汇率市场化。

第四阶段(2005.7 至今),人民币参考一篮子货币汇率制度。尽管我国宣布自 1994 年 1 月 1 日起,人民币汇率实行以市场供求为基础的、单一的、有管理的浮动汇率制度,但 1997 年以后人民币汇率变动的事实说明,我国名义上的“有管理的浮动汇率制度”事实上是一种钉住美元的固定汇率制度。人民币兑美元的汇率除 1994 年汇率并归初期略有波动外,基本上维持在 1 美元兑 8.28 元人民币的水平。长期以来,人民币钉住美元汇率制度促进了我国对外贸易和投资的迅速发展,但是当我国主要贸易伙伴国之间的货币发生波动时,这种钉住单一货币的汇率制度将汇率波动传导到人民币有效汇率,增加了我国进出口贸易和宏观经济的内在不稳定性。在人民币存在升值预期的情况下,人民币钉住美元汇率制度,不仅会增加我国通货膨胀的压力,丧失货币政策的独立性,而且可能会危及我国的金融稳定。为此,2005 年 7 月 21 日,我国宣布放弃人民币钉住美元汇率制度,实行以市场供求为基础、参考一篮子货币进行调节、有管理的浮动汇率制度,并让人民币兑美元汇率升值 2%。这标志着我国汇率制度改革和经济增长战略调整正在进入一个新的阶段。

二、选择人民币参考一篮子货币汇率制度的理论依据

根据汇率制度选择理论,在固定汇率制度、自由资本流动和独立货币政策之间存在三难选择。如要想选择独立货币政策和固定汇率制度的政策组合就必须放弃资本自由流动,实行资本管制。这是我国改革开放前选择的一种政策组合,在当今世界经济一体

化和金融自由化背景下,我国再选择这种政策组合已不合时宜。要想选择固定汇率制度和资本自由流动的政策组合就必须放弃独立的货币政策。20 世纪 90 年代发生的一系列货币金融危机说明,这种政策组合的危害决非货币政策无效这样一个温和的负面影响。固定汇率制度在开放的资本账户下往往伴随着货币冲击和货币危机,从而给经济带来巨大的动荡,使经济时时处于不稳定的威胁之中。从长期来看,我国也不宜选择这种政策组合。要想选择独立货币政策和自由资本流动的政策组合就必须放弃固定汇率制度,实行浮动汇率制度,这是我国应当选择的一种政策组合。这种政策组合符合我国的实际。我国是一个经济大国,保持独立的货币政策必然是我国的现实选择;另外,在世界经济全球化和金融自由化的背景下,我国开放资本账户,实现资本自由流动也是大势所趋。据此,从长期来看,人民币汇率制度改革的长期目标应是浮动汇率制度。

尽管从长期来看,我国应实行人民币自由浮动汇率制度,但从国际金融经验来看,汇率急剧变动和不稳定往往伴随着金融市场的不发达和微观经济主体的不完善。当前我国不仅国有商业银行拥有大量的不良资产,而且国内金融市场尚欠成熟和完善,人们对金融避险工具的认识还需要有一个过程,金融监管也比较薄弱。另外,正处于改革过程中的国有企业也面临着很多困难,还没有建立完善的现代企业制度,还缺乏防范汇率风险的意识。可见,目前我国尚不具备实施浮动汇率制度所需要的条件和环境。如果实行浮动汇率制度,可能会导致人民币汇率频繁波动,不仅无助于金融部门和金融市场的建设和发展,而且还将大大增加经济发展和社会稳定的成本。为此,我国采取了较为缓和的参考一篮子货币进行调节、有管理的浮动汇率制度。

另外,在很长的一段时间里,由于美国在世界经济中的地位和美元的相对稳定性,美元确实在世界范围内起到了各国货币标尺的作用。但是近些年来,美元的稳定性逐渐减弱,同时欧元正在成为一种新的代表性国际货币。因此,我国政府根据整个国际经济形势和美元地位的变化,于 2005 年 7 月 21 日宣布放弃了钉住美元汇率制度,选择采用了参考一篮子货币汇率制度。这可以削弱长期以来美元对人民币汇率的过度影响,更好地保持人民币有效汇率的相对稳定性。

三、人民币参考一篮子货币汇率制度的特点

从汇率形成机制来看,人民币参考一篮子货币汇率制度不同于人民币钉住美元汇率制度和人民币钉住一篮子货币汇率制度。

在人民币钉住美元汇率制度下,外汇市场上美元对人民币的供求变化并不影响人民币对美元的汇率。在钉住美元汇率制度下,外汇市场上美元的供给大于需求,美元对人民币的汇率会下跌,人民银行就会买进美元,卖出人民币,从而使美元对人民币汇率保持不变。反之,人民银行会卖出美元,买入人民币,以使美元对人民币汇率保持稳定。另外,在人民币钉住美元汇率制度下,美元对非美元货币汇率的变化也不影响人民币对美元的汇率。人民币对非美元货币的汇率是由人民币对美元的汇率和美元对非美元货币的汇率套算而得。如果美元对非美元货币升值,人民币对美元的汇率仍会维持不变,

而对非美元货币会升值；反之，如果美元对非美元货币贬值，人民币对美元的汇率同样会维持不变，而对非美元货币会贬值。

人民币钉住一篮子货币汇率制度是使人民币相对于几种货币（或一篮子货币）的加权平均汇率保持不变的一种汇率制度。为更好地理解钉住一篮子货币汇率制度的内涵，我们假设人民币货币篮中只有美元和英镑两种货币。$w_{\$}$ 为货币篮中美元的数量，$w_{£}$ 为货币篮中英镑的数量，$E^{R/\$}$ 和 $E^{R/£}$ 分别表示人民币对美元和英镑的汇率，人民币与美元和英镑的加权平均汇率为 E^R，则

$$E^R = w\$ \cdot E^{R/\$} + w_{£} \cdot E^{R/£} \qquad 13-1$$

其中，E^R 是以人民币表示的一篮子货币的价格。所谓人民币钉住一篮子货币汇率制度，是指保持 E^R 不变，即 E^R 为常数。

从公式 13－1 可以看出，与人民币钉住美元汇率制度不同，在人民币钉住一篮子货币汇率制度下，尽管人民币对美元的汇率同外汇市场上美元对人民币的供求关系同样无关，但篮子中美元对非美元货币汇率的变动，不仅会引起人民币对非美元货币汇率的波动，而且会引起人民币对美元汇率的波动。例如，在上述以美元和英镑构成的虚拟货币篮中，由于以人民币表示的一篮子货币的价格钉住不变，因此当美元对英镑升值时，人民币对英镑汇率会升值，而人民币对美元汇率则会贬值；当美元对英镑贬值时，人民币对英镑汇率会贬值，而人民币对美元汇率则会升值。可见，在人民币钉住一篮子货币汇率制度下，美元对人民币汇率升值或贬值的可能性皆有。

与人民币钉住一篮子货币汇率制度相比，在人民币参考一篮子货币汇率制度下，人民币对美元汇率不仅受货币篮中美元对非美元货币汇率变动的影响，而且与外汇市场上美元对人民币的供求有关。例如，钉住一篮子货币汇率制下，当美元对其他货币升值时，人民币对美元应该贬值。但在参考一篮子货币汇率制度下，考虑到外汇市场上存在人民币对美元升值的压力，人民银行可能不是根据钉住一篮子货币汇率制度的要求，通过干预外汇市场，使人民币对美元贬值。相反，人民银行可能不干预外汇市场或仅进行小幅度的干预，而听任人民币在市场供求作用下升值。"参考"意味着人民银行有了决定汇率水平的较大灵活性。

四、人民币参考一篮子货币汇率制度的作用

（一）有助于稳定人民币实际有效汇率

对国际贸易和国际投资产生影响的是实际有效汇率。人民币钉住单一美元汇率制度，尽管可以稳定人民币对美元的双边名义汇率，但在美元对世界主要货币之间的汇率发生较大波动时，由于人民币对美元汇率保持不变，因此美元对非美元货币汇率的波动完全由人民币对非美元货币汇率的波动吸收，从而可能会导致人民币对非美元货币汇率的大幅波动，进而引起人民币名义有效汇率的较大不稳定。因此，在人民币钉住美元

汇率制度下，人民币对美元双边名义汇率的稳定，不仅不能稳定人民币名义有效汇率，反而可能会造成人民币名义有效汇率的更大不稳定。

人民币钉住一篮子货币汇率制度是使人民币相对于几种货币（或一篮子货币）的加权平均汇率保持不变的一种汇率制度。人民币钉住一篮子货币汇率制度是一种比较稳定的汇率制度，因为人民币对货币篮中任何一种货币双边汇率的变动，经过权数（小于1）化后传导给以人民币表示的一篮子货币价格的影响大大缩小了。例如，在上述以美元和英镑构成的虚拟货币篮中，如果美元在货币篮中的权重是50%，那么美元对人民币汇率变动10%，只对以人民币表示的一篮子货币价格影响5%。此外，由于货币篮中各种货币的双边汇率的变动，向上的变动与向下的变动对以人民币表示的一篮子货币价格的影响可能会相互抵消，从而使以人民币表示的一篮子货币价格相对稳定。可见，人民币钉住一篮子货币汇率制度可以有效克服钉住单一美元的弊端，保持人民币名义有效汇率的相对稳定性。

与人民币钉住一篮子货币汇率制度相比，在人民币参考一篮子货币汇率制度下，由于允许以人民币表示的一篮子货币价格可以在一定范围内浮动，进而引起人民币名义有效汇率适度波动。但与人民币钉住美元汇率制度相比，正是由于在参考一篮子货币汇率制度下限定了以人民币表示的一篮子货币价格的浮动范围，从而使人民币参考一篮子货币汇率制度下人民币名义有效汇率的波幅会较小。由于实际有效汇率是名义有效汇率扣除物价因素后的有效汇率，因此人民币名义有效汇率保持相对稳定亦有助于稳定人民币实际有效汇率。可见，与人民币钉住单一美元汇率制度相比，人民币参考一篮子货币汇率制度有助于稳定人民币名义有效汇率和实际有效汇率，从而有助于促进我国国际贸易和国际投资的健康发展。

（二）可以有效配置资源

微观经济学最重要的一个理论就是均衡价格是对供需双方最有利的价格。尽管单纯从供应方看价格愈高愈好，单纯从需求方看价格越低越好，但是从整个经济来看，一定是供需均衡的价格最好，因为它能最优配置资源。人民币汇率也是一种价格，从全球的角度来看，也是均衡汇率最佳。人民币汇率低估或高估（相对于均衡汇率）都不利于我国经济及世界经济的发展。

一般认为，人民币汇率低估（相对于均衡汇率）会促进出口，但人民币汇率低估也会提高进口成本，从而不利于进口。我国经济的发展需要进口大量外国先进技术和设备，人民币汇率长期低估，也会对经济增长产生消极影响。人民币汇率低估尽管有助于出口，但人民币汇率长期低估，可能会扭曲价格机制，使人民币汇率丧失在资源配置中的积极作用，造成资源浪费。另外，人民币汇率长期低估，会减少贸易伙伴国的市场占有份额，引起贸易伙伴国的报复。这不仅会抵消人民币汇率低估的积极效应，而且还会损害国际协调机制的建立，从而可能会对我国经济及世界经济带来新的问题。

同样，人民币汇率高估对贸易双方国家也都是不利的。首先，人民币汇率高估会抑制出口。其次,人民币汇率高估尽管有助于降低进口成本,促进进口,但人民币汇率长期高估也会扭曲价格机制,从而降低外汇资源的使用效率,造成外汇资源的浪费。另外,如果我国出口产品是贸易伙伴国消费者欢迎的商品,那么人民币汇率高估也会损害贸易伙伴国消费者的利益。如果人民币汇率长期过度高估严重影响了我国经济的发展,需求大幅下降,那么贸易伙伴国对我国的出口不仅不会增加,反而会下降。

可见,人民币汇率是把双刃剑,人民币汇率低估或高估对我国和贸易伙伴国经济都会产生不利影响。人民币均衡汇率是一个双赢的汇率,对我国和贸易伙伴国经济都会产生积极的作用。

由于人民币均衡汇率的准确测算非常困难,因此与人民币钉住美元汇率制度和钉住一篮子货币汇率制度相比,人民币参考一篮子货币汇率制度因允许以人民币表示的一篮子货币价格可以在一定范围内浮动,从而可以更好地让市场自动纠正人民币汇率对均衡汇率的偏离,及时反映基本经济面的变化,避免人民币汇率的人为扭曲,更好地发挥人民币汇率在资源配置中的积极作用,促进我国经济及世界经济的健康发展。

(三)有助于增强货币政策独立性

在开放经济条件下,如果实行钉住单一货币汇率制度,则本国货币政策将依附于钉住货币国的货币政策。当钉住货币国提高利率时,本国中央银行就必须提高利率,否则就会产生套利,资金就会外流,本币就会贬值。为维持钉住汇率制度,央行就需要对外汇市场进行干预,即抛出外币,回购本币。这会减少货币供应量,最终导致本国利率上升。反之,当钉住货币国降低利率时,本国中央银行也必须降低利率;否则投机资金就会大量流入境内,冲击国内金融市场,本币升值的压力就会增大。为维持钉住汇率制度央行就需要对外汇市场进行干预,即抛出本币,购买外币。这会增加货币供应量,最终会导致本国利率下降。同样,在开放经济条件下,如果我国继续实行钉住美元的汇率制度,那么当美国调整货币政策时,我国货币政策也必须做出一致的调整,否则人民币钉住美元汇率制度将难以为继。

人民币钉住一篮子货币汇率制度是使人民币相对于几种货币(或一篮子货币)的加权平均汇率保持不变的一种汇率制度,它具有较好的稳定性。与人民币钉住美元汇率制度相比,在人民币钉住一篮子货币汇率制度下,即使我国货币政策与美国货币政策出现了偏离,以人民币表示的一篮货币价格仍会保持相对稳定,从而减轻了人民银行干预外汇市场的负担,增强了我国货币政策的独立性。与人民币钉住一篮子货币汇率制度相比,在人民币参考一篮子货币汇率制度下,由于允许以人民币表示的一篮子货币价格可以在一定范围内浮动,我国货币政策获得了较大的独立性。

(四)会增加市场预期的不确定性

在人民币参考一篮子货币汇率制度下,货币篮中各种货币汇率的变动会影响人民币汇率,但参考一篮子货币不等于钉住一篮子货币,它还要将市场供求作为另一重要依据，并据此形成有管理的浮动汇率。这种缺乏明确汇率形成规则的汇率制度会增加市场预期的不确定性，从而产生一些消极作用。(1)不确定的汇率形成规则会损害企业的投资行为。汇率形成规则的不明确会导致汇率变动的不确定性，进出口价格随之不确定。这直接影响到利润的不确定，增加企业选择投资的难度。(2)不确定的汇率形成规则和远低于市场预期的升值幅度会增强市场预期，刺激投机资金流入。不确定的汇率形成规则，会增强人们对人民币汇率随意猜测的想象空间。尤其是，央行公告指出，新汇率制度下国际收支状况仍是调节人民币汇率的重要基础，那么目前经常账户和资本账户双顺差的情况必然会增强人民币汇率的升值预期，刺激投机资金的流入，对国民经济产生消极影响。

五、简要评论

人民币汇率制度改革的长期目标应是浮动汇率制度，但鉴于当前我国金融市场、微观经济主体和金融监管等方面存在的问题，我国选择了较为缓和的参考一篮子货币进行调节、有管理的浮动汇率制度。人民币参考一篮子货币汇率制度和钉住一篮子货币汇率制度，对稳定实际有效汇率、有效配置资源和增强货币政策独立性都有积极作用，但前者在有效配置资源和增强货币政策独立性方面效果更好。另外，人民币参考一篮子货币汇率制度也增加了市场预期的不确定性，对宏观经济产生了一些消极影响。事实上，人民币参考一篮子货币汇率制度基本上是国际上所说的 BBC(Basket, Band and Crawl)汇率制度。BBC 汇率制度使新加坡实现了低通胀下的持续经济增长。但我国的国情毕竟和新加坡不同，人民币参考一篮子货币汇率制度能否成为适合我国国情的较理想的汇率制度还有待时间检验。

【专题研讨】

专题 1　中间汇率制度比较

一、爬行钉住汇率制度

爬行钉住汇率制度是指汇率可以做经常的、小幅度调整的固定汇率制度。这一制度有两个基本特征。首先，该国负有维持某种平价的义务，这使得它属于固定汇率制这一大类。其次，这一平价可以进行经常的、持续的、小幅度的调整(例如调整 2%—3%)，这又使得它与一般的可调整的钉住汇率制度相区别，因为后者的平价调整是很偶然的，而且一般幅度很大。

爬行钉住汇率制度的倡导者认为它具有以下优点：

1.它提供了一种更有效的内外均衡调节机制。在爬行钉住汇率制度下，汇率调整成为对国际收支进行调节的经常性工具。这就使得国际收支问题得从及时的纠正，不会出现可调整的钉住制之下因汇率调整滞后所带来的投机冲击。同时，它的每次汇率调整的幅度都很小，可以避免对经济造成过大的冲击。另外，与浮动汇率制相比，它又可以避免汇率的不稳定所带来的种种不便。

2.它可以使一国抵制境外通货膨胀的输入。正如我们对浮动汇率制的分析中所指出的,用汇率的调整来抵消国外通货膨胀的影响,就可以使一国选择本国独立的通胀率水平。爬行钉住汇率制度的汇率可以及时调整的特征,使得它具有一定的浮动汇率制度的功能。

3.它可以减少一国持有的外汇储备的数量。这是因为它并不需要政府长期维持某一汇率水平,当出现较严重的国际收支赤字趋势时,可以通过本国货币的经常贬值予以解决。

但是,很多研究者指出爬行钉住汇率制度也具有一些严重的缺陷。

1.国内货币政策仍受到来自外部的严重制约。在爬行钉住制下,短期中的本国货币贬值措施将要求本国利率相应上升以维护国际收支平衡。因此,在经常进行汇率调整的情况下,这一制度意味着本国货币政策受到比可调整的钉住汇率制度更为严重的外在制约,无法用于实现内部均衡目标。

2.汇率调整的速度不够迅速。因为爬行钉住制下的汇率调整是小幅度的,国民经济在遭受突然的外在冲击而需要对汇率水平进行大的调整时,这一制度就显得不够及时、不够到位。

3.汇率调整极易转化为国内的通货膨胀。与固定汇率制度下汇率调整的偶然性与浮动汇率制度下汇率调整的频繁性不同,爬行钉住制的汇率调整是相对有规律地进行的,因此极易导致国内的价格体系、工资采取与汇率相挂钩的指数化措施。这会使货币贬值迅速转化为国内价格水平的上升,从而抵消了贬值的效果。

爬行钉住汇率制度在20世纪60年代在国际范围内引起了较为广泛的重视。自那时起,一些国家相继采用了这一制度,例如智利(1965—1970,1973—1979)、韩国(1968—1972)、秘鲁(1976—1977,1978至今)等,但为数并不多。

二、汇率目标区制

汇率目标区制的含义可分为广义与狭义两种,我们在此分析的主要是广义的汇率目标区制。广义的汇率目标区制是泛指将汇率浮动限制在一定区域内(例如中心汇率的上下各10%)的汇率制度。

汇率目标区制不同于其他类型的汇率制度。首先,从它与管理浮动汇率制的比较看,区别有两点:(1)在目标区制下,当局在一定时期内对汇率波动制定出比较确定的区间限制;(2)在目标区制下,当局要更为关注汇率变动,必要时要利用货币政策等措施将汇率变动尽可能地限制在目标区内。它与可调整钉住制的主要区别则在于:目标区制下,政府并不严格承诺在任何情况下都对外汇市场进行干预以将汇率维持在目标区内;同时,目标区制下汇率变动的范围更大。

依据目标区区域的幅度、目标区调整的频率、目标区的公开程度以及对目标区进行维持的承诺程度,目标区制可分为严格的目标区制与宽松的目标区制两种类型。前者的目标区区域较小,极少变动;目标区域公开,政府负有较大的维系目标区的义务。后者则是目标区区域较大，经常进行调整；目标区域保密，政府只是有限度地将货币政策运用于对汇率目标区的维持。

汇率目标区制在进入20世纪90年代后引起了研究者的特殊兴趣，这是因为在新形势下，在目标区域内的汇率变动具有某些非常重要的特征。我们以下对此进行简要介绍。

我们假定目标区是完全可信的，也就是交易者确信汇率永远将在目标区以内变动，政府仅在汇率变动至目标区的上下限时才进行干预，经济基本面的变动完全是随机的。那么，当汇率的变动逐渐接近目标区边缘时，交易者将会预期汇率很快将做反向调整，重新趋近于中心汇率。这一预期将会产生稳定性作用，汇率的变动在不存在政府干预时也不会超过目标区范围，而是保持在目标区边缘并且常常会自动向中心汇率调整。目标区下的汇率围绕着中心汇率而上下变动，当离开中心汇率至一定程度后便会自发向之趋近。这一情形宛如热恋中的情侣短暂分离一段时间后便会尽可能地抗拒进一步的分离，急于寻求重新相聚，所以称之为蜜月效应（Honeymoon Effect）。

汇率目标区制下的汇率变动还存在另外一种情况，那就是由于经济基本面向某一方向的变动程度很大并且已表现为长期的趋势，市场交易者普遍预期汇率目标区的中心汇率将做较大的调整，此时汇率目标区不再具有可信性。在这种情况下，对中心汇率的投机发生，市场汇率变动将不再自动倾向于中心汇率。相反，此时的汇率变动非常剧烈，而且一般超过了浮动汇率制下的正常汇率变动程度。与前面的分析相对应，这一汇率变动情况正如情侣在长期共同生活中发现爱情已褪去了玫瑰色的光芒，双方存在根本上的性格不合而不再指望将婚姻关系维持下去，一些小事都会引起大动干戈，这可称之为离婚效应（Divorce Effect）。

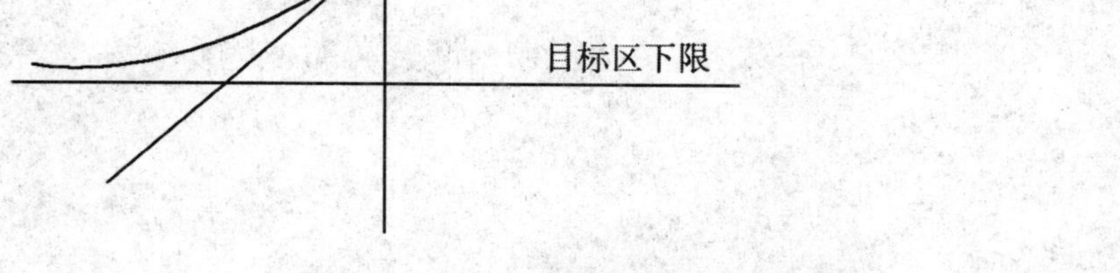

图13－1　汇率目标区的蜜月效应示意图

可以看出，汇率目标区是对汇率制度可信性与灵活性的一种折中，这导致它的汇率变动也具有双重特征。显然，这种双重特征对达成开放经济内外均衡的同时实现有利也有弊。怎样运用目标区制度因而也成了当代国际金融理论和政策讨论的一个热门话题。

【本章思考题】

1.试对固定汇率制度和浮动汇率制度进行比较。

2.为什么说选择固定汇率制度还是浮动汇率制度实际上是对可信性与灵活性进行权衡?

3.香港联系汇率制度有何特点?

4.如何评价香港联系汇率制度?

5.我国选择人民币参考一篮子货币汇率制度的依据是什么?

6.钉住单一货币汇率制度、钉住一篮子货币汇率制度与参考一篮子货币汇率制度有何异同?

7.如何评价人民币参考一篮子货币汇率制度?

CHAPTER 14 第十四章

金融衍生品交易市场

【学习目标】

掌握远期外汇交易的概念、类型及实际应用。掌握外汇期货交易的概念、特点及实际应用。掌握外汇期权交易的概念、特点、类型，了解影响外汇期权价格的因素。

第一节　远期外汇交易

一、远期外汇交易市场概述

（一）远期外汇交易的概念

世界大多数国家外汇交易的不同参与者在外汇市场上利用不同的货币买进或卖出外汇。外汇既可以以即期价格买卖，也可以进行远期交易，即外汇的交割在未来某日。

远期外汇交易（Forward Transaction），又称期汇交易，是指外汇买卖成交后并不立即办理交割，而是根据合同的规定，在约定的日期按约定的汇率办理交割的外汇交易。最常见的远期外汇交易交割期限一般有1个月、2个月、3个月、6个月，长的可达12个月；如果期限再长，则称为超远期交易。

远期外汇交易与即期外汇交易的主要区别在于交割日的不同。凡交割日在两个营业日以后的外汇交易均属期汇交易。确定期汇交易的交割日或有效起息日（Value Date）的惯例是：

1.远期交割日是以即期交割日加上月数或星期数。若远期合约是以天数计算的，其天数以即期交割日后的日历日的天数为基准，而非营业日。例如，星期三做的远期合约，合约天数为3天，则即期交割日为星期五，远期交割日是星期一。

2.远期交割日若不是营业日，则顺延至下一个营业日。若顺延之后，跨月到了下一个月份,则必须提前至当月的最后一个营业日为交割日。

3.远期交割日的"双底"惯例,即假定即期交割日为当月的最后一个营业日,则所有的远期交割日是相应各月的最后一个营业日。

(二)远期外汇交易的基本动机

1.避险保值。在国际商品交易中,进出口商为清偿或了结之间的债权债务关系,预计在未来的某一个特定日期中,需要支付或收入一定金额的外汇。为了避免这一过程中因汇率波动而带来的损失或不确定性,进出口商需要进行远期外汇交易,以实现避险保值。

在预计本国货币贬值时,对于未来支付外国货币的进口商而言,因为本币的贬值使得其必须用较多的本国货币才能换得固定数量的外国货币以便支付,这样就会增加进口商的进口成本。然而,预先购买外币的远期外汇则可以使进口商在现在即可决定未来所欲购买外国货币的汇率。不论未来汇率如何波动,进口商均可根据远期外汇交易所确定的汇率、金额进行交割。例如,某日本商人从美国进口一批货物,价值1亿美元,该批货物按合同签署时的汇价(1美元等于100日元)折合100亿日元,该批货物合同交货期为合同签署后3个月。那么3个月后美国商人最后要付多少钱呢?这取决于3个月后的汇率:如果3个月后汇率为1美元等于110日元,那么日本商人即需支付110亿日元;如果汇率变成1美元等于98日元,则日本商人只需支付98亿日元。该日本商人为了确定自己的进口成本,避免汇率风险,他可在与美国出口商签订进口合同的同时,预测市场汇率的变动趋势,向银行按该约定的远期汇率买进3个月美元期汇,以确定其进口成本。这种远期外汇的买卖叫抵消(Cover)或抵补保值(Hedging),其目的是为了防范和化解汇率风险或不确定性。

同样,对于未来将收入外国货币的出口商而言,在预计本国货币升值时,最好也预先做卖出外国货币的远期交易,因为本币相对于外币升值使得其只能以收到的固定数量的外币换得较少的本币,这样实际上就会减少出口商的出口收益。然而,预先卖出外币的远期外汇则可以使出口商在现在即决定未来所欲卖出的外国货币的汇率。不论未来汇率如何波动,出口商均可根据远期外汇交易所确定的汇率、金额进行交割。

此外,对于跨国企业而言,由于其母公司与遍布世界其他国家的子公司的资产负债以不同的货币计价折算,当分公司与子公司所在国货币发生汇率波动时,就可能出现其账面上的损失。如以母公司的角度来看,当外国货币的汇率波动不定时,其国外分公司的资产与负债也因外国货币价值的变动而增加或减少;在国外分公司在当地的资产多于负债,而其所在国的货币发生贬值时,母公司所持有的总资产价值就会因国外分公司资产的贬值而发生账面上的损失。为了避险保值,跨国企业一般都遵循两条原则操作:一是对于有升值趋势的货币,增加其资产数额的比例或减少其负债数额的比例。二是对于有贬值趋势的货币,增加其负债数额的比例或减少其资产数额的比例。按照这两条原则,跨国企业可通过货币市场或外汇市场操作来很好地规避汇率风险。

2.投机获利。在外汇市场上,投机者根据自己的专业知识和各方面的信息判断,若预计某种货币的汇率将要下降,则预先卖出该种货币,称为抛出或做空头,待将来价格下降,再行买入以抵补空头。反之,如果预计某种货币汇率将上升,则预先买进该种货币,称作购进或做多头,待将来价格上升再行卖出。如此贱买贵卖,投机者从中便可能赢得利润。投机交易与保值交易的区别在于:第一,投机交易没有实际的商业或金融业务为基础,其交易的目的只是为了盈利;第二,投机交易在买进、卖出时,往往并非发生实际真实资金流转;第三,投机交易在远期外汇市场上起着一种平衡的作用,这种作用对外汇市场而言意义很微妙,这一点在后面远期汇率形成机制内容中还将提到。

(三)远期外汇交易的分类

根据交割日的不同,远期外汇交易可分为固定交割日的远期外汇交易和选择交割日的远期外汇交易。

1.固定交割日的远期外汇交易。固定交割日的远期外汇交易(Fixed Forward Transaction)是指交易的交割日期是确定的,交易双方必须在约定的交割日期办理外汇的实际交割,此交割日既不能提前也不能推后。在国际贸易交往中,进出口商为了防范从贸易合同签署日到货款实际收付日的外汇风险,通常都会进行外汇的套期保值活动。这种套期保值一般都是固定交割日的远期外汇买卖。如上例中,日本商人从美国进口一批货物,价值1亿美元,3个月后付款。如果3个月后汇率由1美元等于100日元变为1美元等于110日元,那么日本商人就需多支付10亿日元,即损失10亿日元。如果他在成交的同时与银行按约定汇率签订一份购入3个月美元期汇的合约,那么他就可以规避美元汇价上涨带来的损失。

2.选择交割日的远期外汇交易。选择交割日的远期外汇交易(Optional Forward Transaction),又称择期交易,是指交易没有固定的交割日,交易一方可在约定期限内的任何一个营业日要求交易对方按约定的远期汇率进行交割的远期外汇交易。这类交易在交割日期上具有较大的灵活性,通常适应于难以确定收付款日期的对外贸易。在择期交易中,询价方有权选择交割日。由于报价银行必须承担汇率波动风险和资金调度的成本,因此报价银行必须报出对自己有利的价格。当然,询价方也可以根据对市场的预测,选择对自身最有利的择期日期。如6个月的择期,就意味着该客户在该笔远期外汇交易中可能选择的最早交割日是第六个月的第一天,最迟是第六个月的最后一天。

二、远期外汇交易的报价

在实际的外汇交易中,银行对于远期汇率也采用双向报价法。根据国际惯例,通常有两种远期汇率报价方法:完整汇率报价法和远期差价报价法。

(一)完整汇率报价法

完整汇率(Outright Rate)报价方法,又称直接报价方法,是直接将各种不同交割期限的远期买入价、卖出价完整地表示出来。此种报价方法与即期汇率报价方法相同。如某日伦敦外汇市场英镑兑美元的汇率为：

即期汇率	1个月远期汇率	3个月远期汇率	6个月远期汇率
1.6205/15	1.6235/50	1.6275/95	1.6345/70

这种方法通常用于银行对客户的报价。在银行同业交易中，瑞士、日本等国也采用这种方法。该种方法一目了然，但也有其缺陷，如改动比较费事。因此，在银行同业间往往采用另一种方法，即远期差价报价法。

（二）远期差价报价法

远期差价报价方法，又称掉期率（Swap Rate）或点数汇率（Points Rate）报价方法，是指不直接公布远期汇率，而只报出即期汇率和各期的远期差价，然后再根据即期汇率和远期差价来计算远期汇率。某一时点上远期汇率与即期汇率的汇率差称为掉期率或远期价差。这种远期价差又可分为升水和贴水两种。升水（Premium）表示远期汇率比即期汇率高，或期汇比现汇贵；贴水（Discount）表示远期汇率比即期汇率低，或期汇比现汇贱；还有一种情况叫平价（At Par），表示远期汇率与即期汇率相同。升贴水的幅度一般用点数来表示，通常万分之一为1点。汇率标价方法不同会导致计算远期率方法的不同。在直接标价法下，存在升水的外汇的远期汇率等于即期汇率加上升水额，存在贴水的外汇的远期汇率等于即期汇率减去贴水额。在间接标价法下，计算方法则相反。

在以升贴水的方法报出远期汇率时，如果还要区分买入价与卖出价，则情况会更加复杂。此时一般不标出升水额或贴水额。例如，美元与瑞士法郎汇率报价为1.2704/1.2709，一个月的掉期率为13/6。这时的计算方法是比较掉期率中竖号左右数字的大小，如果左低右高，则将即期汇率的竖号左右的数字分别加上掉期率中相应的竖号左右的数字；如果左高右低，则将即期汇率的竖号左右的数字分别减去掉期率中相应的竖号左右的数字。这可记忆为："左高右低往下减，左低右高往上加。"上例中，左高右低，因此要用即期汇率减去这一掉期率，即可得一个月的远期汇率为1.2691/1.2703。

三、远期外汇交易的实际应用

（一）进出口商和资金借贷者应用远期外汇交易规避外汇风险

汇率的变动是经常的，而在国际贸易中，进出口商从签订贸易合同到执行合同、收付货款通常需要经过一段相当长的时间。在此期间，进出口商可能因汇率的变动遭受损失。同样，资金借贷者持有净外汇债权或债务时，汇率的不利变动也会引起以本币计值的收入减少和成本增加。因此，进出口商和资金借贷者为避免汇率波动所带来的风险，就通过远期外汇交易在收取或支付款项时按成交时的汇率办理交割。

【例1】1998年10月末外汇市场行情为：

即期汇率 USD/DEM = 1.6510/20

3个月掉期率 16/12

假定一美国进口商从德国进口价值10万马克的机器设备，可在3个月后支付马克。若美国进口商预测3个月后USD/DEM变为USD/DEM = 1.6420/30(即马克升值)。请判断：

(1)美国进口商不采取保值措施，延后3个月支付马克比现在支付马克预计将多支付多少美元？(2)美国进口商如何利用远期外汇市场进行保值？

美进口商若不采取保值措施，现在支付10万马克需要10万 ÷ 1.6510 = 6.0569万美元。3个月后所需美元数量为10万 ÷ 1.6420 = 6.0901万美元。因此需多支付332美元。

利用远期外汇市场避险的具体操作是：

10月末，美国进口商与德出口商签订进货合同的同时，与银行签订远期交易合同，按外汇市场USD/DEM3个月远期汇率1.6494(1.6510—0.0016)买入10万马克。这个合同保证美进口商在3个月后只需6.0628万(10万 ÷ 1.6494)美元就可满足需要，这实际上是将以美元计算的成本"锁定"。

(二)外汇银行为平衡其外汇头寸而进行远期外汇交易

进出口商进行远期外汇交易避免或转嫁风险的同时，就是银行承担风险的开始。外汇银行之所以有风险，是因为它在与客户进行交易后，会产生外汇综合持有额或总头寸，这期间难免会出现期汇和现汇的超买或超卖。因此，外汇银行就处于汇率变动的风险之中。为避免外汇风险，对不同期限、不同货币头寸的盈缺要进行抛补，以求外汇头寸平衡。

【例2】假设我国某外汇指定银行于1998年10月30日开盘时卖给某企业100万美元的远期外汇，买进相应的德国马克。

即期汇率　　　　　USD/DEM = 1.6310

3个月远期汇率　　USD/DEM = 1.6710

如果这家银行的美元头寸不足，那么在卖出3个月远期的100万美元后，应该补回100万美元的远期外汇，以平衡美元的头寸。否则，如果该银行没有立即补回，而是延至当日收盘时才成交，若此时美元兑马克的即期汇率变为USD/DEM = 1.6510，3个月远期汇率为USD/DEM = 1.6910，这样该银行就要损失(1.6910 - 1.6710) × 100万 = 2万马克。

在实际业务处理过程中，银行在卖出远期外汇的同时，往往要买进相同数额、相同币种的即期外汇。即在出现期汇头寸不平衡时，应该先买入或卖出相同数额、相同币种的现汇来掩护期汇头寸平衡前的外汇风险，然后再抛补这笔期汇。如上例中，银行先以USD/DEM = 1.6310的即期汇率买进100万的即期美元，到收市时可按USD/DEM = 1.6510的即期汇率卖出100万的即期美元。所以尽管补进卖出的3个月远期美元要损失2万德国马克，但即期交易中获得的2万德国马克的利润也可以抵消远期外汇交易上的损失。

(三)投机者利用远期外汇市场进行外汇投机

外汇投机既可以在现汇市场上进行,也可以在期汇市场上进行。二者的区别在于:在现汇市场上进行投机时,由于现汇交易要求立即进行交割,投机者手中必须持有足额的现金或外汇。现金或外汇既可以是自有的,也可以是借来的。若是借的就要支付利息,若是自有的就要付出机会成本(将现金或外汇用于投机而不存入银行所损失的利息)。在远期外汇市场上进行交易,不涉及实物(现金或外汇)的收付,因而在该市场上投机不必持有足额的现金或外汇,只需支付少量的保证金。

【例 3】一美国投机商预期英镑有可能大幅度下跌。假定当时英镑 3 个月远期汇率为 GBP/USD = 1.6780,该投机商卖出 100 万远期英镑,成交时他只需付少量保证金,无须实际支付英镑。如果在交割日之前英镑果然贬值,设远期英镑汇率跌为 GBP/USD = 1.4780,则该投机商再次进入远期市场,买入 100 万远期英镑,交割日和卖出远期英镑的交割日相同。这一买一卖使他获得 20 万(1.6780 × 100 万 - 1.4780 × 100 万)美元的投机利润。

在上面例子中,投机者先卖后买,并且在他抛售外汇时,实际上手中并无外汇,所以这种投机活动被称为卖空(Sell Short)。若该投机者预期英镑将升值,他可以采取先买后卖的手法以期获利,这叫作买空(Buy Long)。

第二节　外汇期货交易

外汇期货(Foreign Currency Futures)也称货币期货,是买卖双方通过期货交易所按约定的价格,在约定的未来时间买卖某种外汇合约的交易方式。外汇期货是产生最早且最重要的一种金融期货。1972 年 5 月,美国芝加哥交易所成立国际货币市场(International Money Market,IMM),首次开办了外汇期货交易业务。其主要目的是运用商品期货交易技巧,为外汇市场参与者提供一种套期保值或转移风险的工具。从此,世界上许多金融交易中心相继开设了此类交易。1982 年 9 月,英国伦敦国际金融期货交易所(London International Financial Future Exchange,LIFFE)成立并正式营业,开办了英镑、德国马克、瑞士法郎、日元等主要国际货币期货。目前,IMM 外汇期货的成交量占全球成交量的 99%以上。绝大多数外汇期货交易的目的不是为了货币在未来某日的实际交割,而是为了对汇率变动做类似于远期外汇交易所能提供的套期保值和投机获利。

一、外汇期货交易概述

(一)外汇期货的特点

外汇期货是在有组织的交易所市场上,采用公开叫价方式,竞争性地进行交易;交易者并不直接买卖外汇,而是买卖外汇期货合约。外汇期货交易和远期外汇交易具有许多相同或相似之处:交易客体相同,都是外汇;交易原理相同;交易的目的都是为了防范风险或转移风险,实现套期保值和投机获利的目的;交易的经济功能相似,都有利于国际贸易的发展,为客户提供风险转移或价格发现机制。但是,外汇期货与远期外汇交易亦存在多个方面的不同。

1.交易的标的物不同。外汇期货交易的是标准化的合约。这种合约除价格外,在交易币种、交易时间、交易结算日期等方面都有明确、具体的规定。交易数量用合约表示,买卖的最小单位是一份合约,每份合约的金额交易所都有规定。芝加哥国际货币市场上,主要西方货币期货合约的标准买卖单位为6.25万英镑、10万加元、12.5万德国马克、1250万日元、25万法国法郎,交易的金额是标准化合约额的整数倍。而远期外汇交易的金额没有严格的规定,由交易者之间根据需要而定。

2.交易方式不同。外汇期货交易是由场内经纪人或场内交易商在交易所内,按规定的时间以公开叫价方式进行的;这种场内交易只限于交易所会员之间,且交易双方不直接接触,买卖的具体执行都由经纪商代理。而远期外汇交易则通常是场外交易,没有固定的交易场所,交易时间也没有限制;交易者通过电报、电传、电话等电讯网络进行;尽管远期外汇交易有银行之间和银行与客户之间的交易两种,有时也可能出现中介,但通常仍由买卖双方直接联系,进行交易。

3.保证金和手续费制度不同。外汇期货合约的买卖双方需交纳一定金额的保证金,而且需向中介机构交纳一定手续费;远期外汇交易一般是交易双方凭信用交易,不需存入保证金和交纳手续费。

4.交易清算方式不同。外汇期货与一般商品期货一样,实行每日清算;获利的部分(即超过预交保证金部分)可提取;亏损时从保证金中扣除,并要及时追加保证金;在当日营业终结时以现金结算。远期外汇交易的盈亏由双方在约定的结算日结算。

5.交割方式不同。外汇期货合约一般有两种交割方式:一是在到期日交割,二是不实行实际交割。通过随时续做一笔方向相反但合约数和交割期相同的期货交易实行对冲。外汇期货交易实际交割率很低(一般只有2%—3%),绝大多数合约通过对冲方式予以了结;而远期外汇合约一般要按双方约定的汇率实行实际交割。

(二)外汇期货交易的基本程序

外汇期货交易都是在专营或兼营外汇期货的交易所进行,任何企业和个人都可通过外汇期货经纪人或交易商买卖外汇期货。

客户欲进行外汇期货交易，首先，必须选定代理自己交易的经纪公司，开设账户存入保证金。然后，客户即可委托经纪公司办理外汇期货合约的买卖。在每一笔交易之前客户要向经纪公司发出委托指令，说明他愿意买入或卖出外汇期货合约的种类、成交的价格和数量等；指令是以订单的形式发出的。经纪公司接到客户订单后，便将此指令用电话或其他通讯设备通知交易厅内的经纪人，由他执行订单。成交后，交易厅内经纪人一方面把交易结果通知经纪公司和客户；另一方面，将成交的订单交给交易所，进行记录并最后结算。每个交易日末，清算所计算出每一个清算会员的外汇头寸。

外汇期货的交易程序如图 14－1(以芝加哥为例)所示。

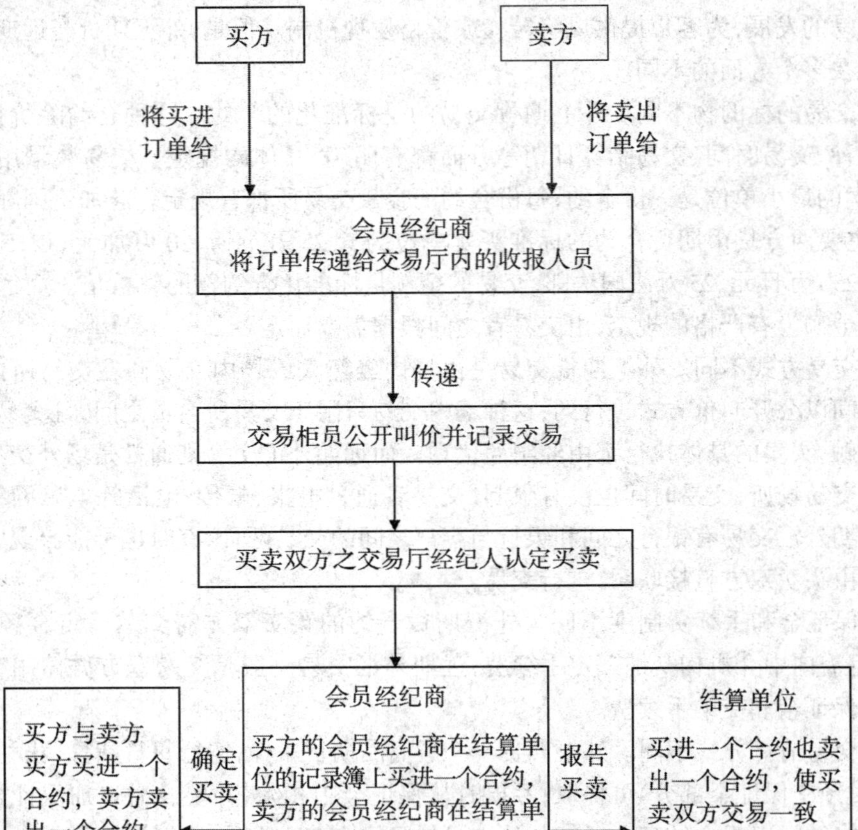

图 14－1　外汇期货交易程序图

(三)外汇期货交易的目的

金融期货目的是为了金融证券的持有者或使用者提供转移价格变动风险的工具。现货市场价格与期货市场价格受相同因素的影响；其价格变动呈同一趋势，即现货市场价格上涨或下跌，期货市场价格也升高或降低。这一套期保值的基本原理使得参与外汇期货市场交易的基本目的，一为套期保值，二为投机。就套期保值而言，参与者不是为了赚取利润，而是希望规避汇率风险，通过外汇期货市场，用最小的成本将此风险转移出去。就投机者而言，他们愿意且有能力承担风险；他们参与交易是希望以较小金额的保证金，从事数倍或数十倍于保证金金额的交易以赚取利润。

二、外汇期货交易的实际应用

（一）买入外汇期货套期保值（Long Hedge）

买入外汇期货套期保值也称多头套期保值，指通过买进外汇期货，然后对冲平仓来避免因汇率上升增加将来购买外汇、支付本币的风险。

1.进口商买入外汇期货套期保值。进口商若担心货到结算时，进口货款的外汇汇率上升，在签订贸易合同后，按等量相对的原则，买入相应数额的外汇期货合约，便可以避免现汇市场外汇汇率上升导致成本增加的风险。到期进行国际结算时，进口商需要购买即期外汇支付货款。如果外汇汇率上升，该进口商要遭到一定的损失。但是由于期货汇率和现汇汇率存在价格平行变动，当进口商卖出外汇期货合约对冲时，由于外汇汇率上升，期货市场上盈利了，弥补了现汇交易的损失。该进口商的本币进口成本便大体上由签约日的外汇期货价格固定下来。

2.借款者买入外汇期货套期保值。借款者借入外币时，如果借款期间外汇汇率上升，借款的本币成本便会增加，借款者可以买入外汇期货来保值。在借入外币时，卖出即期外汇，买入相应金额的外汇期货合约，到期偿还借款时，外汇汇率上升了，买入即期外汇还款，卖出外汇期货合约对冲。借款者以更高的期货价格卖出外汇期货，以此盈利来弥补买入现汇还款时的损失。进行外汇期货交易，可使借款者的本币成本由借款时的外汇期货价格固定下来。

【例 1】设英国某公司在美国的分公司急需一笔美元，母公司将 10 万英镑转到分公司使用半年后归还。美国分公司在 3 月 1 日将从母公司借进的 10 万英镑按 GBP1 = USD1.5000 的汇率出售，取得 15 万美元，使用期限 6 个月。该分公司担心 6 个月后英镑汇率上升，买英镑的成本加大，于是买进英镑期货保值。为简明起见，交易中发生的费用以及盈亏拨付时所发生的成本收益均不计算在内。如下表所示：

表 14-1　外汇期货套期保值

	现货市场	期货市场
3月1日	卖出英镑 10 万，即期汇率 GBP1 = USD1.5020，得到现汇头寸 150200 美元	买进 4 份 9 月份英镑合约，每份 25000 英镑，成交价为 GBP1 = USD1.5020，合约价值 150000 美元
9月1日	买进英镑 10 万，即期汇率 GBP1 = USD1.5820，支出现汇头寸 158200 美元	卖出 4 份英镑合约，每份 25000 英镑，成交价为 GBP1 = USD1.5810，合约价值 158100 美元
盈亏	损失 8000 美元	盈利 8100 美元

美国分公司若不做保值,将损失 8000 美元;做了保值以后,转嫁了汇率风险,并且还略有盈余。如果美国分公司预计不准,英镑汇率不升反跌,期货市场会亏损,现汇市场将会盈利。两者一买一卖,方向相反,盈亏相互牵制,该公司没有汇率风险。

(二)卖出外汇期货保值(Short Hedge)

卖出外汇期货套期保值又称空头套期保值,是指持有外币资产者通过在期货市场卖出外汇期货,避免外汇汇率下降的风险。

1.出口商卖出外汇期货套期保值。出口商预计将来有一笔货款收入,若担心收到货款时外汇汇率下跌,该出口商可以预先卖出相应的外汇期货合约,避免外汇汇率下跌造成损失。收到货款时,若外汇汇率下跌,出口的货款在即期市场上卖出,出口商会遭受一定的损失。但当买入期货合约对冲时,价格较低,可以盈利,其盈利可以大体上弥补即期市场上的损失。出口商的本币收入基本上由签约的外汇期货价格固定下来,从而避免了外汇汇率下跌的损失。

【例 2】美国 IBM 公司出口一批电脑给日本某公司,价值 10 亿日元。1 月份签订贸易合同时,市场上即期汇率 USD1 = JPY104,货款价值 96.15 万美元。7 月份交货结算时,市场上汇率 USD1 = JPY124,货款折合美元 80.65 万。由于日元贬值,IBM 损失 15.5 万美元。该出口商为了避免日元贬值的风险,在签订贸易合同时,就在 IMM 卖出 40 份 7 月份的日元期货合约,每份 12500000 日元。7 月份时,日元贬值,收到 10 亿日元货款只能兑回 80.65 万美元,遭受损失。但买入 40 份日元期货对冲时,由于日元下跌而盈利不少,其盈利基本上弥补了现汇市场的损失。因为两个市场汇率的变动具有平行性和趋同性。

2.投资者卖出外汇期货套期保值。当投资者利用外币进行投资时,为了避免投资期间外汇汇率下跌而可能蒙受的损失,在买入即期外汇投资时,卖出等量外汇期货合约;在收回投资时卖出即期外汇,再买入外汇期货合约对冲。一旦即期汇率下跌,投资者在收回投资时,可能在现汇市场上蒙受损失,但可以用较便宜的期货价格买入对冲,其盈利弥补了现汇市场上的损失。进行投资时的外汇期货价格可以大体上使他在收回投资时的本币收入固定下来,避免外汇汇率下跌的损失。

通过以上分析,可以看出外汇期货套期保值的重要作用。凡是从事国际贸易、对外经济往来而拥有外汇资产的进出口商、投资者、有外汇头寸者,都可以利用外汇期货保值。通过保值,虽不能完全消除贸易和金融交易中的全部风险,但能减少大部分的风险,增加金融交易的稳定性。

(三)外汇期货的投机(投资)

投机者进行期货交易,并不掌握现汇头寸,主要根据自己对价格变动趋势的预测;目的是想从期货价格的波动中获取利润,并承担风险。由于外汇期货交易的实质是一种保证金的交易,只要投小额的保证金,就可以控制大额的外汇期货合约,用小额的投资获取高额收益的可能性很大。所以，利用外汇期货投机是一种以小搏大的杠杆功能，高风险、高收益。比如，保证金比率10%，就可以控制相当于保证金金额10倍的交易量；保证金比率5%，可以控制相当于保证金金额20倍的交易量；保证金比率2%，可以控制相当于保证金金额50倍的交易量。投机是促成期货市场流动的基本组成部分，给期货市场提供了流动性。

在西方，“投机”不是贬义词，它能使金融市场活跃。投机者的贡献在于承受了套期保值交易中买卖双方的风险。可以设想，在一个没有投机者作为风险承受者的市场中，套期保值者是很难就某一价格达成协议的。因为卖方，即空头保值者，希望得到尽可能高的价格；而买方，即多头保值者，则总希望抓住尽可能低的价格。所以，如果没有投机者去弥补这一差距，套期保值者要想对冲手中的期货合约是颇费周折的。正是由于投机者的介入，期货市场更加顺畅活跃，保值者也不会因找不到交易对手而难以退出市场了。因为保值者是尽量回避汇率风险的；而投机者则愿意承担风险，从中牟利。除了承受风险，促进市场流动性和提供交易资金外，投机者还有助于确保市场的稳定性，有利于缓和价格的波动幅度。对投机人士来说，其结果不外大赚大输。然而从整个市场的角度而言，正是有了这些甘冒风险的人，才使市场有生气，更加活跃。芝加哥国际货币市场之所以大获成功，就在于其具有足够的流动性，有不少有钱人士在此充当投机者。流动性是一个期货市场成功与否的关键。但是，当投机者数量过多时，特别是大投机者介入期货市场时，期货价格可能被扭曲，并使正常的市场经济秩序受到破坏。

第三节　外汇期权交易

一、外汇期权交易概述

（一）外汇期权的含义

外汇期权（Forward Currency Option），亦称货币期权，是指期权合约买方在有效期内能按约定汇率买入或卖出一定数额外汇的不包括相应义务在内的单纯权利，没有必须买入或卖出外汇的义务。外汇期权交易以外汇期权合约为交易对象，合约买方拥有权利，他视汇率变动来决定是否行使权利，而合约卖方仅有义务。

在商品交易中，期权交易方式有较长的历史，早在古希腊与罗马时期，就有隐含期权概念的使用权的运用。18至19世纪，欧美相继出现比较有组织的期权交易，交易标的物以农产品为主。1973年4月，芝加哥期货交易所成立了世界上第一个期权交易所（Chicago Board of Options Exchange，CBOE）。CBOE在成立初期，仅进行股票期权的交易。自1973年以来，期权以相当快的速度增长，不但各主要工业国纷纷建立期权市场，而且各期货交易所陆续推出了各种交易标的物的期权交易，其中包括外汇期权交易。1982

年12月,美国费城股票交易所率先推出了标准化的货币期权交易合同,随后芝加哥等交易所立即效仿,不久标准化的交易方式又传到其他西方国家。标准化货币期权交易的发展使外汇交易空前活跃。

(二)外汇期权的特点

外汇期权的基本功能在于套期保值,与具有相同功能的远期外汇交易相比,外汇期权交易有其独特之处。

1.外汇期权有更大的灵活性。外汇期权合约的买方购买的是一种权利即选择权。在合约的有效期内,或约定的到期日,如果汇率对合约买方有利,他即可行使期权。因此,外汇期权弥补了远期外汇交易的某些弱点,更具有灵活性。

2.期权费不能收回,且费率不固定。期权费亦称保险费,即外汇期权的价格。期权交易的买方获取期权,意味着卖方出售了这种权利,所以卖方要收取一定金额作为补偿。期权费在期权交易成交时由合约买方支付给合约卖方,无论买方在有效期内是否行使期权,期权费均不能收回。

3.外汇期权交易的对象是标准化合约。通常,期权交易中,期权合约的内容已实现标准化,如货币数量、到期日等。在费城股票交易所,每个期权合约的金额分别为62500瑞士法郎、50000加元、31250英镑、50000澳元、62500德国马克、6250000日元。期权合约的到期日分别为每年的3、6、9、12月份。

(三)外汇期权的类型

1.按履约方式划分为:(1)美式期权,自期权合约成立之日算起,到到期日的截止时间之前,买方可以在此期间内的任一时点,随时要求卖方依合约的内容,买入或卖出约定数量的某种货币。(2)欧式期权,期权买方于到期日之前,不得要求期权卖方履行合约,仅能于到期日的截止时间,要求期权卖方履行合约。美式期权的买方可于有效期内选择有利的时点履行合约,比欧式期权更具有灵活性;对于卖方而言,所承担的汇率风险更大(期权也可以理解为买方支付一定期权费,将汇率风险转嫁给卖方)。所以,美式期权的期权费比欧式期权高。

2.按双方权利的内容分为:(1)看涨期权,也称择购期权、买权(Call Option),是指期权合约的买方有权在有效期内或到期日之截止时间按约定汇率从期权合约卖方处购进特定数量的货币。这种期权之所以称为看涨期权,一般是进口商或投资者预测某种货币有上涨趋势,购买期权是为避免汇率风险。(2)看跌期权,也称择售期权、卖权(Put Option),是指期权买方有权在合约有效期内或到期日之截止时间按约定汇率卖给期权卖方特定数量的货币。这类期权之所以称为看跌期权,一般是出口商或有外汇收入的投资者在预测某种货币有下跌趋势时,为避免收入减少,按约定汇率卖出外汇以规避风险。

3.按交易方式划分,可以分为在有组织的交易所交易的期权和场外交易的期权。

通常情况下，期权交易是在交易所内进行的，交易的期权都是合约化的。到期日、名义本金、交割地点、交割代理人、协定价格、保证金制度、合约各方、头寸限制、交易时间以及行使规定都是由交易所事先确定的，参与者需要的只是同意交易中合约的价格和数量。在交易所交易的期权由于已经标准化，因而可以进入二级市场买卖，具有流动性。在场外交易市场（也可以称为柜台交易）交易的期权主要是适合个别客户的需要，其合约不像交易所那样标准化，通常通过协商达成，且根据客户的需要可以进行特制。目前场外交易市场的期权合同也在向标准化方向发展，其目的是为了提高效率、节约时间。

（四）期权费及其决定因素

作为一种选择权，外汇期权对合约买方而言是非常灵活的。如果汇率对其有利，他即可行使期权，按约定汇率买进或卖出外汇；如果汇率对其不利，他可放弃期权。期权合约这种对买方的选择权对合约卖方而言则不然，只要合约买方需要实现他的权利，合约卖方都必须按合约约定价格和数量出售或购买外汇。也就是说，期权合约买卖双方的权利与义务是不对等的。正是这种不对等使得期权合约卖方在卖出期权合约时要向期权合约买方收取获得选择权的费用，即期权费。

对外汇期权的购买者来说，外汇期权既具有远期外汇交易和外汇期货的一般保值和避险功能，又具有更大的灵活性。其期权费的确定比较复杂，国际金融界一直在寻求一种合理的期权定价模型。尽管期权定价模型的提出者默顿与斯科尔斯也因此获得1977年诺贝尔经济学奖，但远不能说已经完善。

期权费在期权交易中扮演着重要角色。期权费的制定主要依据以下几个因素：

1.期权合约的到期时间。合约时间越长，期权费越多，这是因为时间越长，汇率波动的可能性就越大，期权卖方遭受损失的可能性也就越大。

2.协议日与到期日的差价。对于看涨期权而言，较低的协议价可能要收取较高的期权费，因为期权本身是合约买方看涨的，并且在合约到期时买方有权执行也有权不执行。如果执行，卖方的损失可能会超过他转卖所得利润；而如果买方不执行，卖方就必须承担汇率风险。当然，较高的协议价格对于看涨期权而言，其期权费可能就会少些。对于美式期权，由于买方选择执行合约的日期更灵活自由，合约买方也就需要支付相对更多的期权费。

3.货币汇率的波动性。通常来说，汇率较为稳定的货币收取的期权费比汇率波动大的货币低，这是因为前者的风险性相对后者较小。

4.期权供求状况。一般而言，外汇期权市场上的供求关系对期权费也有直接影响。期权买方多、卖方少，期权费自然收得高些；期权卖方多、买方少，期权费就会便宜一些。

二、外汇期权交易的实际应用

外汇期权的基本交易是指持有单一的外汇看涨期权或看跌期权。这里主要通过实例来分析其实际应用。

(一)买入看涨期权的应用举例

【例1】某美国公司从德国进口一批货物,两个月后支付一笔德国马克。为了防止德国马克在两个月后大幅度升值,该公司进入期权市场买入看涨期权。执行价格DEMI=USD0.63,期权价格为USD0.02/DEM。至到期日,该公司将视到期时的即期汇率与期权执行价格的关系来决定期权执行与否。当执行价格小于即期汇率时,执行看涨期权;反之不执行。不论是否执行期权,该公司都将损失期权费。具体损益情况如下表所示:

表14-2 买入看涨期权的受益与损失

DEM即期汇率	0.62	0.62	0.63	0.64	0.65	0.66
期权执行情况	不执行	不执行	不执行	执行	执行	执行
单位美元的收益	-0.02	-0.02	-0.02	-0.01	0	0.01

由上例可知,买入期权购买者所承担的风险或亏损是有限的,而收益却是无限的,这样就为进口商锁定了汇率风险。当即期汇率上升至0.65=(0.63+0.02)时,买方从执行期权中获利0.02,抵消了期权费损失。在这一点,买卖双方均获取零收益、零损失,这点被称为盈亏平衡点。

(二)买入看跌期权的应用举例

【例2】某日本出口商3个月后将收到一笔美元货款。他预期美元对日元汇率将下跌,因此买入一项美元看跌期权,金额为1000万美元,执行价格为USDl=JPYll0.00,有效期为1个月,期权价格为1.7%。下面简单分析一下该交易。

1.关于盈亏平衡点的计算:期权费支出为USD1000万×0.017=USD17万。设盈亏平衡点的汇率水平为X,则在X点执行期权所产生的收益应同期权费支出正好相抵,即(110.00-X)×1000/X=17。则X=108.16。

2.期权最大亏损:期权费支出=17万美元。

3.期权最大收益:无限。

4.到期日盈亏分析:

(1)当美元市场汇率高于协议价格110.00时,该出口商不会执行该期权,因此其亏损就是购买期权时支出的期权费17万美元。

(2)当美元市场汇率高于108.16,低于协定价格110.00时,出口商将执行该项期权。但由于是在盈亏平衡点以上,其收入仍不足以弥补期权费支出,仍有部分亏损。例如,市场汇率是USD1=JPY109.00,交易员行使期权获得收益:

1 000×(110.00-109.00)=1000(万日元)

按即期汇率折合9.1743万美元,其整个交易过程亏损为:

17万美元-9.1743万美元=7.8257万美元

(3)当市场汇率低于108.16时,出口商将执行期权。由于汇率水平是在盈亏平衡点以下,所以其交易收入扣除期权费支出后仍有盈余。例如,市场汇率为USD1 = JPY107.00,出口商行使期权获得收益为:

1000×(110.00-107.00)=3000(万日元)

按即期汇率折合28.0373万美元,整个交易过程收益为:

28.0373万美元-17万美元=11.0372万美元。

【专题研讨】

专题1　利率期货

利率期货是对未来发生的一笔期限固定的名义存款交易事先确定在未来存款期内适用的固定利率和成交条件。买入一份利率期货合约,等同于进行存款;卖出一份期货合约,等同于提取存款或借款。基础资产证券的期限不超过1年的利率期货合约,称为短期债券期货合约,常见的有:短期国库券期货合约、欧洲美元期货合约、定期存单期货合约等。基础证券期限在1—10年间的利率期货合约,称为中期债券期货合约,如5年期美国国库券期货合约。长期债券期货合约则是指基础证券期限在10年以上的利率期货合约,如长期国库券期货合约以及政府国民抵押协会证券期货合约等。其中,短期债券期货称为利率期货,其余的两种称为债券期货。

一、利率期货的产生与发展

美国很早以前就存在各种各样的机构投资者,1933年通过的《格拉斯—斯蒂格尔法》在商业银行和投资银行间竖起一堵墙,使具有储蓄功能的商业银行不能将资本投向股票等风险较大的证券,所以这些机构投资者主要投资方向是有确定利息收入、风险较小的证券,特别是政府公债及中短期国家债券。

20世纪70年代,美国利率变化十分频繁且变动幅度较大。例如,1974年美国的优惠利率达12%,1976年下降到6%,1979年又回到15.75%,1980年4月和12月再度上升到20%和21.5%。利率的反复变动,给银行、公司以及投资者带来了与利率相关的金融风险。投资者为了保证营运资本不受利率影响,保值的需求成为必然,利率期货便应运而生。1975年9月,芝加哥商业交易所首次开办了国民抵押协会债券期货交易,于1976年1月推出90天短期美国政府国库券期货,1977年8月开始推出美国政府长期公债期货;随后其他的交易所也相继推出各种利率期货合约。80年代初美国利率变动更为剧烈,对付利率波动的最可靠办法就是利用期货市场的利率期货套期保值。于是利率期货的交易规模呈几何级数上升。1982年,各种利率期货交易达3000万张。1982年9月30日,伦敦国际金融期货交易所在伦敦国际金融中心正式开始利率期货交易。上市的利率期货有3个月期欧洲美元、3个月期英镑和20年期英国政府金边债券。1985年10月19日,日本东京证券交易所也开办了政府公债期货。香港期货交易所也于1990年2月7日推出港元利率期货。1992年12月,上海证券交易所推出了国债期货交易,后因故停止。

二、几种主要的利率期货合约

1.短期国库券(国债)期货合约

短期国库券期货合约是指期限在1年以内的美国政府债券,是美国货币市场的主要工具,也是美联储进行公开市场业务操作的工具。1年以内的国库券期限有91天、182天和364天三种。国库券出售时一般是按折扣出售的,期满时仍按票面价值全部偿清,所以国库券的收益是根据出售时的折扣数额大小、期满时间长短来计算的。

在芝加哥国际货币市场上交易的是90天美国国库券期货合约,面值为100万美元,最小变动价位是1点,每份合约的最小变动值为25美元(100万美元×0.0001×90/360);每日交易限价为0.60美元,即每张合约1500美元;合约的交割月份是3、6、9、12月,交割日是交割月份中1年期国库券还余13周期限的第一天;交易时间是芝加哥时间上午8:00至下午2:00;最后交易日是交割日的前一个营业日。

国库券期货合约的价格是以指数为基础进行报价的,指数等于100减去年利率。例如,利率为3%的3个月国库券期货,年利率为12%,其指数标价是88(100-12)。可见,以指数报价时,指数越大,表示合约的价值越大,也即市场利率越小,债券价值越大。因此,预期利率上升意味着指数下降,交易者将卖出国库券期货;而预期利率下跌的交易者将买入国库券期货。这一标价仅用于确定期货交易的损益,并不代表期货合约的货币支付,但可用于计算期货合约的实际价格。如指数为92.00,则期货价格为98万美元(100万美元-100万美元×8%×90/360)。

2. 欧洲美元期货合约

在芝加哥国际货币市场上交易的欧洲美元期货合约面值为100万美元,最小变动价位是1点,每份合约的最小变动值为25美元,每日交易没有限价;合约的交割月份是3、6、9、12月,交割日是最后交易日;交易时间是芝加哥时间上午7:20至下午2:00;最后交易日是交割月份第三个周三往回数第二个伦敦银行营业日。

欧洲美元期货合约在结构上与短期国债期货合约一致。但是,短期国债期货合约与欧洲美元期货合约存在着一些重要差别。短期国债期货合约的价格在到期日收敛于90天期面值为100万美元的短期国债的价格,并且如果持有合约到期,就会进行交割。而欧洲美元期货合约是在到期日的第三个星期三之前的第二个伦敦营业日用现金来结算的。欧洲美元利率的报价是按季度计复利的90天欧洲美元存款的实际利率,它不是贴现利率。因此,欧洲美元期货合约是基于利率的期货合约,而短期国债期货合约是基于短期国债价格的期货合约。

三、利率期货交易的应用

利率期货交易的应用和外汇期货交易的应用一样,也是套期保值和投机两类。

1. 利率期货的套期保值交易

利率期货套期保值的原理和外汇期货的套期保值原理是一致的,都是通过在期货市场和现货市场的反向操作来用收益抵补损失,具体有多头套期保值、空头套期保值和交叉套期保值三种。下面以多头套期保值为例来说明。

【例1】多头套期保值

某投资者6个月后有100万美元的收入，可用于短期投资。据预测，银行存款利率短期内将下跌，联邦公债期货价格将上升。投资者做多头套期保值如表14－3所示：

表14－3　利率期货套期保值

	现货市场	期货市场
当初交易	6个月起银行存款利率2.5%	买进10份公债期货合约，价格USD92.00
6个月后	将100万美元存入银行，利率2%	卖出10份公债期货合约，价格USD94.50
损益	100万×(2%－2.5%)×90/360＝－USD1250	(94.50－92.00)×10万×10×90/360＝USD6250
合计	盈利USD6250－USD1250＝USD5000	

2. 利率期货的投机交易

利率期货的投机交易和套利交易与外汇期货的同类交易类似。投机交易有两种：空头投机和多头投机。前者是通过“先高价卖出，后低价买进”来获利，后者则是通过“先低价买进，后高价卖出”来获利。

利率期货的套利一般有三种形式，即跨月份套利、跨品种套利和跨市场套利。

跨月份套利是指在同一交易所进行同一利率期货但不同交割月份的套利活动。该形式又分为两种。一是牛市套利。在交易中，交易者买空近期期货，并卖空远期期货，希望在看涨的市场中，近期期货合约价格上涨幅度将会大于远期期货合约的上涨幅度。反之，若市场看跌，则希望近期期货合约价格下跌幅度小于远期期货合约价格跌幅。二是熊市套利。其做法与前者相反，交易者卖空近期期货，同时买空远期期货，希望在看涨的市场中，远期期货合约价格的上涨幅度会大于近期期货合约的上涨幅度。如果市场看跌，则希望远期期货合约价格下跌幅度小于近期期货合约价格下跌幅度。

跨品种投机套利是指同时买进某种利率期货合约和卖出另一种不同种类但相互关联的利率期货。如利用市政债券指数期货合约与长期政府公债券期货合约之间的价差获利。当交易者预计市政债券期货价格上涨幅度将大于长期政府公债券时，就买进市政债券期货，卖出长期政府公债券期货；反之，则卖出市政债券期货，买进长期政府公债券期货。

跨市场投机套利是指同时在两个不同的交易所进行两种类似利率期货、交易方向相反的期货交易，如买进(或者卖出)芝加哥期货交易所的美国长斯政府公债券期货，同时卖出(或者买进)伦敦金融期货交易所的美国长期政府公债券期货。

专题2　利率互换

互换(Swap)是指当事双方同意在预先约定的时间内，双方直接或通过一个中间机构来交换一连串付款义务的金融交易。互换市场是一个飞速发展的市场。它的产生是由于利率、汇率波动的风险和资本市场的无效率现象。

利率互换是交易双方在相同期限内,交换币种一致、名义本金相同,但付息方式不同的一系列现金流的金融交易。它可以是固定利率对浮动利率的互换,也可以是一种计息方式的浮动利率对另一种计息方式浮动利率的互换,但计息的名义、本金的币种必须是一致的。因此,利率互换不涉及本金的互换而只是利息的交换。

资本市场上最著名的首次利率互换发生在1982年8月。当时德意志银行(DEUT-SCHEBANK)发行了3亿美元的7年期固定利率欧洲债券,并安排与三家银行进行互换,换成以伦敦银行同业拆放利率(London Interbank Offer Rate,LIBOR)为基准的浮动利率。在该项互换中,德意志银行实际按低于LIBOR支付浮动利率,得到了优惠。而其他的三家银行则通过德意志银行的很高资信级别换到了优惠的固定利率美元债券。通过利率互换,双方能够互相利用各自在金融市场上的有利条件获得利益。这次利率互换交易的成功,推动了利率互换市场的发展。

专题3 货币互换

货币互换是指两个独立的借取不同货币的借款人,同意在未来的时间内,按约定的规则,互相负责对方到期应付的借款本金和利息。货币互换与利率互换的不同点在于,在货币互换中本金为不同币种,但经汇率折算后金额大致相等。通过货币互换,互换的双方可以有效地规避汇率风险。

货币互换分三个步骤进行:初期本金互换、利息的定期支付和到期本金的再次互换。

例如,当汇率为1澳元=0.65美元时,A公司借入固定利率为14%且每年支付利息的5年期贷款1亿澳元,B公司借入浮动利率为6月期LIBOR+0.5%的5年期贷款6500万美元。

现在A公司与B公司达成货币互换协议,由A公司向B公司支付6月期LIBOR+0.5%的美元利率及美元本金,由B公司向A公司支付14%的澳元年利率及澳元本金。

互换一开始,A公司会将其发行债券所筹澳元资金出售给B公司,并得到B公司出售债券所筹美元资金。初始互换中使用的汇率是当时的即期汇率。同时,彼此承诺在互换协议期限内偿还对方的利息债务,即A公司替B公司支付利息,而B公司也将向A公司支付贷款利息。到期时,双方只是将原来换来的货币再(按原先即期汇率)出售给对方,即A公司向B公司出售6500万美元,并得到对方出售的1亿澳元。

对于互换双方而言,互换与实际借款行为是相互独立的行为,即融资的来源、形成及时间选择上都与互换行为无直接联系,任何一个贷款者都不是互换对手,每一个借款者始终有义务对各自的贷款方偿还本金和利息。所以,贷款者不必关心借款者之间的互换事宜,同时互换协议中的每一方都承担了对方不如期支付利息的风险。如上例中,即使A公司不向B公司支付6月期LIBOR+0.5%利息,B公司仍须向自己的贷款方支付6月期LIBOR+0.5%的利息。

在前面讨论的基本结构中，两个借款者直接就其各自贷款的本金和利息支付进行互换，每一方都承担了另一方不履行互换支付的风险。然而，在当今的互换市场实际操作中，大多数互换并非由双方直接进行。一般而言，如果有一方或双方不愿承担对方的不支付风险，那么银行或其他金融机构可充当两个借款者的互换中介，创造一个中介互换(Intermediated Swap)。每一个借款者可单独与互换中介银行签订互换协议。在这一种中介互换形式下，两个借款者只要各自与互换中介认识即可，它们彼此不必认识。

互换中介的参与，将两个借款者隔离开来并赚取了互换中介费，保证了每一位借款者到期能够收到对方的互换支付。互换中介承担的风险随交易不同而不同。目前，就一般而言，互换中介的保证只限于互换中利息的支付。如果互换中有一方违约，不如期向中介支付，则中介将不能使自己在互换中的收支平衡。结果，中介承担的一方的违约风险只局限于它需向另一方支付的金额与未收入的违约金额之间的差额。互换中介的存在使互换双方不必使其头寸完全对应，因为互换中介单独与两个互换对手签订互换协议，并且使互换各方的不同需要得到满足。

【拓展阅读】

案例1　利率互换的比较收益分析

通过利率互换可以使双方都获得利益的原理是由于比较收益的存在。为了说明这一点，我们举例如下：

假定有A、B两家公司都想借入1000万美元，期限都是5年。其中B想借固定利率，而A想借浮动利率。由于A、B的信用等级不同，在固定、浮动利率市场面临的风险溢价也不同。假设他们面临的借款利率如下表所示：

表14-4　借款利率表

	固定利率	浮动利率
A公司	10%	6个月LIBOR +0.3%
B公司	11.2%	6个月LIBOR +1%
差值	1.2%	0.7%

从表中可以看出：B的信用等级低于A，因为B无论在固定利率市场和浮动利率市场支付的利率都高于A。但这里的关键是：两个固定利率的差值大于两个浮动利率的差值。在固定利率市场，B公司比A公司多付1.2%，但在浮动利率市场只比A公司多付0.7%。这样A公司在固定利率市场有比较优势而B公司在浮动利率市场有比较优势。这种比较优势的存在导致了互换。A公司将以10%p.a借入固定利率资金，B公司将以LIBOR+1%p.a借入浮动利率资金。然后他们签订一份协议，以保证最后A公司得到浮动利率资金而B公司得到固定利率资金。

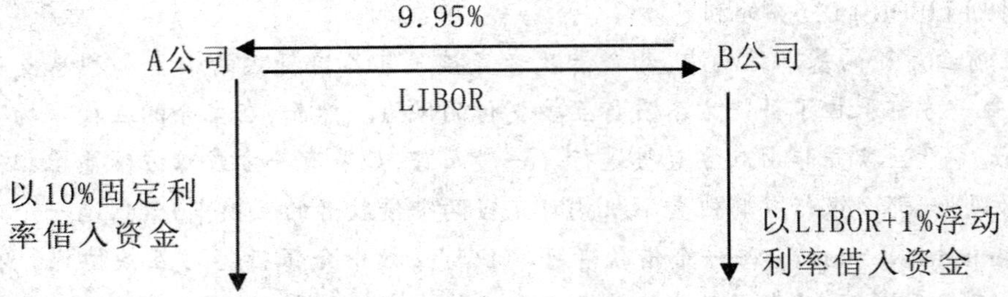

图 14-2　现金流量图

作为简单的模型,我们先假设没有中介机构而由 A 和 B 直接进行互换。图 14-2 提供了一种可能的结果。

A 公司同意向 B 公司支付本金为 1000 万美元的、以 9.95%p.a 的固定利率计算的利息。

互换后,A 公司的现金流如下:

(1)支付给外部贷款人 10%p.a 的利息。

(2)从 B 得到 9.95%p.a 的利息。

(3)向 B 支付 LIBOR 的利息。

这三种现金流的净效果是 A 支付了 LIBOR + 0.05%p.a 的利息。这比它直接在浮动利率市场上借款的利率 LIBOR + 0.3%p.a 降低了 0.25%。

B 公司也有三种现金流:

(1)支付给外部贷款人 LIBOR + 1%p.a 的利息。

(2)从 A 得到 LIBOR 的利息。

(3)向 A 支付 9.95%p.a 的利息。

这三种现金流的净效果是 B 支付了 10.95%p.a 的利息,这比它直接在固定利率市场上借款的利率 11.2%p.a 降低了 0.25%。

考虑到外部借款后的利息支付情况,如下图 14-3 所示:

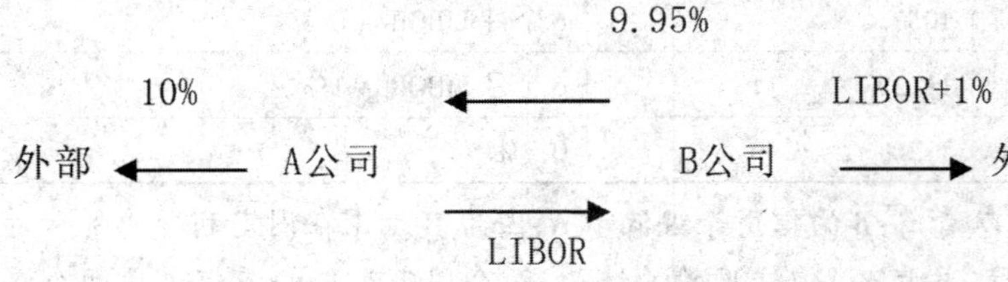

图 14-3　现金流量图

互换的结果是总的成本节省为 0.5%,A 和 B 都节省了 0.25%的成本。可以看出,本例中的互换收益是在 A、B 之间平均分配的,而实际中并不总是如此。

通常两家公司在安排互换时并不直接接触,而分别同诸如银行这样的金融中介联系。如果金融机构作为交易方而不是经纪人参与进来,就意味着总收益在 A、B 和金融机构之间分配。下图 14-4 提供了一种可能的结果。

在新的情况下,A公司仍然有三种现金流:

图14-4　现金流量图

(1)支付给外部贷款人10%p.a的利息。

(2)从金融机构处得到9.9%p.a的利息。

(3)向金融机构支付LIBOR的利息。

这三项现金流的净效果为A公司支付LIBOR+0.1%p.a的利息,比直接借入浮动利率资金节省了0.2%。

B公司也有三项现金流:

(1)支付给外部贷款人LIBOR+1%p.a的利息。

(2)从金融机构处得到LIBOR的利息。

(3)向金融机构支付10%p.a的利息。

这三项现金流的净效果为B公司支付11%p.a的利息,比它直接在固定利率市场借款节省了0.2%的成本。

金融机构有四项现金流:

(1)从A公司收取LIBOR的利息。

(2)向A公司支付9.9%p.a的利息。

(3)从B公司收取10%p.a的利息。

(4)向B公司支付LIBOR的利息。

这四项现金流的净效果是金融机构每年收取0.1%的利息作为收益,作为它参加交易承担风险的报酬。金融机构与A、B分别签订了合同,如果一方违约,金融机构仍需履行合同。

案例2　货币互换的比较收益分析

通过货币互换可以使双方既避免汇率风险,又获得利益的原理是由于比较收益的存在。举例说明如下:

假设A、B两家公司分别面临下面的美元、英镑借款利息率:

	美元	英镑
A	6.00%	9.60%
B	8.00%	10.00%

A公司在两种货币市场都有较低的利率水平,说明它的信用好于B公司。然而由于A是一家美国公司,美国投资者对它更了解,而B是一家英国公司,英国投资者对它

更了解的原因，两家公司在不同币种上的利率差并不相同。B在美元市场比A多付2%，而在英镑市场比A只多付0.4%。B在英镑市场、A在美元市场各自有比较优势，这种比较优势的存在导致了互换。利息与本金所形成的现金流如下图所示。图14－5和图14－6提供了一种可能的安排，表14－5列示了实际借款成本。

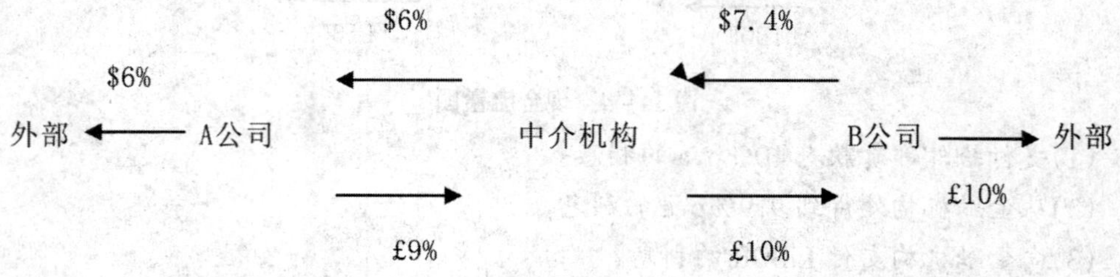

图14－5　利息现金流及其流动方向

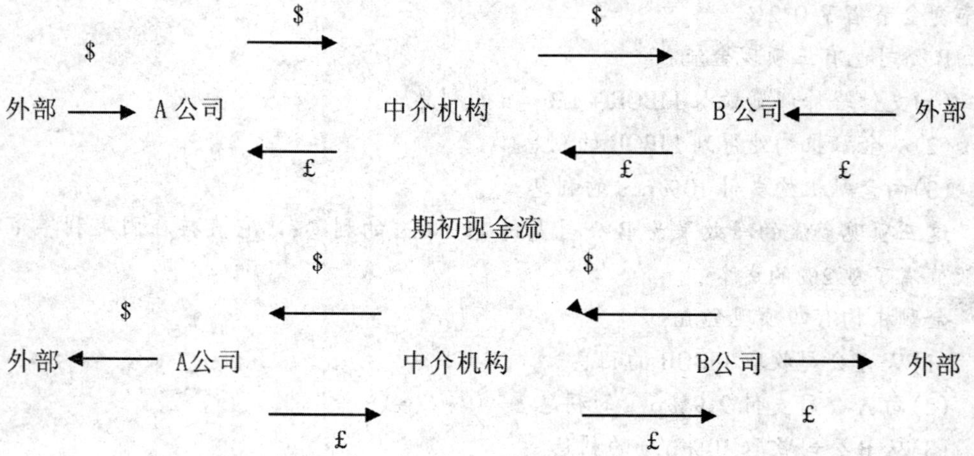

图14－6　本金流动方向

用表列出其实际借款成本如下：

表14－5　A、B两公司的实际借款成本

A公司	中介机构	B公司
£9%	$7.4%	$7.4%
+ $6%	$ －6%	+ £10%
－ $6%	+ £9%	－ £10%
	－ £10%	
= £9%	= $1.4% － £1%	= $7.4%
直接借款成本£9.6%		直接借款成本$8%
节约成本£0.6%	近似获利0.4%	节约成本$0.6%

货币互换协议要求指明用两种货币形式表示的本金。本金的选择方法是：按互换开始时的汇率折算的本金价值基本相等。本例中，美元本金1500万元，英镑1000万

元。在互换结束时必须进行本金的交换。而在开始时，可以交换也可以不交换。考虑一下：在互换开始时，双方各自在即期外汇市场上卖出所借货币、买入所需货币，与在期初直接交换本金的效果是一样的。货币互换中，双方用不同币种支付利息，其不匹配部分面临着汇率风险。在本例的互换方案中，互换风险完全由银行承担。每年它收入净额21万美元(1500万美元×1.4%)，支出净额10万英镑(1000万英镑×1%)。金融机构可以用买卖远期外汇的方式锁定收益。

【本章思考题】

1.什么是远期外汇交易？远期外汇交易的基本动机是什么？

2.比较远期外汇交易与外汇期货的异同。

3.外汇期权的类型主要有哪些？

4.简述影响外汇期权中期权费的因素。

5.举例说明利率互换的比较收益原理。

6.举例说明货币互换的比较收益原理。

7.我国某出口公司7月3日装船发货，收到8月1日到期的100万英镑远期汇票。7月3日现汇市场上的汇率为GBP1 = USD1.4900，期货市场上9月份交割的汇率为GBP1 = USD1.4840。该公司担心英镑到期时贬值，引发外汇风险，于是在7月3日在外汇市场上进行了保值交易。假定8月1日现汇市场上的汇率为GBP1 = USD1.4600，期货市场上9月份交割的汇率为GBP1 = USD1.4540，请问如何进行保值操作？

8.我国某外贸公司3月1日预计3个月后用美元支付400万马克进口货款，预测马克汇价会有大幅度波动，以货币期权交易保值。

已知：3月1日即期汇价 US＄1 = DM2.0000

(IMM)协定价格 DM1 = US＄0.5050

(IMM)期权费 DM1 = US＄0.01690

期权交易佣金占合同金额的0.5%，采用欧式期权。3个月后，假设美元市场汇价分别为US＄1 = DM1.7000与US＄1 = DM2.3000，该公司各需支付多少美元？

第十五章 CHAPTER 15 外汇风险管理

【学习目标】

掌握外汇风险的概念和种类,了解外汇风险的构成要素及经济影响。掌握外汇风险管理的内涵与基本原则,理解外汇风险管理的策略。掌握企业外汇风险管理的技术。掌握银行外汇风险管理的技术。

自从 1973 年主要西方国家实行浮动汇率制度以来,一国货币与他国货币的汇率不再固定,而是随着外汇市场供求关系的变化自由浮动。世界各主要货币的汇率不仅大幅度、频繁地波动,而且它们之间经常出现难以预料的强弱势变化。在全球金融一体化、国际金融市场动荡不安的背景下,各国政府、企业和个人都在研究和预测外汇风险,设法避开风险损失,以取得最大限度的收益。

2001 年我国加入 WTO 以后,外国企业、银行已逐步进入中国市场,享受国民待遇,而中国的企业也正走向国际市场。长期以来,由于受种种主客观因素的制约,加之人们对外汇风险的认识不足,防范汇率风险尚未构成我国企业的一项重要理财活动,因而给企业带来损失的情况时有发生。在开放经济条件下,外汇风险问题也显得更为突出,对有关外汇风险防范方法的把握也变得十分重要。本章阐述的主要内容是如何规避、减轻或消除由于汇率波动所产生的风险。

第一节 外汇风险概述

一、外汇风险的界定

从事进出口贸易、国际投资、国际信贷和国际支付活动的企业、银行、个人,以及国家外汇储备的管理与营运等，通常在国际范围内收付大量外汇或拥有以外币表示的债权债务，或以外币标示其资产与负债的价值。由于各国使用的货币不同，加上国际间汇率频繁波动，给外汇持有者或使用外汇者带来不确定性，即他们有可能蒙受巨大损失，也有可能获利。

外汇风险（Foreign Exchange Risk），也称汇率风险（Exchange Rate Risk）或外汇暴露，是指一定时期的国际经济交易当中，以外币计价的资产（或债权）与负债（或债务），由于汇率的波动而引起其价值涨跌的可能性。对外币资产或负债所有者来说，外汇风险可能产生两个不确定性的结果：或是遭受损失（Loss），或是获得收益（Gain）。风险的承担者包括政府、企业、银行、个人及其他部门，面临的是汇率波动的风险。从国际外汇市场外汇买卖的角度来看，买卖盈亏未能抵消的那部分，就面临着汇率波动的风险。人们通常把这部分承受外汇风险的外币金额称为受险部分或外汇敞口（Foreign Exchange Exposure），包括直接受险部分（Direct Exposure）和间接受险部分（Indirect Exposure）。直接受险部分，是指经济实体和个人参与以外币计价结算的国际经济交易而产生的外汇风险，其金额是确定的；间接受险部分，是指因汇率变动，经济状况变化及经济结构变化的间接影响使那些不使用外汇的部门及个人也承担风险，承担风险的金额是不确定的。在当代金融活动中，国际金融市场动荡不安，外汇风险波及的范围已越来越大，影响到所有的经济部门。

凡是外汇风险，一般均包括两个因素：两种不同的货币和时间。如果没有两种不同货币间的兑换或折算，也就不存在汇率波动所引起的外汇风险。同时，汇率和利率的变化总是与时间期限相对应的。没有时间因素，也就无外汇风险可言。时间结构对外汇风险的大小有直接的影响。时间越长，在此期间汇率波动的可能性就越大，外汇风险相对就大；时间越短，在此期间汇率波动的可能性就越小，外汇风险相对就小。从时间结构越长风险越大这个角度分析，外汇风险包括时间风险与价值风险两个部分。改变时间结构，如缩短一笔外币债权、债务的收取或偿付的时间，可减缓外汇风险，但不能完全消除外汇风险，因为本币与外币折算或两种不同外币折算或兑换所存在的汇率波动风险仍然存在，特别是短期内汇率的波动，将使价值风险有增无减。如要消除或减少该价值风险，必须采取其他措施。

二、外汇风险的种类

（一）企业外汇风险

企业外汇风险可以概括为以下三个主要类型：

1.交易风险（Transaction Risk）。交易风险也称交易结算风险，是指在运用外币计价的交易中，由于外币与本币之间以及外币与外币之间汇率的变动，使交易者蒙受损失的可能性。

交易风险主要表现在以下几个方面：

(1)在商品或劳务的进出口业务中,从合同的签订到货款的结算这一期间,外汇汇率变化所产生的风险。

(2)以外币计价的国际信贷中,债权债务未清偿之前所存在的风险。

(3)待履行的远期外汇合约的一方,在该合约到期时,由于汇率的变化,交易的一方可能要拿出更多的货币去换取另一种货币的风险。

(4)以外币为面值发行债券的风险。

(5)其他用外币计价的应收资产和应付债务的风险。

以外币计价的商品或劳务的进出口是交易风险中最典型的例子。在企业的进出口业务中,交易风险存在于从进出口企业的发盘开始一直到进出口货款结汇为止的整个过程当中。交易风险随着报价行为的开始而产生,随着结汇行为的结束而消失。在进出口业务中,交易双方从发盘、接受、签订贸易合同,一直到货物交付、货款偿付的整个环节,一般需要少则 3 个月、多则 1 年的时间。在此期间,交易双方所依据的汇率都可能发生变化,使交易结果产生盈利或亏损。

2.经济风险(Economic Risk)。经济风险又称经营风险,是指由于意料之外的汇率波动引起公司或企业未来一定期间的收益或现金流量变化的一种潜在风险。其中收益指税后利润,现金流量指税后利润加折旧。汇率的变动对生产成本、销售价格以及产销数量的影响,使企业最终收益发生变化。其风险程度大小取决于汇率变动对产品数量、成本和价格的影响程度。

经济风险与交易风险不同,交易风险侧重于进出口、借贷款之间互相没有联系的一笔独立的交易,由于汇率发生意料不到的变化而引起这笔交易结果的变动;而经济风险则侧重于企业的全局,是从企业的整体预测将来一定时间内所发生的现金流量变化。因此,经济风险不是来源于会计程序,而是来源于经济分析。经济风险的避免与否很大程度上取决于企业的预测能力。预测的准确程度将直接影响该企业在生产、销售和融资等方面的战略决策。因此,它对企业的影响比交易风险和折算风险大,不但影响公司在国内的经济行为与效益,还直接影响到公司的涉外经营效益或投资效益。在各种外汇风险中,交易风险和经济风险是企业最主要的外汇风险。

3.折算风险(Translation Risk)。折算风险也称会计风险(Accounting Risk)或转换风险,是指由于汇率变化而引起海外资产和负债价值的变化。企业在跨国经营活动中,为了编制统一的报表,将以外币表示的财务报表用母公司的货币进行折算或合并时,由于汇率变动产生了账面上的损益。由于以一种或多种货币来计价资产和负债,所以必须合并到一种基本货币上来。在这个过程中,资金实际上并不发生转移。

例如,美国某公司在英国的子公司的往来账户余额为 100 万英镑。年初时,GBP1 = USD1.6000,美国某公司在英国的子公司账户余额是 160 万美元。年末时,美元升值,英镑贬值,GBP1 = USD1.5000,那么年末时,英国子公司账户余额折算美元只有 150 万,英镑余额价值降低了 10 万美元。根据美国的会计制度规定,这笔损失可记在母公司收益的损失上,或通过一个备抵账户直接冲销股东收益。

折算风险表现的方式较多，主要有以下三类：

(1)存量折算风险。指企业在海外持有和销售的库存，在汇率变化时，其相应价值和成本转换成母公司所在地货币时发生变化的可能性。

(2)固定资产折算风险。指企业购置、折旧和更新资产时，由于汇率变化而产生的风险。

(3)长期债务折算风险。包括各种应偿还而未偿还的长期借款，如公司债、长期票据、长期借款，由于汇率变化而产生汇率风险。

同一般的企业相比，跨国公司的海外分公司或子公司所面临的折算风险更为复杂。一方面，当它们以东道国的货币入账或编制会计报表时，需要将所使用的外币转换成东道国的货币，面临折算风险；另一方面，当它们向总公司或母公司上报会计报表时，又要将东道国的货币折算成总公司或母公司所在国的货币，同样也面临折算风险。

折算风险的大小涉及折算方式，历史上西方各国曾先后出现过四种折算方式。

(1)流动/非流动折算法。该公司将跨国公司的海外分支机构的资产负债，划分为流动资产、流动负债和非流动资产、非流动负债。根据该方法，在编制资产负债表时，流动资产和流动负债按编表时的现行汇率折算，面临折算风险；非流动资产和非流动负债按资产负债发生时的原始汇率折算，没有折算风险。

(2)货币/非货币折算法。该方法将跨国公司的海外分支机构的资产负债划分为货币性资产负债和非货币性资产负债。货币性资产负债包括所有金融资产和一切负债，按现行汇率折算，面临折算风险；非货币性资产负债则只包括真实资产，按原始汇率折算，没有折算风险。

(3)时态法。该方法是货币/非货币法的变形。只是对真实资产做了更细致的处理：如果真实资产以现行市场价格表示，则按现行汇率折算，面临折算风险；如果真实资产按原始成本表示，则按原始汇率折算，没有折算风险。当全部真实资产均按原始成本表示时，时态法与货币/非货币法就完全一致。

(4)现行汇率法。该方法将跨国公司的海外分支机构的全部资产和全部负债均按现行汇率来折算。这样一来，海外分支机构的所有资产负债项目，都将面临折算风险。目前，该方法已成为美国公认的会计习惯做法，并逐渐为西方国家所采纳。

虽然交易风险、经济风险与折算风险都是由于未预期的汇率变动引起企业或个人的外汇资产或负债在价值上的变动，但侧重点各有不同。

(1)从损益结果的计量上看，交易风险可以从会计程序中体现，是用一个明确的具体数字表示的，可以从单笔独立的交易，也可以从子公司或母公司经营的角度来测量其损益结果，具有静态性和客观性的特点。而经济风险的测量需要经济分析，从企业整体经济上预测、规划和分析，它涉及企业财务、生产、价格、市场等各方面，因而带有一定的动态性和主观性的特点。

(2)从测量时间来看，交易风险与折算风险的损益结果只突出了企业过去已经发生的交易在某一时点的外汇风险的受险程度，而经济风险则要测量将来某一时间段出现的外汇风险。不同的时间段的汇率波动,对各期的现金流量、经济风险受险程度以及企业资产价值的变动将产生不同的影响。

(二)银行经营外汇业务的风险

1.外汇买卖风险。外汇买卖是银行的基本业务。银行在外汇买卖时,把本币兑换成外币或把外币兑换成另一种外币的过程中所产生的风险,就是外汇买卖风险。

银行在外汇市场上进行外汇买卖,一种是代客买卖,即银行按照客户的需要从外汇市场上买入客户要求的货币,同时出售客户愿意卖出的货币,银行从代客买卖中赚取差价;另一种是自营买卖,指银行自行买卖外汇,可以是即期的,也可以是远期的。银行把买进某种货币和卖出该种货币的数量对比差额称为外汇头寸。外汇头寸实际上是指银行所持有的各种外币账户余额的状况。银行买卖外汇经常处于不平衡之中,如果买进的某种货币与卖出的该种货币的数量相等(不论即期或远期,买卖合并轧抵计算),称外汇头寸轧平(Square),或称无头寸;如果买进的某种外币多于卖出的该种货币,称多头(Long Position)或超买(Overbought);如果某种外币卖出大于买入,称空头(Short Position)或超卖(Oversold)。各种外汇和各种期限的头寸汇总计算的净余额,就是人们所称的外汇总头寸 (Overall Position)。一般地说,头寸轧平不会产生外汇买卖风险,而多头或空头则会产生外汇买卖风险。多头和空头的余额就是外汇买卖的敞口头寸(Open Position)或叫风险暴露,即受险部分。它受汇率波动的影响。若多头,承担汇率下跌的风险;若空头,则承担汇率上涨的风险。

如果买卖外汇不平衡程度较小,银行可用手头资金来抵补;如果差额过大,由于汇率变化莫测,银行有可能会遭受损失。因此,为避免这种风险,银行一般都要使买卖差额为零。具体操作方法是:如果一种货币买入大于卖出,即多头时,就要卖出相同金额的即期或远期该种货币;如果一种货币卖出大于买入,即空头时,就要买进相同金额的即期或远期该种货币,称为抛补(Cover),也就是银行做反向的买卖予以补进或抛出。抛补一般是通过银行间交易,所以称银行同业外汇交易。银行在买卖外汇后,不一定要立即轧平,而是根据国际金融市场的行情趋势、银行本身资力的大小以及对汇率走势的预测,来决定是立即轧平还是推迟。如果金融市场动荡不安,还是尽快轧平,以避免风险;如果推迟轧平,实际上就是进行外汇投机。投机有好有坏,当今西方国家的银行,在经营外汇业务中,常要掺进投机因素。各国的中央银行为了防止银行在外汇业务中大量投机,有时就根据各银行资力的大小,分别规定银行买卖外汇时多头和空头的额度,予以限制。

2.外汇借贷风险。外汇借贷风险是指外汇银行在以外币计价进行外汇投资和外汇借贷过程中所产生的风险。它包括向外筹资或对外负债以及外汇投资中的外汇风险。

例如,银行向外借入一种货币而需要换成另一种货币使用,或者偿债资金来源是另一种货币,那么银行就要承受借入货币与使用货币或还款来源货币之间汇率变动的风险。若借入汇率上升,则银行筹资成本就会有增加的可能。再如,银行以一种外币兑换成另一种外币进行外汇投资时,若投资本息收入的外币汇率下降,投资的实际收益就会下降,银行因而蒙受损失。

三、外汇风险的构成要素

企业在国际经济活动中,一方面,经常要使用外币来进行收付,因而会发生外币与本币(或A外币与B外币)之间的实际兑换。由于从交易的达成到账款的实际收付,以及借贷本息的最后偿付均有一段期限,兑换时如果汇率在这一期限内发生不利于企业的变化,则企业将单位外币兑换成本币(或单位A外币兑换B外币)的收入就会减少,或以本币兑换单位外币(或B外币兑换单位A外币)的成本就会增加,于是就产生了交易风险和经济风险。另一方面,由于本币是衡量企业经济效益的共同指标,因此即使企业的外币收付不与本币或另一外币发生实际兑换,也需要在账面上将外币折算成本币,以考核企业的经营成果。而随着时间的推移,汇率发生波动,单位外币折算成本币的账面余额也会发生变化,于是也就产生了折算风险。

由此可知,外汇风险的构成包括两个因素:外币和时间。只要企业在经营活动中以外币计价结算,且存在时间间隔,就会产生外汇风险。一般说来,未清偿的外币债权债务金额越大,间隔的时间越长,外汇风险也就越大。在浮动汇率制度下,由于汇率的波动更频繁、更剧烈,又没有波动幅度的限制,因此企业所面临的外汇风险比在固定汇率下更经常、更明显、更难以预测。由于外汇风险由外币和时间两个要素构成,且缺一不可,因此防范外汇风险的基本思路有二:一是防范由外币因素引起的风险,其方法为或不以外币计价结算,彻底清除外汇风险;或使用同一种外币所表示的流向相反的资金数额相等;或通过选择计价结算的外币种类,以消除或减少外汇风险。二是防范由时间因素引起的外汇风险,其方法为或把将来外币与另一货币之间的兑换提前到现在进行,彻底清除外汇风险;或根据对汇率走势的预测,适当调整将来外币收付的时间,以减少外汇风险。

四、外汇风险的经济影响

涉外企业(跨国公司、外汇银行等)由于在日常经营活动中涉及两种或两种以上的货币,因此不可避免地处于各种外汇风险之中。这里我们仅讨论外汇风险对涉外企业经济活动的影响。

(一)对涉外企业经营效益的影响

在汇率频繁波动的今天,企业预期的本币现金流量和以外币计价的各种资产、负债的价值常因汇率变动而发生变化,可能使企业遭受损失,也可能给企业带来收益。事实上,收益与损失是并存的一对互为消长的矛盾,避免了损失便意味着收益,放弃或丧失了可能获取的收益便是一种损失。涉外企业只有了解和预测外汇风险,提高对外汇风险的管理水平,才有可能承受巨大的外汇风险所带来的收益或损失。

(二)对涉外企业长远经营战略的影响

企业经营战略是指企业人力、物力和财力的合理配置及产供销活动的总体安排。如果汇率变动有利于涉外企业的资金营运,企业就会采取大胆的、开拓性的、冒险的经营战略,如扩张海外投资,扩大生产规模,开辟新产品、新市场。相反,如果汇率变动不利于涉外企业的资金营运,企业就会采取保守的、稳妥的、谨慎的经营战略,尽量避免使用多种外汇,把海外市场、海外融资缩小在一定范围。因此,这一影响在某种程度上关系到企业的兴衰成败。

(三)对涉外企业税收的影响

一般来说,对涉外企业已经发生的外汇损失可享受所得税减免,已经实现的外汇盈利才能构成应纳税收入。因交易风险造成的外汇亏损,往往会降低当年的应纳税收入;会计风险由于不是实际的亏损,因此不能减免税收。涉外企业应设法将外汇风险所造成的税后结果降到最低,使税后收益达到最大。由于税收政策是由企业所在国决定的,作为一个跨国经营企业,应从大局着眼制定其外汇风险管理战略。

第二节 外汇风险管理的原则与策略

一、外汇风险管理的内涵及其基本要求

(一)外汇风险管理的内涵

外汇风险管理是指外汇资产持有者通过风险识别、风险衡量、风险控制等方法,预防、规避、转移或消除外汇业务经营中的风险,从而减少或避免可能的经济损失,实现在风险一定条件下的收益最大化或收益一定条件下的风险最小化。

(二)外汇风险管理的基本要求

1.正视风险存在的客观性。在现行国际货币体系以及金融全球化、自由化的环境中,外汇风险是客观存在的,汇率的变动不以任何市场主体的客观意志为转移。因此,涉外经济主体必须充分重视外汇业务风险存在的客观事实,并不断研究,发现可能产生风险的原因,以便采取相应的措施加以防范。

2.合理承受风险。外汇风险存在的客观性表明涉外经济主体开展经营活动的过程本身就是承受风险的过程。因此,涉外经济主体需要根据各项业务发生风险的概率,适度安排业务比例和规模,分散风险,确保收益足以弥补所处经济环境中一般情况下的平

均风险,使自身清偿力足以弥补经济环境中一般情况下的最大风险。

3.发挥风险管理职能。涉外经济主体在合理承受了各种风险之后,要充分发挥风险管理职能,针对不同风险的来源和特点,运用相应的风险管理技能和工具,合理控制、降低、转移甚至消除风险。

二、外汇风险管理的原则

外汇风险是开放经济中客观存在的一种风险,无论政府、企业、银行还是个人都可能在不同程度上蒙受外汇风险的损失,必须高度重视外汇风险管理问题,将之列为日常经济管理中一个不容忽视的内容。在外汇风险管理上应该遵循一些共同的指导思想和原则。

(一)全面重视原则

要求对涉外经济交易中出现的外汇风险所有受险部分给予高度的重视,对风险进行准确的测量,及时把握风险额的动态变化情况,避免顾此失彼而造成人为的更大的损失。

(二)管理多样化原则

要求针对外汇风险不同的形成原因、风险头寸和结构以及自身的风险管理能力,充分考虑国家的外汇管理政策、金融市场发达程度、避险工具的成熟程度等外部制约,选择不同的外汇风险管理方法,进行灵活多样的外汇风险管理。

(三)趋利避害、收益最大化原则

要求对外汇风险管理的成本和收益进行精确的计算,以综合收益最大化为出发点,制定具体的风险管理战术。金融市场上应用最广泛的风险管理工具,例如远期外汇交易、互换、期货和期权等,都需要支付一定的成本和代价。如果规避外汇风险所减少的损失金额小于为此支付的成本,外汇风险管理就是失败的。外汇风险管理中必须注意投入一产出率,力求做到避险效果相等时成本最小,成本相等时避险效果最大。

三、外汇风险管理策略

外汇风险管理策略是指导汇率风险管理的总体方针和规划等,涉及的是经济主体在外汇风险管理中的指导思想和基本态度。不同的经济主体在涉外业务中可能采用不同的管理策略。主要有以下几种类型:

(一)完全避险的管理策略

完全避免外汇风险的管理策略是指企业在涉外业务中,千方百计阻止外汇风险的形成,不允许存在外汇风险暴露,或通过各种套期保值手段消除实际业务中发生的一切敞口头寸,以避免汇率波动可能带来的风险损失。

在前面曾提到过,外汇风险由本币、外币和时间三个要素共同构成。如果没有本币与外币的兑换,或者本币与外币的兑换瞬息即成,没有应收应付等涉及时间的款项,就不会出现外汇风险。完全避免外汇风险的管理策略就是通过三要素达到避险的目的的。例如,企业在涉外业务中只用本币计价结算,或者企业在合同签订之日就将未来应收应付的外汇折算成本币,把外币与本币的未来兑换消除掉。

完全避免外汇风险的管理策略实质是一种对风险的否定态度,企业持这种态度的原因一般在于:(1)企业性质特殊,对风险的承担能力有限,微小的风险损失都可能使企业丧失信誉,导致企业在资金来源和经营中出现严重困难,因此稳健经营是衡量经理能力的首要标准,这就容易造成企业经理的否定态度;(2)企业支出计划由于客观条件限制而缺乏灵活性,难以承担汇率波动对生产和经营计划的冲击;(3)经营者虽然在生产和经营方面有所擅长,但他们不了解汇率走势的分析。因此,采用此策略可使其扬长避短、集中精力做好本职工作。

持否定态度,实际上是一种极端的行为。虽然不会承担外汇风险,但这种行为本身却附带了非常苛刻的客观条件:(1)有关的风险管理措施对企业的生产和经营的消极影响很小。例如,采用本币计价法虽可以通过消除外币因素而阻止外汇风险的形成,但是将使对方处于风险暴露状态;如果对方也是风险厌恶者,则可能会丧失贸易机会,或导致在交易中让步。(2)风险管理中交易成本较低。如果有关交易成本较高,那么这种管理策略可能得不偿失。

(二)消极的汇率管理策略

消极的汇率风险管理策略是指企业对其业务中的外汇风险采取听之任之的态度,既不否定、排斥风险,也不进行管理,勇于承担一切外汇风险的风险管理战略。如果汇率变动对其有利,它就获取风险报酬,享受"免费午餐";如果汇率变动对其不利,它就承担风险损失。

采取这种策略的企业一般都深信市场的力量,认为购买力平价和利率平价能够成立,汇率的波动只是暂时性的,且其上升和下降的机会相等,因而对实质经济影响不大。即使在某段时间内会给企业带来风险损失,但在另一段时间内却会给企业带来风险报酬。

从长期来看,风险报酬和风险损失可以相互抵消,但企业却因此获得了节约风险管理费用的好处。但实际上,购买力平价和利率平价并不能完全发挥作用,汇率波动不仅在名义上影响企业的资产,而且对企业的营运资金和真实资金也有实质性的影响。

这种消极态度具有很大的随机性。一般基于三方面的客观条件:(1)外汇风险管理措施的交易成本较高,这种高成本会明显地影响企业的国际竞争能力;(2)经济主体具有很强的抵御汇率波动的能力,短期波动不会影响企业生产和经营计划的实现;(3)如果涉外业务在企业的经营活动中所占地位较低,那么外汇汇率风险对企业影响较小,因而从机会成本的角度考虑,采取避险措施不如无为而治。

(三)积极的外汇风险管理策略

积极的外汇风险管理策略指企业积极地预测汇率走势,并根据不同预测对不同的涉险项目分别采取不同的措施,运用各种金融工具,达到既避免外汇风险造成的损失,又谋取风险收益的目的。例如,在预期汇率变动对其不利时,企业采取完全和部分避险的管理手段;在预期汇率变动对其有利时,企业承担外汇风险以期获取风险报酬。

持积极态度的涉外经济体进行风险管理时可以分为两类不同性质的市场主体:一类是以平衡外汇风险头寸为目标的套期保值者,一类是以牟取暴利为目标的投机者。它们认为,汇率的短期或长期变动都有某种规律性,都能够在一定程度上被人们所认识。

只要企业能够在大多数情况下正确判断出汇率的变动方向并以积极的态度对待外汇风险,那么它就可以有效地利用汇率变动带来的盈利机会,同时又可以在相当程度上避免汇率变动给企业带来的消极影响。

这种积极策略基于如下客观条件:第一,企业有很强的预测汇率变动方向的能力,可以在多数情况下做到准确预测,且能选择恰当的风险管理措施。这就要求企业拥有高素质的专业人才和广泛、迅速的信息网络以及稳定的外部经济环境。第二,企业有较强的抵御汇率变动风险冲击的能力。因为一旦这种风险管理措施出现失误,企业往往要蒙受远大于完全避险和消极避险战略下的损失。

(四)外汇风险的分散化策略

外汇风险的分散化策略是应付外汇风险的有效方法,其基本思路是:把各种外汇风险尽可能地分散到各个方面。若银行和企业的资产发生某种意外损失,可以通过其他资产的意外收益来弥补,从而减少损失的程度或者取得一定的收益。分散化策略就是银行和企业的外汇风险全面地分散,而不是集中,把大风险通过分散化为小风险,在分散过程中,把有风险可能会造成损失转化为减少损失,甚至转化为收益。分散化战略把外汇风险分散,有利于更好地采用防守措施,实行“各个击破”。

根据我国情况来看,可供银行和企业采取抵御外汇风险的分散化方法,大体有以下几种:

1.贸易地区分散化。企业应分散贸易地区,可以使企业避免因集中某一地区,而因这一地区政治经济局势的变化或外汇管制措施发生变更,而在出口收汇等方面受到打击。贸易地区分散化使企业不至于过分依赖某一地区,因而提高企业的应变能力。如某一货币发生变动,对该地区的贸易量如果不占较大比重,将不至于对企业造成很大的打击。

2.贸易结构分散化。企业应尽可能设法扩大进出口产品的品种,特别是大力发展高技术、高质量、高创汇的产品和特殊产品，以便在汇率变动和国际竞争中，取得有利的经营地位。特别是在人民币升值的情况下，通过提高产品外币售价，保证人民币计价的销售收入不降低。如果我国企业不改善产品的出口贸易结构，不提高出口产品的技术含量，仅靠人民币贬值来刺激出口，企业将会面临更加严峻的外汇风险。

3.货币分散化。企业在进出口定价、收付外汇和对外投资、吸收外资方面，都应考虑到分散化的原则，尽可能做到在各种货币之间实现合理的“搭配”。这样做以后，某种货币贬值的损失可能被其他货币升值的收益所抵消，使企业总收益不减少。

4.进出口业务分散化。专营进口或出口的企业，应互相兼营。进口企业可兼营出口，出口企业可兼营进口，或者是企业从某国进口付汇的同时，设法向该国出口收汇。这样可使企业的外汇资金相互“配合”。汇率一旦变化，企业的损益可相互弥补。

5.资产负债分散化。银行和企业在筹集外币资金和运用外币资金时，可以通过多样化、分散化来使自己的总收益不变而风险减至最低程度。其主要办法有：(1)筹资来源多样化，银行和企业应积极利用私人的商业信贷，同时也应积极利用各国政府或国际机构的信贷，还应积极利用政府和私人银行合办的联合信贷。(2)筹资方法多种化。银行和企业可利用发行存款证来集资，也可利用发行股票、票据来集资；可利用银行信贷，也可利用证券形式的信贷；可以利用固定利率的信贷，也可利用浮动利率的信贷。(3)投资种类多样化。银行和企业暂时不动用的外汇资金，应分散投资于多样适当的投资工具。如外币存款、外国债券、外国政府券等。(4)投资对象多样化。银行和企业即使确定了投资种类，也要注意投资对象多样化，可以分散投资在美元、日元、欧元等多种货币上。这样，银行和企业在面临外汇风险时，就可以使损失得以减少，从而获得一定的收益。

上述几种外汇风险管理策略各有利弊，各自要求不同的客观条件。各国国情不同，各个企业的情况及所处的环境不同，不同时期的汇率波动情况不同，我们很难武断地说哪种外汇风险管理战略是最好的，应该根据具体情况进行分析。一般在选择外汇风险管理策略时可遵循如下原则，即根据不同的汇率波动情况和企业预测能力以及抵御风险能力，选择不同的风险管理策略。例如，预测能力较强的大企业可以选择积极的外汇风险管理策略，预测能力较弱的小企业则选择消极的或完全避险的外汇风险管理策略。抵御风险能力较强的企业可选择消极的外汇风险管理策略，较弱的可选择完全避险的外汇风险管理策略。在汇率相对稳定时期，企业可选择消极的外汇风险管理策略，以获得节约风险管理成本的利益；在汇率剧烈波动时期选择完全避险策略，以保证生产和经营的正常进行。当然，同一企业在不同的时期应对不同的情况进行调整，如流动资金较多时，其抵御风险的能力较强，可以选择较为积极的风险管理策略等。

第三节　企业外汇风险管理

企业的外汇风险在签订进出口合同时就已经产生。为了避免外汇风险，避免外汇风险给企业造成的损失，企业必须采取有效的外汇避险技术和措施。在外汇风险管理上，由于企业的经营方式多种多样，加上它们对外汇市场和其他市场不甚了解，往往会处于被动地位。因此，企业为管理外汇风险所采取的措施及相应的操作办法形式较多，并且比较复杂。

在实际操作过程中，企业对本身持有的或可能要持有的受险部分，应根据其具体的业务特点和企业本身的资力状况及外汇银行的态度等方面情况来综合考虑应采取的风险管理措施。企业不仅要对未来的汇率变动趋势进行预测，还应根据具体的实际情况，选用相应的避险措施。

一、交易风险管理

(一)贸易策略法

贸易策略法是指企业在进出口贸易中，通过和贸易对手的协商与合作所采取的防范外汇风险的方法。此方法具体分为以下几种：

1.币种选择法。币种选择法是指企业通过选择进出口贸易中的计价结算货币来防范外汇风险的方法。

(1)本币计价法。选择本币计价可使经济主体避开货币兑换问题，从而完全避免外汇风险。但是本币对外国人来说是外币，这意味着该方法的前提是对方能够接受从而不至于使企业丧失贸易机会。

(2)出口时选用硬币计价结算，进口时选用软币计价结算。所谓硬币(Hard Money)，是指汇率稳定且具有升值趋势的货币，软币(Soft Money)是指汇率不稳定且具有贬值趋势的货币。出口商以硬币计价，可以使自己得到汇率变动带来的利益；进口商以软币计价，可使自己避免汇率波动可能带来的损失。但是硬币和软币是相对的，因此此法要求对汇率走势有比较准确的预测，它并不能完全避免外汇风险。

(3)选用一篮子货币计价结算。所谓一篮子货币，是指由多种货币分别按一定的比重所构成的一组货币。由于一篮子货币中既有硬币也有软币，硬币升值所带来的收益或损失，与软币贬值所带来的损失或收益大致相抵，因此一篮子货币的币值比较稳定。交易双方都可借此减少外汇风险，但一篮子货币的组成及货款的结算较为复杂。

2.货币保值法。货币保值法是指企业在进出口贸易合同中订立适当的保值条款，以防范外汇风险的方法。

(1)黄金保值条款。即在贸易合同中，规定黄金为保值货币；签订合同时，按当时计价结算货币的含金量，将货款折算成一定数量的黄金；到货款结算时，再按此时的含金量，将黄金折算成计价结算货币进行结算。

(2)硬币保值条款。即在贸易合同中，规定某种软币为计价结算货币，某种硬币为保值货币；签订合同时，按当时软币与硬币的汇率，将货款折算成一定数量的硬币；到货款结算时，再按此时的汇率，将硬币折回成软币来结算。此方法一般同时规定软币与硬币之间汇率变动的幅度。在规定的波动范围内，货款不做调整；超过规定的波动幅度范围，货款则要做调整。

(3)一篮子货币保值条款。即在贸易合同中，规定某种货币为计价结算货币，并以一篮子货币为保值货币。具体做法是：签订合同时，按当时的汇率将货款分别折算成各保值货币；货款支付日，再按此时的汇率将各保值货币折回成计价结算货币来结算。在实际操作中，通常选用特别提款权等一篮子货币作为保值货币。

3.价格调整法。价格调整法是指当出口用软币计价结算、进口用硬币计价结算时，企业通过调整商品的价格来防范外汇风险的方法。它可分为以下两种情况：

(1)加价保值。为出口商所用，实际上是出口商将用软币计价结算所带来的汇价损失摊入出口商品价格中，以转嫁外汇风险。加价的幅度相当于软币的预期贬值幅度。

加价后的单价 = 原单价 × (1 + 货币的预期贬值率)

(2)压价保值。为进口商所用，实际上是进口商将用硬币计价结算所带来的汇价损失从进口商品价格中剔除，以转嫁外汇风险。压价的幅度相当于硬币的预期升值幅度。

压价后的单价 = 原单价 × (1 - 货币的预期升值率)

4.期限调整法。期限调整法是指进出口商根据对计价结算货币汇率走势的预测，将贸易合同中所规定的货款收付日期提前或延期，以防范外汇风险，获取汇率变动的收益的方法。按照“出口用硬币计价结算，进口用软币计价结算”的原则，当预测计价结算货币将升值时，出口商应争取对方的同意，延期收进外汇，以获得所收进的外汇能够兑换更多的本币的好处；而进口商则应争取对方的同意，提前支付外汇，以避免日后需要用更多的本币才能兑换到同样数量的外汇。当预测计价结算货币将贬值时，做法则与上述过程相反。

严格地说，期限调整法中，只有提前结清外汇才能彻底消除外汇风险，延期结清外汇具有投机性质。一旦企业汇率预测失误，采用延期结清外汇会蒙受更大的损失。

5.对销贸易法。对销贸易法是指进出口商利用易货贸易、配对、签订清算协定和转手贸易等进出口相结合的方式，来防范外汇风险的方法。

(1)易货贸易。即贸易双方直接、同步地进行等值货物的交换。这种交易双方均无需收付，故不存在外汇风险。

(2)配对。即进出口商在一笔交易发生时或发生之后，再进行一笔与该笔交易在币种、金额、货款收付日期完全相同，但资金流向正好相反的交易，使两笔交易所面临的外汇风险相互抵消。

(3)签订清算协定。即双方约定在一定时期内，所有的经济往来都用同一种货币计价;每笔交易的金额先在指定银行的清算账户上记载,到规定的期限再清算贸易净差。这种交易方式使交易额的大部分都可以相互轧抵,只有差额部分才用现汇支付,外汇风险很小。

6.国内转嫁法。进出口商向国内交易对象转嫁外汇风险的方法即为国内转嫁法。外贸企业进口原材料卖给国内制造商,以及向国内制造商购买出口商品时,以外币计价,将外汇风险转嫁给国内制造商;进口商也可以通过提高国内售价的方式,将外汇风险转嫁给国内的用户和消费者。

(二)金融市场交易法

金融市场交易法是指进出口商利用金融市场,尤其是利用外汇市场和货币市场的交易,来防范外汇风险的方法。

1.即期外汇交易法。即期外汇交易法是指进出口商通过与外汇银行签订即期外汇交易合同的方式来防范外汇风险的方法。由于即期外汇交易只是将第三天交割的汇率提前固定下来,它的避险作用是十分有限的。

2.远期外汇交易法。远期外汇交易法是指进出口商通过与外汇银行之间签订远期外汇交易合同的方式来防范外汇风险的方法。此方法可把未来任何一天的汇率提前固定下来,比即期外汇交易法更广泛地应用于防范外汇风险。但是,择期外汇交易的交易成本较高;固定日期的远期外汇交易缺乏灵活性,而且对客户信誉有较高要求。

3.掉期交易法。掉期交易法是指进出口商通过与外汇银行之间签订掉期交易合同的方式来防范外汇风险的方法。它要求进出口商同时进行两笔会额相同、方向相反的不同交割期限的外汇交易,它是国际信贷业务中典型的套期保值手段。

4.外汇期货和期权交易法。外汇期货交易法是指进出口商通过签订外汇期货交易合同的方式来防范外汇风险的方法。由于期货价格和现货价格之间存在平行变动趋势,外汇期货交易可以利用套期保值性质作为避免外汇风险的手段。外汇期权交易提前将协议价格固定下来,也可用于外汇风险管理。由于存在保证金制度,它们对客户的信誉要求比较低,使进出口商较易使用其作为避险手段。

5.国际信贷法。国际信贷法是指在中长期国际收付中,企业利用国际信贷形式,在获得资金融通的同时,转嫁或抵消外汇风险。主要有三种形式:

(1)出口信贷。出口信贷是指一国为了支持和扩大本国大型设备的出口,对本国的出口给予利息补贴并提供信贷担保,由本国银行向本国出口商或外国的进口商(或其往来银行)提供低利息贷款的融资方法,包括买方信贷和卖方信贷。买方信贷(Buyer's Credit)是指出口方银行以优惠利率向进口商或进口商的往来银行提供信贷,使得进口商(买方)能以支付现汇的方法向出口商购买设备。卖方信贷(Supplier's Credit)是指出口方银行以优惠利率向出口商提供信贷,使得出口商(卖方)能以延期付款的方式出售设备。

(2)福费廷(Forfaiting)。又称包买票据或买单信贷,是指出口商将经过进口商承兑.

并由进口商的往来银行担保的,期限在半年以上的远期票据,无追索权地向进口商所在地的包买商(通常为银行或银行的附属机构)进行贴现,提前取得现款的融资方式。由于福费廷对出票人无追索权,出口商在办理此业务后,就把外汇风险和进口商拒付的风险转嫁给了银行或贴现公司。

(3)保付代理(Factoring)。简称保理,是指出口商以延期付款的形式出售商品,在货物装运后立即将发票、汇票、提单等有关票据,卖断给保理机构,收进全部或一部分货款,从而取得资金融通。由于出口商提前拿到大部分货款,可以减轻外汇风险。

6.货币互换法。货币互换是指交易双方通过互相交换币种不同,但期限相同、金额相当的两种货币,以降低筹资成本与防范外汇风险的创新金融业务。货币互换业务实际上是以两种货币之间的交换和换回取代外汇交易中的两种货币之间的买进和卖出,从而达到防范外汇风险的目的。

7.投保汇率变动险法。汇率变动险是一国官方保险机构开办的,为本国企业防范外汇风险提供服务的一种险种。具体做法是:企业作为投保人,定期向承保机构缴纳规定的保险费;承保机构则承担全部或部分的外汇风险,即企业在投保期间所出现的外汇风险损失由承保机构给予合理的赔偿。但若有外汇风险收益,也由承保机构享有。目前,许多国家如美国、日本、法国、英国等,为鼓励本国产品的出口,都开办了外汇风险的保险业务。

二、经济风险的管理

经济风险涉及生产、销售、原料供应以及区位等经营管理的各方面。经济风险的管理是预测意料之外的汇率变动对未来现金流量的影响,并采取必要的措施。如果企业在国际间使其经营活动和财务活动多元化,就有可能避免风险,减少损失。

(一)经营多样化

是指在国际范围内分散其销售、生产地址以及原材料来源地。这种经营方针对减轻经济风险的作用体现在两方面。第一,企业所面临的风险损失基本上能被风险收益弥补,使经济风险得以自动防范。第二,企业还可以主动采取措施,迅速调整其经营策略,如根据汇率的实际变动情况,增加或减少某地或某行业等的原材料采购量、产品生产量或销售量,使经济风险带来的损失降到最低。

(二)财务多样化

是指在多个金融市场,以多种货币寻求资金来源和资金去向,即实行筹资多样化和投资多样化。这样,在有的外币贬值、有的外币升值的情况下,公司就可以使大部分外汇风险相互抵消。另外,由于资金来源和去向的多渠道,公司具备有利的条件在各种外币的资产与负债之间进行对抵配合。

三、折算风险管理

涉外经济主体对折算风险的管理，通常是实行资产负债表保值。这种方法要求在资产负债表上以各种功能货币表示的受险资产与受险负债的数额相等，以使其折算风险头寸（受险资产与受险负债之间的差额）为零。只有这样，汇率变动才不致带来任何折算上的损失。

实行资产负债表保值，一般要做到以下几点：

1.弄清资产负债表中各账户、各科目上各种外币的规模，并明确综合折算风险头寸的大小。

2.根据风险头寸的性质确定受险资产或受险负债的调整方向。如果以某种外币表示的受险资产大于受险负债，就需要减少受险资产，或增加受险负债，或者双管齐下。反之，如果以某种外币表示的受险资产小于受险负债，就需要增加受险资产，减少受险负债。

3.在明确调整方向和规模后，要进一步确定对哪些账户、哪些科目进行调整。

这正是实施资产负债表保值的困难所在，因为有些账户或科目的调整可能会带来相对于其他账户、科目调整更大的收益性、流动性损失，或造成新的其他性质的风险（如信用风险、市场风险等）。在这一意义上说，通过资产负债表保值获得折算风险的消除或减轻，是以经营效益的牺牲为代价的。因此，需要认真对具体情况进行分析和权衡，决定科目调整的种类和数额，才能使调整的综合成本最小。

在外汇风险的管理中，交易风险的防范要求与折算头寸的防范要求可能会发生冲突，从而加深风险管理的难度。譬如，对于跨国公司来说，最容易防范折算风险的办法，是要求所有在国外的分支机构都使用母国货币进行日常结算，使其受险资产额和受险负债额都保持为零，以避免编制综合财务报表时的折算风险。但各分支机构便一定会面临更多的交易风险，因为分支机构日常使用最多的通常是东道国货币，当使用母国货币作为核算货币时，便不可避免地会时时承受交易风险。同样的，假定分支机构要避免交易风险，则又会面临折算风险。

第四节　银行外汇风险管理

银行经营外汇业务的情况和目的主要有三个方面：一是经营中介性的买卖，即代客户买卖外汇，为客户提供尽可能满意的服务并赚取买卖差价；二是从事自营买卖，即根据对汇率的走势判断买卖及管理银行本身的外汇头寸；三是进行平衡性买卖，即为平衡外汇头寸而买卖外汇以防范风险，减少外汇风险对银行及其客户的影响程度。

当然，防范或避免风险要付出一定的代价，有些避险措施可能使银行失去一部分客户，有的避险措施可能增加银行的交易成本。尽管如此，在汇率波动频繁的情况下，外汇风险管理仍是每一家外汇银行在从事外汇业务过程中要制定的重要决策之一。

一、外汇买卖风险的管理

银行的外汇风险主要是买卖风险。它是指银行在经营外汇买卖业务或在以外币进行借款、投资以及随之而进行外汇买卖时因汇率变动而产生的风险。产生外汇买卖的原因一是银行经营对企业和个人的外汇买卖业务;二是因向外借款和吸收的外汇存款与外汇投资和外汇贷款不平衡,而产生的外汇买卖业务。因此,银行外汇风险管理主要从两个方面进行:一是加强头寸管理,二是加强资产负债的“配对”管理。本章主要叙述银行的头寸管理避险技术和资产负债的“配对”管理避险技术。当然,银行外汇避险技术是多样的,手段也相当灵活,除了头寸管理避险技术和资产负债管理避险技术外,还有其他一些方法可以运用。

(一)银行外汇头寸管理

1.单独外币头寸的补进。在银行外汇买卖风险中,因汇率变动的外汇风险的受险金额就是外汇头寸,即外汇持有额。银行的外汇头寸可分为净外汇头寸、现汇头寸和期汇头寸,对于每类头寸都应分别加强管理。头寸管理的目的是使外汇持有额调整到最小的限度甚至到零,以避免外汇风险。

下面是一家银行通过市场进行头寸管理的例子,管理前的头寸如表 15-1 所示:

表 15-1 某银行管理前头寸 单位:万美元

	买进	卖出	头寸
即期	100	80	20
远期	10	50	-40
综合			-20

采用下面两种方法对头寸进行调整:

第一种方法:使即期外汇头寸和远期外汇头寸都为零。即卖出即期外汇 20 万美元,买进远期外汇 40 万美元。如果买进的远期外汇 40 万美元与卖出的远期外汇 50 万美元在交割日期上完全一样的话,则这种做法是完美无缺的头寸管理。银行稳收买卖差价,没有汇差损失。但是,实际上远期交割如此吻合,做到完全补进是不可能的。

第二种方法:使即期外汇和远期外汇综合头寸为零,即买进 20 万美元的即期外汇,或者买进 20 万美元的远期外汇。

通常,办理远期交易比办理即期交易需要更多的时间,所以作为综合头寸的一般性管理方法,首先买进 20 万美元的即期,使综合头寸为零,接着卖出同额的即期美元,买进同额的远期美元,采用调期交易的方法。这时,为了买进 20 万即期美元,需要人民币资金。如果是暂时借进的话,通过后来的调期交易卖出即期美元即可得到人民币资金,便可立即偿还。

这样做，很快就可以消除受险部分，而且在资金方面也可以广泛地采取立即调整的方法。经过管理以后的头寸如表15－2所示：

表15－2　某银行管理后头寸　　单位：万美元

	买进	卖出	头寸
即期： 1. 买进即期美元 2. 掉期，卖出即期美元	100	80	
	20		
		20	卖出20
远期： 掉期，买进远期美元	10	50	
	20		买进20
综合			0

通过买进即期美元或远期美元的交易来使综合头寸为零的方法称为补进，即把受险部分变为零和使外汇风险得以消除的管理方法。这是银行弥补风险的主要做法。另外，银行在市场上补进头寸，市场汇率要发生变动。银行为了使补进交易容易做成，需要选择对交易对象有利的汇率。

2.头寸管理的远期到期日安排。头寸管理中的一个重要内容是认真地安排好远期交易的到期日和做好利率预测，以最有利的形式调换远期头寸。因为在上述情况下，银行做第一笔即期交易时，就要筹集和动用人民币资金；第二笔调期交易时，卖出即期美元，获得人民币资金，可以偿还第一笔交易动用的人民币资金。但是，同时买进的远期美元20万元必须在到期日上与管理前的远期空头的到期日相符合。否则，在远期交易到期，作为即期外汇交割时，又必须做头寸调整和资金调整。这时，如果国内外市场资金状况不好的话，银行可能蒙受损失。

3.多种货币头寸的补进。在银行持有各种货币头寸时，使一种货币的头寸与其他各种货币的头寸并存，从而使两方面的外汇风险分散相抵消。比如在荷兰盾空头的时候，不是买进荷兰盾来补进，而是以人民币买进欧元补进。因为荷兰盾和欧元对人民币的变动被认为是同一方向的。即通过荷兰盾的空头与欧元的多头所各自产生的风险来抵消。当然，当荷兰盾和欧元对人民币的变动不是同一方向时，如果荷兰盾对人民币上升，而欧元对人民币下跌，则银行会蒙受双重的汇兑损失。这就需要我们在采取这种方式进行外汇风险弥补时，认真地分清情况，选准替补的货币。

4.预防性头寸的补进。在预测汇率将要发生变动时，比如判断到会有很多顾客大量购进美元时，银行会预先在市场上大量买进美元，积极地制造头寸，以应付顾客购买美元的需要，这种头寸就被称为预防性头寸。但从总的结果看，这起到了使美元汇率进一步升高的作用。

预防性头寸管理，就是银行在弥补过去的头寸的同时，必须考虑到未来一段时间里柜台上外币的供求动向。如果估计到目前进口增加，美元会出现不足的情况时，银行应避免美元空头，尽可能多保持一些美元多头；当估计到目前出口增加，会有美元收进时，银行可保持空头。总之,银行要收集进出口货款、国内外借款、债券发行、投资等方面的情报,做好未来一段时间的外币供求预测,进行积极性的、预防性的头寸管理。

在银行头寸管理中,必须根据货币的汇价行情和交易量确定隔夜限额与日间限额,对有贬值趋势的货币,净超卖限额应高于净超买限额;对于有升值趋势的货币则相反,交易量大的货币(像美元)的限额要宽些。限额制定后,外汇交易人员要严格执行,尽量轧平头寸。对于无法轧平而必须隔夜的头寸,必须要有人值夜班监测其他外汇市场的行情变化,或给正在开市的外汇交易人员留下交易指令,视外汇市场行情随时决定抛出或补进头寸。

(二)外汇资产负债“配对”管理

银行外汇买卖风险一是来源于经营对企业、个人的外汇买卖业务而形成的风险,二是来源于外汇资产与负债不平衡需要买卖调整形成的风险。对于前一种买卖风险的管理是通过头寸管理实现的,对于后一种买卖风险则应通过外汇资产负债的“配对”管理实现。“配对”管理的实质是通过对外汇资产、负债时间、币别、利率、结构的“配对”,而尽量减少由于经营外汇存贷款业务、投资业务等而需要进行的外汇买卖,以避免外汇风险。

外汇资产负债的“配对”管理,是避免外汇风险的有效措施。这里的外汇风险是指因汇率变动而产生的外汇风险。至于由于外汇交易合同中的对方不能履约而可能造成的外汇损失的外汇信用风险,不包含在其中,因为这与人民币存贷、交易过程中的情况是类似的。外汇资产负债的“配对”管理的内容可归纳如下:

1.做好远期头寸的到期日搭配,使在未来的任一时点上,都尽可能地使到期的资产能够并且恰好抵付到期的负债。在这种情况下,应该按不同币别分别统计,报告搭配情况,对账户进行现金流量管理,对不搭配的资产和负债进行调整,必要时为不足负债部分进行融资。通常有两种办法:(1)直接借入所需的外币,并且在期限上满足流动性资产的要求;(2)通过外汇市场用本币买进所需的外币资产。对于负债多于资产的部分,应造成新的相同期限的资产。

2.在外汇的存、贷款上做好币种的“配对”,实行“筹资得来什么外币,借出什么外币;贷款到期时,收什么外币,筹资合同到期时银行付出什么外币”的原则。保证银行在借出货币和收回货币时,都不需要通过买卖业务,直接与其贷款的来源、贷款的账面余额相“匹配”,使其不受汇率波动影响,做到币种“匹配”。

3.做好存、贷到期日搭配。存、贷款的到期日不对称,不仅存在外汇风险,还存在融资风险。如果一年期的外汇贷款,用一个月的外汇存款去融通,余下 11 个月的资金来源,还不能准确把握融资的外汇汇率,这就存在着风险。如果一年期的外汇贷款,用一年期的外汇存款去融通,这样外汇风险就没有了,银行可以稳得存贷利差收入。因此,银行应做好外汇存贷款的对称统计,各个时期的存贷款、资产和负债是否有超借或者超贷的情况,超借或超贷相互抵减,计算总的净额不对称数量,检查某种外币负债和资产的累计不对称金额,监督融资或流动性风险的程度,防止过多的超借或超贷,防止出现太大程度的不对称。

在存贷款时期搭配上,要做好存款和贷款及其利率的预测工作。如有稳定的短期外汇存款来源,也可以与长期外汇贷款相搭配。如果预测贷款中有展期或呆账存在的,应以长期存款相搭配,适当留有余量。

4.做好存、贷款的利率搭配。这是外汇资产负债管理的重要内容,虽不直接关系到外汇风险,但存、贷款的利息收支可受到汇率变动的影响。如收不抵支,就要减少现有外汇头寸。由于银行从国外借入的现汇资金是以伦敦市场银行同业拆放利率计算利息的,因此在国内发放外汇贷款的利率,一般也应按浮动利率计收利息,不定期地将利率进行调整公布。外汇资产负债在利率的"匹配"上可选用以下策略:(1)对于相匹配的利率的资产与负债,要在数量上相等,期限上相配合;(2)对于采取浮动利率的资产和负债,要尽量争取浮动利率的资产大于浮动利率的负债,以减轻负债成本对资产运用的影响。这样,在高利率时期,扩大二者的差额可给银行带来可观的收益;在低利率时期,二者差额的缩小也不至于给银行造成损失;(3)对于固定利率的资产与负债,要尽量争取固定利率的负债大于固定利率的资产,使一部分固定利率取得的资金来源能够适应金融市场的变化,投资于浮动利率的资产。

5.合理调整外汇资产负债期限结构。在实际中,时常会出现短期外汇负债长期运用与长期外汇负债短期运用问题。短期外汇负债长期运用,表现在银行长期负债不足,而长期外汇资产(如一年以上的贷款及逾期、呆滞贷款)比重过大,即使考虑到短期存款的稳定部分转化因素,仍然会形成资产负债期限搭配的"缺口"。在这种情况下,应适当增加长期存款,压缩长期外汇贷款,活化沉淀资金,提高资金的流动性。

长期外汇负债短期运用,是外汇资产负债期限不对称的又一种表现。在这种情况下,不能盲目增大长期外汇贷款而机械地追求期限对称,必须调整负债结构,增加低成本负债。外汇负债结构的调整可以通过增量的调节来改变存款结构。当长期外汇存款过大时,可以有意识地向外筹措短期资金。

6.确定外汇交易限额,降低外汇风险。第一个交易限额是总的外汇账面价值限额,防止过分的交易活动,使总风险限制在合理的范围内。银行一定时期内的对顾客的即期外汇交易和远期外汇交易的买卖总额应在这个限额内。第二个限额是全部到期日未抵补头寸的总和,包括全部未被不同货币抵消的外币超买和超卖的头寸。第三个限额是不对称头寸的限额,特别是控制期限较长的不对称头寸。此外,银行还应对企业确定信贷额度,防止超量的远期预约而不能履行,使银行不得不另找客户代替这个合约,从而可能对银行产生不利影响。这种风险可以通过规定未交割远期外汇的总量限额来控制。

二、对外汇借贷风险的管理

对外汇借贷风险的管理,应着手做好以下工作:

1.分散筹资或投资。这种分散化策略可以减轻某一外币汇率下跌所带来的影响程度,可以使借款货币或投资货币结构与经营中预期收入货币结构相适应,可以分散因战争、资金冻结、没收等而引起的政治风险。

2.综合考虑借贷货币汇率与利率的变化趋势。一般来说,在两种利率不同的货币中,通常是选择借用利率水平较低的货币,但必须结合汇率的变动趋势进行综合考虑,否则将得不偿失。例如,在多种货币选择的筹资中,选择了利率较低的一种货币贷款,但到期还本付息时,借入的货币汇率已经上升,而且上升所带来的损失已超过利率相对较低的收益。所以,在这方面,决策者要予以高度重视。

3.银行本身要专设机构,对外汇借贷活动进行统一的管理、监督和运用。尤其是在借贷货币种类的选择上、借或还的期限上,以及利率、汇率和费用上,要有一套完善的管理措施和规定。

4.灵活地运用掉期交易等其他金融工具对借贷和使用不一致的货币币种进行转换,以避免汇率波动风险。

除了上述这些方法以外,银行还可运用远期外汇交易、外汇期货交易和外汇期权交易等方法规避汇率风险。

【专题研讨】

专题1　外汇风险管理中的综合避险法及其应用

前面介绍的某些简单避险法,有的只能消除时间风险,不能消除价值风险;有的则恰恰相反。因而无法完全消除外汇风险,只有将这些简单避险法相互配合、综合利用,才能形成综合的避险方法,以达到完全消除时间风险和价值风险的目的。综合避险法主要包括:

一、BSI法

BSI法即借款(Borrow)—即期合同(Spot)—投资(Invest)法。

1.BSI法在应收外汇账款中的具体运用

在企业有应收外汇账款的情况下,为了防止外汇风险,先借入与应收账款货币相同、金额相等的外汇,将外汇风险的时间结构转移至现在办汇日(Spot Date)。借款后时间风险消除,但价值风险仍然存在,此风险则可通过即期外汇合同法予以消除,也就是将借入的外币卖出换回本币。这样,外币与本币价值波动风险也被消除。消除风险虽然有一定费用支出,但若把换回的本币进行投资,得到一定的投资回报(利息或利润),则可抵冲一定的费用支出。这实际上是将借款法、即期合同法与投资法三种简单避险法进行综合运用。

例如,日本某公司在60天后有一笔100万美元的应收账款。为了预防美元贬值的外汇风险,日本公司可向银行借入相同金额的100万美元(暂不考虑利息因素),借款期限为60天,从而改变外汇风险的时间结构。日本公司借得这笔贷款后,立即按即期汇率＄1=￥100卖出100万美元,买入1亿日元。随之日本公司又将1亿日元投资于日本货币市场(暂不考虑利息因素),投资期为60天。60天后,日本公司把100万美元应收款还给银行,便可消除这笔应收账款的外汇风险。

由此可以看出,在办汇日,即采取防险措施的当天,通过借款、即期外汇交易和投资三种方法的综合运用,外币与本币的流出与流入都相互抵消了。60天后,日本公司收到的外币账款正好用来偿还其从银行的借款,剩下的是一笔本币的流入,外汇风险全部消除。

2. BSI在应付外汇账款中的具体运用

当企业有应付外汇账款时,为了防止外汇风险,首先借入本币,再向银行购买外汇,接着将买入的现汇投放于国际货币市场,期限与到应付外汇账款日相等。最后只剩下一笔本币的支出。

例如,某日本公司从美国进口100万美元的商品,支付条件为60天远期信用证。该公司为防止60天后美元汇率上涨,首先从日本银行借入本币,期限为60天。然后与该行或其他日本银行签订即期外汇购买合约,以借入的本币日元购买100万美元。紧接着将刚买入的美元投放到欧洲市场或美国货币市场,投放的期限也为60天。60天后,即该公司的应付美元账款到期时,恰好其美元的投资期届满,以收回的美元偿付其对美国出口商的美元债务。最后仅剩下一笔本币的支出,消除了全部的外汇风险。

由此可以看出,运用BSI法在消除应付外汇账款中的外汇风险时,所借入的是本币,而不是外币(在消除应收账款外汇风险中则借入的是外币)。进行投资所用的货币是外币,而不是本币(在消除应收账款外汇风险中投资的货币是本币)。

二、LSI法

LSI法即提早收付(Lead)—即期合同(Spot)—投资(Invest)法。

1. LSI法在应收外汇账款中的具体运用

当某公司具有应收外汇账款时,在征得债务方的同意后,给其一定折扣,请其提前支付货款,以消除时间风险;然后立即通过即期外汇交易,换成本币从而消除价值风险;再将换回的本币进行投资,取得的收益则可以抵冲上述避险的费用支出。这实际上是将提前收付法、即期合同法与投资法三种简单避险方法进行综合运用。LSI法与BSI法的全过程基本相似,只不过将第一步从银行借款对其支付利息,改变为请债务方提前支付,给其一定折扣而已。

仍以上述日本公司60天后有一笔100万美元应收账款为例。假设其为了防险,日本公司在征得债务方的同意并给其一定折扣的情况下,要求其在2天内提前付清这笔债务(暂不考虑折扣具体数额)。日本公司在取得100万美元款项后,立即采取与上例相同的防险措施,即通过即期外汇买卖换成1亿日元,并投资于日本货币市场。一是提前收款,消除了时间风险;二是换成本币,又消除了价值风险。

由此可以看出,在办汇日,有一笔提早收付的外币流入,通过即期外汇交易换成本币,以本币进行投资;在办汇日的当天,外币及本币流出入彼此抵消;在到期日,不再有真正的外币流动,仅有一笔回收投资的本币收入,从而消除了外汇风险。

2. LSI 法在应付外汇账款中的具体运用

LSI 在应付外汇账款中运用的实际过程是：应付外汇账款的公司先借本币，其次通过与银行即期交易将本币换成外汇，最后将买得的外汇提前支付。简而言之，是先借款(Borrow)，再行即期交易(Spot)，最后提前支付(Lead)，即 Borrow—Spot—Lead。按理这个过程应缩写为 BSL，但国际传统习惯不叫 BSL，而叫 LSI。

还以某日本公司从美国进口 100 万美元商品，60 天后付款为例。该公司采用 LSI 法避险，先从银行借入本币；然后通过与银行签订即期外汇交易合约，将日元兑换成 100 万美元；最后将美元提前支付(暂不考虑折扣具体数额)。这样，通过借本币、换外币，再以外币提前偿付来消除全部外汇风险，将来只有一笔本币流出。借款到期时，本币偿还即可。

从以上分析可以看出，LSI 与 BSI 在消除应付账款的外汇风险时的机理作用是相同的。只不过 LSI 最后一步是投资，获得利息；BSL 最后一步是提前付款，从债权人处获得一定的折扣。

【拓展阅读】

案例 1　日本航空公司的外汇损失

日本航空公司(JAL)是世界上最大的航空公司之一，也是波音公司——全球最大的商用飞机制造公司的最佳客户之一。日本航空公司每年要筹集约 8 亿美元的资金向波音公司购买飞机。波音公司的飞机是按美元标价的，从 3500 万美元一架的 737 型到 1.6 亿美元一架的顶尖的 747－400 型。日本航空公司提前 2—6 年预定每一架飞机。通常下订单时先付 10%的预付款，其余部分在交机时付清。

在下订单和最后付清款项之间那段很长的时间内，日本航空公司面临一个难题。日航的大部分收益是日元而不是美元(这对日本航空公司而言是很正常的)。他们在购买波音飞机时必须将日元换成美元支付给波音公司。从订货到最后付款的那段时间内，日元对美元的比值可能有变化，这就会使一架飞机的成本增加或减少。假设 1985 年订购一架 1990 年交付使用的 747 型飞机。1985 年时，该订单的价值是 1 亿美元，1985 年的基本汇率是 1 美元＝240 日元，因而这架 747 型飞机的价格是 240 亿日元。可是到 1990 年最后付款的日子，美元对日元的比价发生了变化。日元对美元可能已经贬值。举例说，到了 1990 年，日元的汇率可能已经降到 1 美元＝300 日元。如果真的是这样，这架 747 型飞机就从 240 亿日元增加到 300 亿日元，价格上涨了 25%。另一种(更有利)情况是日元对美元升值到 1 美元＝200 日元。在这种情况下，747 型飞机就降价 16.7%，达到 200 亿日元。

1985 年，日本航空公司不可能知道 1990 年日元对美元的比值。但是，日本航空公司可以在 1985 年同外汇交易商签订协议，按照外汇交易商估测的 1990 年日元对美元的汇率来购买 1990 年的美元。这称作签订外汇期货合同。签订外汇期货合同的好处在于日本航空公司在 1985 年就可以知道 1990 年将为这架 747 型飞机付出多少钱。举例来说，假如预测1985—1990年日元对美元看涨，外汇交易商就有可能让日本航空公司签订一个在1990年以1美元对185日元购买美元的外汇期货合同，而不是1985年1美元=240日元的汇率。按该外汇期货汇率，这架747型飞机只需花185亿日元，同1985年的汇率相比省下了23%。

1985年，日本航空公司确实面对这样的情况。当时它正要签订一个为期10年、总值为36亿美元的外汇期货合同。该协议使日本航空公司有权从一家国际外汇交易集团按平均1美元=185日元的汇率在10年期内的任何时候购买美元。由于1985年汇率是1美元=240日元，这对日本航空公司来说是一笔不错的交易。然而到了1994年9月，当合同的大部分已执行的时候，该笔交易看来就不太妙了。令人惊讶的是日元对美元的比值一路飙升。在1992年汇率还挺在1美元=120日元，到了1994年，汇率降至1美元=99日元。不幸的是日本航空公司无法从这个高汇率中得到好处。相反由于受到合约以1美元=185日元购买美元的束缚，错误的判断使日本航空公司大受损失。该汇率在1994年是惊人的昂贵。通过外汇期货合同购买美元，日本航空公司在1994年购买每架747型飞机时多支出了86%。1994年10月，日本航空公司公开承认由于这次错误的判断造成该财政年度损失4.5亿美元或450亿日元。另外，据外汇交易商估算，日本航空公司从1988年以来因该合约的损失达1550亿日元(15亿美元)。

资料来源：(美)查尔斯·W.I·希尔《国际商务：全球市场竞争》(第三版)。

【本章思考题】

1.什么是外汇风险？外汇风险有哪几种基本类型？

2.简述外汇风险对涉外企业的经济影响？

3.外汇风险管理的原则是什么？

4.试述外汇风险管理策略。

5.企业如何管理外汇风险？

6.银行如何管理外汇风险？

第十六章 CHAPTER 16 外汇模拟交易实验

【学习目标】

通过本章的学习,掌握外汇交易模拟软件的使用操作。

第一节 登录系统

在浏览器中,输入模拟交易系统用户前台地址,会出现如下界面(各个用户的域名地址不同):

图 16-1

用户输入用户名、密码、验证码(不必区分大小写)并选择活动。如果是初次加入,则将进入选择院系、班级页面,以便激活在该活动下的账户信息。

点击“登录”后，系统自动进入 e－cube 版模拟交易系统。根据用户的网络情况不同，稍许等待即可进入。用户也可以点击“简版登录”进入简版模拟交易系统。简版模拟交易系统专门针对网络环境不佳的用户。该系统屏蔽了 e－cube 看盘器，仅载入其下单板。即时行情数据在用户请求交易时才会显示。

如果用户忘记密码，可点击“忘记密码”按钮，系统会跳至如下界面。按照要求填写用户名与用户资料里所保留的邮箱。如果信息匹配，系统则将密码发至该邮箱。

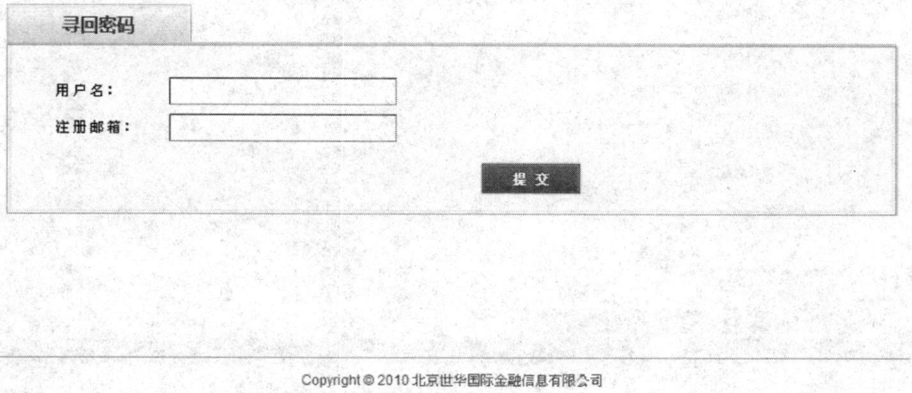

图 16－2

登录系统后，便可以看到如下图所示的各个市场的行情及相关资讯。

图 16－3

简版模拟交易登录后的界面如图 16－4 所示：

图 16－4

第二节　实盘交易

一、行情信息

登录系统后，点击系统顶端菜单栏的“外汇”，即可看到如下图所示的外汇行情信息。

在上述行情信息界面，可根据需要，点击个人关注的交易品种。例如，点击“美元”后，界面随之转换为美元与各货币的买入价、卖出价、涨跌幅等汇率信息。

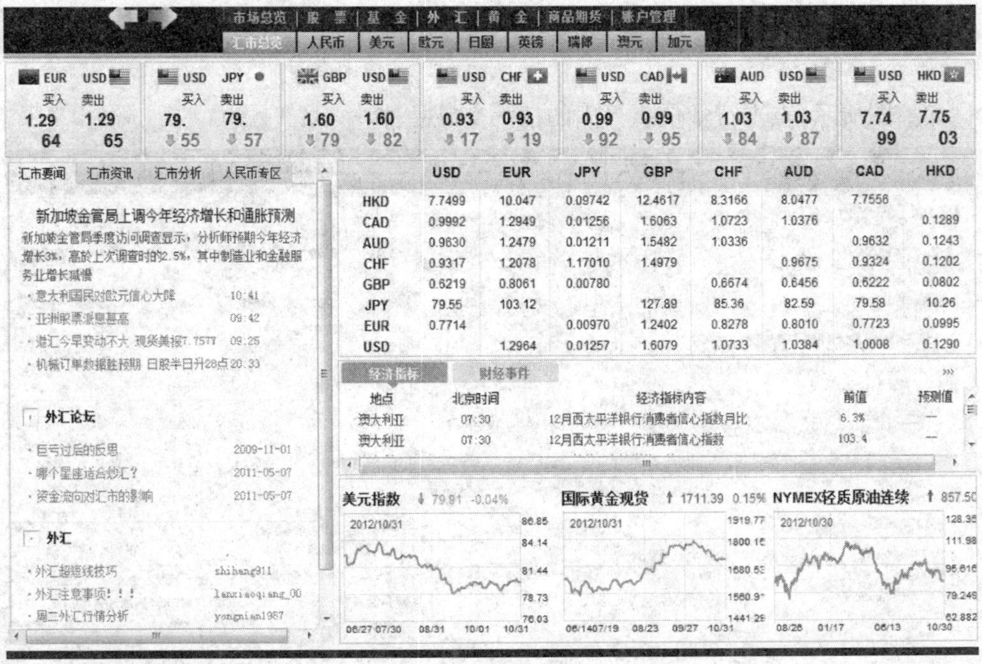

	USD	EUR	JPY	GBP	CHF	AUD	CAD	HKD
HKD	7.7499	10.047	0.09742	12.4617	8.3166	8.0477	7.7556	
CAD	0.9992	1.2949	0.01256	1.6063	1.0723	1.0376		0.1289
AUD	0.9630	1.2479	0.01211	1.5482	1.0336		0.9632	0.1243
CHF	0.9317	1.2078	1.17010	1.4979		0.9675	0.9324	0.1202
GBP	0.6219	0.8061	0.00780		0.6674	0.6456	0.6222	0.0802
JPY	79.55	103.12		127.89	85.36	82.59	79.58	10.26
EUR	0.7714		0.00970	1.2402	0.8278	0.8010	0.7723	0.0995
USD		1.2964	0.01257	1.6079	1.0733	1.0384	1.0008	0.1290

图 16－5

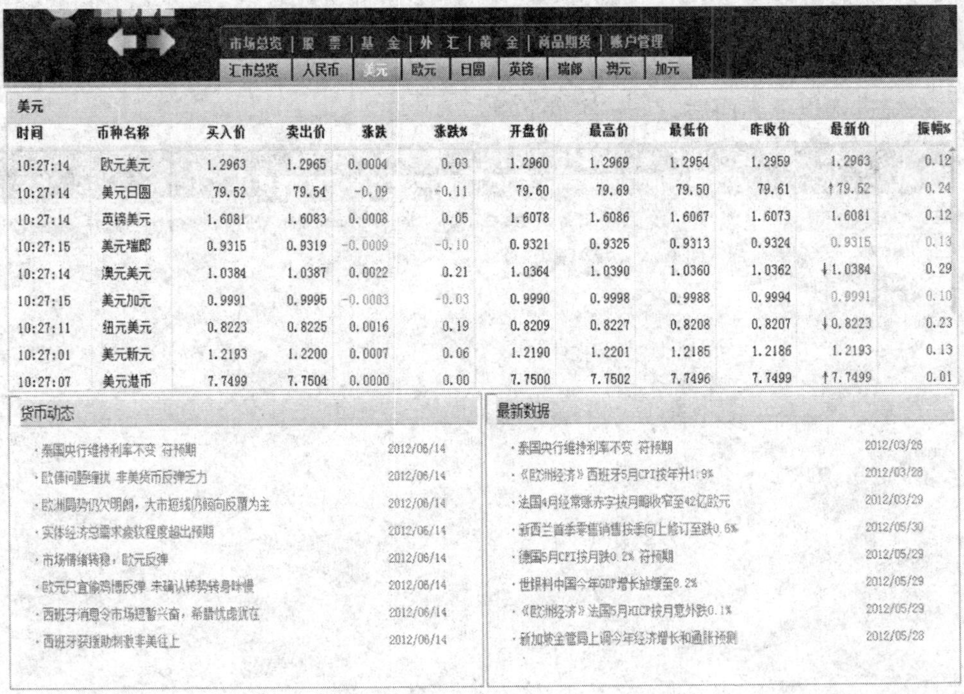

时间	币种名称	买入价	卖出价	涨跌	涨跌%	开盘价	最高价	最低价	昨收价	最新价	振幅%
10:27:14	欧元美元	1.2963	1.2965	0.0004	0.03	1.2960	1.2969	1.2954	1.2959	1.2963	0.12
10:27:14	美元日圆	79.52	79.54	-0.09	-0.11	79.60	79.69	79.50	79.61	↑79.52	0.24
10:27:14	英镑美元	1.6081	1.6083	0.0008	0.05	1.6078	1.6086	1.6067	1.6073	1.6081	0.12
10:27:15	美元瑞郎	0.9315	0.9319	-0.0009	-0.10	0.9321	0.9325	0.9313	0.9324	0.9315	0.13
10:27:14	澳元美元	1.0384	1.0387	0.0022	0.21	1.0364	1.0390	1.0360	1.0362	↓1.0384	0.29
10:27:15	美元加元	0.9991	0.9995	-0.0003	-0.03	0.9990	0.9998	0.9988	0.9994	0.9991	0.10
10:27:11	纽元美元	0.8223	0.8225	0.0016	0.19	0.8209	0.8227	0.8208	0.8207	↓0.8223	0.23
10:27:01	美元新元	1.2193	1.2200	0.0007	0.06	1.2190	1.2201	1.2185	1.2186	1.2193	0.13
10:27:07	美元港币	7.7499	7.7504	0.0000	0.00	7.7500	7.7502	7.7496	7.7499	↑7.7499	0.01

图 16－6

二、交易

如下图所示,点击行情信息界面的任一交易品种。

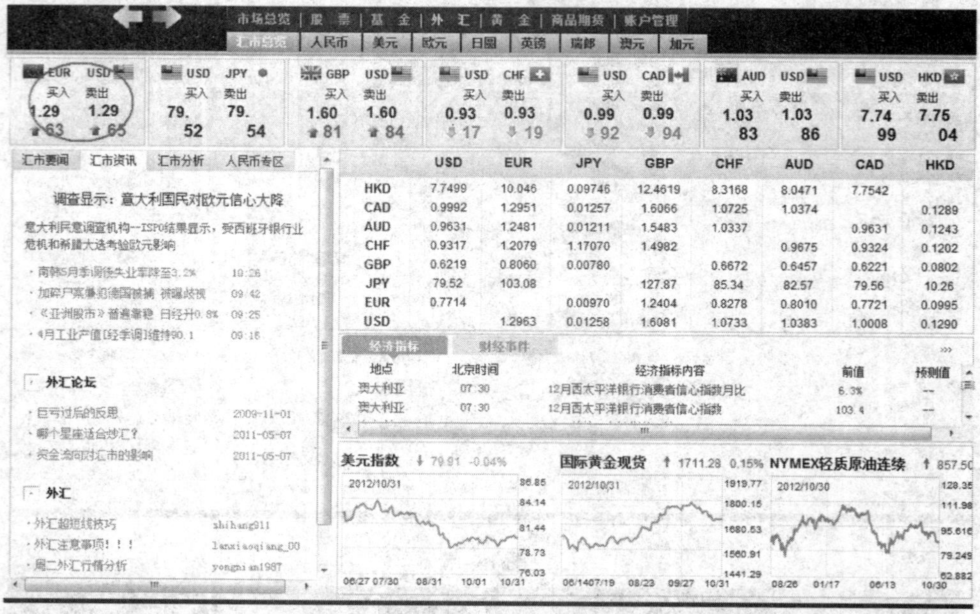

图 16－8

系统进入以下界面后,点击“实盘下单”。

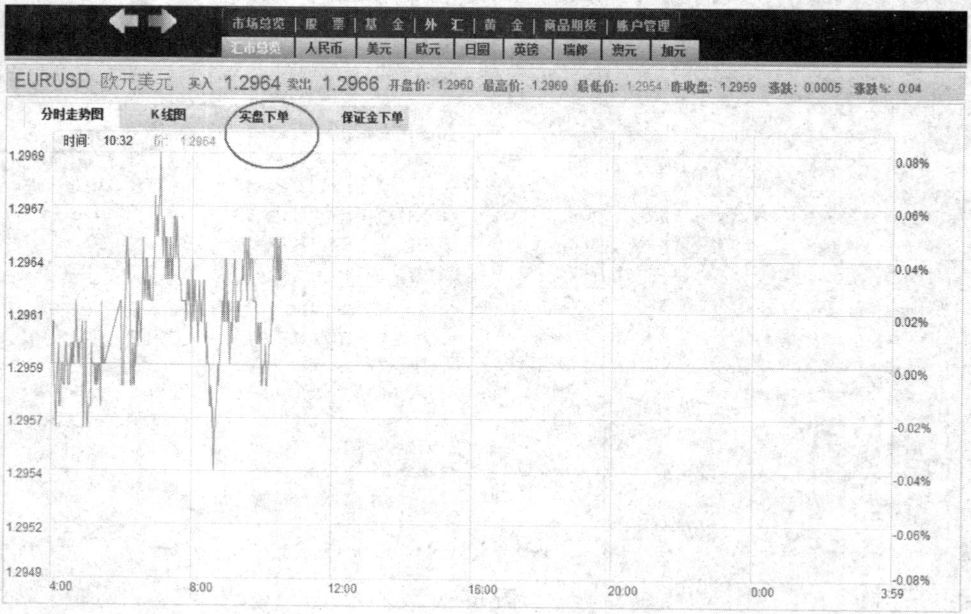

图 16－9

系统进入如下下单页面,根据需要选择即时交易或者委托交易后,输入委托价格、数量信息,点击“确定交易”。下单确认页面会罗列出该笔下单信息。需在倒计时的 7 秒钟内完成确认工作,否则该笔下单视为无效。

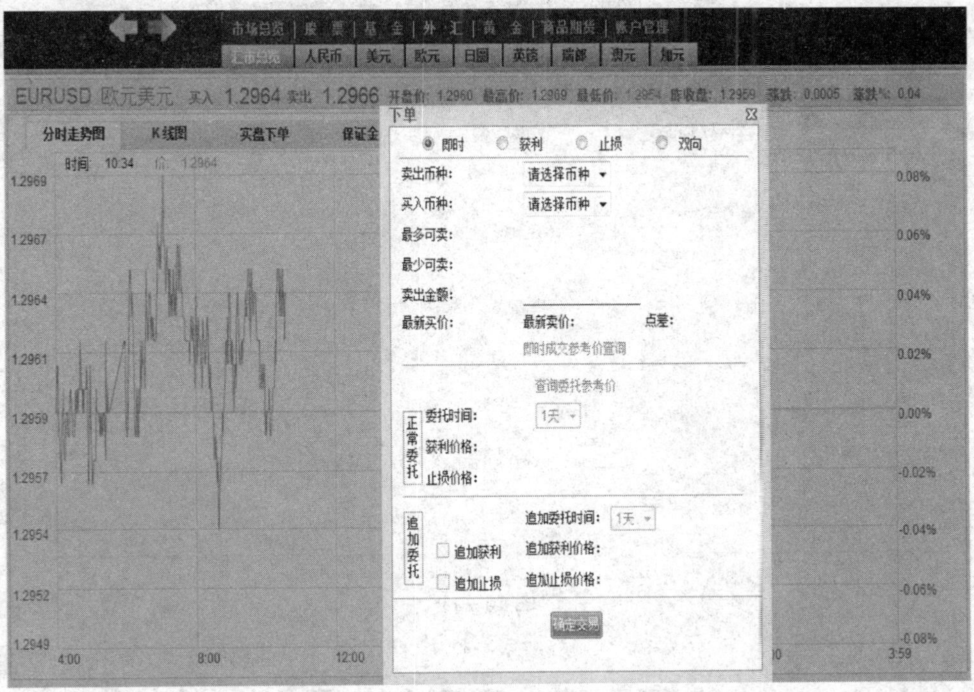

图 16 – 10

在简版模拟交易系统中,用户可以实现在模拟交易系统中所有的下单、账户管理等功能。下单时,输入或选择交易品种即可显示当前即时行情,交易方式同模拟交易系统相同。

三、撤单

用户发出限价委托交易指令后,若该笔交易暂未成交,可以撤单。操作方法如下图所示:首先点击系统顶端菜单栏的“账户管理”;然后点击左侧的“外汇实盘市场”,在“委托明细”一栏中点击“撤单”。

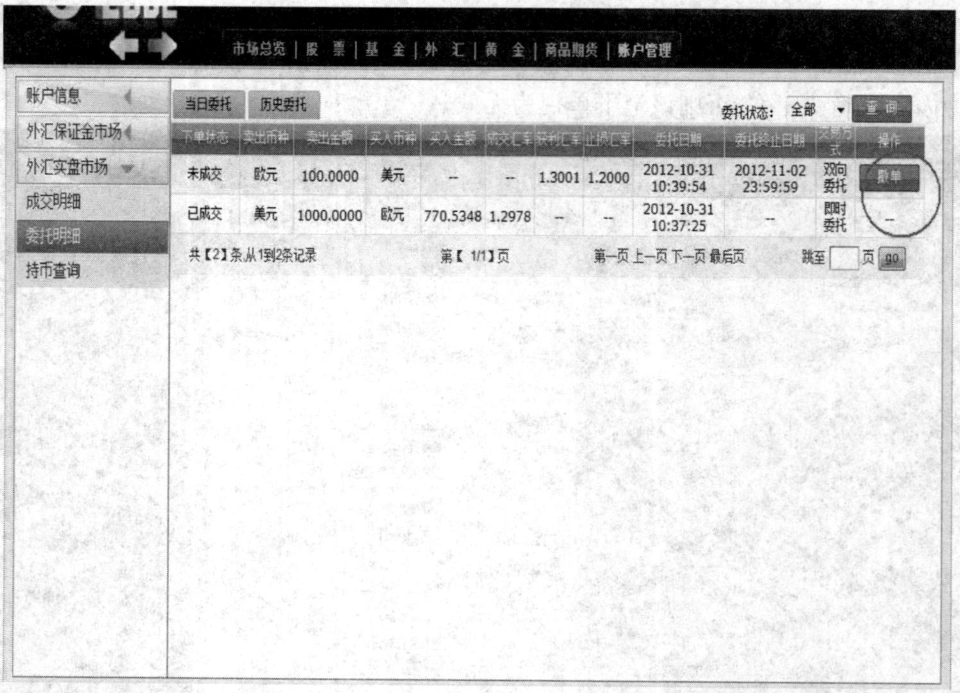

图 16－11

第三节　保证金交易

一、即时委托

点击外汇行情信息界面的任一交易品种，系统会进入以下界面，然后点击“保证金下单”。

系统转入以下下单页面，选择“即时委托”后，打开下拉菜单选择外汇产品，输入委托数量信息，点击“买入”或者“卖出”按钮。

图 16－12

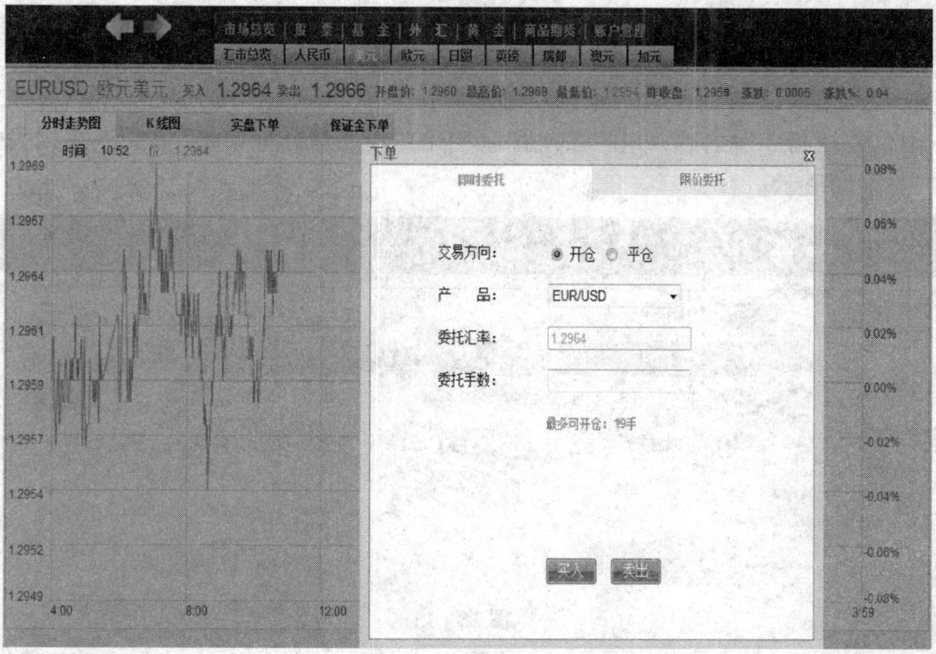

图 16－13

二、限价委托

点击外汇行情信息界面的任一交易品种，在新出现的界面中点击“保证金下单”。

系统转入下单页面后，选择“限价委托”，进入以下界面。打开下拉菜单选择外汇产品，输入委托价格、数量等信息，点击“买入”或者“卖出”。

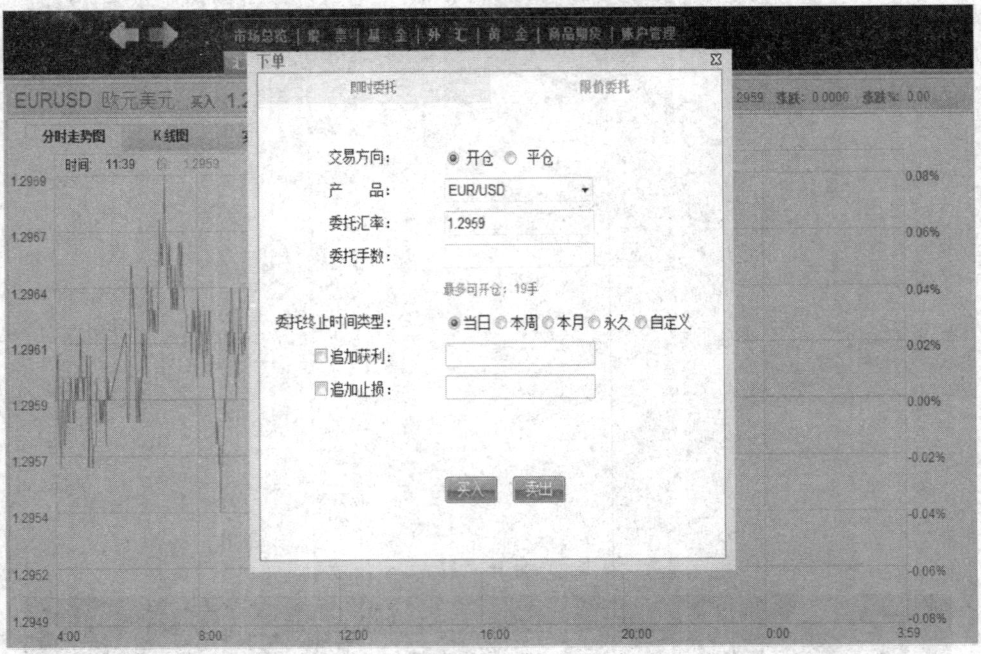

图 16－14

限价委托指令发出后，可在“账户管理”中的“外汇保证金市场”一栏查看相关委托明细，如下图所示：

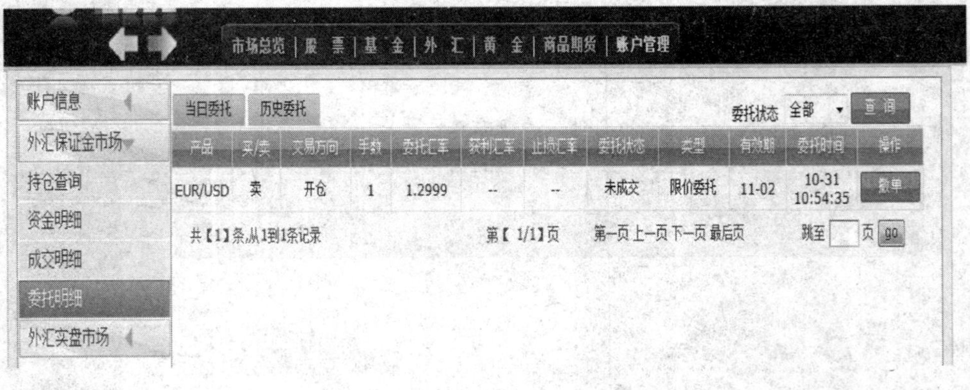

图 16－15

三、撤单

用户发出限价委托交易指令后，若该笔交易暂未成交，可以撤单。操作方法如下图所示：首先点击系统顶端菜单栏的“账户管理”；然后点击左侧的“外汇保证金市场”，在“委托明细”一栏中点击“撤单”。

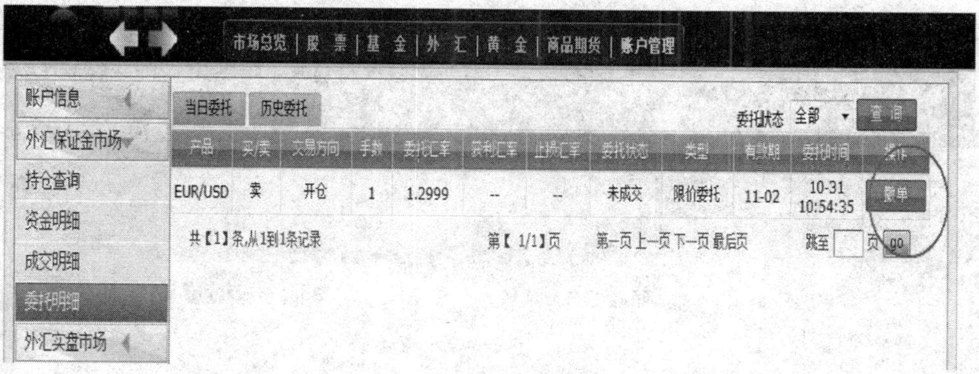

图 16－16

第四节　交易查询

账户管理页面显示该活动下各市场的用户资金情况。点击外汇市场,可查看到该市场的成交明细、委托明细、资金明细等信息,并提供历史查询功能。

一、查询账户明细

如下图所示,点击“账户管理”。

图 16－17

系统进入以下界面，显示用户的外汇保证金账户和实盘账户的明细资料。

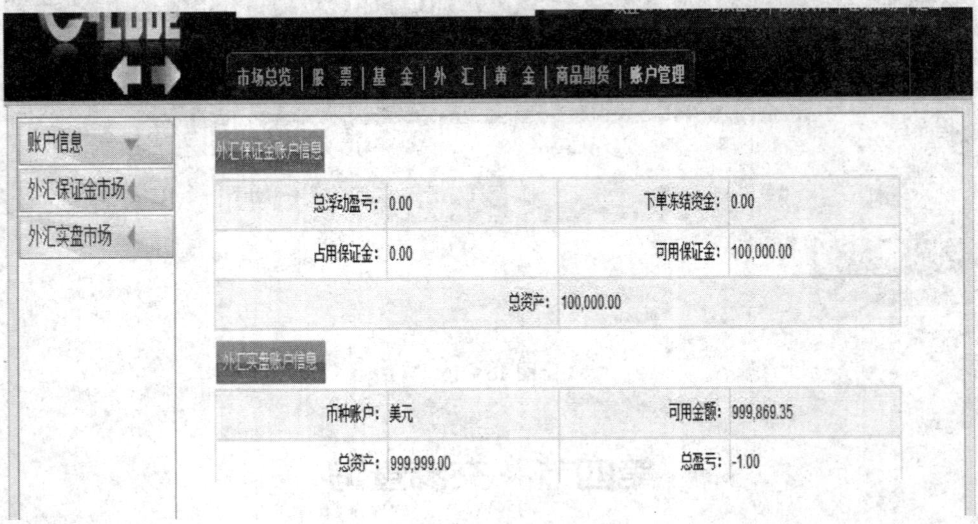

图 16－18

二、委托查询

在用户的账户明细资料页面，单击"外汇保证金市场"或"外汇实盘市场"打开下拉菜单，点击"委托明细"可查看用户的当日委托和历史委托信息。

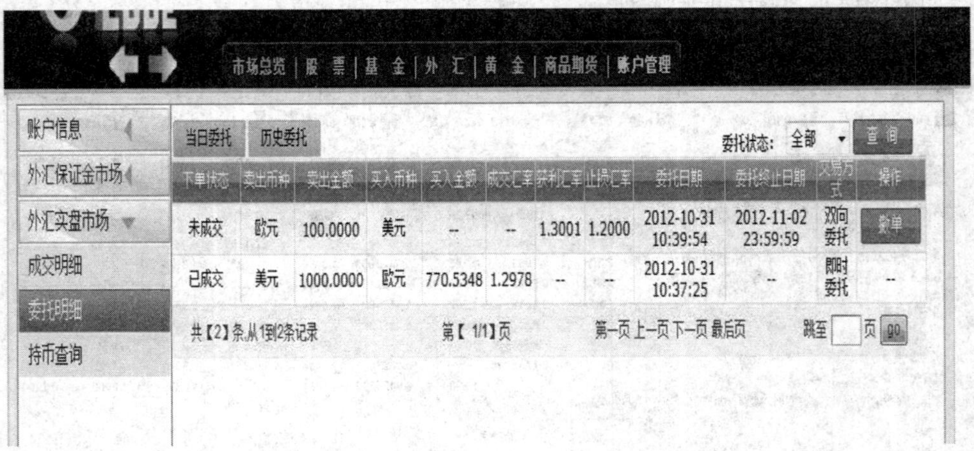

图 16－19

三、成交查询

在用户的账户明细资料页面，单击"外汇保证金市场"或"外汇实盘市场"打开下拉菜单，点击"成交明细"可查看用户的当日成交和历史成交信息。

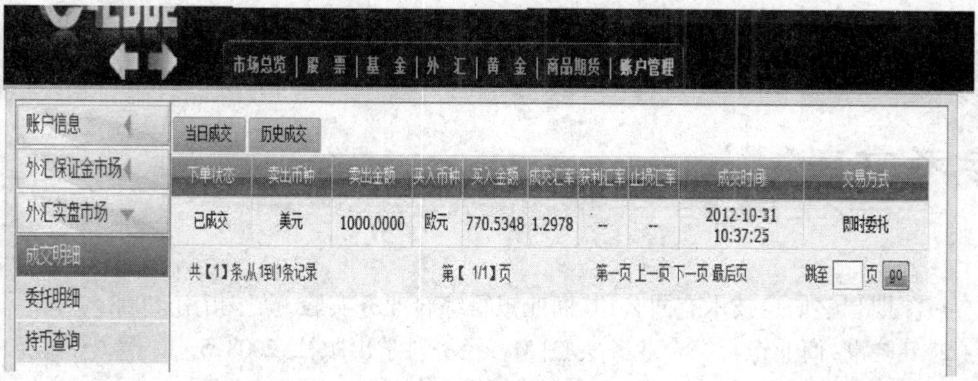
市场总览 | 股　票 | 基　金 | 外　汇 | 黄　金 | 商品期货 | 账户管理
账户信息
外汇保证金市场
外汇实盘市场
成交明细
委托明细
持币查询
当日成交
历史成交
下单状态
卖出币种
卖出金额
买入币种
买入金额
成交汇率
获利汇率
止损汇率
成交时间
交易方式
已成交
美元
1000.0000
欧元
770.5348
1.2978
--
--
2012-10-31 10:37:25
即时委托
共【1】条从1到1条记录
第【 1/1】页
第一页 上一页 下一页 最后页
跳至
页
go

图 16－20

参考文献

1.深圳智盛信息技术有限公司.商业银行综合业务实验.操作指南.2008.
2.刘晓潮.商业银行综合业务实验[M].经济科学出版社.2008.5.
3.戴国强.商业银行经营学[M].高等教育出版社.2011.6.
4.程婵娟.商业银行会计[M].西安交通大学出版社.2007.
5.黄磊.证券投资学[M].中国财政经济出版社,2008.8.
6.刘瑞波.证券投资[M].经济科学出版社,2009.4.
7.博庭科技.飞狐交易师.软件说明书.
8.深圳国泰安信息技术有限公司.金融实验室演示 PPT.2009.1.
9.济南市红枫服务外包培训学校.欧美日操盘手培训 PPT.2012.6.
10.任森青.金融综合业务实验教材[M].天津大学出版社.2012.
11.李健元.证券期货外汇模拟实验[M].东北财经大学出版社.2008.
12.邵新力.外汇交易分析与实验[M].中国金融出版社.2009.
13.鲁细根.外汇交易实验教程[M].中国金融出版社.2006.
14.[加]杰夫·郭.超短线崛起[M].山东大学出版社.2010.

后　记

呈现在各位读者面前的这套教材,是由山东财经大学金融学院的教学团队,根据这些课程的教学规律与特点,结合自己长期从事教学的丰富实践与体会,精心编写的。我们之所以把这套教材定名为“名课精讲”,首先是因为这些教材所对应的课程都已在我院开设多年,均曾被评定为校级以上精品课程,本身都是具有精品性质的课程。这些课程的教学团队力量相对雄厚,并已形成了特色鲜明的教学体系、教学内容与教学组织方式。其次,则是因为这批教材在编写上也刻意强调“求精”,主要体现为强调课程脉络与叙述逻辑的清晰与重点突出,强调知识点覆盖的完整性与讲授组织的合理性,强调内容诠释上的深入浅出,从而便于学习者更好地理解与接受。也正因为如此,这套教材的使用适应面是较为广泛的,它们既可以作为高校本科金融类专业教材使用,也可用于与金融理论业务相关的专业培训,当然也可供金融企业从业者及其他对金融相关知识感兴趣的读者自学参考。

在这套教材的编写过程中,山东人民出版社的袁丽娟女士付出了大量心血。在此向她表示衷心的感谢。

由于编写时间较为仓促,且内容上需兼顾的读者范围较为广泛,再加上教材中所涉及的内容与现实联系密切,而实践中相关理论进展与实务变化亦较多较快,因而教材中不可避免地会存在某些瑕疵甚至错谬,希望使用者不吝指正,多给我们提出宝贵意见,以便我们及时进行修订完善。谢谢!

黄　磊

二〇一三年一月,于济南

图书在版编目(CIP)数据

金融综合业务实验/王俊籽，亓晓主编．一济南：山东人民出版社，2013.2（2019.1 重印）
ISBN 978-7-209-07136-9

Ⅰ.①金… Ⅱ.①王…②亓… Ⅲ.①金融—高等学校—教材 Ⅳ.①F83

中国版本图书馆 CIP 数据核字(2013)第 032798 号

责任编辑:袁丽娟

金融综合业务实验
王俊籽　亓晓　主编

山东出版传媒股份有限公司
山东人民出版社出版发行
社　址:济南市英雄山路 165 号　邮　编:250002
网　址:http://www.sd-book.com.cn
发行部:(0531)82098027　82098028
新华书店经销
山东华立印务有限公司印装
规　格　16 开(184mm×260mm)
印　张　28
字　数　480 千字
版　次　2013 年 2 月第 1 版
印　次　2019 年 1 月第 5 次
ISBN 978-7-209-07136-9
定　价　46.00 元

如有质量问题,请与印刷厂调换。电话:(0634)6216033